Fr. Ludovici Granatensis Ordinis S. Dominici Ecclesiasticae Rhetoricae

Luis De Granada

R. P. FR. LVDOVICI

GRANATENSIS, SACRAE THEOLOGIAE PROFESSORIS, ORDINIS S. DOMINICI.

ECCLESIASTICAE RHETORICAE, *siuè, de ratione concionandi, libri sex, denuò editi, ac diligenter emendati.*

Fauus mellis composita verba, dulcedo animæ, & sanitas ossium.

Qui sapiens est corde, appellabitur prudens, & qui dulcis eloquio, maiora reperiet.

Prouerb. 16.

COLONIAE.

In officina Birckmannica.

ANNO M. D. LXXXII.

Cum Gratia & Priuilegio Cæsareæ Maiestatis.

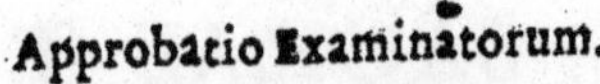

Approbatio Examinatorum.

Nos frater Bartholomæus Ferreira in Theologia Præsentatus, & examini librorum, qui aliundè importantur, præfectus, & F. Gaspar Leytano in eadem Theologia Præsentatus, ex speciali commissione & mandato manu propria subscripto Serenissimi Cardinalis Infantis Hērici, Generalis Inquisitoris in regno Portugaliæ, perlegimus hos sex de concionandi ratione libros, quos R. P. F. Ludouicus Granatēsis sacræ Theologiæ professor, in Concionatorū gratiā scripsit: nihilq; in eis offendimus, quod vel orthodoxa fidei, aut bonis moribus aduersaretur. Ideoq; dignos duximus, qui prelo mandarentur, quòd eos omnibus diuini verbi concionatoribus maximè vtiles, & salutares fore speramus. In cuius rei fidem nomina nostra subscripsimus, Olysippone. 1575.

F. Bartholomæus Ferreira, Præsentatus. F. Gaspar Leytano, Præsentatus.

Accessit præterea iuxta sacri Concilij Tridentini decreta, facultas Reuerendissimi admodumq; illustris Ordinarij Olysipponensis.

F. LVDOVICVS GRANATENSIS EBORENSI ACADEMIAE, VIRTVTVM ET LITERARVM altrici, bonitatem, & disciplinam, & scientiam.

CVM te, ô alma mater, & egregia virtutum atq; disciplinarũ magistra, serenissimus Cardinalis, Enricus domin⁹ noster è suis (vt ita dicã) visceribus genuerit, nutrierit, & ab ipsis incunabulis in istam ętatem & dignitatẽ prouexerit, omnesq; & cogitationes suas in te vna perficienda, cunctisque muneribus exornanda positas & cõstitutas habeat, dignũ profectò est, vt nos, qui omnia clementissimo Principi debemus, & de tua tibi felicitate gratulamur, numerisq; omnibus absolutam cupimus, opera quoque nostra (qualiscunque ea sit) studia tua aliqua saltẽ ex parte iuuare curemus. Cùm igitur conatus tuos omnes in hoc vnum præcipuè cõpares, vt alũnos tuos Christi Domini præcones egregios efficias, qui Dominicam messem cœlestis doctrinæ fluentis irrigent, operæpretiũ me facturum putaui, si libellum hunc, qui de ratione concionandi agit, tibi dicarem: quo huius officij rudes atque tyrones ad illud cōmodè præstandum institueres. Quod eò libentiùs fecimus, quoniã D. Aug. benè dicendi artem, seposito ad hoc idoneo tēpore, in adolescentia discendã esse monet. Quam quidem eò facilius alumni tui assequētur, quò pleniùs à te Dialecticis & Philosophicis disciplinis instituti sunt. Ab his enim fontib. eloquentiæ laudē manare, parens ipsius eloquentiæ Cicero in his libris, quos de Oratore inscripsit, sub persona Lucij Crassi luculēter probat. Vt igitur hãc benè dicendi facultatem traderemus, necesse fuit præcepta aliquot ex Rhetorũ officinis colligere: vt huius quoque artis disciplina, quemadmodũ & cæteræ, sacræ Theologię, & diuini verbi ministerio deseruiret. De quatuor igitur præcipuis eloquētiæ partibus, nempe, Inuētione, Dispositione, Elocutione, atq; omniũ potissima Pronunciatione (quam etiam Actionē vocãt) in his libris disserimus. Et quidem de Pronũciatione, si nõ meliora, quàm alij, certè plura scripsimus: quòd citra illius opem cętera omnia, quãlibet eximia, frigeant, & langueant, atque adeò mortua sint. Quid enim tã acre aut magnificũ esse potest, quod nõ iaceat, si id

Aug. li. 4. de doctri. Christia.

remis-

remiſſa aut languida voce & geſtu pronunciaueris? Inuentioni aũt (quæ probandi & amplificandi materiã cõtinet) tum communes locos, tum etiã priuatos & ſingulares aſſignauimus. Cõmunes autẽ locos, vnde ad quæſtiones oẽs argumẽta promuntur, Dialectici in libris Topicorum diligẽter tradunt. De his igitur parcius loquuti ſumus: quoniã eorum cognitio à Dialecticis petenda eſt. De quibus breuiter atque dilucidè paucis antehac dieb9 ſcripſit in Dialecticis inſtitutionib. R.P. Petrus à Fonſeca: qui etiã commodiſſimis exẽplis ex ſacris literis deſumptis (quod ad noſtrũ pertinet inſtitutum) præcepta artis illuſtrauit. Ad cuius opuſculũ ſtudioſum Concionatorẽ remittimus. Cæterùm de ſingularibus locis, qui à priuatarum perſonarum & rerũ circunſtantijs ſumuntur (qui peculiariter ad oratorem pertinent, & magnã vim ad probãdum & amplificandũ habent) copioſius ſcribendum eſſe duximus. Vt aũt quãta ſit circunſtantiarum vis ad res amplificandas, cõcionator intelligat, duo inſignia D. Chryſ. exẽpla, quæ properanti mihi, cùm ad hũc circunſtantiarũ locum veniſſem, exciderũt, hoc in loco attexere libuit. Is igitur illã Domini prædictionem, qua mulieris, caput ipsius vngentis, memoriã per totum orbẽ celebrandam esse dixit, ex omnib. circunstantijs hoc modo amplificat. In omnibus, inquit, ecclesijs appellari mulierẽ audimus. Sũt cõsules, duces, viri, mulieres, nobiles, in omnibus vrbibus, & in quacunq; orbis partes deueneris, summo cũ silentio audiunt oẽs huius mulieris officiũ. Sunt reginæ, primariæq; fœminæ, quę innumerabilia benefacta cõtulerũt in eos, quibus imperabãt: quæ ne de nomine quidẽ vlli notæ sunt. Hæc aũt abiecta mulier, quæ solùm effudit vnguentũ, toto terrarũ orbe decãtatur. Ne tẽporis quidem tã immensa longitudo memoriã illius vel extinxit, vel extinguet vnquã: idq; cùm factũ ipsum non esset insigne. Quid enim magni erat, vnguentũ effundere? neq; persona esset celebris. Erat enim mulier abiecta: neque multi testes aderãt. Nã inter discipulos res est gesta: neq; locus nobilis: neq; enim hoc faciebat per theatrũ trãsiens, sed in domo decẽ dũtaxat hominibus præsentib. Attamen neq; personæ vtilitas, neq; testiũ paucitas, neq; vlla res alia potuit illi9 abolere memoriã. Quin potius reginis omnibus ac regibus vniuersis celebrior est nunc hæc mulier.

Homil. 1. contra Iudæos.

mulier: nec vlla ætas obliuioni tradidit, quod factũ est. Hactenus Chryſ. qui huiuſmodi circunſtantijs excutiẽdis vt frequentiſſimus, ita mirus artifex eſt. Sed commodiſſimum amplificationis huius exemplum extat apud eundem: quo mundi conuerſionẽ opera atque doctrina Pauli perfectã inter maxima miracula cõputat: rem videlicet ex omnibus circunſtãtijs amplificans, maximeq; mirabilem faciẽs. Sic igitur ait: Quomodo, inquit, Paulus cum illa arte viliſſima tãtam potuit inſpirare virtutem, quantam ipſe rerum teſtatur effectus? Homo etenim ignobilis, abiectus, & circumforaneus, qui artem exercebat in pellib. in tãtum virtute progreſſus eſt, vt vix 30. annorũ ſpacio & Romanos, & Perſas, & Parthos, & Medos, & Indos, & Scythas, & Aethiopes, & Sauromatas, & Saracenos, & omne prorſus humanum genus ſub iugũ mitteret veritatis. Reſponde igitur, vnde iſte opifex vilis, ac publicus, ſtãs in loco artis ſuæ, ac ſcaſellũ in manu gerens, ita vt ipſe philoſophatus ſit, & alios docuerit philoſophari: gentes ſcilicet, vrbes, atque regiones: nec vim in ſe ſermonis oſtendens? Audi.n. ipſum loquentem. Et ſi imperitus ſermone: nec pecunias *Homil. 4. de laud. Pauli.*

possidens: nam hoc quoque ipse testatur: Vsque ad hanc, inquit, horã & esurimus, & sitimus, & nudi sumus, & colaphis cedimur. Et quid dico pecunias? cùm ille sępè necessarium quidem non haberet cibum, nec quo se circundaret indumentum. Quòd verò nec de professione clarus fuerit, ipsius discipulus ostendit, dicẽs: Quoniã manebat apud Aquilam & Priscillã, propterea, quòd eiusdem artis essent. Erant enim scenofactoriæ artis. Non igitur à proauis nobilis, quippe qui tam vilis fuisse artis ostenditur: non à patria, non à gente: tamen progressus in mediũ, ac tantũmodo apparens, inimicorũ cuncta turbauit, vniuersa confudit: & sicut in stipulas, aut in fœnũ ignis immissus, omnia dæmonum opera consumpsit, atque in quicquid voluit, omnia conuertit. At nobilis & eruditus erat fortè persuasor. Nec istud quidẽ: nam hoc quoque ipse confirmauit, dicẽs: Et ego veni ad vos, nõ in sublimitate sermonis, aut sapientiæ, annunciãs vobis testimoniũ Christi. Nõ enim iudicaui, me scire aliquid inter vos, nisi Iesum Christum, & hunc crucifixum. Et sermo meus, & prædicatio mea nõ in persuasibilibus humanæ sapientiæ verbis. Sed causa nimirũ ipsa prædi-

prædicationis erat idonea , quæ ad se pertraheret audientes. Accipe quid etiam super hac re ipse pronũciet: Quoniam, inquit, Iudei signa petunt, & Greci sapientiam quærunt: nos autem predicamus Christum crucifixum, Iudæis quidem scandalum, Grecis autem stultitiam. Sed securitate ac libertate perfunctus est. At omnino à periculis nunquam respirauit: Et ego, inquit, in infirmitate, ac timore, & tremore multo fui apud vos. Cùm igitur prædicator, & imperitus, cùm etiam pauper essem, & prorsus ignobilis: & quod prædicabatur, non modò cõmendatione sui esset vacuum, verùm etiam offensione plenissimum, & auditores ipsi inopes, imbecilles, atque omninò nulli, & pericula tam crebra, tam varia non doctoribus solùm, sed etiã discipulis imminerent, & crucifixus esset, qui annunciabatur adorandus: non satis liquet, hoc tantum opus non humana, sed diuina fuisse virtute perfectũ? Hactenus Chrysost. quem eius locum quoniam mirè amplificandi rationem, quæ præcipua concionatoris virtus est, & circunstantiarũ vsum docet, hîc adscribere libuit: vt quem ex eis cõmodè tractatis fructũ Ecclesiastes colligere posset, apertè mõ-

 strarem.

ſtrarem. Accipe igitur inclyta mater munuſculum hoc noſtrum, quo filios tuos ad diuini verbi miniſterium imbuas: in cuius pia & fideli tractatione magna ſalutis humanæ portio ſita eſt. Cuius rei periculum iam feciſti, dum multos filiorum tuorũ magiſterij dignitate laureatos per varia huius Diœceſis loca ſpargis, qui ſalutaris doctrinæ ſemine eccleſiarũ arma fœcundãt. Iam enim illud Eccleſiaſtici tibi iure et meritò conuenit, Aperta ſũnt prata, & apparuerunt herbæ virẽtes, & collecta ſunt fœna de mõtibus. Illud autem diligentiſſimè curato, vt aſſiduis precib. à Deo contendas, vt Parentem atq; altorem tuũ quàm diutiſſimè ſeruet incolumem, qui tam multa in te munera cõtulit, & multa item collaturus eſt: vt tandem partibus omnibus integram & abſolutam, cùm hinc ad ſuperos deceſſerit, te relinquat, videatque filios filiorum ſuorum, & Eccleſiam ſuam opera atque doctrina eorum virtutibus cunctis egregiè ornatam & ſtabilitam. Vale.

IN LIBRVM ECCLESIASTICAE RHETORICAE, SIVE DE CONCIONANDI RATIONE.

PRAEFATIO.

CVM per hosce annos decem, candide Lector, multis laboribus ac vigilijs concionibus scribendis operam dedissem, iamq́; diuini numinis beneficio opus esset ad calcē ferè perductum, cœpi mecū attentiùs cogitare, quemnam fructū ex hoc tam diuturno & pertinaci labore referre possem, ac illa penè Salomonis verba cū animo meo versare: Cui laboro, & fraudo animā meā bonis? Cùm enim hoc mihi propositum esset, vt opera ac diligentia mea Domini mei gloriam & animarū salutem his meis concionibus aliqua saltem ratione promouerē, intellexi tandē hunc meū laborem parū vtilitatis esse allaturum. Cuius rei caussam minimè silentio prætereundam duxi. Constat enim tria esse præcipua egregij Concionatoris officia: nempè inuenire, eloqui, & pronunciare. Ad inuentionem aūt pertinet, vt insignes & præclaras sententias, easq́; instituto suo accōmodatas inueniat. Sic enim aptè dicet: quæ præcipua inuētionis virtus est. Ad elocutionē verò spectat, vt vim omnē eius sententiæ, quam inuenerit, cōmodè explicet, & animi sui sensus ita verbis efferat, vt quicquid ipse conceperit, in auditoris animos loquendo trāsfundat. Ad pronunciationē verò pertinet, vt vocem, gestū, vultum rebus ipsis, quas dicit, appositissimè accōmodet. Et quidē sententiarum insignium inuētio (si rerū dignitatem spectes) præstantissima est: cuius studio vel tota optimi Concio-

Concionatoris vita destinãda est. Semper enim inuentis aliquid addere curabit, vt iuxta Seruatoris sententiã proferat de thesauro suo noua & vetera Elocutio tamen & pronunciatio, si auditorũ conditionem inspicias, hoc est, imperitam multitudinẽ (quæ res non pro illarũ dignitate, sed pro explicandi atq; pronunciandi ratione concipit) priori loco habenda sunt. Videmus enim rudes & imperitos auditores, si quid acriter & vehementer dixeris, vehemẽter etiam cõmoueri: eundemq; affectum, quẽ verbis, voce, atq; vultu præferas, simili ratione concipere. Contrà verò animaduertere licet multos Concionatores eruditione, rerũ scientia, & ingenij acumine præstantes, qui tamen si inculti, barbari, & rudes in eloquendo sint, fastidio auditoribus esse. Neq; verò satis est eloqui, nisi facultas etiam rectè pronunciãdi elocutioni adiuncta sit. Multos enim videmus & rerũ optimarũ scientia, & eloquendi ratione insignes: qui quoniã hac pronunciandi facultate carent, contẽptui habentur: præsertim si eis vel rauca, vel exilis, vel angusta, vel aspera, vel ingrata vox sit, parumq; flexibilis, & perperã rebus, quæ dicuntur, accõmodata. Itaq; attentiùs mihi harũ rerum naturam consideranti apparet, quòd quemadmodũ Philosophi duas materiæ formas tribuunt, alterã, quæ illi præbet essentiã, alteram, quæ existentiam (quam vltimam rei perfectionem esse astruunt) ita sanè apparet, inuẽtionem quidem materiæ, elocutionẽ verò, prioris formæ, pronunciationẽ aũt posterioris loco habendã esse. Constat enim rudem & indigestam inuentionem elocutione quidẽ expoliri atq; ornari: prõnũciatione verò veluti suam quandã faciem & vultũ induere, quem auditorũ mentibus affigit & repræsentat. Cùm aũt omnibus in rebus potior forma habeatur, quàm materia,

quæ

quæ formā recipit, demiror Concionatorū multos, cùm tantum olei atq; operæ inuētioni (quæ instar materiæ est) impendant, nullā ferè elocutionis aut pronūciationis rationē habere, cùm sine his formis præclara etiam inuēta, facilè ab imperita multitudine contēnantur.

Cùm igitur (vt ad institutū redeā) meus hic labor, vt felicissimè cederet (quod vix sperare possum) ad solam rerū inuentionem pertineat (quæ, nisi accedat etiam eloquendi & pronunciandi ratio, parū vtilitatis esset allatura) adieci animū, & pro ingenioli mei facultate de eloquendi quoq; & pronunciādi ratione aliquid scriberē: ne in hac parte adeò necessaria, cōcionatorū studijs & vtilitati deessem, frustraq; tantū in scribēdis concionib. laborem insumpsissem. Diuina igitur ope nixus, aliquid supra vires meas, studio magis iuuandi, quàm fiducia ingenij fretus, aggressus sum. Itaq; per oratoriæ artis præcepta (quæ adolescens attigerā) oculos circunducens, ea, quæ ad munus hoc cumprimis necessaria esse videbātur, excerpere decreui. Vt enim Orator à Dialectico propter eius artis cognationē multa sumit (cùm finis vtriusq; sit fidē dicendo facere) ita multū etiam inter concionandi & orādi munus affinitatis est: cùm & concionator, quemadmodū & orator, persuadere studeat, & vterq; non in scholis apud eruditos, sed in concione apud populū dicat: qui nō solùm rationibus euincendus, sed affectibus etiā commouendus, varijsq; dicendi figuris & orationis splendore alliciendus est. Ex horū igitur officina nonnulla officio nostro accōmodata delibaui: quæ quantū instituta libelli huius breuitas patitur, sanctorū Patrum exēplis illustranda curaui. Quia enim Rhetores totū hoc dicendi artificiū ad ciuiles controuersias accōmodârunt, exempla quoq; ad id pertinentia posuerūt, quæ parum institu-

instituto nostro conueniunt. Equidē voluissem, vt non modò exempla, sed etiam præcepta ipsa ad solā concionandi facultatem pertinerent, neq; quicquam in hoc opere esset quod Gentiliū literas redoleret. Quia tamen tota hæc disciplina ex Rhetorum fontibus hausta est, qui eam ad iudiciales causas tractandas excogitârunt fieri non potuit, quin & dicendi præcepta, & exempla, quæ ad institutum nostrum minus pertinere videbantur, huic operi admixta fuerint. Quæ tamen nō prorsus otiosa erunt: quandoquidē facilè ex similibus similia intelliguntur: Erit fortasse alius, cui plus otij suppetat: qui quod nos primū cœpimus (vt facilè est inuentis quædam adijcere) multò pleniùs atq; feliciùs hoc opus absoluat: & Rhetoricam ipsam (vt ita dixerim) ex omni parte Christianā nobis efficiat. Ex sacris aūt literis, ac præcipuè ex Prophetarū libris nonnulla exempla deprompsi. Fuerunt enim Prophetæ cœlestes concionatores à Deo ad homines erudiendos, & corruptos eorū mores castigandos destinati: qui tamen sine arte, artificiosissimè, hoc est, eloquentissimè dixerūt: vtpotè qui nō spiritu Rhetorico, sed Spiritu sancto afflati locuti sunt. Cuius cùm perfecta sint opera, eosdem quoq; perfectissimo docendi atq; dicendi munere donauit. Is enim, qui continet omnia, scientiam quoque habet vocis, linguasq; infantium disertas facit. Cuius rei cùm innumera penè proferre exēpla possem, priora quindecim Hieremiæ capita pio Cōcionatori spectanda propono. In quibus diuinus hic orator tāta vi dicendi fertur, tot figuris orationis, tot affectibus, tot metaphoris atq; alijs id genus tropis redūdat, tantaq; dicēdi acrimonia ardet, totq; subinde personas induit, & in tot vult' atq; figuras orationē flectit, vt neq; Pericles, qui fulgurare & permiscere Græciā dictus est, cum hoc diuino

diuino oratore vlla ratione sit cõparandus. Cuius spiritum & affectum, diuinæ gloriæ studio flagrantem, vtinam concionatores omnes exprimere atq; imitari contenderent. Simili quoq; orationis impetu pluribus in locis sese Ezechiel propheta effert: præsertim cùm Iudæorum peccata corripit, & cùm perfidi & ingrati animi crimen illis impingit: quod mira dicendi copia cap. 16. facit. Idem argumentum simili magniloquentia, & verborum amplitudine atq; affectibus persequitur Moses in sublimi illo Cantico, cuius initiũ est, Audite cœli quæ loquor, audiat terra verba oris mei.

Quod autem præcepta quæ scribimus, multis interdũ exemplis oneramus, id quidem non temerè à nobis factum est. Neque enim pueris, qui Rhetorum cura & magisterio instituuntur, sed concionatoribus scribimus, quibus exempla magistri vice futura sunt: vtpotè quæ præcepta ipsa aptißimè declarant. Cùm enim hæc dicendi facultas (vt Rhetoribus placet) constet arte, imitatione, & exercitatione, exempla quidem imitationis vice sunt, ad quorum normam orationem nostram formare debemus. Nos tamen hic etiam rei studioso Lectori gratificari volentes, ea potißimum exempla delegimus, quæ essent grauibus referta sentẽtijs: vt etiam si artis exempla non essent, digna tamen essent, quæ legerentur. In quibus tamen afferendis cùm nihil ex nostro adiecerimus, nonnulla tamen quæ minus necessaria videbantur subtraximus, ne nimia longitudine lectori fastidium pareremus.

Cæterùm vt quem ordinem in hoc opere secuti sumus, concionator intelligat, animaduertendũ est, quinque præcipuas Oratoris partes esse, nempè inuentionem, dispositionem, elucutionem, memoriam, & pronunciationem. Ex his aũt partibus memoriã ab arte se-

cernimus,

ternimus, quòd ea natura magis, quàm arte constare videatur. Hac verò parte sublata, aliarũ rationem tradere instituimus. Quamuis enim hũc laborem propter elocutionis & pronunciationis necessitatem pracipuè susceperimus, tamen de reliquis duabus, nempè inuentione, & dispositione ea pracepta tradere voluimus, qua non ad ciuiles controuersias (quod Rhetores faciunt) sed ad concionandi munus commodiora videbantur. Sed priùs tamen, quàm hac ipsa attingamus, de Rhetorica artis origine, vtilitate, & necessitate, deq; eius artifice Ecclesiaste, hoc est, de eius studijs, moribus, & officij dignitate ante omnia dicendũ fuit. Cui quidem argumento primus sanè liber deseruit: secundus probandi atq; argumentandi rationem continet: tertius amplificandi, & affectus concitandi pracepta tradit: quartus varia concionum genera, varios q; cõcionandi modos, partiumq; concionis rationem ordinẽq; describit: quintus elocutionem: sextus verò pronũciandi rationem, & nonnulla ad benè dicendum documenta prabet. His igitur sex libris totum hoc dicendi artificium absoluimus.

Quamuis aũt in prioribus libris ea, qua ad inuentionis rationem (quã primam inter quinq; artis huius partes esse diximus) disseramus, tamen quia elocutio adeò cũ inuentione coharet, & connexa est, vt vix ab ea diuelli posit, multa etiam, qua ad declarationis artem pertinebant, illi adiungenda putauimus, vbi hoc ipsum rerum natura atq; cognatio exigere videbatur. Hac studiosum Cõcionatorem ante huius operis initiũ admonenda iudicauimus, vt consilij nostri rationem, quam in eo secuti sumus, planam illi faceremus.

DE RHETORICAE ARTIS ORIGINE.

Caput I.

SVMMVS ille rerum omnium conditor & moderator Deus, qui omnia fecit in numero, pondere, & mensura, sic naturam humanam instituit, vt in ea & disciplinarum omnium, & virtutum semina animis nostris ingeneraret: quę nos postea partim diuina ope, partim industria atque labore nostro adiuti, excoleremus, & ad suum finem perduceremus. Atque vt religionis cæterarumque virtutum moralium officia omittamus (quarum in mentibus nostris semina cum ipsa natura orta sunt) quid tam proprium rationali creaturæ, quàm ratiocinari, ac disputare, & fidem dicendo facere? Ipsa tamē ratio atque disciplina ratiocinandi atque argumentādi artem excogitauit, & varia præcepta inuenit: quibus quod naturæ instinctu atque beneficio sine doctore agimus, arte atque doctrina accuratiùs ageremus. Nec hoc solùm in disciplinarum atque virtutum studio, sed in cæteris quoque actibus, quæ ad corporis cultum pertinent, locum habet. Initio nanque mundi homines necessitate vrgente atque docente, cementariorum, fabrorum, & sarcinatorum officijs fungebantur: postea tamen studio atque diligentia, harum rerum artes inuentæ sunt, quibus hæc ipsa, quæ tunc natura sola docente, minus perfectè fiebant, longè perfectiùs & exactiùs fierent Vnde illa ab omnibus recepta sententia manauit, arte perfici & consummari naturam: illa enim initium peperit, hæc verò consummationem & veluti formam rebus addidit, extremamque illis manum apposuit. Quocirca verissima illa Fabij sententia putanda est, qua nihil licet esse perfectum, nisi vbi natura, cura iuuetur. Cùm igitur persuadere, & fidem cõtradicentibus & reluctantibus dicendo facere, & in suam sententiam adducere, rudes etiam homines natura docente faciant, ars etiam dicendi à sapientissimis hominibus excogitata est, qua id absolutiùs & commodiùs fieri posset. Cùm enim hoc rudes & indocti homines imperfectè & indecorè faciant, alij autem peracuto ingenio & doctrina singulari præditi, ornatissimè, & appositissimè, & cum quadam dignitate faciant, vtrorumque dicendi rationem primi huius artis inuẽtores diligentissimè obseruarunt, & hac obseruatione, benè dicendi artem excogitarunt. Nam & qui præclarè à natura ad dicendum instructi sunt, & qui pessimè etiam dicunt, non vulgarem huiusmodi obseruationibus materiam præbent. Ex illis enim virtutes, quas imitari: ex his verò vitia, quæ fugere debeamus, auditor minimè stupidus colligere poterit. Vnde non ineleganter disertissimus quidam concionator, rudem huius officij tyronem de ratione rectè concionandi interrogantem, ad pessimum quendam concionatorem audiendum remisit, & modum, quo ille concionabatur, diligenter annotare præcepit, nihilque prorsus eorum quæ ille gessisset agere consuluit: atque ita demũ fieri posse, vt præclarus dicendi artifex euaderet, si omnia illius vitia studiosè caueret. Hac autem ratione primi oratoriæ artis scriptores dicendi peritos & imperitos audiendo, artis præcepta inuenerunt. Hoc autem ante Ciceronem eloquentiæ parentem cumulatissimè præstitit Aristoteles. De quo sic idem Cicero ait: Veteres quidem scriptores artis vsque à principe illo atque inuentore Tysia repetitos, vnum in locũ conduxit Aristoteles, & nominatim cuiusque præcepta magna conquisita cura perspicuè conscripsit, atque enodata diligenter exposuit, ac tantum inuentoribus ipsis suauitate & breuitate dicendi præstitit, vt nemo illorum præcepta ex ipsorum libris cognoscat: sed omnes qui quod illi præcipiant velint intelligere, ad hũc, quasi ad quendam multò commodiorem explicatorẽ reuer-

Cic. lib. 2. Rhet. ve.

reuertantur. Atque hic quidem ipse, & sese ipsum nobis, & eos qui ante se fuerant, in medio posuit: vt cæteros & seipsum per se cognosceremus. Ab hoc autē qui profecti sunt, quanquam in maximis Philosophiæ partibus operæ plurimum consumpserunt (sicut & ipse, cuius instituta sequebatur, fecerat) tamen permulta nobis præcepta dicendi reliquerunt. Atque alij quoque alio ex fonte præceptores dicendi emanarunt, qui item permultum ad dicendum, si quid ats proficit, opitulati sunt. Hactenus Cicero.

De Rhetoricæ artis vtilitate & necessitate. *Cap. II.*

EX his autem quæ diximus, satis liquet, eos, qui ad populū concionantur, plurimū Rhetoricæ artis adminiculo iuuari posse. Cùm autē aliarum artiū studia ad pleniorem sacræ Theologiæ intelligentiam necessaria esse credamus, cur non etiam benè dicendi artem ad concionandi officium felicius tractandum arripiamus? Constat enim Theologos nostros iam pridem vocasse ancillas ad arcem, hoc est, philosophiam omnem, rationalem, naturalem, ac moralem ad sacræ Theologię obsequium & stabilimentum attulisse. Gloriatur & nostro seculo Hieronymus Vidas poeta clarissimus, quòd sordidas Gentilium poetarum musas ad Iordanem fluuium adduxerit, easque ab omni spurcitia, quam à Gentilium Poetis traxerunt, vndis Iordanicis expurgasse, & Euangelicæ historiæ, diuorumque laudibus celebrandis consecrasse. Quæ cum ita sint, cur quæso Rhetoricen, hoc est, benè dicendi artem ab Aristotele scientiarum omnium antistite, cæterisque sapientissimis viris summo consilio excogitatam, multisque posterorum accessionibus auctam & locupletatam, non ad concionandi officium accommodabimus? Si enim qui in philosophiæ & Theologiæ studijs atque disputationibus versantur; Dialecticam artem prius sibi comparant, cuius præceptis instructi, & argumentari, & argumentis respondere; & fidem dicendo facere commodius possint:

non minus Rhetorica perdiscenda est, qua populo quę volumus, suadere possimus, hoc est, non modò ità dicere, vt vera esse quæ dicimus, credat: sed (quod est difficiliùs) vt quæ vera & honesta crediderit, exequatur. Quocirca si nemo in Philosophicis & Theologicis disputationibus cum laude versari poterit, nisi disputandi arte instructus sit: ita vix quisquam nisi vel diuino spiritu afflatus (quod Prophetis & Apostolis contigit) vel felicissimo ingenio & ad dicendum apposito natus sit (quod rarissimis contigit) sine huius artis præsidio felix esse inconcionãdo poterit: vel certè multò ornatiùs atque commodiùs munus hoc administrabit, quisquis diligenti huius artis studio fuerit adiutus. Quocirca non immeritò multorum concionatorum accusanda negligentia est, qui sine huius artis præsidio ad hoc officium accinguntur. Vehementer enim indignum esse iudico, pulcherrimum hoc munus, maximeque in Ecclesia necessarium, omniumq; difficillimum, absque vlla institutione & dicendi ratione tractari: cùm ne artes quidē sedentariæ, nisi pręuia institutione atq; disciplina exerceri commodè valeāt. Quod quidem in causa esse puto, vt inter tam multos concionatores, quibus templa vbique personant, vix vn⁹ aut alter inueniatur, qui aptè, copiosè atq; ornatè dicat: multoque pauciores, qui improbos homines ad veteris vitæ pœnitentiam, & virtutis studium dicendo traducant.

Quia verò huius ego rei parum idoneus testis sum, nonnulla clarissimorum autorum exempla in mediū proferam: atque in primis grauissimi Philosophorum

Plutarc. omnium Plutarchi: qui de hac dicendi facultate in Politica sic ait: Non rhetoricam suadendi opificem, sed adiutricem esse debemus existimare. Qua ratione illud est corrigendum Menandri: Mores dicentis sunt, qui persuadent, non oratio. Re enim vera vtrunq; est, quod rem efficit: mores nimirum atque oratio: nisi quisquam dicere velit, nauem à gubernatore dumtaxat dirigi, non à clauo quoque: & equitem esse, qui equum in giros verset, non etiam frænum: item ciuitatē quo-

que

que oratorum vita & moribus regi, non & oratione: nempe qua veluti gubernaculis ac fræno vtantur, quibus maximè versatile animal homo (vt Plato inquit) tanquam è puppi regatur atque versetur. Homo certè priuatus de veste atque habitu populari ciuitatem regere, multitudinis moribus modũ facere nunquam poterit, ni oratione & eloquentia prædictus sit, qua vna suadeat, afficiat, flectat, ducatque multitudinem. Lupum quidem aiunt auribus teneri non posse: populũ autem inde maximè duci oportet. Hactenus Plutarchus Hanc autem aptæ orationis vim atque potentiam appositissima similitudine declarat Demetrius Phalereus, armis eam & ferro comparans. Quantum enim in bello valeret ferrum, tantum dicebant in Rep. valere orationem. Illic enim res geritur viribus, hic persuasione. Hinc Pyrrhus Epirotarum rex dicere solebat, plures vrbes additas suo imperio oratione Cyneæ oratoris ac legati, quam suis armis, vt Valerius Max. autor est. *Demet.* *Val. Ma.*

2.

Sed inter has tamen insignium virorum laudes, adijciam quid de huius artis vtilitate atque præstantia disertissimus Rhetorum Fabius dicat: Primùm enim quorundam orationem commemorat, qui hanc artem maledictis incessebant, deinde verò eius defensionem & insignem vtilitatem & dignitatem exponit his verbis: Sequitur quæstio, an vtilis Rhetorice: nam quidam vehementer in eam inuehi solent, & quod sit indignissimum, in accusationem orationis vtuntur orandi viribus: Eloquentiam esse quæ pœnis eripiat scelestos, cuius fraude damnentur interim boni, consilia ducantur in peius: nec seditiones modò, turbæque populares, sed bella etiam inexpiabilia excitentur. Quo nomine & Lacedæmoniorum ciuitate expulsam fuisse aiunt, & Athenis quoque (vbi actor mouere affectus vetabatur) quasi recisam orandi potestatem. Huic igitur calumniæ sic Fabius respondet: Hoc sanè modo, inquit, nec duces erunt vtiles, nec magistratus, nec medicina, nec denique ipsa sapientia: cùm in his qui Philoso- *Fab. lib. 2.*

losophorum nomine malè vtuntur, grauissima non
nunquam flagitia deprehensa sint. Cibos aspernem u
attulerunt sæpe valetudinis causas: nunquã tecta sub
eamus, super habitantes aliquando procumbunt: no
fabricetur militi gladius, potest vti eodem ferro latro
Quis nescit ignes, aquas, sine quib⁹ nulla sit vita, & (n
terrenis immorer) Solem, Lunamque, præcipua sy
derum, aliquando etiam nocere? Nonne perterrito
militum animos frequenter à metu reuocat oratio? &
tot pugnandi pericula ineuntibus, laudem vita potio
rem esse persuadet? Nec verò Lacedæmonij, aut A
thenienses me magis mouerint, quàm populus Ro
manus, apud quem summa semper oratoribus dign
tas fuit. Equidem nec vrbium conditores reor alite
effecturos fuisse, vt vaga illa multitudo coiret in pop
los, nisi docta voce commota: nec legum repertores s
ne summa vi orandi consequutos, vt se ipsi homin
ad seruitutem iuris astringerent. Quin ipsa vitæ præ
cepta, etiam si natura sunt honesta, plus tamen ad fo
mandas mentes valent, quoties pulchritudinem re
claritas orationis illuminat. Quare etiam si in vtra
que partem valent arma facundiæ, non tamen est a
quum id haberi malum, quo benè vti licet. Verùm h
apud eos forsitan quærantur, qui summam Rhetori
ces ad persuadendi vim retulerunt. Si verò est benè d
cendi scientia (quem nos finem sequimur) vt sit or
tor in primis vir bonus, vtilem certè esse eam confite
dum est. Et Hercle Deus ille princeps, parens rerum
fabricatorque mundi, nullo magis hominem separ
uit à cæteris, quæ quidem mortalia essent, animalib
quàm dicendi facultate. Nam corpora quidem magn
tudine, viribus, firmitate, patientia, velocitate præst
tiora in illis mutis videmus, eadem minus egere a
quisitæ extrinsecus opis. Nam & ingredi citiùs, & p
sci, & tranare aquas, citra docentem natura ipsa sciu
Et pleraque contra frigus ex suo corpore vestiunt
& arma his ingenita quædam, & ex obuio ferè vict
circa quæ omnia multus hominibus labor est. Rati
nem igitur nobis præcipuam dedit, eiusque nos soci

esse cũ Dijs immortalibus voluit. Sed ipsa ratio neque tam nos iuuaret, neq; tam esset in nobis manifesta, nisi quæ cõcepissemus mẽte, promere etiã loquendo possemus: ꝙ magis deesse cæteris animalibus, quàm intellectũ & cogitationẽ quandem videmus. Nã & moliri cubilia, & nidos texere, & educare fœtus, & excludere, quin etiã reponere in hyemem alimenta, & opera quædã nobis inimitabilia (qualia sunt cerarum, ac mellis) efficere, nonnullius fortasse rationis est: sed q a carent sermone quæ id faciunt, muta atq; irrationabilia vocantur. Deniq; homines, quibus negata vox est, quantulũ adiuuat animus ille cœlestis? Quare si nihil à Dijs oratione melius accepimus, quid tam dignũ esse cultu ac labore ducamus, aut in quo malimus præstare hominibus, quam quo ipsi homines cæteris animalibus pręstent: Nonne pulchrũ vel hoc ipsum est, ex cõmuni intellectu verbisq;, quib⁹ vtantur oẽs, tantũ assequi laudis & glorię, vt nõ loqui & orare, sed ꝙ Pericli contigit, fulgurare, ac tonare videaris? Hactenus Fab.

Quod si quis hæc testimonia, quoniã Ethnicorum hominum sunt, parui facienda putet, in Ecclesiæ colũnas & clarissima mundi lumina, nempe sanctissimos Doctores Latinos pariter & Græcos oculos conijciat, videbitq; nullã in eorũ scriptis eloquentiæ partẽ defuisse. Qua de re Ioannes Ang. Episcopus Cicestrensis in Ecclesiasticæ historiæ præfatione, quam is modò latinam fecit, sic ait: Quid de veterum Gręcorũ scriptis statuemus, qui & acutè ad veritatis disquisitionem, & copiosè ad mentes hominis flectendas sacra Dei eloquia explicauerunt? Nemo enim opinor est adeò à ratione auersus, qui non illis summã eloquentiam tribuat. Quis enim Chrysostomo, vel verbis disertior, vel crebrior sententijs, vel numeris & tota orationis circũscriptione iunctior? Aureum flumen Aristotelem olim fudisse dixit Tullius: nos verò Chrysostomũ ex aurea ore aureum & diuinum orationis flumen fundere meritò dicamus. Cuius verba adeò propria, leniterq; fluẽtia, vt nihil nitidius dulciúsue: cuius sentẽtiæ adeò sapiẽtes, vt diuinitùs ad eũ delatæ, nõ humana indole *Ioa. Ang.*

 inuen-

inuentæ videantur: cuius structura verborum sic conclusa, vt non longo anfractu, qui parit obscuritatem, sed ambitu circunscriptæ terminato incedat. Nihil in eo, quod non præstantis eloquentiæ tanquam effigiem repræsentet. Quòd si ita aliena lingua loqueretur, vt loquitur sua (quod vel vix, immò ne vix quidem fieri potest) tum vt iam paucis, ita tum plerisque omnibus eius diserta oratio excitaret admirationem. Quis Basilio magno in polienda oratione exquisitior, in amplificanda vberior, in toto dicendi artificio limatior? Cùm deterret à vitijs, nemo commotior: cùm ad virtutem incitat, nemo ardentior: cùm res ob oculos ponit, nemo, vt ita dicam, pictior. In eo & nerui sunt ad conuincendum, & mira ad leniendũ suauitas. In quancunque partem orationem ita facilè torquet, vt in rebus grauioribus altiùs in dicendo se tollat, & incitatiùs feratur, in tenuioribus leniter & placidè fluat & nonnihil de contentione remittat. Quem sanè quidam vir eruditus non veritus est Christianum Demosthenem appellare. Quid Gregorium Nazianzenum hoc loco commemorem? quis aliquãdo pũgit acutiùs, quis orationem arctiùs colligat? Quẽ in oratione soluta Thucydidis imitatorem, in carmine Homeri æmulum rectissimè dixeris. Nam in oratione breuis & compressus est. Verborum numerum (sic Tullius de Thucydide) sententiarum numero consequitur. Non vagum in eo rationis genus, sed constrictum numeris, non longiùs excurrens, sed breui circuitu definitum apparet. Carmen plenum & grande fundit, sententijs Christi locuples, verbis Homeri disertum. Quare siue solutum orationis genus & liberũ, siue (vt Poetarum mos est) numeris paulò astrictiùs sequitur, semper magnus, semper in dicendo excellens videtur. Qua verò is auiditate studijs eloquentiæ operam dederit, ipse in oratione funebri super Cæsarij fratris obitu explicat, cùm illum ait Philosophiæ perdiscendæ gratia Alexandriam petiuisse, se verò (vt eius verbis vtar) oratoriæ artis amore inflammatum, in Palæstinæ academijs tum florentissimis pe-

Gregor. Nazian.

pedem fixisse. In cuius artis studio tantum profecit, vt Lybanius Sophista clarissimus ea tempestate eius artis professor, à discipulis rogatus, quis illi dignus videretur, qui eius cathedram post mortem susciperet, Gregorius, inquit, ille, nisi Christianus esset. Erat enim idolorum cultor Lybanius. Hæc de Græcis scriptoribus.

Ex Latinis verò primum Hieronymum proferamus in medium, cuius tanta fuit in scribendo facultas, vt omnes propè eloquentiæ numeros expleuerit. Quando in aciem cum hæreticis prodit, nemo pugnacior, aut qui plus habeat lacertorum: quando respondet obtrectatoribus, nemo feruidior, nemo acrior: quãdo res gestas narrat, nemo elegantior: quando funebrẽ orationem instituit, nemo ad consolandum aptior, ad laudandum copiosior: quando familiariter cum amicis & necessarijs per literas colloquitur, nemo suauior, nemo comptior. Mirum est videre, quo pacto in tota oratione, paria paribus, contraria relata contrarijs, iam verba duplicata, iam iterata, iam breuiter commutata, sententias perpulchrè illuminent. Aut igitur pellatur Hieronymus, aut laudetur à Christianis eloquentia: ita tamen, vt inde nos non nobis ipsis falsas gloriæ vmbras, quæ de repentè euanescunt, aucupati, sed ad Ecclesiæ exædificationem, & ad veram Dei gloriam, cui omnis honos decusq; impertiendum est, eã perpetuò retulisse videamur. Hæc omnia ex Ioanne Angelo. Diuo autem Hieronymo beatissimus Martyr Cyprianus meritò copulandus est: cuius eloquentiam his verbis Lactantius Firmianus commendat. Vnus igitur præcipuus & clarus extitit Cyprianus, quoniam & magnam sibi gloriam ex artis oratoriæ professione quæsierat, & admodum multa conscripsit in suo genere miranda. Erat enim ingenio facili, copioso, suaui, & (quæ sermonis maxima est virtus) aperto: vt discernere nequeas, vtrum ne ornatior in eloquendo, an facilior in explicando, an potentior in persuadendo fuerit. Hactenus Lactantius. Eiusdem verò Lactantij eloquẽtiam D. Hierony. vnicè miratur, ipsumque Tullianæ

Lact. lib. 5. diuin. inst.

Idem li. 2.

eloquentiæ flumen appellat. Qui initio statim diuinarum institutionum his verbis eloquentiæ facultatem commendat. Multum inquit, nobis exercitatio illa fictarum litium contulit, vt nunc maiori copia & facultate dicendi causam veritatis peroremus: quæ licet possit sine eloquentia defendi, vt est à multis sæpè defensa, tamen claritate ac nitore sermonis illustranda, & quodammodò differenda est: vt potentiùs in animos influat & vi sua, & instructa religione, & luce orationis ornata.

II.

Sed ne quis nos exemplis solùm sanctissimorū Patrum, non etiam ipsorum testimonijs eloquentiæ causam agere putet, vnum Augustinum in medium proferam, qui 4. de doctrina Christina lib. non solùm præcepta multa, quæ ad hanc artē pertinerent, tradidit, eaque multis exemplis illustrauit, sed eam quoque commendat his verbis: Cùm per artem Rhetoricam & vera suadeantur & falsa, quis audeat dicere, aduersus mendacium in defensoribus suis inermem debere consistere veritatem: vt videlicet illi, qui res falsas persuadere conantur, nouerint auditorem vel beneuolum, vel intentum, vel docilem procemio facere, isti autem nō nouerint? illi falsa breuiter, apertè, verisimiliter: & isti vera sic narrent, vt audire tædeat, intelligere nō pateat, credere postremò non libeat? Illi fallacibus argumentis veritatem oppugnent, asserant falsitatem: isti nec vera defendere, nec falsa audeant refutare? Illi animos audientium in errorem mouentes impellentesque dicendo terreant, contristent, exhilarent, exhortentur ardenter: isti pro veritate lenti frigidique dormitent? Quis ita desipiat, vt hoc sapiat? Cùm ergo sit in medio posita facultas eloquij, quæ ad persuadenda seu praua, seu recta valeat plurimùm, cur non bonorum studio comparatur, vt militet veritati, si eam mali, ad obtinendas peruersas vanasque causas, in vsus iniquitatis & erroris vsurpant? Sed quæcunque sunt de hac re obseruationes, atque præcepta (vnde fit illa quæ facundia vel eloquentia nominatur) seposito ad hoc

hoc congruo temporis spatio, apta & cōuenienti ætate discenda sunt eis, qui hoc celeriter possunt. Nam & ipsos Romanæ eloquentiæ principes non piguit dicere, quòd hanc artem, nisi quis citò possit, nunquam possit omnino perdiscere. Hactenus August. Cuius tam illustri testimonio non solùm nouam hanc consilij mei rationem tueri potero, sed gratiam quoque apud huius officij studiosos inire (apud eos præsertim, qui varijs occupationibus districti sunt) quod eos duplici molestia liberauerim: altera, euoluendi varia & perplexa Rhetorum præcepta, quæ illi magnis voluminibus tradiderunt: altera, eligendi ea potissimum, quæ instituto nostro essent accommodata: cum plurima illi ad ciuiles controuersias in foro & iudicio tractandas excogitauerint: quæ ad nos minimè pertinent.

III.

Si quis autem artis obseruationem impedimento esse dicat, quò minus ex animo atque impetu diuini spiritus concitati dicere videamur; huic ego respōdeo, quòd quemadmodum qui Latinam linguam ex Grāmaticæ præceptis addiscit, cum primum loqui aut scribere incipit, mentem quidem ad artis leges & præcepta conijcit, ne quid contra ea faciat: vbi verò longo vsu atque exercitatione rectè loquendi rationem assequutus est, iam tum non, vt ante præcepta, consulit, sed sola loquendi consuetudine ductus, ex arte quidem, sed sine arte perfectè & inoffensè loquitur: ita hæc oratoriæ artis præcepta initio ardorem atque feruorem spiritus nonnihil refrigerabunt: vbi tamen ars dicendi cōsuetudine in naturam quoddammodo versa est, egregij artifices sic ex arte dicunt, quasi sola naturæ vi instructi dicerent. Habitus enim ille multa exercitatione confirmatus (quem Philosophi non multiplicem, sed simplicem qualitatem esse dicunt) sic in naturam vertitur, vt à natura ipsa inditus, non aliundè ascitus esse videatur. An quisquam credat D. Chrysostomo, Basylio, eiusque fratri Gregorio Nyssæno, & Cypriano (qui omnes & eloquentissimi fuerunt, Simil.

& ar-

& artificiosissimè dixerunt) impedimento artem fuisse, quò minus flagrantissimo studio atque affectu Dei causam agerent, & homines ab improbitate ad iustitiã reuocarent?

Cæterùm ne nihil sit in hac parte, cui oratio nostra non occurrat, illis quoque respondendum est, qui hoc præcipuè nomine eloquentiæ studia negligunt, quòd Diuum Hieronymum sciant diris plagis vapulasse, quòd Ciceronianus esset, non Christianus. Quanuis autem idem Diuus Hierony. ad Rufinum scribens, hoc fuisse somnium dicat, meritò tamen illum vapulasse confitemur, non quòd Ciceronianus esset, sed quòd ita se Ciceronis studio addixisset, vt sacrarum literarũ studium (quòd incultus illi sermo horrorem pareret) prorsus negligeret. Quàm multa enim sunt in vita necessaria, quorũ tamẽ immodicus vsus noxius est? Quid enim magis ad vitam tuendam quàm cibus, & potus, & vitalis calor, & sanguis? Nihil tamen horum est, quod vbi modum excessit, non vel perniciem vel mortem afferat. Sic etiam & diuitias & honores appetere moderatè licet: quorum tamẽ immodicus amor, cùm eò vsque hominem perducit, vt diuinas leges earum causa violare non vereatur, nocentissimus est. Ad hũc ergo modum sic aliquem Ciceronis lectioni incumbere, vt sacrarum literarum studia negligat, quis non meritò obiurgandum putet? Iure ergo D. Hieronym. hoc nomine vapulauit. Quòd verò nonnulli aduersus eloquentiam illud Apostoli afferunt, quòd is non in sapientia verbi, hoc est, nequaquam humanæ eloquentiæ aut Philosophiæ disciplinis instructus annũciauerit Christum: idem huic accusationi respondet, cùm protinus subdit, ne euacuetur crux Christi. Summa enim crucis Christi gloria extitit, quòd rudium piscatorum opera atque doctrina (qui nullis terrenæ sapientiæ disciplinis instructi erant) Diaboli aras euerterit, imperatorum potentiam aque sæuitiam fregerit, & mundum imperio suo subiugauerit. Ne igitur hæc tanta gloria aliqua ex parte obscuraretur, non debuit vtique Christi fides insignium Philosophorum, aut cla-

clarissimorum oratorum facundia propagari, ne hoc tantum opus magis terrenæ sapientiæ, quàm omnipotentis Dei & crucis virtuti ascriberetur. Iam verò quòd quidam dicunt, infelices nostri seculi hæreticos solius eloquentiæ armis catholicam fidem impugnasse, hoc planè argumentum pro nobis est. Si enim tanta eloquentiæ vis est, vt impudentissima mendacia honestare dicendo possit, quanto magis verissima atque sanctissima catholicæ fidei dogmata eadem dicendi vis tueri, & fraudes atque impietatem hæreticorum detegere poterit: cùm præsertim illi ea mente sint, vt omnia quæ rudi atque impolita oratione aduersus illorũ blasphemias scribuntur, exsibilent, rideant, & ne lectione quidem digna putent? Hac enim de causa eloquentiæ studia negligere, perinde est, ac si quis ferreis globis sulphureo puluere iactis, vti nos minimè debere sentiret, quòd his armis Turcarum Rex magnã Christiani orbis partem sub imperium atque ditionem suam subiunxerit. Hac enim de causa multò magis nos eisdem aduersus illum armis (quæ tantum habeant virium) pugnare debere certum est. Hæc de huius artis commendatione præmonenda esse duximus, partim vt quorundam obtrectationibus responderemus, partim etiam vt pius Ecclesiastes maiori se studio & alacritate huic disciplinæ traderet: quæ tantum illi opis ad munus suum feliciter exequendum præbere poterit. Nunc quoniam de artis commendatione satis dictum est, de artifice ipso, nempe Ecclesiaste, de eius studijs, moribus, & officij dignitate atque facultate pauca prius tradenda sunt, priusquam ad singularia artis precepta veniamus.

De concionandi officio, & insigni eius dignitate. *Cap.* III.

VT autem Ecclesiastes ex his nostris lucubrationibus: atque adeò ex toto concionãdi munere sibi alijsque salutaris esse queat, visum est ante huius operis initium, documenta quædam præscribere, quæ huius officij candidatis non parum vtilitatis allatura sint.

Interea verò, illud primum & omnium maximũ sit: vt Ecclesiastes ante omnia, huius officij dignitatem & maiestatem penitùs exploratam atque perspectam habeat. Ea verò primùm intelligi poterit ex eorum digni tate, quibus hoc officium à Deo demandatum fuit: qui sanctissimi Prophetæ, ac deinde Apostoli Prophetarum filij extitere. Sed multò mirabilius est, quòd idem ipse Prophetarum & Apostolorum Dominus in mundum venire, & per se munus hoc obire dignatus sit. Multifariè enim, multisque modis olim Deus lo-
Hebr. 1. quens Patribus in Prophetis, nouissimè diebus istis locutus est nobis in filio, quem constituit hæredem vniuersorum, per quem fecit & secula. Hinc ipse de se filius ait: Ego in hoc natus sum, & ad hoc veni in mun-
Ioan. 19. dum, vt testimonium perhibeam veritati. Et apud E-
Esai. 30. saiam: Et erunt, inquit, oculi tui videntes præceptorẽ tuum: & aures tuæ audient vocem post tergum monentis. Hæc est via, ambulate in ea. Et apud Ioelem:
Ioel. 2. Et filij, inquit, Sion, lætamini in Domino Deo vestro, quia dedit vobis doctorem iustitiæ. Ex quibus locis, alijsque, quæ longum esset recensere, apertè liquet, quãta huius officij dignitas sit: quando eius ministrum & principem, ipsum Dei Filium, Verbum & Sapientiam Patris extitisse confitemur. Cui deinde Apostoli successerunt: qui primitias Spiritus accipientes, Eccleси-
2. Cor. 5. am doctrina sua fundauerunt. Horum enim est illa vox Pro Christo legatione fungimur, tanquam Deo exhortante per nos. Nec ministrorum modò dignitas, sed ministerij quoque finis, eius dignitatem apertè declarat. Finis autem est, diuinę maiestatis gloria, & pereuntium animarum salus: quas Euangelicus concionator ex teterrimi draconis faucibus ereptas, ad sempiternæ felicitatis pascua transmittit: & id perficere studet, quod Christi Domini mors & sanguis operatus est. Neque hoc ingens beneficium in vnum aut alterũ hominem, sed in omnes ad quos vox eius peruenerit, conferre nititur. Itaque si ex fine, rei dignitatem, vt par est, metiamur, nihil hoc fine maius, aut sublimius excogitari potest: vt illud etiam adiungam, quod in om-

nium ore versatur: nempè, bonum quantò communiùs, tantò esse diuiniùs. At concionum fructus & vtilitas ad omnes homines quàm latissimè patet.

Certat autem cum officij dignitate magnitudo meriti. Sic enim spiritualium rerum naturam conditor instituit, vt quæ essent dignissima & honestissima, parem cum dignitate vtilitatem & meritum haberent, si non in hac vita, certè in altera: quod in hoc officio videre licet, in quo discernere nequeas, maior ne vtilitas, an dignitas sit. Quod passim sacræ literæ testãtur. Hinc Iacob. Apost. Qui conuerterit, inquit, peccatorem ab errore viæ suæ, saluabit animam eius à morte, & operit multitudinem peccatorum. Et Dominus in Euangelio: Qui fecerit, inquit, & docuerit, hic magnus vocabitur in regno cœlorum. Et Daniel Propheta. Qui, inquit, docti fuerint, fulgebunt quasi splendor firmamẽti: & qui ad iustitiam erudiunt multos, quasi stellæ in perpetuas æternitates. Hac verò de causa, eos Dominus sal terræ, lucem mundi, lucernam super candelabrum, & ciuitatem supra montem positam appellat. Deniq; ea est meriti & dignitatis magnitudo, huic ministerio à Domino proposita, vt quemadmodum Virginibus atque Martyribus aureola quædam (vt appellant) in cœlis reposita est (quæ in illis incorruptæ carnis virorem, in his verò inuictæ virtutis constantiam singulari quadam gloria remunerat) ita Doctoribus similis aureola & corona in cœlo parata est: propterea quòd non modò ipsi virtutis & iustitiæ propositũ tenuerunt, sed alios etiam ad simile virtutis studium doctrinæ suæ ministerio excitarunt: quæ res inter clarissimas Præcursoris Domini laudes numeratur: quòd videlicet multos filiorum Israel ad Dominum esset doctrina sua pertracturus.

Iacob. 5. *Matt. 5.* *Dan. 12.* *Matt. 5.* *Luc. 1.*

De huius muneris difficultate.

Cap. IIII.

Erùm, cum ita natura comparatum sit, vt nihil in rebus sublime atque magnificum sit, quod non etiam sit arduũ atq; difficile: tantũ certè in hoc munere (si vtiliter & re-

ctè

ctè tractari debeat) difficultatis, quantum dignitatis & vtilitatis est. Cùm enim præcipuum concionatoris officium sit, non modò pios doctrinæ pabulo sustentare, sed improbos etiam à sceleribus & improbitate reuocare: & non modò currentibus calcar addere, sed ad cursum iacentes atque dormientes incitáre: atque postremò non modò viuentes in vita gratiæ doctrinę ministerio conseruare, sed mortuos etiam in peccato eodem ministerio ad nouam vitam traducere, quid hoc studio & conatu difficiliùs? Pugnat enim aduersus hoc collapsæ naturæ vis & potentia: quæ communis peccati tabe infecta, procliuis in vitia est. Pugnat deprauata, ne dicam inueterata, multorum consuetudo: cuius tanta vis est, vt Seneca dicat: Ne vniuersa quidem Philosophia, etiam si in hoc omnes vires suas aduocet, duram iam & veterem ab animo extrahet pestem. Quid hic mundum in maligo positum commemorem? Quid sceleratorum hominum, inter quos necessariò viuendum est, contubernia, exempla, consilia, iniurias, contumelias, fraudes, & subdolas adulationes referam? Quid antiqui serpentis vires, astus, insidias, variasque nocendi artes atque tentationes oratione recenseam? An non satis constat verum esse, quod in libr. Iob scriptum est, Obstetricante manu eius (nempe Dei) eductus est coluber tortuosus? Quæ enim alia nisi omnipotentis Dei manus, ad tortuosum hunc colubrum (qui caudæ suæ voluminibus improborum animas stringit) foris protrudendum, sufficiens esse valeat? Dum enim fortis armatus custodit atrium suum, nisi fortior illo superueniat, qui arma eius auferat, & spolia distribuat, dictu mirum est, quanta pace atrium suum custodiat, & vinctos suos retineat. Ita enim omnes sensus atque aditus, per quos lumen aliquod illis affulgere possit, claudit & obstruit, vt mirabili quadam & abstrusa ratione videntes non videant, & audientes non audiant, nec intelligant. Neque verò exiguo nobis impedimento est vtriusq; fortunæ siue aduersæ, siue secundæ conditio. Dum enim illa vehementer premit, nihil audiunt homines, nisi quod

Seneca in Epistol.

Iob 26.

Luc. 11.

quod illorum inopiam & laborem leuare possit: quod filijs Israel in AEgypto oppressis euenit, qui Mosis verba ex ore Domini, propter operum quibus premebantur angustiam, audire noluerunt. Vbi verò secundæ fortunę aura spirare, & ad votum omnia fluere incipiunt, sic humani cordis angustia successibus impletur & intumescit, vt ad omnia ferè alia obsurdescat. Quam rem D. August. & experimento didicit, & his verbis exposuit. Ego cum amatores seculi huius intueor, nescio quando possit esse ad eorum animos sanandos opportuna prædicatio: quando enim res huius mundi velut prosperas habent, fastu suo respuunt salubres monitiones, & quasi anilem reputant cantilenam: quando autem aduersis anguntur, magis conantur euadere vnde ad præsens anguntur, quàm capere, vnde curentur. Sed vt multa breui oratione complectar, tā ingens & arduū opus est, hominē à peccati seruitute ad Dei obsequium reuocare, vt D. Greg. dicat: *Gregor.* Si inuisibilia pensamus, nimirum constat, quia maius est miraculum prædicationis & orationis solatio, peccatorem conuertere, quàm mortuum carne suscitare. His igitur argumentis intelligere Ecclesiastes facilè poterit, quàm ingens prouincia sibi demandata, quantūque onus humeris eius impositum sit: quantoque studio contendere debeat, non modò, vt parem huic difficultati animum studiumque adhibeat, sed vt multò magis, qua se erga Deum pietate, reuerentia, animiq; submissione gerere debeat: vt diuina bonitas & prouidentia, quæ ferè inferiorum causarum ministerio cuncta operatur, eo tanquam idoneo instrumento, ad hoc tantum opus vti velit. Hinc etiam intelliget, si nō suam, sed Domini sui gloriam, & animarum salutem quærit, quantò magis negotium hoc orationibus, quàm sermonibus: lachrymis, quàm literis: lamentis, quàm verbis: & virtutum exemplis, quàm rhetorum præceptis vrgere debeat.

De puritate & rectitudine intentionis in Ecclesiaste. Cap. V.

ALia quoque non minor fortasse in hoc opere difficultas est, quæ non minus cœlesti ope indiget: nempe intentionis puritas & rectitudo, quam Ecclesiastes in huius muneris functione retinere debet: hoc est, vt sui suorumque commodorum, atq; honoris oblitus, in solam Domini sui gloriam, & animarum salutem tota mente defixus sit: illam solam intueatur, illam captet, illā cogitet, illam semper ob oculos habeat, nec vnquam ab illa ad se mentem conuertat. Indignissimum enim est, cùm de summi conditoris gloria, & sempiterna animarum siue vita, siue morte agitur, vt homo tantarū rerum momenta negligens, solam gloriosæ suæ rationem habeat, magisque hanc inanem rumusculi popularis auram periclitari (si minus auditoribus grata sit eius oratio) quàm Dei gloriam, & animarum salutem sentiat. Quis verò adeò sui amans, & Dei negligēs erit, quem huius tantæ peruersitatis & diuini contemptus non pudeat, si fortè hanc affectuum suorum prauitatem in pectore suo animaduertit? Armenia clarissima fœmina (vt Franciscus Senens. memorat) cùm à Cyri conuiuio domum rediens, Cyri pulchritudinem cunctis laudantibus, interrogata à viro fuisset, quid de Cyri dignitate sentiret, respondit. A te mi vir, oculos nunquam deflexi: itaque qualis alieni viri forma sit, prorsus ignoro. Si igitur fœmina hæc nefas esse putabat, in alium, quamuis Regem, forma præstantē, oculos conijcere, quantò detestabilius erit, cùm de Dei gloria, & summa hominum felicitate agitur, hac prorsus neglecta, de sola gloriola sua (quæ vmbra citiùs euanescit) solicitum esse? Cùm Heliseus Propheta puero suo, quem cum baculo ad mortuum puerum mittebat, præcepisset, vt accinctis lumbis, quanta posset celeritate accurreret, nec illi resalutandi, aut respondendi occursantibus & salutantibus facultatem tribuisset: quid aliud quæso innuere voluit, quàm eos, quibus hæc à Domino cura demādata est, vt mortuas in pec-

4. Reg. 4.

cato animas, diuinæ seueritatis & iudicij baculo ante oculos posito, ad iustitiæ vitam reuocent, adeò in hoc tam præclarum & ingens munus intentos esse debere, vt omnium aliarum rerum vel necessariarum obliti, hoc vnum agant, hoc vnum cogitent, in hoc vnum dies noctesq; intenti sint, nec vllius terrenæ rei commercio ab hoc studio auocentur: quò videlicet muneris amplitudini, par quoque ministri cura & diligentia respondeat. Si enim pater aliquis, enitenti filię & ob difficultatem partus periclitanti ad medicum accersendum properaret, num is hoc tempore populares ludos, aut similia ludicra spectare, aut ad ea animum aduertere posset? Cùm igitur officij nostri sit, non periclitãtia hominum corpora, sed animas pretioso Christi sanguine redemptas, ab ipsis æternæ mortis faucibus eripere, & immortali vitæ reddere: quid esse magis præpo sterum atq; detestandum potest, quàm hoc tanto munere fungentem ad inanissimæ gloriæ suæ fumum oculos conuertere? Simil.

Cæterùm, quamuis hoc adeò damnabile sit, vt vix vllis verbis tantæ rei indignitas amplificari possit, difficillimum tamen est, in hanc foueam non incidere. Hæc enim intentionis puritas (quam ab Ecclesiaste requirimus) potentissimum intra præcordia nostra hostem sibi aduersantem, videlicet honoris & proprię excellentiæ appetitum habet: qui in plerisque hominibus adeò vehemens est, vt insitus à natura vitæ amor, & carnalis commercij cupiditas (quam Theologi inter cæteros corruptæ naturæ affectus dominari dicũt) ac cæteræ deinde cupiditates huic honoris & gloriæ appetitioni cedant. Quã multos enim quotidie cernimus, vitã (qua nihil in rebus humanis homini charius est) in summũ discrimen adducere: imò & mortẽ oppetere, ne vllã honoris iacturã patiantur? Quã multos, q illibatum carnis pudorem, non tam diuini timoris, quàm humani dedecoris metu conseruant? Nec verò multis, ad huius affectus vim atq; tyrannidem explicandã opus est. Res gestas omniũ temporũ homo sibi ante oculos ponat, omnes orbis terrarum vastationes consideret: & quæ bella Alexander Magnus, Iulius Cęsar, cæterique Romanorum, aliarumque nationum Reges & Imperatores susceperiut, & quotidianas item hominum pugnas inspiciat: facileque deprehendet, omnes ferè has flammas ab huius cupiditatis igne excitatas. Quòd si parum externis testimonijs credit, se ipsum introspiciat, affectus suos scrutetur: & quantam vim hic morbus habeat, facilè deprehendet. Hæc autē generis humani tabes intentionis puritatem, quam ad hoc munus integrè obeundum requiri diximus, magnopere inficit. Hic enim affectus tantò est vehementior, quantò est honor & gloria maior, & ad plures permanat. At eximij concionatoris gloria, non modò eius ciuitatis, in qua degit, finibus cōtinetur, sed ad exteras etiam nationes & regna peruadit. Sic audimus, Romæ, aut Mediolani esse concionatorem quendā præstantissimum, qui plurimum dicendi facultate cæteros antecellat. Neque verò hæc corporis virium & fortitudinis fama est, qua à multis etiam brutis longè superamur: nec diuitiarum & formæ gloria, quæ fluxa & fragilis est: sed ingenij, dexteritatis, eloquentiæ, liberalis eruditionis, atque adeò probitatis, quæ in egregij concionatoris oratione elucere debet. Quæ quidem gloria quantò dignior atque præstantior, tantò cupiditas nostra gloriæ auida ardentiùs in eam rapitur & cōcitatur Quid verò de metu ignominiæ dicam, qui initio dicendi ita quorundam mentes obsidet, vt corporis etiam membra soluantur, & tremant genua dicturis, nec vlla ratione hunc à se metum excutere possint? Vnde autem hic adeò impotens affectus, nisi ex ignominiæ metu & periculo, qui tunc dicturis impendet, proficiscitur? Vnde verò ingens hic metus ignominię, nisi ex immodica gloriæ cupiditate nascitur? His igitur duobus affectibus occupata & oppleta mens, quē in animo locum relinquet, vt in vnam Dei gloriam, & animarum salutem, omni mente & studio, spretis omnibus alijs, defixus sit? Liquet igitur ex his, quàm non sit facilè, hanc intentionis puritatem in hoc mu-

nere

rere obeundo retinere, nisi illam concionator à Deo multis lachrymis, multaque vi precum, & virtutũ meritis tanquam rarum aliquod & singulare eius donum impetrare contendat. Et ne si hoc quidem studiosè ac diligenter fecerit, ab huius labis periculo se prorsus immunem credat: semper enim in hac parte suspectus sibi esse debebit. Vt enim sapienter D. Gregor. ait, sæpè mens sibi mentitur, & fingit de bono opere amare, quod non amat, de mundi autem gloria non amare, quod amat. Huius autem intentionis periculum idem vir sanctus illa beati Iob verba explanans, Si simplex fuero, hoc ipsum ignorabit anima mea, exponit his verbis: Sed sunt nonnulla, quæ sciri à nobis facilè nequeunt, etiam cùm geruntur. Sæpè officium prædicationis assumimus, vt per hoc fraternæ vtilitati seruiamus: sed nisi placeam⁹ illi, cui loquimur, nequaquam libenter accipitur, quod prædicamus. Cumque placere mens vtiliter studet, ad amorem laudis propriæ defluit turpiter: & quæ à captiuitate vitiorum alios curabat eruere, ipsa suis fauoribus incipit captiua seruire. Quasi latrunculis quippe est appetitus laudis humanæ, qui recto itinere gradientibus ex latere iungitur, vt ex occultis educto gladio gradientium vita trucidetur: cumque propositæ vtilitatis intentio ad studia priuata deducitur, horrendo modo vnum idemque opus culpa peragit, quod virtus inchoauit. Sæpè & ab ipsis exordijs aliud cogitatio expetit, aliud actio ostendit. Hactenus Gregorius. Hoc autem periculum concionatores multi, ac præsertim iuniores adeò non cauent, vt nec etiam agnoscant. Sicut enim in quibusdam regionibus deforme ebrietatis vitium, nec vitium aut dedecus esse putatur, proptereà quòd praua hominum consuetudo huic vitio horrorem detraxerit: ita multis concionatorum adeò familiaris & innata hæc vanitas est, vt vix eam aduertant, & nec inter peccata quidem numerent. At qui diuino timore acti, se ipsos & interiora sua omnia diligenti examine scrutantur, seque ex omni parte circumspiciunt, vehementer sibi ab hoc periculo timent. Fuit olim mihi arctissima familiari-

Grego. in Pastor.

Iob 9.

Simili.

tate coniunctus concionator quidam, vir pius, qui (vt ipse narrauit) cum primum concionandi munus aggressus est, parum vanitatis huius periculum aliorum more præuidebat. At vbi processu temporis oculos magis aperuit & ea, quæ antè diximus, cum animo suo reputauit, adeò perterrefactus fuit, vt concionandi munus omninò relinquere destinauerit, & multò etiam tempore ab eo munere destiterit. Vbi verò ad illud, parendi necessitate coactus redijt, multis se rationibus, multisque precibus aduersus communem hunc concionatorum hostem munire studiosissimè curabat. Hæc à me paucis dicta sunt, quæ multis planè dici debuerunt: vt occultissimi huius periculi, reique omnium maximè ad hoc munus exequendum necessariæ, diuini verbi ministros admonerem. Cùm enim in ijs, quæ ad finem aliquem ordinantur, ratio omnis ex fine petenda sit, efficitur planè, vt fine perperàm constituto, omnia ordine, ratione, & merito enim destituantur.

De probitate & moribus concionatoris. *Cap.* VI.

IAm nunc quid ex ijs, quæ dicta sunt, sequatur, expendere incipiamus. Primùm si ea officij dignitas & maiestas est, vt ipsum Dei filium principem & autorem habeat, pro eoque Ecclesiastes legatione fungatur in terris: qualis eius puritas & integritas futura est, qui huic tanto muneri destinatur? Neq; enim natura rerũ patitur, vt in tantæ dignitatis splendore vita sordeat: sed illud exigit, vt cũ ministerij dignitate, vitæ puritas & integritas certet. Hinc cùm Dominus Hieremiam Prophetã, ad deprauatos populi sui mores castigandos mitteret, in matris etiam vtero delitescentem, nec dum in lucem editum Spiritu sancto repleuit. Isaiæ verò labia, Cherubini ad ipsum volantis ministerio, cælestiq; igne ex altari Dei sumpto, ab omni pollutionis & peccati labe purgauit: quò idoneus minister esset, per quẽ puritatis autor scelerati & rebellis populi crimina obiurgaiurgaret. Quid Apostolos memorem, quos tanta spiritus sancti gratia in die Pentecostes Dominus repleuit, vt idoneos Euangelicæ doctrinæ magistros efficeret? Quid Paulum referam, quem non modò eodem spiritu repleuit, sed in tertium vsq; cælum sustulit: vt inter Angelos disceret quod inter homines doceret? Sed hæc omnia exempla illud mihi superare videtur, quòd ipse Dei filius nō ante munus hoc docendi suscepit, quā se ad illud, quadraginta dierum ieiunijs, orationibus, & solitudinis secessu præpararet: non quòd is hac præparatione indigeret (qui puritatis & sapientiæ fons erat) sed vt hoc exemplo Ecclesiæ doctores discerent, qua vitæ puritate & innocentia ad hoc cæleste munus obeundum accedere deberent. Intelligebat enim summus ille magister, quantò essent ad fidem faciendam, & vitam hominum instituendam efficaciora præclara virtutum exempla, quàm exculta & perpolita verba. Vnde, cùm idem concionatores lucernam supra candelabrum positam appellasset, vt prælucerent omnibus, qui in Ecclesiæ domo essent, subdit continuò: Sic luceat lux vestra coram hominibus, vt videant opera vestra bona, & glorificent patrem vestrum, qui in cælis est. *Matt. 5.* Quibus verbis non obscurè indicauit, quantò magis egregia virtutum opera, quàm selecta & limata verba gloriam Domini illustrarent: quod illud quoque Esaiæ vaticinium declarat: Et vocabuntur in ea fortes iustitiæ, plantatio Domini ad glorificandū. *Esai. 61.* Quid enim magis diuinæ gloriæ splendorem, quàm probitatis & iustitiæ pulchritudo atque constantia (quæ diuinæ bonitatis imaginem refert) declarare potest? Denique si Ecclesiæ annales & incrementa ad memoriam reuocemus, facilè inueniemus longè magis Ecclesiam Sanctorum exemplis, quàm disertorū hominum verbis auctam & locupletatam fuisse. Quàm multorum monachorum cælestem in terris vitam meditantium, pater extitit illiteratus Antonius? De quo illa D. Augustin. verba iactantur: Surgūt indocti, & rapiūt nobis paradisum, & nos cū doctrinis nostris in carne & sanguine volutamur. *Aug lib. 8 Confes.* Qđ illiteratū etiam Franciscum referam, qui tot virtutum plantaria in Ecclesiæ paradiso, sanctitatis exemplis magis, quàm disertis verbis conseuit? Quid Simeon ille cognomento stilites literarum omnium rudis, cuius vitam coætaneus & familiaris eius amicus Theodoretus conscripsit: quàm multas nationes in columna illa manens, admirandæ vitæ suæ exemplis ab idolorum cultu, ad fidem Christi reuocauit? Vicina quoque nostro seculo D. Catherina Senensis, & fœmina, & literarum ignara, tam multos homines à scelerata vita ad iustitiam & pietatem conuertit, vt quatuor Confessarij (qui illi annuente Greg. XI. Pont. Max. iugiter assistebant) vix tempus ad quietem haberent: dum eorum confessiones audiunt, quos illa splendore magis vitæ, quàm doctrinæ, ad virtutis & iustitiæ studium traducebat. Hæc à me breuiter dicta sunt, non quò doctrinæ munus aliqua ratione extenuarem, sed quò vitæ splendorem & indignitatem pio concionatori plurimum commendarem. Quam rem breui oratione Seneca cõplexus est, cùm ad Lucillum scribens ait: Eum elige doctorem, quem magis admireris, cùm videris, quàm cũ audieris. Hinc Lactantius Firmianus, Qui dat, inquit, præcepta viuendi, debet amputare omnium excusationum vias: vt imponat hominibus parendi necessitatẽ, non vi aliqua, sed pudore. Quomodo verò amputari poterit excusatio, nisi vt qui docet, faciat q̃ docet, & sit quasi præuius, & manum porrigat secuturo. Nam habere non possunt quæ doceas firmitatem, nisi ea prior feceris: quia natura hominũ procliuis in vitia, videri vult nõ modò cũ venia, sed cũ ratione peccare. Hactenus ille. Hoc autẽ (vt cæteros eius officij cõsortes prætereã) ita præstabat Paulus, vt se ipsũ in imitationis exemplum, fidelibus, quibus verbũ vitæ tradebat, non semel proponeret. Alibi. n. ait: Imitatores mei estote fratres, sicut & ego Christi. Et alibi: Capite nos: neminẽ læsimus, neminẽ corrupimus, neminẽ circunuenimus. Et ad Philip. rursum, De cætero, inquit, fratres, quæcunq; sunt vera, quæcunq; pudica, quæcunq; iusta, quæcunq; sancta, quæcunque amabilia, quæcunque bonæ famę, hæc

In hist. Religi.

Seneca ad Lucil.

Lactantius in 4. diu insti. lib.

1. Cor. 4.

2. Cor. 7.

Philip. 4.

hæc cogitate, quæ & didicistis, & accepistis, & audistis, & vidistis in me. Non ergo solis auribus, quæ vtiliter audirent, sed oculis etiam, quæ admirantes viderent, atque imitarentur, bonus magister exempla proponebat. Cæterùm de his, qui alia via gradiuntur (qui videlicet aliter viuunt, quàm viuendum esse præcipiũt) sic D. Gregor. ait: Sunt nonnulli, qui solerti cura spiritualia præcepta perscrutantur: sed quæ intelligendo penetrant, viuendo conculcant. Repentè docent, quæ nõ opere, sed meditatione didicerunt: & quod verbis prędicant, moribus impugnant. Vnde idem vir sanctus concionatores grauiter admonet his verbis: Mundari prius oportet, & sic alios mundare: sapientem prius fieri, & sic alios facere sapientes: lumen fieri, & sic alios illuminare: ad Deum accedere, & sic alios ad Deũ adducere: sanctificari, & ita sanctificare: manus habere rectas, & sic alijs porrigere manum. Quia verò hoc sanctissimi viri præceptum multi negligunt, meritò D. Bernard. queritur, canales nos hodie in Ecclesia habere plurimos, conchas verò perpaucas. Tantæ enim charitatis esse ait eos, per quos ad populum diuinorum eloquiorum fluenta manant, vt prius effundere, quàm infundi velint: cum tamen longè alia ratione hoc fieri debere, vel ille Dauidis versiculus moneat: Eructauit cor meum verbum bonum. Quid enim aliud est eructare, nisi animum diuinorum eloquiorum epulis saginatum, de plenitudine cordis verbum bonum pronunciare? Eosdem etiam Seneca grauissimè notauit his verbis: Nullos quidem peius mereri de omnibus mortalibus iudico, quàm qui Philosophiam, velut aliquod artificium venale didicerunt: qui aliter viuunt, quam viuendum esse præcipiunt. Exempla enim se ipsos inutilis disciplinæ circunferunt: nulli non vitio, quod insequuntur obnoxij. Non magis mihi potest quisquam talis prodesse præceptor, quàm gubernator in tempestate nauseabundus. Tenendum est rapiente fluctu gubernaculum: luctandum cum ipso mari: eripienda sunt vento vela. Quid mihi potest adiuuare rector nauigij attonitus & vomitans? Quantò maiore

Grego. in Past.

Bernard. super Cant.

Seneca. Epist. 109

putas vitam tempestate iactari, quàm vllam ratem? Non est loquendum, sed gubernandum. Hactenus ille. Sed quid tam multis argumētis ad hoc probandum in re tam aperta opus est, cùm ipsi etiam rhetores oratorem definiant, esse virum bonum, dicendi peritum? Si ergo orator, qui de stillicidijs arcendis, deque depositis reddendis, vt fidem apud iudices faciat, vir bonus esse debet, priusque illi vitæ probitas, quàm artis peritia tribuitur: quid de concionatore dicendum, cuius tota cura & officium est, homines ad virtutis & probitatis studium non modò loquendo, sed etiam rectè viuendo traducere? Rectissimè enim dictum est: Ab im-
Eccles. 34 mundo quis mundabitur? Ex quibus omnibus intelligere facilè possumus, quid sit in causa, cur cùm hoc nostro seculo omnia ferè templa quotidianis concionatorum vocibus & clamoribus resonent, tam paucos homines videamus, qui eorum clamoribus perterrefacti, prauos mores, & inueteratam peccandi consuetudinem deserant. Cùm enim verbum Dei ignis sit, & quasi malleus conterens petras, quid in causa est, vt nec hic cœlestis ignis algentia hominum pectora incēdat, nec hic malleus ferrea corda molliat: nisi quòd maxima concionatorum turba negotium hoc, magis verbis quàm exemplis, magis literis quàm lamentis, magis eloquentiæ studijs quàm pijs precibus vrgeat: maioremque popularis plausus captandi, quàm vitia eliminandi: ac postremò maiorem nominis sui celebrandi, quàm diuinæ gloriæ & salutis humanæ procurandæ curam habeat? Hoc autem quid aliud est, quàm talentum in terra recondere: quando hi commissi muneris ministerium non ad Dei gloriam, & hominum salutem, sed ad terrena commoda referunt: vt videlicet liberiùs & indulgentiùs viuant, vt amplioris dignitatis locum obtineant, vt popularem famam aucupētur, & pinguiora Ecclesiæ stipendia percipiant? Hæc dum omni studio captamus, Dei gloriam, & animarum salutem, vel negligimus, vel in postremis habemus. Quomodo autem se Dominus aduersus huiusmodi operarios gerere debeat, satis apertè Vates sanctus indicauit,

cauit, cùm ait: Peccatori autem dixit Deus, Quare tu enarras iustitias meas, & assumis testamentum meũ *Psal. 49.*
per os tuum? & cætera quæ sequuntur. Quicunq; verò tales sunt, ad eorum sortem pertinent, de quibus Saluator in Euangelio ait: Dicunt enim, & non faciunt: alligant onera grauia & importabilia: digito autem suo *Matt. 23*
nolunt ea mouere.

De studio charitatis in Ecclesiaste.
Cap. VII.

VErùm, cum hæc vitæ probitas & virtutum studium non ad concionatores modò, sed ad omnes in vniuersum pertineat, charitatis tamen virtus (à qua concionandi munus proficiscitur) in Ecclesiaste maximè eminere debet. Ex ea nanque oritur flagrantissimus diuinæ gloriæ amor, ardentissimumque salutis humanę desiderium, quod huius officij caput & fundamentũ est. Sic enim huic muneri destinatus, Dei gloriam & animarum salutem sitire debet, vt nullus auarus diuitias, nullus ambitiosus honores, nullus denique imperator de hostibus triumphum atque victoriam tanta auiditate desideret, quanta is animarum salutem deperire, & earum interitum lamentari debet. Hoc enim flagrantissimum desiderium, quod à charitatis radice proficiscitur, adeò Euangelici concionatoris proprium, adeoque illi ad munus suum vtiliter obeundum necessarium est, vt qui hoc ardore ac desiderio destitutus sit, meo iudicio, officium hoc attingere minimè debeat. Hoc desiderio sancta illa mulier in Apocalyps. *Apoc. 12.*
flagrabat, quæ cruciabatur vt pareret: propterea quòd tanto desiderio pariendi filios Sponso suo tenebatur, vt nullos corporis cruciatus, nulla tyrannorum supplicia formidaret, dummodò spiritualem hanc sobolem cœlesti Sponso generaret. Cuius ardentissi- *Gene. 30.*
mum desiderium Rachel olim adumbrauit, quæ tanto filiorum amore flagrabat, vt ad virum suum diceret: Da mihi liberos, alioqui moriar. Iã verò Dauid rex

quo

Psal. 118. quo animarum ardore æstuabat, qui tam acri dolori
Psal. 68. sensu earum interitum & ruinam deflebat? Vidi, in
quit, præuaricantes, & tabescebam, quia eloquia tu
non custodierunt, Et, Zelus domus tuæ comedit me
& opprobria exprobrantium tibi ceciderũt super me
Quibus verbis significat, non minus se diuinæ glori
conuitijs torqueri, quàm si is omnibus probris & ma
ledictis incesseretur. Apostolus verò quàm multis i
locis hoc animi sui studium, desiderium, zelum, & cha
2. Cor. 12. ritatem ostendit? Quis, inquit, infirmatur, & ego non
Gal. 4. infirmor? quis scandalizatur, & ego non vror? Et ad
Galat. Filioli, inquit, mei, quos iterum parturio, donec
formetur Christus in vobis Hoc est, quos iterum magno perditionis vestræ dolore saucius, magnoque stu
dio atque conatu iterum eniti, & Christo reddere pa-
Ibidem. ro. Ex hoc autem interno igne faces illæ verborum
prodierunt: Vellem esse apud vos modò, & commutare vocem meam (id est, in omnes me dicendi figuras
transformare) quoniam confundor in vobis. Hoc est,
quoniam inops consilij, & plenus mœroris atque an-
gustiæ sum, nec quò me vertam, aut quid consilij capi-
2. Cor. 2. am, scio. Ad Corinth. verò, quo dolore, quibus lachrymis se priorem epistolam scripsisse profitetur, quòd e-
2. Tim. 2. os ab Euangelica simplicitate desciuisse intelligeret?
Quid verò illa eiusdem verba: Omnia sustineo propter
2. Cor. 9. electos, vt ipsi salutem consequantur? &, Omnibus om
Thess. 2. nia factus sum, vt omnes facerem saluos? Et ad Thessa-
lonicenses scribens, Volebamus, inquit, vobis tradere
non solùm Euangelium, sed etiam animas nostras,
quoniam charissimi nobis facti estis. Neque verò illud
mihi quisquam obijciat, hanc mentem Apostolorum
tantum fuisse, qui Spiritus plenitudinem acceperunt:
nos vero in hac mundi fece non eam cælestium donorum vbertatem percepisse, vt simili ardore flagrare
possimus. Sit ita sanè. Sed simili tamen studio & desiderio Prophetarum pectora ante gratiam quoque Euangelij æstuabant: quod eorum lachrymæ, quas propter hominum peccata fundebant, eorumque cruciatus & mortes, quas propter obiurgandi seueritatem &

acri-

acrimoniam pertulerunt, facilè declarant Sequentib⁹ verò seculis, quàm multi ex sanctis Patribus ac doctoribus hoc eodem desiderio arserunt? De beato Patre nostro Dominico inter eximias eius laudes hæc etiã prædicatur: quòd arderet quasi facula zelo percuntium. Quo ardore incensus, nouum in Ecclesia prædicatorũ ordinem, Spiritu sancto instigante, primus excogitauit, erexit, ac fundauit. Tanto autem erga homines charitatis igne, tantoq; pereuntium animarũ dolore torquebatur, vt nullo incommodo, nulliq; labori parceret, quò minus die noctuq; opportunè atq; importunè saluti earum inuigilaret: adeò, vt aliquando integram Quadragesimã solo pane & aqua victitarit, noctibusq; fessa diurno labore membra super nudam tabulam reclinaret: quò fœminas, apud quas hospitabatur, hæreticorum dolis seductas, ad fidei synceritatem hoc exẽplo reuocaret: quod & obtinuit.

Hæc igitur mens, hic affectus, hoc flagrantissimum diuinæ gloriæ, & humanæ salutis desiderium præcipuus huius officij magister est. Neque tantum vniuersæ rhetorum scholæ atque præcepta, quàm hic vnus ardor concionantem iuuare in dicendo poterit. Hic enim vnus affectus (qui velut mens & anima quædam huius artificij est) dicenti penè omnia præstat. Hic enim docet ea negligere, quæ aures magis tinnitu verborum & acumine sententiarum oblectant, quàm mẽtes erudiant atque sanent. Hic omnes persuadendi rationes excogitare, & omnes dicendi machinas auditorum mentibus admouere facit: vt eas ad timorem Domini, & sceleratæ vitæ odium traducere possit. Hic etiam, vbicunque illi orationis cursus occasionem præbuit, & affectus excitare, & singularia vitæ documenta tradere, & ad mores instituendos, quæ dicuntur, accommodare, & languentes auditorum animos dicendi vi & acrimonia suspensos tenere, & dormitantes excitare facit. Hic exclamat, arguit, obsecrat, increpat, terret stupet, admiratur, & in omnes se affectus & figuras dicendi transformat: defunctos excitat, absentes alloquitur, Dei opem implorat, cœlum, terras, maria

ria permiscet, & quasi quodam prophetico furore percitus clamat: Terra, terra, terra, audi sermonem Domini. Et, Obstupescite cœli super hoc, & portæ eius desolamini vehementer. Et, Generatio praua atque peruersa, hæccine reddis Domino popule stulte & insipiens? Hæc igitur & multa alia flagrantissimum hoc desiderium concionatoris animo inspirat, qui interdũ seipse non capit, ac penè disrumpitur: cùm spretam religionem, sceleratos hominum mores, cæcitatem mentis, obduratum & insensibile pectus, ac tot pereũtium animarum extremum periculum contemplatur: ideoque nullum non mouet lapidem, nihil intentatum relinquit; quò homines, quos in ipsis penè draconis faucibus iam iam deuorandos videt, reuocare inde possit: tanta est huius ardoris (quem solus Spiritus ille cœlestis excitare & inflammare solet) vis atque potentia. Quocirca non ab re dictum à nobis fuit, hunc esse præcipuum huius operis & artificij magistrum. Hic est enim spiritus ille robustorum, qui turbinis instar impellit parietem: hoc est, qui pectora etiam diuturna peccandi consuetudine obdurata disrũpit & concutit. Hæc illa Domini vox, quæ confringit cedros, quæ intercidit flammam ignis, quæ parere facit præ metu ceruas, & omnia tandem sibi obsistentia perrumpit. Hanc ergo vocem, hunc animum, hoc ardens & incitatum desiderium habere debet, quisquis hoc Propheticum & Apostolicum munus exercere pro dignitate parat. Vnde, cùm quidam vir pius, qui tum primùm concionandi munus aggrediebatur, à veterano eius artificij principe quæreret quid sibi maximè ad id munus obeundum necessarium esset: ille, Nihil, inquit, magis, quàm vt is qui dicit, ardentissimo Domini Iesu amore flagret. Qui enim sic erga illum affectus est, vehementer illius gloriam, & animarum salutem (pro quibus ille vitam profudit) sitiet, & quæ ille maximè odit (nempè hominum peccata & flagitia) simili affectu detestabitur: atque ita fiet, vt cùm hisce de rebus agendum erit, non perfunctoriè, non oscitanter, aut segniter, sed vehementer, acri:

riter,& pro dignitate rerum dicat: cumque affectum animis auditorum imprimat, quem ipse voce, vultu, gestu, acrimonia, & tota dicendi contentione præfe-rat. Cùm autem hic affectus & ardor (vt antea diximus) à Spiritu sancto sit (non enim hunc natura, sed gratia, & magna quidem gratia præstat) non potest populus audiens hoc ardore declamantem non mirari, suspicere, & reuereri: propterea quòd intelligat, maius aliquid, & supra hominis facultatem atque naturam ibi latere, ibique Dei digitum esse. Cuius rei cognitio humana pectora vehementer commouet & concutit: siue quod Deum intelligant humano ore loquentem, ipsosque ad se vocantem, siue quòd ex inusitata illa dicentis acrimonia, rei dignitatem, de qua agitur, agnoscant. Cùm autem Cicero, nullam esse eloquentiam dicat, quæ admiratione careat, nulla re magis, quàm hac dicendi vi auditorum admiratio concitatur.

Quæret hic fortasse studiosus concionator, qua ratione hunc animum atq; affectum induere aliquis possit. Cuius rei facilis admodum responsio, sed non facilis ad hoc via est. Cùm enim (vt dictum est) hic mentis ardor ab inflammata in Deũ charitate proficiscatur (quæ nisi intra virtutum omnium sinum atq; complexum inueniri potest) apertè liquet, innocentia & puritate vitæ hunc animum esse comparandum. In quo quidem studio vehementer adiuuat intentionis puritas (de qua paulò antè loquuti sumus) qua homo non suam, sed Domini sui gloriam casto pectore quærit. Adiuuat in hoc etiam vera animi submissio: qua pius Ecclesiastes (atque is præsertim, qui ex maiorum suorum imperio hoc munus exequitur) supplicem se Deo exhibet: & hinc quidem indignitatem suam professus, inde verò parendi necessitatem proponens, spiritum atque animum ad eius officij functionem clementer sibi à Domino impartiri postulat. Ad hanc autem humilitatem pertinet, vt homo omnem à se sui fiduciam ad hoc munus obeundum depellat; nec vel eruditione, vel eloquentia, vel vocis & pronunciationis ele-

elegantia, vel opinione & fama populari, vel diuturna concionandi consuetudine atque dexteritate fretus, aliquid se effecturum putet, nisi cælitus adiuuetur, virtuteque ex alto induatur. In mentem verò operis huius difficultatem reuocet (de qua satis multa superiùs diximus) intelligetque, hoc vnum sibi superesse remedium, vt cum Iosaphat rege sanctissimo totum spiritum suum conferat ad rogandum Dominum. Ab illo felicem laboris successum, ab illo animarum salutem, ab illo dicendi vim & facultatem, non ab humanis eloquentiæ aut eruditionis præsidijs speret. Si enim vnigenitus Dei filius Patri suo, & doctrinam quam prædicabat, & doctrinę fructum tribuebat, cùm diceret: Mea doctrina non est mea, sed eius qui misit me. Et, Verba quæ ego loquor vobis, à meipso non loquor. Et, Sermonem quem audistis, non est meus, sed eius qui misit me, Patris: quis adeò impudens & insolens erit, qui sibi aliquid in docendi officio arrogare audeat? Depulsa ergo hac impia sui fiducia, pius Dominus obedientiæ atque veræ humilitatis amator nihil verè humili atque obedienti filio denegabit. Multum prætereà conferet ad salutis alienæ sitim acuendam, ea, quæ paulò antè de huius officij dignitate, & meriti magnitudine diximus, considerare. Cùm enim (autore D. Greg.) nullum sacrificium Deo gratiùs sit, quàm salus animarũ; illeque (vt idem ait) in maiore apud Deum amore sit, qui ad eius amorem plurimos trahit: quisquis huius diuini ergâ se amoris studiosus est, vehementer optabit, ad eius amorem plurimos adducere: vt ipse tandem voti sui compos efficiatur. Huc pertinet insigne quoque huius operis meritum simul & præmiũ, quod vbique pijs concionatoribus sacræ literæ pollicentur. Hoc declarat Iacobus Apostolus, cùm ait: Fratres mei, si quis ex vobis errauerit à veritate, & conuerterit quis eum, scire debet, quoniam qui conuerti fecerit peccatorem ab errore viæ suæ, saluabit animam eius à morte, & operit multitudinem peccatorum. Item Prouer. xj. Salomon, Anima, inquit, quæ benedicit, impinguabitur: & quæ inebriat, ipsa quoque inebriabitur. Iustum

Ioan. 7. *Ioan. 14.* *Ibidem.* *Gregor.* *Iacob. 5.*

quippe

quippe apud æquissimum iudicem Deum est, vt in omni opere par pari hominibus referatur. & ita, qui opera atque doctrina sua aliorum animas reficit, & spiritualibus bonis ditat, ipse quoq; à Domino reficiatur, & similibus bonis locupletetur, quibus ornatus & auctus ante supremi iudicis tribunal tutus apparere possit, & cum Apostolo dicere: Quæ est enim nostra spes, aut gaudium, aut corona gloriæ? Nonne vos ante Dominum nostrum Iesum Christum estis in aduentu eius.

Iuuabit & illud, si Ecclesiastes hominis sui rationẽ considerans, meminerit se hominum piscatorem à Domino appellari. Sicut autem piscator cùm rete iacit, hoc vnum præcipuè curat, ne vacuum rete domum referat: sic animarum piscator, hoc præcipuè captare, in hoc neruos omnes intendere debet, vt eó modo actionem suam instituat, qua huiusmodi præda Euangelicam sagenam impleat: hoc est, vt pereuntium animas Christo Domino lucrifaciat. Hoc autem consequetur, si ea dicat, & eo modo dicat, quò possit obdurata corda contutere, & in tenebris & cæca peccati nocte iacentes, doctrinæ suæ luce ad veritatis notitiam trahere: quò miserandum animæ suæ statum & periculũ agnoscentes, & animo compungantur, & ad iter salutis reuocentur. Ad quod & incertam mortis horam, & diuini iudicij seueritatem, & horrendas gehennæ flãmas, æternitatemq; pœnarum non rarò ponere ante oculos debet. Quanuis non semper aduersum hos orationis stilus dirigendus est: quando is sapientibus & insipientibus, pijs & improbis debitor sit, & ad pietatẽ & iustitiam alios quidem potenter trahere, alios verò blandè & leniter erudire & instruere debeat. Quemadmodum verò piscator tristis abscedit, vbi vacuam sagenam ab vndis extulit: sic animarum piscator, si adeò lãguidè se in officio gessit, vt conijcere hoc iudicio possit, se nihil prendidisse, de hac iactura, non de ignominia sua dolere debebit. Simil.

Nec leuis etiam stimulus ad dicendum est, si quas

fortè animas ab huius magni maris fluctibus ad portū salutis reuocauit. In his namque venustissima virtutis & iustitiæ species, mirabiles in animo pij concionatoris amores excitat, & ad eam docendi rationem extimulat, qua hunc incomparabilem animarum thesaurum augere queat. Qui accipitres ad capiendas aues nutriunt, hoc ante omnia curant, vt aliqua primum facili præda inescentur, quò auidiùs deinde ad insequendas eius generis aues rapiantur, quarum iam gustum perceperunt. Ad hunc igitur modum concionatores, qui aliquot animas è Diaboli faucibus ereptas, in libertatem asseruerunt, ad alias simili studio atque labore capiendas excitari solent. Sic enim Agesilaus Lacedæmoniorum Rex, militum suorum animos ad præliū acuebat, pulcherrima illis hostium spolia, quæ paulò ante in bello ceperant, ostentans. Hoc ergo modo Ecclesiastes inclita animarum spolia, quæ à diaboli potestate eripuit, sibi ante oculos ponat: quò se studiosiùs & alacriùs huic tanto muneri accingat. Quisquis autem huiusmodi spolia Christo Domino obtulit: hoc est, qui verbi semine spirituales Christo Domino filios parturiuit, cum Lia vtique gloriari, eiusque verba vsurpare poterit, dicens: Nunc quoque copulabitur mihi maritus meus, eò quòd pepererim ei tres filios.

Supra omnia verò ad hunc charitatis affectum consequendum, mirè adiuuat sanctæ orationis & contemplationis studiū: quo mens nostra spiritualia atque diuina contemplatur. Ita enim fiet, vt earum amore accendatur, atque omnes pios affectus spiritualibus reb' contemplandis nutriat & foueat. Qua de re iam iam dicemus. Porrò autem qui sine hoc interno diuini Spiritus sensu & motu, eam dicendi vim & acrimoniam, quam hactenus descripsimus, consequi volunt, & arte, atque ficta simulataque acrimonia, hunc veritatis affectum se assecuturos putant, sæpe ridiculi sunt, & se ipsos multis modis produnt: præsertim si ipsorum vita parùm cum hac dicendi ratione cohæreat. Si ne Apelles quidem puerum ferentem vuas sic ad viuum pennicillo exprimere potuit, vt auiculæ picturæ fraudem

Simil.

non

non intelligerent: qua fronte quisquam se arte consecuturum putat, quod singulare Spiritus sancti donum, & maximum quidem donum est? Si enim ars nondũ eò peruenire potest, vt naturam perfectè exprimat: quo modo diuini Spiritus energiam, quæ supra naturam est, exprimere poterit?

De studio sanctæ orationis & meditationis, quod in Ecclesiaste esse debet. Cap. VIII.

SVpra vitæ integritatem, & intentionis sinceritatem, quas in Ecclesiaste esse debere docuimus, singulare etiam sanctæ orationis studium requiro: quod non poterit non habere is, qui hac vitæ & intentionis puritate præditus est. Nemo autem me aut nimium, aut superstitiosum in tam multis virtutibus exigendis iudicabit, si huius officij rationem prudenter expenderit. Plura enim D. Bernar. in Ecclesiastico doctore requirit: qui posteaquàm grauiter (vt ante diximus) questus esset, quòd multos in Ecclesia canales haberemus, conchas verò perpaucas (quòd videlicet concionatores prius effundere, quàm infundi vellent) quæ sint quæ habere debeant, explicat his verbis: En quanta prius infundenda sunt, vt effundere audeamus: de plenitudine, non de penuria largientes. Primò quidem compũctio, deinde deuotio, tertiò pœnitentiæ labor, quartò pietatis opus, quintò orationis studium, sextò contemplationis otium, septimò plenitudo dilectionis. Hactenus ille. Vides ergo inter hæc, deuotionis spiritum, orationis studium, & contemplationis otium à viro sanctissimo requiri? Idemque rursus in Epist. 201. ad Abbatem quendam scribens, tria illi esse necessaria ad hominum salutem promouendam docet: Nunc, inquit, manent tria, verbum, exemplum, & oratio: maior autem horum, oratio. Ea nanque operi & voci gratiam & efficaciam promeretur. Hæc ille. Verùm vt omittã, quòd hæc ipsa vitæ & intentionis puritas, nisi in pectore diuinarum rerum contemplatione saginato vix

Bernar.

Idem.

C 2 vnquam

vnquam reperitur: constans tamen sanctorum Patrũ sententia est, Euangelicos doctores in contemplatione haurire, quod postea populis effundant: quod in Prophetis (qui huius officij principes extiterunt) cernere licet, qui à Domino accipiebant, quod populo nunciabant. Hoc enim illa Prophetæ verba innuunt: Suscipiant montes pacem populo, & colles iustitiam. Hinc D. Gregor. Humani, inquit, generis redemptor, per diem miracula hominibus exhibebat, & ad orationis studium in monte pernoctabat: vt perfectis videlicet prædicatoribus innuat, quatenus nec actiuam amore speculationis funditùs deserant, nec contemplationis gaudia operationis nimietate penitùs contemnant: sed quieti contemplantes sorbeant, quod occupati erga proximos loquentes refundant. Præterea cùm salus animarum, & perditorum hominum pœnitentia & conuersio, ministerij huius finis sit (quæ res nisi singulari Dei auxilio perfici non potest, vt paulò antè diximus) opus est, vt Ecclesiastes non solùm verbis, sed multò etiam magis precibus & lamentis opem Domini imploret, vt pios conatus & labores suos proueهat, atque secundet. Meminisse enim debet, quid piscanti Petro euenerit: qui tota nocte cum socijs laborãs, nihil cepit: cùm autem in verbo Domini retia laxasset, copiosam piscium multitudinẽ conclusit. Qua de causa D. Augustinus concionatorem monet, si voti compos fieri velit, vt precibus magis, quàm verbis munus suum vrgeat. Sic enim ait: Prædicator laboret, vt intelligenter, vt libenter, vt obedienter audiatur: & hoc se posse magis pietate orationum, quàm sermonis facultate non dubitet: vt orando pro se, ac pro illis, quos est allocuturus, sit prius orator, antequàm doctor: & ipsa hora accedens, priùs quàm exerat proferentem linguam, ad Deũ leuet animam sitientem, vt ructet quod biberit, vel quod impleuerit effundat. His etiam adde, quòd cùm ex eiusdem patris Augustini disertorumque omnium sententia, tam oratoris, quàm concionatoris triplex esse officium dicatur: nempe docere, delectare, & flectere: & docere quidem necessitatis, delectare

Psal. 71.

Gregor.

August. in 4. de doctr. Chri.

re

re suauitatis, flectere autem, & auditorum animos cõmouere, victoriæ sit: quonam modo Ecclesiastes aliorum affectus excitare poterit, nisi ipse etiam commotus sit? Hinc D. Gregor. Ad supernum, inquit, desiderium inflammare auditores nequeunt verba, quæ frigido corde proferuntur: nec enim res, quæ in seipsa non ardet, aliam accendit. Qua de re non grauabor, Quintiliani rhetorum principis sententiam hoc in loco attexere: qui institutionum oratoriarum lib. 6. de concitandis affectibus disserẽs, sic ait: Summa, quantum ego quidem sentio, circa mouendos affectus in hoc posita est, vt moueamur & ipsi. Nam & luctus, & iræ, & indignationis ridicula fuerit imitatio, si verba vultũque tantum, non etiam animum accommodauerimus. Quid enim aliud est causæ, vt lugentes vtique in recenti dolore disertissimè quædam exclamare videãtur, & ira nonnunquam indoctis quoque eloquẽtiam faciat: quàm quòd illis inest vis mentis, & veritas ipsa morum? Quare in his, quæ verisimilia esse volumus, simus ipsi similes eorum, qui verè patiuntur, affectib⁹: & à tali animo proficiscatur oratio, qualem facere iudicem volet. An ille dolebit, qui audiet me, cùm hoc dicam, non dolentem? Irascetur, si nihil ipse qui in irã concitat, idque exigit, simile patiatur? siccis agenti oculis iudex lachrymas dabit? Fieri non potest. Neque incendit nisi ignis, nec madescimus nisi humore, nec res vlla dat alteri colorem, quem ipsa non habeat. Primũ est igitur, vt apud nos valeant ea, quæ valere apud iudicem volumus: afficiamurque, antequam afficere conemur. Hactenus Fabius. Ex huius ergo præstantissimi artificis sententia liquet, ad affectus excitandos præcipuum esse, vt afficiamur ipsi. Quæro igitur, quinã sint, in quorum mẽtibus magis hi affectus erga res diuinas dominentur, siue illi acres & concitati, siue mites & lenes sint: quàm in ijs, qui diuinarum rerum assidua consideratione, & sanctæ orationis studio deuotionis affectum fouere, nutrire, & augere diu noctuq; studẽt? Horum enim præcipua cura est, huiusmodi exercitatione mentem in Deum attollere, deuotionem alere,

Gregor.

Quintil. lib. 6.

piosque erga diuina affectus incendere. Quorum multi ita animo dispositi & constituti sunt, vt (instar pulueris sulphurei) vel vnius verbi Dei scintilla tacti, protinus inflammentur. Vnde, cuidam ex beatissimi Patris Francisci socijs (qui totus erat diuinarum rerum contemplationi addictus) illud sæpe euenisse memoratur, vt vel sola paradisi voce audita, penè in extasim, præ desiderij & gaudij magnitudine, raperetur. Denique sicut ligna arida facilè ignem concipiunt, viridia verò atque humentia non item: sic concionatores diuinarum rerum & deuotionis studio dediti, facilè velut exsiccata ligna, deuotionis atque dilectionis igne inflammantur: quo auditorum animos afficiunt: qui verò deuotionis expertes sunt, tanquam humentia ligna, vt neque seipsos incendunt, ita nec alios incendere possunt. Hæc autem omnia quæ diximus, breuiter Prosper lib. 1. de vita contemplat. complectitur his verbis: Prædicator, non in verborum splendore, sed in operum virtute totam prædicandi fiduciam ponat: non vocibus delectetur populi clamantis, sed fletibus: nec plausum à populo studeat expectare, sed gemitum: lachrymasque, quas vult à suis auditoribus fundi, ipse primitùs fundat: & si eos compunctione sui cordis accendat. Hæc igitur de concionatoris officio, eiusque dignitate præfati, artem ipsam à primis (quod dicitur) incunabulis in sequenti libro tradere incipiemus.

Simil.

Prosper.

ECCLE.

ECCLESIASTICÆ RHETORICAE, SIVE DE RATIONE CONCIONANDI LIBER SECUNDUS.

Quid sit Rhetorica, quæ eius materia, quod officium & finis, & quæ sint eius partes.
Caput I.

Hetorica est benè dicendi ratio, seu de quaque re proposita, prudenter ornateque dicendi scientia. Quanuis autẽ Rhetoricæ nomen eam eloquentiæ partem significet, quæ sola artis præcepta continet, nos hic Rhetoricam pro eloquentia accipimus: quæ quidem est vis illa prudenter, explicatè, abundanter, numeroseque dicendi, id est, eloquentia, quæ nihil aliud est, quàm copiosè loquens sapientia. Qua quidem ex re liquet, quantum illi decipiantur, qui eloquentiam putant esse tumultuariam verborum idem significantium congeriem, & affectatum dicendi leporem & venustatem: cùm nihil tamen veræ eloquentiæ magis contrarium sit. Eloquẽtia enim non est illa inanis & propè puerilis verborũ volubilitas, quæ sæpe in populo insolenter se venditat, sed (vt diximus) disertè & copiosè loquens sapientia, quæ in prudentum animos cum suauitate illabitur. Tolle enim sapientiam, eloquentiæ sequetur interit'. Quò enim quis prudentiùs, & grauiùs loquutus fuerit, eò præclariùs eloquentiæ specimen, modò sermo purus vnà accesserit, cuique dare videbitur.

Materiam porrò huius artis eam dicimus, in qua omnis ars & ea facultas, quæ conficitur ex arte, versatur: vt si medicinæ materiam dicamus morbos ac vulnera, quòd in his omnis medicina versetur: item quibus in rebus versatur ars & facultas oratoria, eas res materiam artis Rhetoricę nominamus. Has autem res alij plures, alij pauciores existimauerunt. Nam Gorgias Leontinus antiquissimus ferè rhetor, omnibus de rebus oratorem optimè posse dicere existimauit Hic infinitam & immensam huic artificio materiam subijcere videtur. Aristoteles autem, qui huic arti plurima adiumenta atque ornamenta subministrauit, tribus in generibus rerum versari rhetoris officium putauit, demonstratiuo, deliberatiuo, iudiciali. Demōstratiuum est, quod tribuitur in alicuius certæ personæ laudem, aut vituperationem. Deliberatiuum est, quod positum in disceptatione, vel consultatione ciuili, habet in se sententiæ dictionem. Iudiciale est, quod positum in iudicio, habet in se accusationem & defensionem, vel petitionem & recusationem. Et, quemadmodum nostra quidem fert opinio, oratoris ars & facultas in hac materia tripartita versari existimanda est. Hanc nos quoque Ciceronis sententiam libenter amplectimur: sic tamen vt intelligamus, quòd quamuis huius artis materia his terminis circumscripta sit, præcipua tamen eius pars, hoc est, elocutio (vnde eloquentia ipsa nomen accepit) ad omnes omnium generum disciplinas quàm latissimè patet. Nam & Philosophi, & Medici, & Iurisconsulti, & Mathematici, & multi etiam sacrarum literarum tractatores, huius partis, nempè elocutionis præceptis instituti, ornatissimè & eloquentissimè dicunt.

Ex his autem tribus causarum generibus iudiciale, quod præcipuè apud Rhetores in vsu fuit (qui in hoc benè dicendi artem excogitarunt, vt ciuiles causas in iudicio tractarent) nos tanquam ab hoc instituto nostro, qui non causarum actoribus, sed concionatorib^9 præcepta comparamus, abdicandum duximus: atque deliberatiuo, hoc est, suasorio, & demonstratiuo contenti erimus: quorum altero in suadendis virtutum officijs, ac vitijs dissuadendis, altero in diuorum laudibus celebrandis vtimur.

Offici-

Officium verò huius facultatis videtur esse, dicere appositè ad persuasionem: finis, persuadere dictione. Inter officium autem & finem hoc interest, quòd in officio quid fieri, in fine quid officio conueniat, considera tur: vt medici officium dicimus esse, curare ad sanandum appositè: finem, sanare curatione. Item oratoris quid officium & quid finem esse dicamus, intelligemus, cùm id quod facere debet, officium esse dicem⁹: illud cuius causa facere debet, finem appellabimus

Cùm autem eorum quæ ad finem aliquem consequendum instituta sunt, ratio ex ipso fine sumenda sit ex hoc ipso fine, quid orator efficere, & quas res habere debeat, commodissimè intelligitur. Primùm enim vt appositè ad persuadendum dicat, oportet eum docere, flectere, & delectare. Dialectico nanque, qui rei dubiæ fidem facere contendit, sufficit vt doceat, hoc est, vt argumentis, quid voluerit, euincat. Cæterùm cũ orator non modò fidem facere, sed etiam ad aliquid agendum excitare soleat, non solum argumentis probare, sed etiam orationis venustate & rerum varietate delectare atque affectibus concutere auditores, & ad agendum impellere debet. Itaque docere necessitatis est, delectare suauitatis, flectere victoriæ. De quib⁹ suo loco copiosiùs. Et docere quidem, Rodolphus ait, rem facilem esse, & quam quisq; tantum non inertissimæ Rodol. mentis præstare possit: concutere autẽ affectibus audi- Agricol. entem, & in quemcunq; velis animi habitum transfor- lib. 1. topi. mare: allicere item, audiendiq; voluptate tenere suspẽsum, non nisi summis, & maiori quodam musarũ afflatu instinctis contingere ingeniis.

Ex eodem etiam siue officio siue fine colligimus, quas partes habere orator siue concionator debeat. Oportet enim in oratore esse inuentionem, dispositionem, elocutionem, memoriam, & pronunciationem. Inuentio est excogitatio rerum verarum aut verisimilium, quæ causam probabilem reddant. Dispositio est ordo & distributio rerum, quæ demonstrat quid, quibus in locis sit collocandum. Elocutio est idoneorũ verborum & sententiarum ad inuentionẽ accommodatio. Memoria est firma orationis perceptio. Pronunciatio est vocis, & vultus, & gestus moderatio cum venustate.

Ad hæc autem omnia paranda, tria sunt necessaria, ars, imitatio, exercitatio. Ars est præceptio quæ dat certam viam rationemque dicendi. Imitatio est qua impellimur cum diligenti ratione, vt aliquorum similes in dicendo velimus esse. Exercitatio est assiduus vsus consuetudoque dicendi. Artis autem præceptis opus est, primùm ad iudicandum non solùm de scriptis eloquentium virorum, quos nobis proponimus imitandos, verùm etiam de nostris commentationibus: deinde ad naturam iuuandam, quæ si non optima sit, corrigi tamen aliquantum potest: &, vt scribit Cicero, licèt ingenijs magnis præditi quidam dicendi copiam sine ratione consequantur, ars tamen est dux certior quàm natura. Quod enim naturali tantum fretus lumine facis, id arte multò meliùs ac certiùs efficies. Nemo tamen existimet, tantum opis in præceptis artis positum esse, vt per ea satis se ad dicendum instructum esse arbitretur. Nisi enim reliquæ duæ partes accesserint, scilicet imitatio & exercitatio (quarum altera multa eloquentium virorum lectione, altera assiduo scribendi vsu constat) nemo eloquentiæ palmam assequetur. Neque verò satis est multa legere, nisi in eo quod legis, omnes dicendi figuras, sententias, phrases, tropos, & quidquid postremò ad inueniendi, vel eloquendi rationem pertinet, diligenter animaduerteris: vt hac ratione artis præcepta familiaria tibi efficias, & in promptu & veluti ad manum posita semper habeas. Multi enim sunt, qui disertissimorum virorum scripta legentes, quia sola rerum cognitione contenti, nihil de dicendi ratione aduertunt, nihil prorsus in ea proficiunt.

Quomodo Rhetorica à Dialectica differat.

Cap. II.

CAeterum vt Rhetoricæ diffinitionem (quæ magnam lucem ad eius rationem atque naturam penitus cognoscendam affert) apertiùs intelligamus,

gamus, qua in re cum Dialectica conueniat, & ab ea item differat, paulò fusiùs explicandum est. Diffinitio namque exposita rerum inter se finitimarum similitudine, & differentia, colligitur. Constat autem ex Aristotelis sententia, finitimam esse Dialecticæ Rhetoricam, & sub illa tanquam superiori disciplina, quemadmodum Musica sub Arithmetica, contineri. Qua de re sic Arias Montanus ait:

Li. 1. Rhe. toric. ad Theod.

Huic soror est ventre ex vno concepta gemella,
Præcipuo Logicen dixerunt nomine Graij,
Quæ rationis opes, vires, neruosq; ministrat
Dicenti, viuos adhibet germana colores:
Hæc vincit, victum illa sequi parereq; suadet.

Illud certè constat, vtriusque disciplinæ eundem esse finem, easdemque rationes, quibus ad hunc finem peruenitur. Vtriusque finis est, persuadere, & rei dubię fidem facere, ad quod varijs vtitur rationibus & argumentis. Vtraque tamen, tum dissimiles quæstiones, tū dissimiles auditores, tum etiam dissimilem dicendi rationem sequitur. Cùm enim quæstionum aliæ ad intelligendum, aliæ ad agendum destinatæ sint (quarū illæ speculatiuæ, istæ practicæ nuncupantur) Dialectica prioris generis quæstiones frequentiùs versat, Rhetorica verò nostra, hoc est, ecclesiastica (de qua sermonem instituimus) posterioris generis sæpiùs tractat. Semper enim (quanuis aliud prima fronte videatur) suadere aut dissuadere intendit, dum auditores aut ab improbitate deducit, aut ad virtutis & pietatis studium incitat. Est & maxima inter auditores differentia, apud quos Dialecticus & Ecclesiastes dicunt. Ille enim ferè in scholis apud sapientiæ studiosos disputat. hic apud populum, qui magis exemplis & affectibus, quàm philosophicis rationibus capitur. Vnde etiam illa differentia nascitur, quam Zeno inter Dialecticam & Rhetoricam compressa & extensa manu assignauit: Dialecticam compressæ, Rhetoricam verò protensæ manui similem esse dicens: quòd illius oratio breuior, hæc fusior & latior sit. Dialectica enim oratio velut neruos & ossa corporis tantum compinge-

Simile appositum.

re,

re, & suis locis assignare videtur: Rhetorica verò orationis splendore & copia veluti sanguinem, & carnem, & cutem, & colorem, ac speciem & ornatum addit. Quibus rebus qui carent, aridi ac ieiuni à Rhetoribus appellantur. Hæc autem postrema differentia ex antecedentibus colligitur. Nec minus aptè hoc ipsum pictorum exemplo explicatur: qui primùm quidem rudi (vt ità dixerim) crassaque Minerua omnia simulachri membra delineant, deinde verò varios & colores, & ornatum, & cætera quæ ad perfectam & absolutam imaginem requiruntur, addũnt. Prius autem illud Dialecticæ officium, posterius verò Rhetoricæ declarat. Hæc autem postrema differentia, ex duabus superioribus (quæ paulò anteà diximus) proficiscitur. Nam rudis atque imperita multitudo longiori oratione capienda est: quoniam non solùm vt sciat & intelligat, sed vt agat quod volumus, non syllogismis tantùm, sed etiam affectibus, & magna vi dicendi concutienda & exagitanda est: quæ non angustam & breuem, sed acrem, & vehementem, atque copiosam orationem desiderat. Cuius rei commodissimum extat apud Senecam exemplum: quod docendi gratia hoc in loco attexere libuit. Sic enim ait: Vult nos ab ebrietate deterrere Zeno vir maximus, & huius sectæ fortissimæ ac sanctissimæ conditor. Audi ergo quemadmodum colligit virum bonum non futurum ebrium. Ebrio secretum sermonem nemo committit, viro autem bono committit: ergo vir bonus ebrius non est. Non est animus in sua potestate ebrietate deuinctus. Quemadmodum musto dolia ipsa rumpuntur, & omne quod in imo iacet, in summum vis caloris eiectat: sic vino æstuante, quicquid in imo iacet abditum, effertur, & prodit in medium. Onerati mero, quemadmodum nõ continent cibum, vino redundante: ita ne secretum quidem, quod suum alienumque est, pariter effundũt. Interim si hoc colligere vis, virum bonum non debere ebrium fieri, cur syllogismis agis? Dic quàm turpe sit plus sibi ingerere quàm capiat, & stomachi sui nõ nosse mensuram: quàm multa ebrij faciant, quibus sobrij eru-

Sene. Epistol. 82.

erubescant. Nihil aliud esse ebrietatem, quàm voluntariam insaniam. Extende in plures dies illum ebrium habitum: nunquid de furore dubitabis? Nunc quoque non est minor, sed breuior. Refer Alexandri Macedonis exemplum, qui Clitum charissimum sibi ac fidelissimum inter epulas transfodit, & intellecto facinore mori voluit, certè debuit. Omne vitium ebrietas & incendit, & detegit: obstantem malis conatibus verecundiam remouet. Plures enim pudore peccandi, quàm bona voluntate, prohibitis abstinent. Vbi possedit animum nimia vis vini, quicquid malè latebat, emergit. Non facit ebrietas vitia, sed protrahit: tunc libidinosus ne cubiculum quidem expectat, sed cupiditatibus suis quantum petierint, sine dilatione permittit: tunc impudicus morbum profitetur ac publicat: tunc petulans non linguam, non manum continet. Crescit insolenti superbia, crudelitas sæuo, malignitas liuido, omne vitium detegitur & prodit. Adijce illam ignorationem sui, dubia & parum explanata verba, incertos oculos, gradum errantem, vertiginem capitis, tecta ipsa mobilia, velut aliquo turbine circunagente totam domum: stomachi tormenta cùm efferuescit merum, ac viscera ipsa distendit. Tunc tamen vtcunq; tolerabile est, dum illi vis sua est. Quid cum somno vitiatur, & quæ ebrietas fuit, cruditas facta est? Cogita quas clades ediderit publica ebrietas. Hæc acerrimas gentes bellicosasq; hostibus tradidit. Hæc multorũ annorum pertinaci bello defensa mœnia patefecit: hæc contumacissimos & iugum recusantes, in alienum egit arbitriũ: hæc inuictas acies mero domuit. Alexandrum, cuius modò feci mentionem, tot itinera, tot prælia, tot hyemes, per quas victa temporum locorumque difficultate transierat, tot flumina ex ignoto cadentia, tot maria tutum dimiserunt, intemperantia bibendi cõcidit. Hactenus Seneca. Cuius verba omnia referre hoc in loco volui, quoniam Rhetoricæ ac Dialecticæ orationis discrimen apertissimè docent. Nec tamen hoc modo Rhetor loqui semper debet, nisi cùm res amplificationem magis, quàm probationem desiderat. In proba-

tioni-

tionibus nãque Rhetor breuitatem & acumen Dialecticorum imitatur, sed sic tamen, vt oratio non neruis tantùm & ossibus (vt anteà diximus) constet, sed etiã carne & cute, hoc est, oratorio ornatu vestiatur.

Adde, quòd auditor non solùm oratione flectẽdus, sed etiam eiusdem suauitate & elegantia delectandus, qua (vt Aug. docet) & libentiùs audit, & faciliùs capitur, & quò impellis ducitur. Nemo enim ad agẽdũ flectitur, si grauatè & molestè audiat. Hoc aũt angusta & ieiuna oratione, qualis Dialecticorũ est, fieri nequaquam potest. Hinc D. Aug. Si qui audiunt, inquit, monendi sunt potius quàm docendi: vt in eo quod iã sciunt agendo non torpeant, maioribus dicendi viribus opus est. Ibi obsecrationes, & increpationes, concitationes, & coercitiones, & quæcunque alia valent ad commouendos animos, sunt necessaria. Hæc verò dicendi ratio non breuem & angustam, sed vehementem, acrem, & copiosam orationem desiderat. Ex his liquidò constat, qua in re hæ duæ artes inter se conueniant, & quibus in rebus distent, & quantò sit difficiliùs voluntatem hominũm impellere ad agendũ, quàm intellectum rationibus conuincere ad assentiendum.

Lib. 4 de do. Chris.

Vbi supr.

Orationem omnem in triplici genere versari, expositione, argumentatione, aut amplificatione.

Cap. III.

CVM oratio, Rhetoriæ artis instrumentum sit, qua munus suũ orator exequitur, quisquis orationis rationem, & partes omnes diligenter expenderit, inueniet planè omnes homines oratione aut simpliciter aliquid exponere, aut probare vel improbare, aut rem aliquam ad motum animi excitandum amplificare. Exponimus autem simplici oratione, aut historica narratione, qua mentem nostram, vel id quod gestum est, vel geri potest, explicamus. Probamus verò argumentis & rationibus, quibus rei dubiæ fidem facere conamur. Amplificamus autem, cum amplo orationis genere, acremrem esse in genere suo maximam declarantes, ad iram, misericordiam, moerorem, odium, amorem, spē, metum, admirationem, vel ad quenuis alium affectū auditoris animum concitamus. Non sum autem nescius, communia esse probandi atque amplificandi loca & argumenta (vt paulò post videbimus) sed quoniam tractandi ratio diuersa est, docendi gratia alterum ab altero secernere maluimus.

Quia verò nullus inter homines sermo, nullaque oratio est, quæ nō in his tribus generibus versetur, quo pacto vnumquodque horum confici debeat, diligenter à nobis in hac arte aperiendum est Sic enim fiet, vt Ecclesiastes, vbi quid horum in concione occurrerit, facilè intelligat, qua id ratione tractare commodiùs possit. Et quoniam inter tria hæc, probandi & argumētandi ratio præcipua est (ex qua etiam vt modò diximus) vis amplificandi manat: de hac primo loco, mox de alijs dicendum erit. Quia verò rectus dicendi ordo exigit, vt communiora prius, deinde minùs communia (quæ sub illis continentur) tradamus, prius quidem communem hanc probandi methodum atque rationem (quæ ad omnia concionum genera pertinet) deinde verò propria singularum concionum præcepta & argumenta exponemus. Quem ordinem & Cicero in Rhetoricis, & in Topicis Aristoteles sequuti sunt: ille enim veluti syluam quandam ad omnia argumentorum genera inuenienda proposuit, deinde ad singulares causas tractandas descendit: hic verò simili ratione locos omnes descripsit, qui ad omnem quæstionem tractandam pertinerent: deinde ad singulares quæstiones explicandas transitum fecit: in quibus, vel de genere rei, vel diffinitione, vel de proprio, aut accidente aliquid quæritur.

Diuisio quæstionis. Cap. IIII.

VOniam omnis argumentandi atque probandi ratio (de qua in hoc secundo libro dicere instituimus) ad quæstionem aliquā terminandam, destinata est, quotuplex sit quæ-

Prima quæstionis diuis. quæstio, quæ in disceptationem venit, explicandum prius videtur. Quæstionum ergo genera duo sunt: vnum infinitum (quod Græcè thesis, Latinè propositū) alterum finitum: quod Græcè hypothesis, Latinè causa siue controuersia dicitur. Thesis de genere vniuerso quærit, sine designatione personarum, temporum, locorum, & similium: Hypothesis verò de rebus singulis, quæ personis, temporibus, & locis implicitæ sunt. Thesis est, Sitne ducēda vxor, Hypotesis, Sitne Philosopho? aut seni, hoc tempore, illo loco, illis moribus, peregrina, indotata, vetula, puella, Iulia Pompeio ducenda? Circunstantias vocant, quibus fit quæstio finita: qualia sunt, persona, res, causa, tempus, locus, & modus: de

2. Diuis. quibus commodiore loco dicemus. Infinita quæstio duplex est, vel enim ad cognitionem pertinet, cuius finis est scientia: vt, Sitne terra globosa: verane sit vsquā amicitia? Vel ad actionem: vt, sitne gubernanda respublica? Quibus rebus amicitia colenda sit? Superioris genera sunt tria. An sit, quid sit, quale sit, & similia: quæ traduntur à dialecticis in tractatione thematum simplicium & copulatorum: vt, Sintne Pygmæi? fueritne semper mundus: idem ne semper sit futurus? Quid sit, vt, Quid anima? Quale sit, vt, An cœlū sit coloratum?

3. Diuis. Sitne laudabile, sit ne vtile philosophiæ operam dare?

Hæc ex Cice. in li. Topicorū. Alterius verò quæstionis (cuius videlicet finis non scientia, sed actio est) duo sunt genera: vnum ad officium, alterum ad motum animi, vel gignendum, vel sedandum, planeue tollendum. Ad officium, sicut cū quæritur, suscipiendi ne sint liberi? Ad mouendos animos, cùm fiunt cohortationes ad defendendā Rempubl. ad gloriam, ad laudem. Quo ex genere sunt, querelæ, incitationes, miserationesq; flebiles. Rursusq; oratio, tum iracundiam restringens, tum metū eripiens, tum exultantem lætitiam comprimens, tum ægritudinem abstergens.

Prima vtilitas. Ex hac autem quæstionis diuisione tria intelligimus, quæ ad hanc artem maximè necessaria sunt: Primùm quidem alium inuentionis fontem ad infinitā quæstionem, alium ad finitam, quas thesim & hypo-

thesim

thesim Græcè appellari diximus, requiri. Ad thesim quippe tractandā argumēta ex ijs pręcipuè locis depromūtur, q̄ Gręcè topicā vocātur: ad hypothesim verò ex Circunstantiarū locis, quæ vel rebus, vel personis attributa sunt: quādoquidē huiusmodi quæstiones (vt paulò anteà diximus) rerū & personarū circunstantijs implicitæ sunt. Quanuis autem argumenta, quæ ex circūstantijs oriuntur, ad topicorum quoque loca referantur (vtpotè quæ ambitu suo omnia argumentorum genera comprehendant) quia tamen multiplices & varię circunstantiæ sunt, multaque ex illis argumenta eruuntur, singularis earum tractatus à locis illis seiungi debuit, quò ea quæ illic breuiter in adiunctorum & causarum loco insinuantur, copiosiùs & latiùs tractentur.

Hæc eadem quæstionis diuisio facit, vt intelligamus (quod & Cicero, & cæteri huius artis scriptores docent) nempè vt quæstionem finitam ad infinitam, hoc est, hypothesim reuocemus ad thesim. Quod vt exemplo pateat, finita quæstio est. An Aristotelis philosophia sit perdiscenda: eius quasi pars quædam est illa infinita, An philosophia sit perdiscenda: ad quā orator finitam transferet: verùm hac de re suo loco latiùs. *Secunda vtilitas.*

Eadem etiam quæstionis diuisio valet, vt pernoscamus aliter quæstiones, quarum finis est scientia, aliter eas, quæ actionis adpellantur, esse tractandas. In illis nanque satis est vt vel rei naturam explicemus, vel dubiæ fidem faciamus: in his verò non ad sciendum modò, sed ad aliquid agendum, vel aliquem motum in animis excitandum, auditor impellendus est: quod maiorem vim & impetum orationis requirit, vt docuim*, cum Rhetoricæ & Dialecticæ differentiam tradere-mus. His ita constitutis, de argumentorum inuentione, quibus infinitæ quæstiones siue theses tractantur, dicere incipiamus. *Tertia vtilitas.*

De locis unde argumenta ducuntur, quibus præcipuè infinita quæstio tractatur.
Cap. V.

QVia omnis argumentorum inuentio vel ad probandum vel ad amplificandum destinatur, necesse est, vt omnia quę rem probant, aut amplificant, rebus ipsis, quas probare vel amplificare volumus, aliqua ratione conueniant, vel illis etiam aduersentur: cum contrariorum eadem sit disciplina. Rebus autem ipsis quędam intrinsecùs, quædam verò extrinsecùs conueniunt. Nam genus, species, differētia, diffinitio, propria, accidentia, partes, totum, causæ & effectus, rebus omnibus natura insunt. Nulla enim res his velut affinib⁹ & attributis destituitur. Est enim hæc velut communis rerum omnium genealogia, & veluti quædam consanguinitatis arbor (qualem Theologi pingunt) quę ante se, & post se, à dextra, læuaque velut affines suos habeat. Et quidem anteriori loco ponuntur, genus rei, & totum, & partes, & causæ à quibus res profecta est: posteriori verò loco effectus, qui ex causis consequuntur, à dextra verò læuaque differentia rei, definitio, propriæ qualitates, & accidentia eius, nisi malis hæc duo posteriora inter effectus collocare: quoniam à forma rei tanquam à causa prodeunt. Hæc verò quę rebus accidunt, alij adiacentia, alij adiuncta vocant, & in tria tempora partiuntur, antecedentia, concomitantia, & consequentia. Quorum quædam necessariò, quædam verò non necessariò rebus cohærent: atq; hæc posteriora, Dialectici communiter accidentia vocant. Hæc igitur omnia, quæ variè rebus adiuncta sunt, intrinsecùs eis conuenire dicuntur. Extrinsecùs verò similia, dissimilia, maiora, minora, paria, exempla, testimonia, & oracula (quæ de re prolata sunt) rebus ipsis conuenire dicimus. Hæc autem rerum omnium attributa, tam Dialectici, quàm Rhetores locos appellarūt: quòd ex ijs tanquam è locis, & veluti promptuarijs argumēta omnia, siue ad probandum, siue ad amplificandum eruantur. De quibus & Aristoteles, & Cicero, & Boetius,

tius, multique alij insignes scriptores, & nostro seculo Rodolphus Agricola copiosè scripserunt.

Et hi quidem prima diuisione loca omnia in artificialia & artis expertia, siue inartificialia distribuunt. Ad hoc autem posterius genus variæ autoritates & testimonia, tum diuina, tum humana, & varia item exempla; hoc est, præclarè dicta aut facta pertinent. Ad prius autem illud genus, alia omnia loca, quæ enumerauimus, referuntur: quæ vel in ipsa rei substantia insunt, vel cum ea aliqua ratione, siue necessariò, siue nō necessariò coniuncta sunt. Dicuntur autem hæc artificialia, quoniam ab eis probationes & argumenta arte & ingenio dicentis eruuntur: illa verò artis expertia, quoniam ab his argumenta non dicentis ingenio, sed aliunde assumpta, ad causam afferuntur: quanuis eorundem commoda & venusta tractatio maximè ad artem pertineat: nisi sine arte (vt Rodolphus ait) putamus dixisse Lucanum.

Quis iustiùs induat arma,
Scire nefas: magno se iudice quisq; tuetur.
Victrix causa Deis placuit, sed victa Catoni.

Hæc autem posteriora loca, quanuis sola exempla & testimonia, partim diuina, partim humana comprehendant, infinitum tamen probationum & argumentorum campum nobis aperiunt, quando quicquid vbique siue in diuinis literis, siue in sacris Canonibus & Concilijs, siue in Philosophorum, Historicorum, & cunctorum sapientum libris atque disciplinis continetur, huic loco deseruit. Probationes quippe ab his locis manantes, nequaquam arte & ingenio dicentis; sed varia & multa omnis generis autorum lectione cōparantur.

Sed ad institutum redeuntes, summa huius artis est, vt propositionem aliquam, seu veram vel falsam, probaturus aut improbaturus, omnia quæ eius propositionis subiecto & prædicato (vt Dialectici loquuntur) conueniunt, hoc est, omnem (vt ita dicam) vtriusque vocis genealogiam, diligenter exploret, nempè genus, speciem, diffinitionem, & cætera, quæ superius commemorauimus. Ex his nanque omnibus veluti locis argumenta promuntur. Cùm enim aliquid subiecto & prædicato conuenire indebita terminorum collocatione probatur, non dubium quin verè alterum de altero affirmetur: quando, quæ in vno tertio conueniunt, inter se quoque conuenire necesse sit: contrà verò si dissentiant, ipsa quoq; inter se dissentire opus est. Quam rem commodissimo exēplo Rodolphus ostendit. Si enim dijudicare velis an duæ (verbi gratia) columnæ, quæ longè à se distant, æquales an inæquales sint, virgam vtrique parti adhibes: quæ si vtrique par sit, æquales eas esse iudicas: si impar, inæquales. Eadem ergo ratio argumentandi est. Tertiumque illud vtrique parti applicandum, mediū appellant: quod quidem ex his omnibus rerū attributis, quæ suprà commemorauimus, desumitur.

Rodolph.

Sed operæpretium erit, hæc ipsa propositis aliquot exemplis illustrare. Sumamus exempli gratia, pium sanctæ orationis studium, quod hominibus commendare volumus, & quæ illi conueniant, exploremus: vt ex eis ad persuadendum argumenta ducamus. Genus huius virtutis est Religio, quæ virtutum moraliū præstantissima est. Diffinitio est, eleuatio mentis in Deum, vel petitio rei decentis à Deo. Causa orationis pręcipua est Spiritus sanctus, nos ad orandum inducens, & postulans pro nobis gemitibus inenarrabilibus. Causæ verò ad orandum impellentes sunt, quotidianæ huius vitæ miseriæ, & præsentissima pericula, & maxima humani cordis ad malum procliuitas, quę continua diuini numinis ope eget, & summa item Dei nostri bonitas, quæ vt petamus præcipit, & petentibus auxilium pollicetur. Effectus orationis sunt, primùm quidem gratiæ & gloriæ augmentum (sicut cætera virtutum opera in charitate edita) promereri. Deinde pro commissis Deo satisfacere. Tertiò, id quod petimus, si debitè & religiosè petamus, impetrare. Quartò demùm, animo corroborari, & cælesti luce, atque spirituali dulcedine refici atq; compleri: & nonnulli item alij, quos lon-

longum esset enumerare. Partes verò eius, oratio vocalis atque mentalis, seu malis partes eius esse, quas Apostolus enumerat, cùm ait: Obsecro primum omnium fieri orationes, obsecrationes, postulationes, gratiarum actiones, &c. Quæ verba Cassianus in Collationibus Patrum diligenter explicat. Adiuncta orationi sunt, quæ necessariò cum ea cohærent, fides, spes, charitas, & attentio, cæteræque virtutes: sine quibus oratio grata Deo non fit. Adiuncta verò quæ frequenter illam consequuntur, sunt vitæ puritas, solitudinis amor, sanctorum desideriorum seges, & robur animi aduersus peccatum, deuotio & alacritas ad omnia pietatis opera, contemptus rerum humanarum. Gustata enim spirituali suauitate (quæ deuotæ orationis comes est) sordet omnis caro. Hæc autem dixi frequenter orationi adiuncta esse, quoniam nonnullos orare videmus, qui tamen in virtutis & iustitiæ cultu negligentiores sunt. Similia verò orationi sunt lectio, meditatio, & contemplatio, quòd his etiam officijs mens eleuetur in Deum. Orationi autem aduersatur obliuio Dei: quæ malorum omnium origo, sicut oratio bonorum omnium fons & initium est. Iam verò exempla & testimonia siue sacrarum literarum, siue sanctorum Patrum, quæ orationem commendant, eiusque vtilites & necessitatem declarant, innumera sunt, & passim obuia. Hæc enim argumenta, quæ artis expertia esse diximus, non dicentis ingenium, sed memoria, & varia omnis generis autorum lectio præstat. Dei etiam obliuio, quæ orationi aduersatur, non minus nos, quàm quiuis aliorum locorum iuuare ad inueniendum poterit. Cùm enim explicuerimus, quæ mala ex Dei obliuione consequantur, facilè erit intelligere, quàm sit oratio commendanda: quæ nos à tot malis liberat, dũ assiduè mentem in Deum attollit. Hoc igitur exemplo apertè liquet, quanta argumentorum copia hac arte quæratur. Ex his nanque precationis attributis quę annotauimus, facilè ad eam commendandam varia argumenta promuntur. 1. Tim. 2.

Sed inter hos tamen locos, qui ab effectibus & adiunctis ducitur, siue illa necessariò, siue non necessariò cum re cohæreant (vt modò diximus) fœcundissimus est. Quanuis enim meliùs sit res ex causis & principijs cognoscere, frequentiùs tamen & faciliùs ex effectibus ad causas philosophamur: quoniam notiores nobis effectus, quàm causæ sunt. Ab hoc igitur effectuum & adiunctorum loco & virtutes commendamus, cùm earum fructus & effectus, & quæcunque illis adiuncta sunt, explicamus: & vitia quoque perstringimus, cùm effectus & mala omnia, quæ secum afferunt, commemoramus & amplificamus. Seneca ex his duobus locis plurima aduersus iram argumenta adducit, his verbis: Exegisti à me Nouate, vt scriberem quemadmodum posset ira leniri: nec immeritò mihi videre hunc præcipuè affectum pertimuisse, maximè ex omnibus tetrũ ac rabidum. Cæteris enim aliquid quieti placidiq; inest, hic totus concitatus & in impetu est, dum alteri noceat, sui negligens, in ipsa irruens tela, & vltionis secũ multa tractare auidus. Quidam itaque è sapientibus viris iram dixerunt breuem insaniam: æquè enim impotens sui est, decoris oblita, necessitudinum immemor, in quod cœpit pertinax & intenta, rationi consilijsque præclusa, vanis agitata causis, ad conspectum æqui verique inhabilis, ruinis simillima, quæ super id quod oppressere, franguntur. Vt autem scias insanos esse quos ira possidet, ipsorum habitum intuere. Nam vt furentium certa indicia sunt, audax & minax vultus, tristis frons, torua facies, citatus gradus, inquietæ manus, color versus, crebra & vehementiùs acta suspiria: ita irascentium eadem signa sunt. Flagrant & micant oculi, multus ore toto rubor, exæstuante ab imis præcordijs sanguine, labia quatiuntur, dentes comprimuntur, horrent ac subriguntur capilli, spiritus coactus ac stridens, articulorum seipsos torquentium sonus, gemitus mugitusque, & parum explanatis vocibus sermo præruptus, & complosæ sæpius manus, & pulsatã humus pedibus, & totum concitum corpus, magnasque iræ minas agens, fœda visu, & horrenda facies deprauantium se ac intumentium. Nescias

Senec. lib. 1. de Ira.

vtrùm

verùm magis deteſtabile vitium ſit, an deforme. Cætera licet abſcondere, & in abdito alere: ira ſe profert, & in faciem exit, quantoque maior eſt, hoc efferueſcit manifeſtiùs. Iam verò ſi effectus eius, damnaque intueri velis, nulla peſtis humano generi pluris ſtetit. Videbis cædes ac venena, & reorum mutuas ſordes, & vrbium clades, & totarum exitia gentium, & principum ſub ciuili haſta capita venalia, & ſubiectas tectis faces, nec intra mœnia coercitos ignes, ſed ingentia ſpatia regionum hoſtili flamma relucentia. Aſpice nobiliſſimarum ciuitatum fundamenta vix notabilia: has ira deiecit. Aſpice ſolitudines per multa millia ſine habitatione deſertas: has ira exhauſit. Aſpice tot memoriæ proditos duces, mali exempla fati. Hæc omnia ex Seneca, qui multa alia his ſimilia enumerat Quo exemplo apparet, quàm ſit fœcundus hic locus, qui ab effectibus & adiunctis rerum ſumitur. Simili quoque ratione Archytas ille Tarentinus apud Ciceronem, voluptatem ex iiſdem locis accuſat & diſſuadet. Ait enim, nullam capitaliorem peſtem, quam voluptatem corporis hominibus à natura datam, cuius voluptatis auidæ libidines, temerè & effrænatè ad potiundum incitarentur. Hinc Patriæ proditiones, hinc rerũ publicarum euerſiones, & cum hoſtibus clandeſtina colloquia naſci. Nullum denique ſcelus, nullum malum facinus eſſe, ad quod ſuſcipiendum non libido voluptatis impelleret. Stupra verò, adulteria, & omne tale flagitium, nullis aliis illecebris excitari, niſi voluptatis. Cumque homini ſiue natura, ſiue quis Deus nihil mẽte præſtabiliùs dediſſet, huic diuino muneri ac dono nihil tam eſſe inimicum, quam voluptatem. Nec enim libidine dominante, temperantiæ locum eſſe omninò, nec in voluptatis regno virtutem poſſe conſiſtere. Quod quò magis intelligi poſſet, fingere animo aliquem iubebat tanta incitatum voluptate corporis, quanta percipi poſſet maxima: nemini cenſebat fore dubium, quin tandiu dum ita gauderet, nihil agitare mente, nihil ratione, nihil cogitatione conſequi poſſet. Quocirca nihil eſſe tam deteſtabile, tamque

Cicer. de ſeneƐt.

pestiferum, quàm voluptatem. Siquidem ea cùm maior esset atque longinquior, omne animi lumen extingueret. Hactenus ille. Diuus verò Cyprianus his duobus locis diffinitionem & comparationem adiungēs, nos ab inuidiæ peste deterret his verbis: Qualis animi tinea est, aut quæ cogitationum tabes, inuidere in altero virtutem eius aut felicitatem, odisse in eo vel merita propria vel beneficia diuina, in malum proprium bona aliena conuertere, aliorum gloriam facere suam pœnam. Non cibus talibus lætus, non potest esse iucundus, suspiratur semper, & gemitur, & doletur. Dūque ab inuidis nūquam liuor exponitur, diebus ac noctibus sine intermissione pectus obsessum dilaniatur. Mala cætera habent terminum, & quodcunque delinquitur, delicti consummatione finitur. In adultero cessat facinus perpetrato stupro, in latrone conquiescit zelus homicidio admisso, & prædoni rapacitatem statuit possessa præda, & falsario modum imponit impleta fallacia: zelus terminum non habet, permanens iugiter malum, ac sine fine peccatum est. Quantoque ille, cui inuidetur, successu meliore profecerit, tātò inuidus in maius incendium liuoris ignibus inardescit. Hinc vultus minax, toruus aspectus, pallor in facie, in labijs tremor, stridor in dentibus, verba rabida, effrænata conuitia, manus ad cædis violentiam promptæ, etiam si gladio interim vacuę, odio tamen furiosæ mētis armatæ. Hactenus Cyprianus. Hæc autem ideò tot à me exemplis explicata sunt, vt studiosus Concionator apertè videret, argumenta omnia, quibus aliquid vel probamus, vel amplificamus, ex ijs quæ rebus attributa, & natura cum illis coniuncta sunt, esse sumenda.

Cypr. ser. de liuore.

De duobus alijs argumentorum fontibus, nempè genere rei, & eius contrarijs.

Cap. VI.

Ic igitur primus ac præcipuus argumentorum fons, qui ex attributis earum vocum, quæ in quæstione pronuntur (hoc est, subiecti, & prædicati, vt appellant) proficiſciſcitur. Sunt autem duo alij, è quibus etiam, ad eandem quæſtionem tractandam, argumenta ſumuntur: nempè genus rei, ſiue vnum, ſiue multa ſint, & contrarium, ſiue vnum, ſiue multiplex ſit. De genere, hoc ſit exemplum. Si quis ab adulterij crimine deterrere velit, adulterij genera inſpiciat. Eius enim genus proximum eſt impudicitia, remotius verò, letale peccatum. Qui igitur ab adulterio dehortatur, primum, quàm ingens periculum ſit, in letali peccato diu permanere, declarare poterit, mala omnia, quæ peccatum ſecum affert, cõmemorando: quæ ex omnibus locis, hoc eſt, ex omnibus ijs, quæ peccato attributa ſunt, colligi poterunt. Deinde ad proximum impudicitiæ genus deſcendens, illud Apoſtoli proferre poterit: Omne peccatum, quodcunque fecerit homo, extra corpus eſt: qui autem fornicatur, in corpus ſuum peccat: illud videlicet fœdando, ac turpiter inquinando. Cætera quoque mala, quæ impudicitiæ attribuuntur, ſimili ratione tractari poterunt. Tertio verò loco ad propria adulterio attributa tractanda perueniet, vt ex rei proprijs (quod eſt multò commodius) argumentetur. Argumenta verò, quæ à rerum generibus ducuntur, ex illa Ariſtotelis regula, quæ in anteprædicamentis ponitur, vim habent: Quãdo alterum de altero prædicatur, tanquam de ſe ſubiecta ſibi ſpecie, quæcunq; de eo quod prædicatur, dicũtur, de ſubiecta quoque ſibi ſpecie dicuntur. Hoc eſt, quidquid generi conuenit, ſpeciei quoque ſubiectæ conuenit. Conſtat enim ſuperiora omnia inferioribus conuenire, & de illis (vt Dialectici loquuntur) prædicari. 1. Cor. 6.

Neque verò ea quæ rebus ipſis de quibus dicimus, contraria ſunt, minorem argumentorum materiam ſuppeditabunt: quandoquidem (vt Philoſophi tradũt) eadem contrariorum diſciplina eſt. Quod planè nõ in cæteris rebus modò, ſed in moribus præcipuè locum habet. Quò enim deteſtabiliorem ſuperbiam, impudicitiam, auaritiam, & iracundiam oſtenderis: hoc magis humilitatem, caſtitatem, libertatem & manſuetudinem commendabis: quæ nos à tot malis & incommodis liberant. Hinc Diuus Cyprian. Serm. de patientia, vbi huius virtutis vtilitatem, necessitatem, cæterasque eius laudes exposuisset, impatientiæ mala commemorat, vt patientiæ laudes amplificet, quæ nos à tanto malo liberat. Sic enim ait: Atque vt magis fratres dilectissimi, patientiæ bonum luceat, quid mali è contrario impatientia importet, consideremus. Nam vt patientia bonum Christi est, sic è contrà impatientia Zabuli malum: & sicut in quo habitat & manet Christus patiens inuenitur, ita impatiens semper existit, cuius mentem Zabuli nequitia possidet, &c. Et paulò post ita concludit: Et ne longum sit singulatim recensere omnia, omnino quæ patientia ædificat ad gloriam, impatiẽtia destruit ad ruinam: quare fratres dilectissimi, & bonis patientiæ, & impatientię malis diligenter expensis, patientiam, per quam in Christo manemus (vt venire cum Christo ad Deum possimus) plena obseruatione teneamus. Hactenus Cyprian.

Cypr. ser. de patien.

Necessariam esse Concionatori absolutam earum rerum scientiam, de quibus est dicturus, quò supradictis locis vti possit.
Cap. VII.

Vm igitur argumenta ex his omnibus quę natura ipsa rebus conueniunt, eruenda sint, liquet sanè, plenam earum rerum, de quib' dicturi sumus, scientiam nos ad hoc prius habere oportere. Cùm enim Dialecticus me admoneat, vt rei genus, diffinitionem, proprias passiones, & affectiones, causas, effectus, ac partes rei, cæteraque his similia explorem, quid mihi hæc admonitio proderit, nisi prius ego ista omnia nouerim? Quomodo autem ea nosse potero, nisi plenam eius rei scientiam habuero, quæ hæc omnia tradit? Itaque attentiùs mihi hanc topicorum artem consideranti apparet, eam similem ijs artibus esse, quæ methodum quidem & rationem rerum faciendarum tradunt: quæ tamen materiam aliunde oblatam sumunt: qualis pharmacomacopolarum ars est: quæ docet ex quibus herbis hoc aut illud pharmacum confici debeat, cùm aliunde tamen herbas accipiat, quibus ea pharmaca componat. Ad hūc ergo modū Dialecticus in quæstionibus quas tractat, ea quæ rebus natura ipsa conueniunt & attribuuntur, explorare docet: vt ex eis argumenta instituto suo accommodata eruat. Hæc tamen attributa non ipse, sed illæ disciplinæ præstant, quæ hisce de rebus tāquam de propria materia disputant.

Ex hac autem animaduersione colligitur, totius moralis Philosophiæ & Christianæ doctrinæ concionatorem peritum esse debere. Cùm enim illi de virtutibus & vitijs, de legis diuinæ præceptis, de sacramentis, de Christianæ fidei mysterijs (quæ in symbolo continentur) dicendū perpetuò sit, debet vtiq; is (quoad eius fieri poterit) absolutissimam harum rerū sciētiam habere: vt ex ijs quæ hisce rebus attribuuntur atq; conueniunt, argumenta sumere possit: quæ ad suadendū vel dissuadendum, probandum aut improbandum, & amplificandum vel extenuandum conducere valeant. Vnde autem hæc copia, nisi ex varia sanctarum scripturarum, veterumque Patrum lectione colligi potest? Debet igitur priusquàm hoc munus attingat, varia & multiplici lectione refertū pectus habere: vt tanquam scriba doct⁹ in regno cœlorū proferat de thesauro suo noua & vetera. Qui enim cumprimùm munus hoc aggrediuntur, sanctorum Patrū scripta legere incipiunt: hi non vetera & noua, sed noua solùm contra hoc Christi Domini consilium proferunt. Qua in re vermiculos, quos bombices appellamus, imitari debent: q pluribus diebus nihil aliud faciunt, quàm arborum folijs corpora saginare: deinde, vbi in iustam corporis magnitudinem excreuerint, serica fila nectere die noctuque non desistunt. Eos verò, qui sine hac studiosa præparatione munus hoc obeunt, D. Gregor. castigat his verbis: Videant, quos à prædicationis officio ætas vel imperfectio prohibet, & tamen præcipitatio mouet, ne cùm intempestiuè arripiunt quod non valent, perdant illud quod tempestiuè aliquoties im- *Simil.* *Simil.*

plere

plere possent. Nam & pulli auium, si ante pennarum perfectionem volare appetant, vnde in alta ire cupiũt, inde in ima cadunt: sic & conceptam sobolem, si priusquàm formetur, fœmina profert, non tam domum, quàm tumulum replet. Hæc ille. In hoc autem studio primum est, vt in lectione delectum adhibeat: vt non trita, & vulgaria, & passim obuia, sed præstantissima quæque eligat, & quæ non tam tinnitu & illecebra verborum aures mulceant, quàm quæ acumine & grauitate sententiarum vim & pondus habeant: & multa paucis comprehendant: vt in ijs eruendis & ponderandis paululum operæ suæ concionator ponat. Proximũ verò (idque maximè necessarium est) vt albiolo ad hoc ante parato, & titulis rerum omnium quæ in concionis argumenta cadunt, insignito, quæ inuenta fuerunt, in his locis collocet: & multa etiam, quæ ad Euãgelia, quæ vel Dominicis, vel festis diebus ab Ecclesia leguntur pertinent, simili ratione annotabit. Hos ergo proprios & singulares locos cõcionatori maximè vtiles & necessarios duco: vt si de humilitate, charitate, patientia, abstinentia, precandi studio: contraque si de superbia, auaritia, inhumanitateque dicendum sit, hos locos consulat, & ex huiusmodi penu, ac veluti promptuario sumat, quod sibi ad dicendum commodiùs visum fuerit.

Neque sola lectione contentus esse debet: sed quæcunque ab alijs, siue concionatoribus, siue cuiusuis ordinis hominibus grauiter & sententiosè dicta fuerint, vel ipsi aliud etiam agenti in mentem venerint, quæ vim & pondus aliquod ad munus suum habeant, nullo modo negligenda putet: sed protinus schedulis breuiter committat, vt opportunitatem nactus ea in supradictis locis reponat. Quæ enim nostra sunt, multò & copiosiùs & vehementiùs (tanquam arma viribus & corpori nostro accommodata) tractamus. Hac enim cura atque diligentia fit, vt thesaurus noster paulatim augeatur, & post aliquot annos ingens deinde selectarum rerum cumulus tam multis accessionibus surgat.

Ex

Ex lectione autem sanctarum scripturarum reconditiora loca seligere curemus, quæ nouitate & dignitate sua auditores excitent: quorũ multa ex Prophetarũ & Sapientiæ libris colligere licet Loca enim ab alijs penè detrita & passim obuia minus mouent, nisi ea insigni aliqua expositione ex communibus noua quodãmodo faciamus. Danda etiam opera est, vt pleraq; scripturarum loca insigni aliqua expositione aut commẽtatione illustremus: vel sententiæ vim & grauitatem ponderãtes, vel tropum, si quis est, aut emphasim, quæ frequenter in vna voce latet, excutientes. Neque tamẽ oportet, multis Scripturę testimonijs ad vnum aliquid probandum vti: quod nonnulli faciunt, ostentandæ magis memoriæ & eruditionis, quã ædificationis gratia: sed modus atque delectus habendus est, neq; quid insidiosus inuentionis nostræ amor suggerat, sed quid res postulet, cogitandum. Non enim locus deerit, quò ijs, quæ eo tempore recitemus, vti posteà valeamus.

Qui igitur diligenti studio, lectione, & meditatione hunc sibi thesaurum opportuno tempore compara uerint, graues & acres in dicendo erunt, vberrimumque laboris sui fructum referent. Qui verò vacui, ieiuni, & steriles hoc munus aggrediuntur, quam frugem referre poterunt, nisi vt tales auditores suos relinquãt, quales ipsi ad dicendum accesserunt? Quocirca, summum concionatoris studium in diuinarum scriptura rum & sanctorum Patrum lectione insumi debet quorum inuentis, sua quoque inuenta augere & locupletare debet. Est enim valdè angusta humani ingenij vena: quæ nisi aliorum studijs velut lucernarum accessione iuuetur, exiguum sanè lumen præferet. Hinc tot Homiliarij nostro seculo prodierunt, in quorum lectione vix insigne aliquid legentes inuenimus: propterea quòd eorum autores ingeniorum suorum inuentis & labore contenti, & rerum suarum amore allecti, quę ipsis, velut ingenij sui fœtus placuerunt, alijs etiam placitura credebant. Eget ergò Ecclesiastes multa variaq; lectio-

lectione,& insignium sententiarum obseruatione. Nō enim alia ratione dictum à veteribus esse credo. Poetam nasci, Oratorem fieri: nisi quòd facultas illa præcipuè naturæ beneficio, hæc verò studio, meditatione, assidua lectione, multa exercitatione & imitatione cō paretur. Ex sacris autem autoribus Hieremias (vt cæteros Prophetas sileam) quamuis (vt D. Hiero. ait) min' in verborum delectu cultus, quam Esaias sit, admirabilis mihi concionator esse videtur. Tot enim dicendi figuris et affectibus, tantaque vi & acrimonia verborū vtitur, totque modis & furorem Domini amplificat, & in prauos hominum mores inuehitur, vt vix quicquā aut grauiùs, aut vehementiùs, aut pro rei magnitudine conuenientiùs excogitari possit. Ex Ecclesiæ verò Patribus D. Chrysosto. maximè legendus: quòd sit eloquentissimus, populique auribus ita accommodatus, vt vix vnquam à salutari eius institutione orationem flectat. Hic autem vir admirandus, non modò ad sententiarum grauitatem sed ad vim etiam eloquendi, & tractandorum animorum rationem plurimum conferet: præsertim si assidua lectione Ecclesiastes eum sibi familiarem fecerit. Rectè enim D. Aug. in lib. de doct. Christ. Si ex consuetudine loquentium, fiunt homines loquentes, cur ex consuetudine eloquentium, non fiant eloquentes? Vnde enim eloquētiæ præcepta manarunt, nisi ex obseruatione eorum, qui optimè ab ipsa natura ad dicendum compositi erant? Hic D. Augult. Si acutum, inquit, & feruens adsit ingenium, faciliùs adhæret eloquentia legentibus & audientibus eloquentes, quàm eloquentiæ præcepta sectantibus, accedente maximè exercitatione scribendi, vel dictandi.

Aug. li 4. de doctri. Christ.

Aug. ibi.

De locis ex circunstantijs rerum & personarum.

Cap. VIII.

Ræter hos communes locos, alij quoque assignantur ex personarum & rerum circunstantijs: qui ad superiores quoque referuntur, & ab illis manant. Tractantur autē seorsum ab eis, quoniam ad certa genera

nera quæstionum pertinent: quorum naturã propiùs, quàm communia illa loca attingunt, quæ latissimè vagantur. Hoc autem in loco ad mentem reuocare oportet, quod initio huius secũdi libri diximus, nempè duo esse genera quæstionum: quædam enim ex communibus vocibus cõstant: quas Rhetores infinitas, siue theses appellant: quædam verò, quæ rerum & personarũ circunstantijs implicitæ sunt (quæ videlicet ex proprijs & singularibus nominibus constant) quas finitas, vel hypotheses nuncupari diximus. Priorum exẽplum est, cùm de adulterij deformitate in commune, posteriorum verò, cùm de Dauidis adulterio dicimus, vtriusque deformitatem amplificantes: sic etiam obedientiam & pudicitiam in commune laudamus, & Abrahæ obedientiam, & Iosephi pudicitiam sigillatim amplificamus. Ad eas igitur quæstiones, quas theses appellari diximus, priores illi loci accommodati sunt: ad has verò posteriores non illi solùm, sed hi qui à circunstantijs rerum & personarum ducuntur, maximè deseruiunt: cum ea complectantur, quæ singularibus rebus atq; personis conueniunt. Quæ autem illa sint, iam explicabimus.

Personis vndecim hæ circunstantiæ tribuuntur: Nomen, natura, victus, fortuna, habitus, affectio, studia, consilia, facta, casus, orationes. Nomen est, quod vnicuique personæ datur, vt Petrus, Ioannes, &c. In natura huiusmodi considerantur, sexus, natio, patria, cognatio, ætas, dignitas. Sexus, vir an mulier sit. Natio, Græcus an Barbarus. Patria, Atheniensis, an Lacedæmonius. Cognatio, quibus maioribus, quibus consanguineis sit. Aetas, puer, an adolescens, natu grãdior, an senex. In dignitate autem commoda & incommoda considerantur, à natura data animo aut corpori hoc modo. Valens an imbecillis, longus an breuis, formosus an deformis, velox an tardus sit, acutus an hebetior, memor an obliuiosus, comis, officiosus, pudens, patiens, an contrà. Et omninò quæ à natura data animo & corpori considerabuntur, in natura consideranda sunt. Nam quæ industria cõparantur,

Hæc omnia ex Cicerone, li. de Inuen.

tur, ad habitum pertinent: de quo posterius dicendum est. In victu, siue educatione, cōsiderare oportet, apud quem, & quo more, & cuius arbitratu sit educatus: quos habuerit artium liberalium magistros, quos viuendi præceptores, quibus amicis vtatur, quo in negotio, quæstu, artificio sit occupatus, quomodo rem familiarem administret, qua consuetudine domestica sit. In fortuna quæritur, seruus sit an liber, pecuniosus an tenuis, priuatus an cum potestate: si cum potestate: iure an iniuria, felix, clarus, an contrà, quales liberos habeat. Ac si de non viuo quæretur, etiam quali morte sit affectus, erit considerandum. Habitum autem hunc appellamus animi aut corporis constantem, & absolutā aliqua in re perfectionē, vt virtutis aut artis alicui' perceptionē, aut quamlibet scientiam. Et item corporis aliquam commoditatem, non natura datam, sed studio & industria comparatam. Affectio est animi aut corporis ex tempore aliqua de causa commutatio, vt lætitia, cupiditas, metus, molestia, morbus, debilitas, & alia, quæ genere in eodem reperiuntur. Studium autem est animi assidua & vehemens ad aliquam rem applicata magna cum voluptate occupatio, vt philosophię, poetices, geometriæ, literarum. Consilium est aliquid faciendi aut non faciendi excogitata ratio. Facta autem & casus, & orationes, tribus ex temporibus considerabūtur, quid fecerit, aut quid ipsi acciderit, aut quid dixerit, aut quid modò faciat, quid ipsi accidat, quid dicat: aut quid postea factur' sit, quid ipsi casurum sit, qua sit vsurus oratione. Ac personis quidem hæc vidētur esse attributa: à quibus omnibus argumenta siue ad probandum, siue ad amplificandum duci possunt. Cæterum à personæ nomine, quod primo loco posuimus, rarò argumenta sumuntur, nisi cùm nomen ipsum singulari aliqua ratione personæ sit impositum, vt gloriosum Iesu nomen. Item Abrahæ, Saræ, Isaac, Iacob, Israelis, Ioseph, Ioannis, Petri, & similium. At vero à nominibus appellatiuis rectè argumenta ducūtur, & ab æthymologia nominis appellantur. Qui loc' diffinitioni proximus est, & inter prioris ordinis locos humi eratur. Ex hoc autem loco sic D. Hieron. cum Heliodoro argumentatur: Quid facis in turba, qui monachus es? Et ad Nepotianum, Clericus, inquit, interpretetur primò vocabulum suum: & nominis sui diffinitione probata, nitatur esse quod dicitur. Si enim Cleros Græcè, Latinè sors dicitur: propterea vocantur clerici, quia vel ipsi sunt de sorte Domini, vel Dominus sors illorum est. A genere hortamur ad virtutis studium, ne videlicet homo à parentum moribus & nobilitate degeneret. Et ab hoc item amplificamus eorum prauitatem, qui ab hac nobilitate degenerarunt: eorumque mores coniicimus, qui à sceleratis parentibus orti sunt. Vnde est illud: Mali corui, malum ouum. Improbus est, quoniam improbis natus parentibus. A natione: Pœnus est, ergo perfidus. Cretensis est, ergo mendax. Cretenses enim (vt Apost. quoque meminit) semper mendaces, malæ bestiæ, ventres pigri. Daniel quoque ad impudicum senem ait: Semen Canaan & non Iuda, species decepit te. Et per Prophetam Dominus: Radix tua & generatio tua de terra Canaan, Pater tuus Amorrhæus, & mater tua Cetea. Hic ex patria impiorum colligit deprauatos populi mores: quales harum gentium erant. A sexu, probamus fœminarum inconstantiam iuxta illud, Varium & mutabile semper fœmina. Item affectuum vehementiam. Est enim fœmina animal vehementer affectibus obnoxium. Vnde est illud Publij Mimi: Aut amat, aut odit mulier: nihil est tertium. A sexu etiam amplificamus mirabilem illam fortitudinem matris septem Machabæorum, & beatæ item Felicitatis ac Symphorosæ: quæ filiorum necem plusquam virili animo tulerunt. Sic D. Cyprianus de fœminis fortiter supplicia perferentibus: Fœmina, inquit, torta, viris torquentibus fortior inuenitur. Ab ætate: Ignoscendum, quoniam puer est. Terent. Amauit dum ætas tulit. Consilio valere hunc credibile est, vel attentum esse ad rem: quoniam senex est. Ab educatione & institutione: Prauus est, quoniam malè educatus, & ab ineunte ætate mala didicit, malis operam dedit magistris, atque ineptis. Ab animi affectione:

Hiero. in Epist.

Ad Tit. 1.

Dani. 13.

Ezec. 16.

Cyprian.

ne: Cùm sceleratissimus hic semper fuerit, quid mirũ, si creditum abiurarit? Huc animi bona referuntur, & vitia. A conditione & fortuna. Huic, quoniam plusculum accessit pecuniæ, sublati sunt animi. Pauper vbiq; iacet. Huc pertinet illud Ecclesiastici: Si diues fueris,
Eccl.11. non eris immunis à delicto. Et illud item eiusdem: Di-
Idem 13. ues locutus est, & omnes tacuerunt, & verbum illius vsque ad nubes perducent. Pauper locutus est, & dicunt: Quis est hic? A victu: Improbus est, quoniam
Prouer.13. cum improbis versatur. Sic Salomon: Qui cum sapientibus graditur, sapiens erit: amicus stultorum similis
Eccles.13. efficietur. Item, Qui tangit picem, inquinabitur ab ea: & qui communicat superbo, induet superbiam. A studijs: Non est voluptuarius, quoniam literarum studiosus. A rebus gestis: Mandandum est Pompeio bellum Mithridaticum, quoniam multa bella felicissimè confecit.

Rebus autem & negotijs septem hæc attributa sunt: Res, Causa, Locus, Tempus, Occasio, Modus, Facultates, siue Instrumenta. Res siue negotium est breuis cõplexio totius negotij: quę summam continet facti, hoc modo, parentis occisio, patriæ proditio. Causa est, per quam, & quamobrem, & cuius rei causa aliquid factũ sit, quæritur. Quo nomine & efficientem causam, & finem, qui ad opus aggrediendum impulerit, complectimur. Locus etiam, sacer an prophanus, publicus an priuatus, alienus an ipsius de quo agitur, locus sit, aut fuerit. Tempus autem est pars quædam æternitatis cum alicuius anni, menstrui, diurni, nocturniúe spatij, certa significatione. Occasio autem est pars temporis, habens in se alicuius rei idoneam faciendi, aut non faciendi opportunitatem. Quare cũ tempore hoc differt: nam genere quidem vtrunque idem esse intelligitur, verùm in tempore spatium quodammodo declaratur, quod in annis, aut in anno, aut aliqua anni parte spectatur: in occasione autem ad spatium temporis quædam faciendi opportunitas intelligitur adiuncta. Modus autem est, in quo quemadmodum, & quo animo factum sit, quæritur. Eius partes sunt prudentia & im-

imprudentia. Prudentia autem quæritur ex his, quæ clàm, palàm, vi, persuasione fecerit. Imprudentia verò in purgationem confertur: cuius partes sunt inscientia, casus, necessitas, & in affectionem animi, hoc est, molestiam, iracundiam, amorem, & cætera quæ in simili genere versantur. Facultates, aut quibus faciliùs quid fit, aut sine quibus aliquid confici non potest. In quo genere instrumenta quoque ponuntur: quibus res facta est. Facultas autem & occasio magnam ad aliquid gerendum opportunitatem præbere solent. Hæ sunt igitur circunstantiæ, quæ personis & negotijs singularibus tribuuntur: à quibus argumenta in propositionibus, quas hypotheses appellari diximus, manant. Quæ alijs nominibus hoc modo breuiùs designantur. Quis, quid, quamobrem, quando, vbi, quomodo. Quis? vt Græcus, fortis, ignauus, & cætera, quæ personis attributa esse diximus. Quid, vel quale, vel quantum? vt furtum, sacrilegium, honestum, turpe, vtile, nouū, atrox, &c. Quamobrem? odio, ira, spe lucri, &c. Quando? die, noctu, &c. Vbi? in templo, in sylua, &c. Quomodo? palàm, gladio, dolo, veneno, laqueo, incantationibus, internuncijs, &c. Præcipuus tamen circunstantiarum vsus in amplificando, & minuendo cernitur. Nulla enim circunstantia est, quæ alicui rei addita, non eam vel amplificet, vel extenuet. Quam rem suo loco propositis exemplis declarabimus: quibus studiosus Concionator intelliget, quantam ex hoc circunstantiarum tractatu frugem colligere poterit.

Cæterum quamuis argumēta ad eas quæstiones tractandas, quas hypotheses appellari diximus, ex his circunstantiarum locis, quos modò enumerauimus, ducantur: danda tamen opera est (sicut initio admonuimus) vt hypothesim reducamus ad thesim, hoc est, vt singularem quæstionem ad communem reuocemus: quæ ferè priorem orationis partem occupare solet. A communioribus enim ad minus communia, & à genere in speciem Philosophi descendere docent. Exempli gratia: si amicū aliquē ad Carthusiani instituti professionem adhortari volumus, prius in commune de monasticæ vitæ laudibus & commendatione dicemus: deinde ad singulares amici & Cartusiæ circunstantias, quæ ad hanc exhortationem conducere videbuntur, veniemus. Sunt enim (vt ait Cic.) ornatissimæ orationes eæ, quæ latissimè vagantur, & à priuata ac singulari controuersia se ad vniuersi generis vim explicandã conferunt: vt ij, qui audiunt, natura, & genere, & vniuersa re cognita, de singulis reb⁹ statuere possint. Quod vt facere queat orator excellens, à proprijs personis, & temporibus semper, si potest, auocat controuersiam, & ad vniuersi generis orationem traducit. Vt autẽ quoties argumenti ratio occasionem nobis præbet, hypothesim reuocamus ad thesim: ita contra nonnunquam thesim deflectimus ad hypothesim: vt si quis in vniuersum ab impudicitiæ flagitio homines deterrere velit, vbi mala quæ hoc vitium comitantur, exposuerit, poterit ad singulares personarum circunstantias descendere, & quibus eas incommodis afficiat, explicare. Verbi gratia: si homo senex fuerit, si adolescens, si nobilis, si literarum studijs addictus, si officium publicum gerat, si sacris initiatus sit: si fœmina fuerit, ac præcipuè si nupta, &c. In his igitur omnibus, quam sit hoc vitiũ vnicuique harum personarum fœdum atq; deforme, ex ipsis personarum circunstantijs sigillatim demonstrare conabimur, hoc modo: Si senex fueris, canos intuere, qui te continentiæ & honestatis admonent: docentque, eam ætatem non amatorijs leuitatibus deformandam, sed virtutis & sapientiæ studijs decorandam. Si iuuenis, ne committas, vt pulcherrimus iste ætatis flos huius vitij turpitudine maculetur, quòd te captiuum post se trahat, & cum ipsa ætate adolescens ad senectutem vsque persequatur. Ad hunc modum ceteræ personarum circunstantiæ breuiùs aut longiùs tractari poterunt.

Cic. 1. de Orat.

De

De formis argumentorum, atq; inprimis de Inductione. Cap. IX.

Qvemadmodum res omnes, quæ vel natura, vel arte constant, ex materia & forma compositæ sunt: ita argumentatio, quæ ab arte excogitata est, suam quoque & materiam & formam continet: & materiã quidem argumentum, formam autem argumẽtationem appellant. Argumentum quippe est inuentum, rei dubiæ faciens fidem: argumentatio verò est apta & conueniens argumenti per orationem explicatio. Quia igitur de fontibus vnde argumenta promuntur, breuiter à nobis dictum est, res ipsa exigere videtur, vt de formis, quibus argumenta ipsa explicanda sunt, disseramus. Quanuis autem hoc ad elocutionis rationem magis, quàm ad inuentionem spectare videatur, tamẽ propter vtriusque rei affinitatem & coniunctionem, hoc in loco de illis tractare visum est: similique ratione nonnulla, quæ ad argumentorum dispositionem pertinent, his quoque adijciemus: quo absoluta huius partis doctrina, vno in loco tradita retineatur.

De his igitur argumentandi formis sic Cicero ait: omnis argumentatio aut per inductionem tractanda est, aut per ratiocinationem. Inductio est oratio quæ rebus non dubijs captat assensionem eius, quicum instituta est: quibus assensionibus facit, vt illi dubia quædam res, propter similitudinem earum rerum, quibus assensit, probetur. Extat huius rei exemplum apud Cyprianum: quo similium inductione, Deum esse probat his verbis: Ad diuinum imperium, etiam de terris mutuemur exemplum. Quando vnquam regni societas aut cum fide cœpit, aut sine cruore desijt? Sic Thebanorum germanitas rupta: sic Romanos geminos vnum non capit regnum, quos vnum vteri cepit hospitium. Pompeius & Cæsar affines fuerunt: nec tamen necessitudinis fœdus in æmula potestate tenuerunt. Neque hic tu de homine mireris, cum in hoc omnis natura consentiat. Rex vnus est apibus & dux vnus in gre-

Lib. I. de Inuent.

Contra Idola Gentium.

gregibus, & in armentis rector vnus: multò magis mundi vnus est rector, qui vniuersa quæcunque sunt verbo iubet, ratione dispensat, virtute consummat. Hactenus Cyprianus. Idem rursus eodem modo argumentatur: Delicata, inquit, iactatio est, cum periculum non est: conflictatio in aduersis, probatio est veritatis. Arbor quæ alta radice fundata est, ventis incumbentibus non mouetur: & nauis quæ forti compage solidata est, pulsatur fluctibus nec foratur: & quando area fruges terit, ventos grana fortia & robusta contemnunt: inanes paleæ flatu portante rapiuntur. Hoc eodem modo argumentamur, cum plura exempla quæ idem efficiũt, congerimus. Sic Mathathias Machabæorũ pater morti proximus, filios suos ad religionis & iustitiæ defensionem hortatus est, propositis Abrabæ, Ioseph, Phinæes, Iosue, Caleb, Dauidis, Azariæ, Ananiæ, Misaelis, atque Danielis exemplis. Subiungitq; in fine: Et ita cogitate per generationem & generationem: quia omnes qui sperant in eum, non infirmantur.

Serm. de mortalit.

1. Mac. 2.

Syllogismus siue Ratiocinatio. II.

Proxima atque perfectissima argumentandi forma syllogismus est: quem Cicero ratiocinationem vocat: cuius leges atque naturam, Dialectica ars (quæ de eo præcipuè disserit) plenissimè tradit. Hoc verò solùm quod ad institutionem nostram pertinet, admonendum: quòd cùm Dialectici tribus pronunciatis omnem syllogismum constare dicant, videlicet propositione, assumptione & conclusione (quarum duas priores maiorem & minorem vocant) Rhetores tamẽ, quoniam probationes propositioni & assumptioni adiungunt, quinquepartitam illam faciunt. Quæ tamẽ esse quadripartita potest: cum altera solùm pars eget probatione. Potest & tripartita esse, cum neutra eget. Plenissima tamen est, quæ quinque partibus constat. Cuius exemplum subijcit Cic. his verbis: Meliùs accurantur quæ consilio geruntur, quàm quæ sine consilio administrantur. Hanc primam partem numerant: eã deinceps rationibus varijs approbari putant oportere, hoc

Lib. 1. de Inuent.

hoc modo: Domus ea quæ ratione regitur, omnibus instructior est rebus & apparatior, quam ea quæ temerè & nullo consilio administratur. Exercitus is, cui prępositus est sapiens & callidus Imperator, omnibus partibus commodiùs regitur, quàm is qui stultitia & temeritate alicuius administratur. Eadem nauigij ratio est. Nam nauis optimè cursum conficit ea, quæ scientissimo gubernatore vtitur. Cum propositio sit hoc pacto approbata, & duæ partes transierint ratiocinationis, tertia in parte aiunt, quod ostendere velis, id ex vi propositionis oportere assumere, hoc pacto. Nihil autem omnium rerum meliùs, quam omnis mundus administratur. Huius assumptionis quarto in loco aliam porrò inducunt approbationem, hoc modo: Nam & signorum ortus & obitus definitum quendam ordinem seruant: & annuæ commutationes non modò quadam ex necessitate semper eodem modo fiunt, verùm ad vtilitates quoque rerum omnium sunt accommodatæ, & diurnæ, nocturnæque vicissitudines nulla in re vnquam mutatę, cuiquam nocuerunt. Quæ signo sunt omnia, non mediocri quodam consilio naturā mundi administrari. Quinto inducunt loco complexionem eam, quæ aut id infert solùm, quod ex omnibus partibus cogitur hoc modo: Consilio igitur mundus administratur, aut vnum in locum cū conduxeris breuiter propositionem & assumptionem, id adiūgis quod ex his cōficiatur, ad hunc modū: Quòd si melius geruntur ea quæ consilio, q̄ quæ sine consilio administrãtur: nihil autē omnium rerū melius, quàm omnis mundus administratur: consilio igitur mundus administratur. Quinq; partitam igitur hoc pacto putant esse argumentationē. Hactenus Cicero: qui recto ordine ratiocinationis partes collocauit. Qui tamen ordo nō ineleganter sæpè inuertitur, cùm ab assumptione cepta ratiocinatio, in propositionem maiorem desinit: quæ illationem conclusionis ex assumptione probat. Idque fit, cùm propositio generalem sententiam continet: quam ceu communem locū, tractare copiosè possumus. Verbi gratia: Si quis ad carnis macerationem adhortetur, quòd per eam Deo pro admissis sceleribus satisfaciamus, syllogismum hoc modo conficiet. Necesse est, vt Deo pro commissis satisfaciamus: at hoc maximè præstat ieiunium, & carnis maceratio: studiosè igitur ac diligenter hæc virtus à nobis colenda est. Hic ordo rectus est. Potest autem major illa propositio ad finem reseruari, & in locum communem conijci: in quo de satisfactionis necessitate disseramus: vt acerbissimas ignis purgatorij pœnas euadere possimus. Quarum acerbitatem poterimus ad hoc ipsum amplificare. Qua propositione latius (si videbitur) tractata, rursum ad priorem conclusionem regredimur: vt quorsum euagati fuerimus, apertè intelligatur. Ex hoc autem fonte digressiones sæpè oriuntur, quæ orationem splendidiorem faciunt: cùm ea quæ singularia sunt, ad communes virtutum & vitiorum locos referimus. Simili ratione cum ad misericordiæ opera adhortamur, quàm sit Deo misericordiæ virtus grata, latè persequi possumus. Quam quidem sententiam vel antè conclusionem, vel post illam tractare possumus. Sic Dominus in Euangelio, vbi hanc sententiam pronunciasset. Qui scandalizauerit vnum de pusillis istis qui in me credunt, &c. digreditur in locum communem de scandali grauitate disserens: subdit enim: Væ mundo à scandalis. Necesse est enim, vt veniant scandala, & cætera, quæ deinde in hanc sententiam subiecit. Quæ oratio maioris propositionis vicem gerit. Ex hac enim sententia rectè sequitur conclusio illa initio proposita; nempè, qui scandalizauerit vnum de pusillis istis, &c.

Matt. 18.

Potest autem ratiocinatio breuissima oratione cōprehendi: qualis illa: Finem qui quæris amori: Cedit amor rebus: res age, tutus eris. Hic omnes syllogismi partes breuissimè comprehensæ sunt. Illud etiam obseruandum, vt Concionator non semper exactam illam Dialecticorum formam, qua in disputationibus vti solent, sequatur. Alium enim habitum, aliamque loquendi figuram popularis argumentatio postulat. Exemplo sit illa nobilis Poetæ ratiocinatio: Credo equiquidem, nec vana fides, genus esse Deorum. Hæc pro- *Verg.* positio sequenti syllogismo probatur. Degeneres animos timor arguit. Heu, quibus ille iactatus fatis, quæ bella exhausta canebat? Maior enim propositio simpliciter prolata est. At cum ad minorem ventum est: exclamat. Heu, quibus ille iactatus fatis, &c. Quātò enim hoc vehementiùs est, quàm si simplici oratione dixisset, Multis ille iactatus fatis, multa bella confecit? Nec etiam necesse est, tres illas partes semper adhibere: nōnunquam enim duabus contenti erimus, quando vna illarum perspicua est, quod Enthymema vocant. Interdum etiam vna constat, quod Epicherema appellāt. Sic D. Ambrosius virginis intemeratæ cruciatum in *Ambros.* morte filij exaggerans ait: Nec illud virgo solatiū habebat, quòd alium esset filium paritura. Quo in loco Mariæ nomine Virginem posuit: quod in argumentatione (vt Dialectici loquuntur) medium erat, in quo tota vis argumentationis sita est.

Complexio siue Dilemma. XII.

Præter has argumentandi formas, quæ principem inter cæteras locum obtinent, aliæ quoque numerantur, quas quoniam non vulgarem vim & acumē habent, hoc in loco attexere libuit. Est autem Dilemma, in quo vtrunlibet concesseris reprehenditur. Cicero patriam cum Catilina sic agentem inducit: Quamobrem discede, atque hunc mihi timorem eripe: si verus, ne opprimar: sin falsus, vt tandem aliquando timere desinam: Et in epistola ad Quintum fratrem: Si implacabiles sunt iracundiæ, summa est acerbitas: sin autem exorabiles, summa leuitas. Dictum est autem dilemma, quòd ita vtrinque premat, ac vrgeat, vt ex altera parte capiat aduersarium: qua de causa cornutus etiam syllogismus vocatur. Sic enim argumentationis cornua in eo disponuntur, vt qui alterum effugerit, in alterum incurrat. Cicero complexionem appellat. Ea si vera est, nunquam reprehēditur: sin falsa, duobus modis diluetur, aut conuersione, aut alterius partis infirmatione. Cum viderem (inquit Varro apud Ciceronem) Philosolosophiam Græcis literis diligentissimè explicatam, existimaui, si qui de nostris eius studio tenerentur, si essent Græcis literis eruditi, Græca potius, quàm nostra lecturos: sin à Græcorum artibus & disciplinis abhorrerent, ne hæc quidem curaturos, quæ sine eruditione Græca intelligi non possunt. Itaque ea scribere nolui, quæ nec indocti intelligere possent, nec docti intelligere curarent. Hoc dilemma deinde Cicero in eum conuertit hoc modo: Imò verò & Latina legent, qui Græca non poterunt: & qui Græca poterunt, non contemnent sua. Ad hunc modum Ecclesiastes, Herodē propter Micheæ vaticinium innocentes pueros iugulare præcipientem, hoc dilemmate conuenire poterit: Dic mihi perfide, an stellæ nunciantī, & vaticinio Prophetæ fidem habes, an non habes? si non habes, ride insana hic hominum commenta & somnia: si verò habes, vt habere te ostendis, quandoquidem Prophetas consulis: quæ dementia est, te vilissimum vermiculum diuinæ maiestatis consilia atque decreta infringere velle, & te ipsa diuinitate superiorem facere? Item Cypria. contra Demetrianum Quæ est, inquit, hæc insatiabilis carnificinæ rabies, q̄ inexplebilis libido sæuitiæ? Quin potius elige tibi alterum de duobus: Christianum esse aut est crimen, aut non est: si crimen est, cur non interficis confitentem? si crimen non est, quid persequeris innocentem? Torqueri enim debui, si negarem.

Sores. IIII.

Est & alia argumentationis forma, quam soritem Græci appellant, quæ multas argumentationes aceruatim complectitur: vnde & nomen inuenit. Cicero hac forma probat, quod sit honestum, id solum esse bonum. Etenim quicquid sit, quod bonum sit, id expetendum: quod autem expetendum, id certè approbādum: quod verò approbandum, id gratum acceptumque habendum. Ergo etiam dignitas ei tribuenda est. Bonum igitur omne laudabile. Ex quo efficitur, vt quod sit honestum, id sit solum bonum. Hactenus Cicero. Hoc argumentandi genus Dialectici de primo

ad

ad vltimum vocant. Quo D. Hieron. in Epist. ad Helio- *Hiero. in*
dorum vtitur his verbis: Nemo Propheta in patria sua *Epist. ad*
honorem habet. At vbi honor non est, ibi contem- *Heliodor.*
ptus est: vbi contemptus, ibi frequens iniuria: vbi autẽ iniuria, ibi & indignatio: vbi indignatio, ibi quies nulla: vbi quies non est, ibi mens à proposito sæpè deducitur: vbi autem per inquietudinem aliquid aufertur ex studio, minus fit ab eo quod tollitur: & vbi minus est, perfectum non potest dici. Ex hac supputatione, illa summa nascitur, monachum perfectum in patria sua esse non posse. Perfectum autem esse nolle, delinquere est. Hactenus Hieronymus.

Enumeratio siue Expeditio. V.

Est etiam enumeratio, in qua pluribus rebus expositis, & cæteris infirmatis, vna reliqua necessariò confirmatur, hoc pacto. Necesse est cùm constet hominẽ occisum, inimitiarum causa ab hoc esse occisum, aut metus, aut spei, aut alicuius amici gratia: aut si horum nihil est, ab hoc nõ esse occisum. Nã sine causa maleficium susceptum esse non potest. Sed neque inimicitię fuerunt, nec metus vllus, nec spes ex morte illius alicuius commodi, neque ad amicum huius aliquem mors illius pertinebat: Reliquum est igitur, vt ab hoc non sit occisus.

Subiectio. VI.

Finitima est enumerationi Subiectio. Quidquid enim enumeratione tractatur, multò elegãtiùs per subiectionem reddi potest. Ea verò est (vt Cornificius ait) cum quærimus ipsi quid contra nos dici possit: dein- *Lib. 4. ad*
de subijcimus id quod dici oportet hoc modo. Quæro *Heren.*
igitur, vnde iste tam pecuniosus factus sit? Amplum patrimonium relictum est.? At patris bona veniérũt? Hæreditas aliqua obuenit. Non potest dici: sed etiam à necessarijs omnibus exhæredatus est. Præmium aliquod ex lite, aut iudicio cepit? Non modò id nõ fecit, sed etiã insuper ipse grandi spõsione vict⁹ est. Ergò

si his

ſi his rationibus locupletatus non eſt, ſicut omnes videtis, aut iſti domi naſcitur aurum, aut vnde licitum non eſt, pecunias accepit.

H. Oſor. lib. 1. de Sapien.

Oſorius Epiſcopus ex diuturna Iudæorum captiuitate eos à Deo derelictos propter ipſorum perfidiam colligens, hac argumentandi forma acriter & eleganter vtitur. Sic enim ait: Quam rem gerunt? quod ſcelus cōflant? quæ maleficia ſuſcipiunt? propter quæ à Deo, quem tam propitium olim habebant, omninò deſerātur? Simulachris immolant? Immò eorum contactum perhorreſcunt. Commentitios Deos aſciſcunt? At eo nomine, quòd Deum colant, efferuntur. Et id verum. Sed moribus immanibus efferati ſunt? At ipſi ſummā ſibi laudis, æquitatis, & pietatis aſſumunt. Quid ergò eſt? Parúmne ſupplices ad DEVM preces adhibent? Immò in precibus aſſidui ſunt, nec tamen exaudiūtur. Si igitur nec ſimulachra colunt, nec vanos Deos inuocant, nec humanum ſanguinem fundunt, nec ſe impię fraudis impuritate contaminant: cur illos Deus, quos in fidem ſuam recepit, tam diuturno tempore ope ſua deſtituit? Cur gentem illius numini conſecratam, tam diuturnis plagis inſequitur? Hactenus ille.

De Collectione & eius partibus. *Cap.* X.

INter has autem argumētandi formas collectio præcipuè numeratur: vtpotè quæ pleniſſima argumentatio ſit. Ea namque, & quid ad probationem aſſumere debeamus, & quo ordine diſponamus, edocet. Quocirca (vt ego quidem ſentio) non tam ad elocutionis, quàm ad inuentionis ac diſpoſitionis rationem hoc genus argumentationis pertinere videtur: quod res ipſa non obſcurè declarat. Ea namque quinque partibus conſtat, videlicet, propoſitione, ratione, rationis confirmatione, exornatione, complexione, ſiue concluſione. Propoſitio eſt, per quam oſtendimus ſummatim, quid ſit, quod probare volumus. Ratio eſt cauſa, sa, quæ demonstrat id verum esse, quod intendimus breui subiectione. Rationis confirmatio est ea, quę pluribus argumentis corroborat breuiter expositam rationem. Exornatio est, qua vtimur, rei honestandæ & locupletandæ causa, confirmata argumentatione. Cõplexio siue conclusio est, quæ concludit, breuiter colligens partes argumentationis. Ex hac distributione apparet, quid oratoria argumentatio suprà Dialecticã addat: Dialecticus enim, sola propositione, ratione, & conclusione contentus est: his enim tribus præcipuè partibus pugnat, quanuis interdum confirmationes, ex loco præcipuè ab auctoritate adijciat. Orator verò cõfirmationibus & exornationibus præcipuè nititur: quorum alterum ad vim, alterum ad ornatum & elegãtiam maximè pertinet. Nunc de his quinque partibus singulatim dicamus.

Et quidem de propositione atq; ratione, quoniam hæ duæ partes ad dialecticum pręcipuè pertinent, hoc in loco dicere supersedeo. De cæteris autem, quæ orator suprà dialecticum, & concionator supra oratorem addit (quoniã hæc propria instituti nostri sunt) paulò fusiùs dicemus.

Confirmatio igitur, qua rationem munimus & stabilimus, à locis externis, quæ extrinseca Dialectici appellant, potissimum peti solet. Cùm enim dialectici tria locorum genera esse statuãt: interna quæ ex natura & substantia rei ducuntur: & externa, quæ aliunde extra rem assumuntur: & media, quæ partim à re, partim extra rem posita sunt, rationes quidem à locis internis & medijs frequentiùs, confirmationes autem ab externis potissimum ducuntur, nempè à similibus, dissimilibus, repugnantibus exemplis, varijsque auctorum testimonijs & auctoritatibus. Vt autem erudita sit oratio, his externis locis, quantum cuiusque facultas suppetit, locupletanda est. Hoc enim eruditæ conciones ab ineruditis potissimùm distant: quòd istę solis propositionibus & rationibus, quæ à quouis facilè inueniuntur, refertæ sunt: illæ verò selectis diuinarum scripturarum, & sanctorum Patrum sententijs & te-

testimonijs illustrantur. Quæ (vt suo loco diximus) multa lectione & assiduo studio paranda, & in locos communes conijcienda sunt: vt quoties causa postulauerit, in promptu sint. Hos enim locos, multò magis probo, magisque concionatori necessarios & proprios duco, quàm illos, qui Topica appellantur. Illa enim Topica cùm latissimè pateant, non facilè quid proposito nostro conueniat, præbent: hi verò rem ipsam multò propiùs attingunt.

De Exornatione. I.

Quartam argumentationis oratoriæ partem diximus esse exornationem, siue (vt alij vocant) expolitionem Vtroque enim nomine sic appellata est, quòd in ea totus ferè argumentationis cultus & ornatus sit, & in qua maximè orator artis & ingenij sui vim ostẽdit. Cęterarum enim partium eloquutio prudentis hominis, exornatio autem non nisi diserti & eloquentis est. Ea verò præcipuè locum habet, cùm ratio aut confirmatio, aut etiam propositio latentem vim habet, quæ breui oratione explicari non potuit: tunc enim prudens orator, vbi quidquid in illa virium aut gratiæ latebat, solerter & acutè penetrauit, id auditoribus inspiciendum, & veluti spectandum proponit. Huius rei infinita apud sanctos Doctores exempla reperiuntur: quorum ego nonnulla (quò res fiat dilucidior) hoc in loco attexere volui. D. Euseb. Emiss. de innocentium cæde agens, hanc propositionem sic exornat: *Eus. Em.* Occiduntur, inquit, pro Christo paruuli, pro iustitia moritur innocentia. Hæc propositio est. Sequitur deinde expolitio. Quàm beata ætas, quæ necdum Christum potest eloqui, & iam pro Christo meretur interfici! nondum opportuna vulneri, & iam idonea passioni. Quàm feliciter nati, quibus in primo nascendi limine æterna vita obuiam venit! Incurrunt quidem inter ipsa principia acceptæ lucis periculum, & finem salutis: sed de ipso protinus fine capiunt principia æternitatis. Immaturi quidem videntur ad mortem, sed feliciter moriuntur ad vitam. Vixdum degu-

stauerunt

ſtauerant præſentem, ſtatim tranſeunt ad futuram. Nondum ingreſſi inſantiæ cunas, iam perueniunt ad coronas. Rapiuntur quidem à complexibus matrum, ſed redduntur gremijs Angelorum. Hactenus ille. Idem etiam hanc Iſaiæ ſententiam: Paruulus natus eſt nobis, & filius datus eſt nobis (quorum alterum ad ſacram humanitatem, alterum ad diuinitatem refert) hoc modo exornat. Paruulus, inquit, natus eſt nobis, & filius datus eſt nobis. Datus eſt ergo ex diuinitate, natus ex Virgine: natus, qui ſentiret occaſum, datus, qui neſciret exordium: natus, qui & matre eſſet iunior, dat⁹ quo nec pater eſſet antiquior: natus, qui moreretur, datus ex quo vita naſceretur. Ac ſic qui erat, datus eſt: qui non erat, natus eſt. Illic dominatur, hic humiliatur: ſibi regnat, & mihi militat. D. autem Gregorius parabolam mercatoris quærentis bonas margaritas, ad hunc modum & proponit, & exornat: *Gregor.* Cœleſte regnum negociatori homini ſimile dicitur, qui bonas margaritas quærit, ſed vnam pretioſam inuenit: quam videlicet inuentam, omnia vendens emit. Hæc propoſitio eſt. Sequitur deinde eius exornatio atque explicatio. Quiſquis enim cœleſtis vitæ dulcedinem, in quantum poſſibilitas admittit, perfectè cognouerit, ea quæ in terris amauerat, libenter cuncta derelinquit. In comparatione eius vileſcunt omnia, deſerit habita, congregata diſpergit, inardeſcit in cœleſtibus animus, nihil in terrenis libet, deforme conſpicitur quicquid de terrenæ rei placebat ſpecie: quia ſola pretioſæ margaritæ claritas fulget in mente. His exornationibus D. Gregorius vbique ſcatet: quæ enim ſemel expoſuit, iterum latius explicat: & quicquid in ſententia virium latebat, arguta quadam & peculiari phraſi ſua in lucem profert. Sic D. Bernard in ſermone, Gaudete, inquit, in Domino *Bernard.* dilectiſſimi: qui inter continua ſuæ pietatis beneficia indulſit beatum victorem mundo, cuius multi ſaluarentur exemplo: iterum dico gaudete quia ſublatus de medio appropinquauit Deo: vt multò plures eius intercesſione ſaluentur. Hic propoſitio bipartita eſt: quæ dupli-

duplicem nobis vtilitatem à sanctis viris manare testa tur: nempè suffragij, & exempli. Deinde addit expolitionem, quæ id, quod breuiter dictum erat, explicat & exornat his verbis: In terris visus est, vt esset exemplo: in cœlum leuatus est, vt sit patrocinio. Hic informauit ad vitam, illic inuitat ad gloriam: factus est mediator ad regnum, qui fuit incitator ad opus. Hactenus Berna. Sic etiam D. Cyprianus, dum exemplo viduæ Sareptanæ, quæ Heliam modica farinula pauit, nos ad eleemosynam inuitat, eam huic exemplo addit expolitionem. Nec Heliæ cibum petenti obtemperare illa dubitauit, aut Heliæ, filios mater in fame & egestate præposuit: nec de abundantia portio, sed de modico totum datur: & esurientibus liberis, alter prius pascitur, nec in penuria & fame cibus, antequam misericordia cogitatur: vt dum in opere salutari carnaliter vita contemnitur, spiritualiter anima reseruetur. Et illa nõdum Christum sciebat, nondum præcepta eius audierat, non cruce & passione eius redempta cibum & potum pro sanguine rependebat: vt ex hoc appareat, quãtum in Ecclesia peccet, qui se & filios Christo anteponens, diuitias suas seruat, nec patrimonium copiosum cum indigentium paupertate communicat. Hoc exẽplum ostendit, quonam modo exempla, vel similia, quæ à minori vel maiori ducuntur, exornare & amplificare debeamus: dum per contentionem imparitas rerum & circunstantiarum explicatur: vt quanta sit in argumento vis, apertiùs intelligatur. Subijciam elegantissimum aliud ex vita beati Eduardi Regis exemplum: qui virginitatis florem simul cum sanctissima vxore, ad finem vsque vitæ incorruptum conseruauit. Sic enim in eius vita ab Arrhieualo monacho & abbate scripta legimus: Conuenientes igitur in vnum, Rex & Regina de castitate seruanda paciscuntur: nec huic fidei alium, quam Deum testem æstimant adhibendũ. Hæc velut propositio est, quæ rem simpliciter, breuiterque exponit. Sequitur deinde expolitio, quæ eam eleganter amplificat & exornat his verbis: Fit illa coniunx mente, non carne; ille maritus mente, nõ opere.

Per-

Perseuerat inter eos, sine actu coniugali coniugalis affectus, & sine defloratione virginitatis, castæ dilectionis amplexus. Diligitur ille, sed non corrumpitur: diligitur illa, nec tangitur: & quasi noua quædam Abisag Regem calefacit amore, sed non dissoluit libidine: mulcet obsequiis, sed desiderijs non emollit.

Illud autem hoc in loco admonendum puto, vt cũ argutas, breuesque vel sacrarum literarum, vel sanctorem Patrum, & Philosophorum sententias adducim⁹, quæ multa breui comprehendant, demus operam, vt ea nos in lucem eruamus, & autoribus velut spectanda proponamus. Quæ res ad hoc genus exornationis pertinet. Huius generis est illa D. Bernandi sententia: Væ his, qui vocantur ad opera fortium, & non aluntur cibo fortium. Idemque de Sponsa innixa supra dilectum suum ait: Frustra nititur, si non innititur. Item Seneca: Qui desiderium clausit, cum ipso Ioue de felicitate contendat. Hæ sententiæ, aliæque similes, multa, eadẽque obseruatione dignissima paucis comprehendunt: quarum vim Ecclesiastes & diligenter inspicere & põderare, ac deinde in lucem edere & proferre debet: quod quidem ad hoc gen⁹ expolitionis pertinet. Quod tamen nemo facilè assequetur, nisi ad hoc ingenij acumine, & diligenti rei indagine atque consideratione iuuetur.

Hæc à me tam multis exemplis exposita sunt, vt Cõcionator vim, & (vt ita dicam) fœcunditatem sententiarum acutè perspiciens, eam verbis eruere & explicare norit. Sunt enim quidam adeò steriles atque ieiuni (quos Rhetores aridos appellant) qui res non oratorio, sed dialectico more, simplicib⁹ verbis, sine vlla amplificatione enuncient. Quæ res ad scholas magis & munus disputandi, quàm conci onandi accommodata est. Aliter enim in scholis apud viros doctos, aliter in concione apud populum agendum est. Alij cõtrà, dum hoc vitium fugere student, rem eandem alijs verbis idem significantibus, sine vlla figurarum aut sentẽtiarum varietate enunciant: quæ res ostentationi magis, quàm vtilitati seruit. Si quis enim exempla, quæ proposuimus, attentiùs consideret, facilè deprehendet in his exornationibus, rem quidem eandem non tam alijs verbis, quàm alijs sententijs & figuris explicari. Alij verò multò fœdiùs atque fastidiosiùs eandem sententiam eisdem verbis frequenter repetunt: quod vitium Rhetores tautologiam appellant: nec his in mentem venit, quòd vulgo dici solet, Crambe bis posita mors.

Exornationem sequitur conclusio, quæ quando sit adijcienda, dicentis iudicio relinquitur. Non enim semper necessaria est, nisi cùm longiùs oratio vagata fuerit: tunc enim velut in viam reducere auditores oportet, & totius argumentationis summam, quàm breuissimè fieri poterit, complecti, ne si longa id oratione fiat, auditorum aures eisdem sæpè repetitis obtundamus.

De effectibus per totum corpus argumentationis, atque adeò per totam orationem aspergendis.
Cap. XI.

QVemadmodum autem orator suprà dialecticum duas partes, nempè confirmationē & exornationem addit (quibus potissimū tota eius argumentationis vis & elegantia continetur) sic Ecclesiastes duas item suprà oratorem addit: nempè affectus & accommodationem, siue ad singularia descensum. Liceat enim mihi his vti nominibus. Quamuis enim Rhetor per totius causæ corpus aspergi affectus, vbicunque rei magnitudo postulauerit, præcipiat: hoc tamen singulari ratione ad Ecclesiastem pertinet: cuius præcipuum munus potius in mouendis, quàm docendis auditorum animis positum est: cum homines magis peccent affectu corrupto, quàm ignorantia veri. Affectus autē praui, velut clauus clauo, contrarijs affectibus pellendi sūt. Cùm sint autem duplices affectus, mites scilicet & acres (quos Græci Ithi & Pathi nuncupant) vtriq; pro rerum, quæ dicuntur, natura concitandi sunt. Vbicunque enim aliquid in suo genere magnum, hoc est, vel maxi-

maximè miserabile, vel admirabile, vel detestabile, vel indignum, vel etiam periculosum esse, fuerit argumentatione, vel quauis alia ratione comprobatum, tunc affectus, quos ipsa rei natura exigit, mouendi sunt. Exempli causa. Cùm Maria Moysi soror, insigne illud miraculum, quo patefacta maria, iter tutum populo Dei ab Aegypto egredienti præbuerunt, commemorasset, sic ergà Deum pio affectu concitatur: Quis similis tui in fortibus Domine, quis similis tui? Magnificus in sanctitate, terribilis atque laudabilis, & faciens mirabilia. Verùm hoc ad affectus pertinet mitiores. Vehementiùs tamen ex eodem miraculo Abacuc Propheta assurgit: qui vbi dixisset, Viam fecisti in mari equis tuis in luto aquarum multarum, inclamat protinus: Audiui, & conturbatus est venter meus: à voce contremuerunt labia mea. Magnum enim animi sui timorem, maximamque huius tantæ rei admirationem, stuporemq; his verbis testatus est. Sic etiam vbi immensam Seruatoris nostri benignitatem exposuimus, qui pro hominibus, quos in se ingratos & sceleratos expertus fuerat, terras inuisere, humanam formam inducere, seque in sacrificium pro omnibus offerre constituit, vt Patris numen eis propitium redderet, illosq; iam morti sempiternæ destinatos, in vitam sempiternam reuocaret: vbi hęc, inquam, ampla oratione exposuimus, sic amoris & grati animi affectus excitamus. Hæc igitur benignitas Dei animaduersa, non amoris incendium concitabit? non animos ardore pietatis inflammabit? non omnia vitæ pericula adire compellet, vt charitatem sanguinis profusione ostensam, sanguinis effusione pensemus? An non hoc Apostolus insinuauit, cùm ait, Charitas Christi vrget nos? Hoc est, tanta vis Dominicæ charitatis non modo excitat & suadet, sed impellit & vrget, & vim obduratis etiam mentibus infert: vt si amare pigebat, redamare sic amantem non pigeat. Quis enim tam ferreus est, cuius præcordia hæc tanta vis dilectionis non molliat? Sed hi affectus mitiores. Multò tamen acriores illi, in quos idem Apostolus eiusdem beneficij magnitudine proposita exarsit, cùm ait: Quis nos separabit à charitate Christi? Tribulatio, an angustia, an fames, an nuditas, an periculum, an gladius? Certus sum, quòd neque mors, neq; vita, & cætera, quæ sequuntur: quæ certè admirabilẽ Apostolicæ charitatis vim & ardorem pari verborum acrimonia & asseueratione præseferunt. Neque minori affectu, quanuis in dissimili caussa Hieremias, post expositum idololatriæ peccatum, ipsum Dominum (quod est multò acrius) inducit loquentem: Obstupescite cœli super hoc, & portæ eius desolamini vehemẽter. Duo enim mala fecit populus meus: me dereliquerunt fontem aquæ viuæ, &c. Neque minus Moses in Cant. exarsit, cum ait: Generatio praua atque peruersa! hæccine reddis Domino popule stulte & insipiẽs? Nónne ipse est pater tuus, qui possedit, & fecit, & creauit te? Et iterum: Gens absque consilio, & sine prudentia est. Vtinam saperent & intelligerent, ac nouissima prouiderent. Sed commodissimum huius rei exemplum extat primo de Sapien. lib. in quo Osorius Episcopus, post nefarium illud scelus, quod Iudæi in Christi Domini morte commiserunt, expositum & amplificatum, sic in indignationis affectus erumpit: Omnia crimina odij, inuidiæ, crudelitatis, immanitatis, & impietatis, non dico, quæ in homines concipi, sed quæ in Deũ ipsum ab hominibus audacissimis & profligatissimis committi possunt, vnum in locum collata, minimè partem aliquam tam infandi sceleris consequentur. Si muta elementa loqui possent, scelestissimi facinoris crimen illis intenderent: quòd interitum rerum omnium moderatori, per quem elementa consistunt, attulerint. Cœlum contra illos testimonium diceret, quorum scelere factum est, vt in tenebris & caligine versaretur. Terra illos immani scelere damnaret, quæ motibus horrendis, quantum facinus ab impijs hominibus in Christi nece commissum fuisset, indicauit. Mare gentem rebellem & immanem fluctibus obrueret, quòd viderit illius Domini maiestatem contemni, cuius imperio id in omni turbida tempestate obediuit. Hactenus *ille*.

Osorius Episcop.

D. verò

D. verò Cyprian. serm. de Eleemosyna, proposita illa Domini sententia, Respicite volatilia cœli, quæ non serunt, neque metunt: contra auaros & inhumanos his verbis incandescit: Volucres Deus pascit, & passeribus alimenta diurna præstantur, & quibus nullus diuinæ rei sensus est, eis nec potus, nec cibus deest. Tu Christiano, tu Dei seruo, tu operibus bonis dedito, tu Domino suo charo aliquid putas defuturum? Nisi si putas, quia qui Christum pascit, à Christo ipse non pascitur: aut eis terrena deerunt, quibus cœlestia & diuina tribuuntur: Vnde hæc incredula cogitatio? & vnde impia & sacrilega ista meditatio? Quid facit in domo fidei perfidum pectus? Quid? qui Christo omninò non credit, appellatur & dicitur Christianus? Et mox: Quid tibi, inquit, istis ineptis & stultis cogitationibus plaudis, quasi metu & solicitudine futurorum ab operibus retarderis? quid vmbras & præstigias quasdam vanæ excusationis obtendis? Confitere imò, quæ vera sunt: & quia scientes non potes fallere, secreta & abdita mentis exprome. Obsederunt animum tuum sterilitatis tenebræ: & recedente inde lumine veritatis, carnale pectus alta & profunda auaritiæ caligo cæcauit: pecuniæ tuæ captiuus & seruus es: catenis cupiditatis & vinculis alligatus es, & quem iam soluerat Christus, denuò vinctus es. Seruas pecuniam, quæ te seruata non seruat: patrimonium cumulas, quod te pondere suo onerat, nec meministi quid Deus responderit diuiti, exuberantium fructuum copiam stulta exultatione iactanti: Stulte, inquit, hac nocte expostulatur anima tua à te: quæ ergo præparasti, cuius erunt? Quid diuitijs tuis solus incubas? quid in pœnam tuam patrimonij tui pondus exaggeras, vt quò locupletior seculo fueris, pauperior Deo fias? Idem de habitu virginum proposita illa Domini apud Isaiam formidanda sententia: Pro eo quòd eleuatæ sunt filiæ Sion, & ambulauerunt extento collo: sic aduersus corruptum virginum ornatum insurgit: Exaltatæ (inquit) ceciderunt, comptæ turpitudinem foeditatemq; meruerunt, serico & purpura indutæ, Christū

Cyprian.

Esaia. 3.

Cyprian. Tract. 2. de habitu Virg.

inducere non possunt: auro & margaritis, & monilibus adornatæ, ornamenta corporis & pectoris perdiderũt. Quis non id execretur & fugiat, quod alijs fuerit exitio? Quis id appetat & assumat, quod ad necem alterius pro gladio fuerit & telo? Si hausto poculo moreretur ille, qui biberat, venenum scires esse quod ille potauit. Si accepto cibo, qui acceperat interiret, scires esse letale, quod acceptum potuit occidere: nec ederes inde, nec biberes, vnde interisse alios antè conspiceres. Nũc quãta ignorantia veri est animi, quanta dementia, id velle, quòd & nocuerit semper & noceat? & putare, quòd inde ipse non pereas, vnde alios perisse cognoscas? & cæt. quæ in hanc sententiam ibidem sequuntur. Hactenus Cypryan.

Hac igitur ratione nos, vbi vel letalis peccati grauitatem, vel suppliciorum, quæ in gehenna damnati patiuntur, atrocitatem & æternitatem amplificauerimus, vehementer aduersus eos incandescere poterimus, qui tam facilè, sine vllo mordentis conscientiæ stimulo, tot letalia crimina pro rebus nihili committunt. Qui planè licèt non verbis, tamen operibus ipsis & moribus testari videntur, se neque diuinæ iustitiæ seueritate commoueri, nec magnifica Dei promissa æstimare: imò ea pro nihilo ducere, atque rerum omnium Domino quodammodo dicere: Neque tuam Domine gratiam & amicitiam, & paternam curam & prouidentiam, quam mihi in presenti vita offers, magnifacio: nec cælestem hæreditatem, quam in futura mihi polliceris, accipio. Tua tibi dona habeto, & cui volueris donato: Ego enim momentaneam carnis voluptatem, aut exiguum pecuniæ lucrum omnibus istis tuis promissis, & sanguini etiam à te in cruce profuso, antepono. Quid igitur hoc contemptu & mentis cæcitate horribilius? quid execrabiliùs? An sensum vllum habere existimandi sunt, qui in tam horrendam cæcitatis noctem inciderunt? Hoc igitur modo post rei alicuius magnitudinem argumentis probatam aut amplificatam excandescere, & auditorum affectus incendere, pro rerum de quibus agimus natura valebimus. Quam rem (quoniam est in dicendo potentissima) Quintilianus de ratione mouendi affectus disserens, commẽdat his verbis. Hùc igitur incumbat orator, hoc opus eius, hic labor est: sine quę cætera nuda, ieiuna, infirma, & ingrata sunt. Adeò, vt velut spiritus operis huius, atque animus est in affectibus commouendis. Hæc ille. Quòd si agentibus in foro causas hoc officium tantopere commendatur, cum tamen in quibusdam benè institutis ciuitatibus sine prooemio, & sine affectibus oratores dicere iuberentur: quid de concionatore dicendum, cuius vel solum, vel præcipuum munus est, auditorum animos commouere, & ad timorem Domini, peccati odium, mundi contemptum, & cœlestium rerum amorem, cęterosq; pios affectus auditorum animos inflammare? Quomodo autem hoc fieri debeat, sequenti libro (in quo de amplificandi ratione, & affectibus concitandis agendum nobis est) paulò latiùs explicabimus.

Quintil. Inst. li. 7.

De Accommodatione, siue ad singularia descensu. Cap. XII.

Lteram verò Concionatoris partem, accõmodationem, siue ad singularia descensum appellare volui: quòd eius proprium sit, vbi aliqua moralis sententia generatim definita & probata est, ad singulares virtutum aut vitiorum actiones descendere: ad illas exhortantes, & ab his deterrentes. Hic enim (vt antè docuimus) totius concionis scopus est, ad quẽ omnia referenda sunt. Cũ enim moralis doctrinæ finis non speculatio sed actio sit, quę circa singularia opera versatur, debet vtique is, qui vtiliter doctrinam hanc tractare velit, quæcunque hac de re in commune dixerit, ad singulares actiones accommodare. Hinc apud Isaiam Domin⁹, cùm grauissimis verbis Iudæorũ prauitatem & impietatem accusasset, & futuram regni vastitatem prænunciasset, quid illis faciendum esset, quò infensum sibi numen placarẽt, subiungit his verbis: Lauamini, mundi estote: Auferte malũ cogitationum vestrarum ab oculis meis. Quiescite agere peruersè: discite benefacere. Quærite iudicium, subuenite oppresso, iudicate pupillo, defendite viduã; & venite, & arguite me, dicit Dominus. Iam verò magister cælestis hoc idem in Euangelio facit: vbi enim multa de formidabili iudicij die prænunciasset, ex ijs quæ dixerat, salutaria protinus documenta intulit his verbis: Attendite autem vobis, ne fortè grauenter corda vestra in crapula & ebrietate, & curis huius vitæ, & superueniat in vos repentina dies illa: tanquam laqueus enim superueniet in omnes qui sedent super faciem omnis terræ Vigilate itaque omni tempore orantes, vt digni habeamini fugere ista omnia, quæ futura sunt, & stare ante filium hominis. Ad hunc quoq; modum regius Propheta, vbi potentiam & iustitiam regni Christi exposuisset, eam sententiam ad vitæ institutionem transtulit, dicens: Et nunc reges intelligite, erudimini qui iudicatis terram: seruite Domino in timore, & exultate ei cum tremore. Apprehendite disciplinam, &c.

Gregor. D. autem Greg. locũ illum beati Iob enarrans: Si fruct⁹ terræ comedi absq; pecunia: propositionem, exornationem, & accommodationem breuiter his verbis complexus est: Fructus terræ absque pecunia comedere, est ex Ecclesia quidem sumptus accipere, sed eidem Ecclesiæ prædicationis pretium nõ præbere. Terræ igitur fructus absq; pecunia comedit, qui Ecclesiæ commoda ad vsum corporis percipit, sed exhortationis ministerium non impendit. Quid ad hoc nos pastores dicimus, qui aduentum districti iudicis præcurrentes, officium quidem præconis suscepimus, sed alimenta Ecclesiastica muti manducamus, Sed hæc breuiter dicta sunt. Nos

Domi 4. Quadra. in concione quadã paulò fusiùs locum illum Ioan. 6. Hoc enim dicebat tentans eum, latiùs persequuti sumus. Vbi autẽ docuimus tentationes à Deo permitti, cùm ob varias causas, tum vel maximè, vt homines firmitatem vel infirmitatem suam agnoscerent, sic intulimus. Perfecta enim virtus est, quæ tentata non corruit, quæ lacessita non vincitur, quæ nec secundis rebus effertur, nec angustis contrahitur: quæque tam firmas in anima radices egit, vt quemadmodũ ignis vehementi

menti aura exagitatus, adeò non extinguitur, vt magis etiam accendatur: ita ipsa, multis modis impugnata, non modò victa, non succumbit, sed etiam (vt quidam eleganter dixit) inflicto vulnere virescit. Ex hac autem doctrina, quæ vera, quæ falsa, quæ consummata, quæ imperfecta virtus sit, coniectura colligere licet. Itaque non est perfectè pudica mulier, quæ à nemine impetita pudicitiam retinet: sed quæ multis modis tentata, illibatum & integrum conseruat pudorem. Nō est item perfectè mansuetus, qui nulla lacessitus contumelia non irascitur: sed qui conuitijs affectus, nihil acerbum respondet. Non est perfectè humilis, qui honores non appetit: sed qui sublatis etiam & ereptis non indignatur. Non est perfectè patiens, cui ad votum omnia cedunt: sed qui in medijs calamitatibus positus, cū Propheta dicere potest: Probasti Domine cor meum, & visitasti nocte, &c. Non est perfectè obediens, qui nullum inobedientiæ crimen admisit: sed qui propria voluntate & iudicio reluctante, alienum sequitur imperium atque iudiciū. Hoc exemplo apertè liquet, quantum lucis & vtilitatis doctrinæ adijciatur, cùm ad hęc singularia descenditur. Hac enim ratione, qui audiūt, seipsos explorare sciunt, & quid de ipsis sentire debeāt, iudicare.

Illud etiam hoc in loco admonendus concionator est, vt non solùm peracta argumentatione ad hanc singularium rerum enumerationem descendat: sed frequenter etiam aliàs, vbicunque se illi occasio docendi obtulerit. Quicunque enim verè & ex animo prodesse cæteris student, hanc præcipuè docendi rationem sequi debent. Sic Paulus doctor gētium multa virtutum officia in Epistolis suis fidelibus commendat. Quàm multa enim ad Romanos, cap. 12. congerit, cùm ait: Obsecro vos fratres, per misericordiam Dei, vt exhibeatis corpora vestra hostiam viuentem, sanctam, Deo placentem, & cætera, quæ vsque ad finē capitis sequuntur. Quæ vir diuinus humanæ eloquentiæ expers, tanta eloquentia persequitur, totque sententiarum & verborum luminibus exornat, vt nihil nec vberiùs, nec elegantiùs dici potuisse videatur. Sed ne exemplis omnia ex sacris literis petamus, duo adijciam ex vna D. Eusebij Emiss. homilia. Illum nanque Euangelicæ lectionis locum, quo Magi per aliam viam, in regionem suam reuersi memorantur, explanans, sic ad singulares actiones accommodat. Illud quoque, quòd per aliam viam regressi sunt, intelligamus vtilitati ac saluti nostræ peculiariùs conuenire. Viæ enim immutatio, vitæ intelligitur emendatio. Nos ergo per alias incedimus vias, quando veterem abnegamus hominem, quando superbiam suscepta humilitate deponimus, quando ad patientiam ab iracundia mentem deflectimus, quando veteres voluptates, & consuetudines pristinas, & desideria antiqua damnamus. Ad viam vtique aliam de errore transimus, quando vniuersas concupiscentias honestatis ac paupertatis amore calcamus: quando castitate luxuriam subiugamus, sinistras semitas relinquentes, dextro tramite iter spiritale conficimus. Hæc ille. Et paulò inferiùs, cùm nos ad Christi imitationem, & vias eius sequendas hortatur, sic rem vniuersam in partes distribuit. Certum est, inquit, quia Christi carpimus vias, cùm relicto itinere terreno, iter spiritale conficimus: quando obedientia & humilitas, mentis gubernaculum moderatur: quando terrenis cupiditatibus repudiatis, spes futurorum illuminatam occupat mentem: quando illam bonorum cœlestium pulchritudinem cordis ima suspirant. Per salutiferas gradimur vias, quando anima, damnatis omnibus præsentium rerum voluptatibus, id potius cogitat, quando depositura sit tabernaculum corporis sui, rursumque illud resurrectionis tempore receptura: vt cum eodem recipiat, prout gessit, siue bonum, siue malum.

Homil. Epipha.

Videbor cuiquam fortasse longior in hac admonitione fuisse: desinet tamen mirari, quisquis concionatorum officium, & quorundam ex ipsis abusum considerauerit. Molestissimè enim fero, nonnullos ita muneris & instituti sui oblitos, vt nihil minus agãt, quàm quod ex præscripto sibi munere agere tenentur. Cùm enim

enim hoc ſit concionatori propoſitum, vt quęcunq; dicit, ad animarum ſalutem, ad caſtigandos hominum mores, ad virtutis præcepta tradenda, ad mundi contemptum, ad diuini numinis timorem pariter & amorem, cæteraque his ſimilia dirigere debeat, quidam per res otioſas & ſuperuacaneas ita vagantur, vt miſeri auditores, qui eò confluxerant, quò ſalutarem aliquam doctrinam haurirent, aridi prorſus atque ieiuni à concione redeant. Quis autem ferat medicum, cui æger commendatus eſt, aliud agere, & officij ſui curam negligere? Quiſquis igitur aptè dicere, & officio ſuo satiſfacere cupit, inſtar periti ſagittatoris nuſquam oculos à miniſterij ſui ſcopo deflectat, vt ad illum totam orationis ſuæ vim dirigat. Itaque, vt cementarij nūquam vel vnum lapidem in ædificio collocant, quin ſtatim amuſſim & regulam adhibeant, qua rectè an ſecùs collocatus ſit, explorent: ita fidelis ac prudens diuini verbi diſpenſator, quæcunque dicere inſtituit, ad hanc regulam expendere debet. Itaque cùm aliquid ad dicendum excogitauit, à ſeipſo inquirat, quid hoc ad animarum ſalutem? quid ad bonos mores componendos? quid ad vitam hominū rectis inſtitutis moderandam? Quòd ſi ad hoc minus pertinet, quālibet illud ſibi ſubtiliter & acutè excogitatum videatur: rectè ſapit, nec ſe populo venditare cupit, tanquā otioſum, & ab inſtituto ſuo alienum repudiabit. Sed operæpretiū tamen me facturū puto, ſi omnia ea, quæ ad orationem ſuam Eccleſiaſtes accōmodare, atque deflectere debeat, hoc in loco, velut in tabella quadam ſpectanda propoſuero. *Simil.*

I.

Vbi concionator ſuggeſtum conſcenderit, & circunfuſam ex eo turbam fuerit contemplatus, proponat ſibi in animo, illam eſſe ægrotorū multitudinem, qui piſcinam olim circunſiſtebant, vt à morbis ſuis liberarentur: ſe verò velut Angelū eſſe cælitùs miſſum, qui varijs diuini verbi medicamentis nō vnū aliquem, ſed omnes, qui adſunt, ſanare ſtudet. Fingat igitur animo multos ibi eſſe claudos, qui viā quidem veritatis agnoſcāt, inertia tamē & lāguore animi, ac laboris metu deterri-

deterriti, per eam ingredi detrectent. Alios verò esse aridos, qui nullum deuotionis, nullum humanitatis, & misericordiæ succum habeant. Alios autem cæcos, qui nulla diuinarum rerum cognitione illuminati, in tenebris ambulēt, & passim offendant. Sunt & alia his finitima vitia, quæ pius concionator sæpè lamentatur. Cernit enim alios auaritiæ & ambitionis facibus inflammari: qui videlicet pecuniam, & inanes seculi honores pro Deo colunt: alios liuore & inuidia contabescere: alios fraterno odio, & vindictæ cupiditate æstuare: alios superbiæ spiritu efferri, cæterosque præ se ipsis fastidire atque despicere: alios libidinis concupiscentia vri: alios ira præcipites ferri, cæterosque aut conuitijs & maledictis insectari, aut diris omnibus deuouere: alios contra seruili animo blandiri, & turpiter maioribus adulari: alios, qui animas suas venales habent, quas pro rebus nihili sub Dæmonis & peccati iugum mittunt. Quid verò illos referam, qui fluxum cogitationum, & affectuum quodammodo patiuntur, qui nullum eius obicem ponunt, neque vllum iusti & iniusti delectum habent? Quid illos commemorem, qui eodem (vt ita dixerim) fluxu in oculis & lingua laborant: qui videlicet nullam oculis custodiam, nullum linguæ frænum adhibēt: sed quicquid illis in buccam venerit, effutiunt: & quicquid vident, concupiscunt. Quid illos, qui paralysis morbo dissoluti, ad omnia spiritualia atque diuina adeò insensibiles effecti sunt, vt non modò sine vllo doloris sensu peccent, sed lætētur etiam, cùm malefecerint, & exultent in rebus pessimis? Quid illos, quorum Deus venter est: qui omnia vitæ studia ad corporis indulgentiā & voluptatem referūt, nullamque aut animæ suæ, aut futuræ vitæ rationem habent, perinde atque omnia simul cum vita finirentur, nullamque futurorum spem haberent? Adde his etiam sex illa scelera, quæ odit Dominus, & septimū, quod detestatur anima eius: nempe, oculos sublimes, linguam mendacem, manus effundentes innoxium sanguinem, cor machinans cogitationes pessimas, pedes veloces ad currendum in malum, proferentē mendacia,

dacia, testem fallacem, & eum, qui seminat discordias inter fratres. Sed in his ferè omnibus aduersus homines delinquimus. Quid verò illa, quantò atrociora, quæ aduersus cœlestem Patrem committimus: quem supra omnia diligere, in quo spem omnem & felicitatem nostram collocare, cuius mandatis obedire, cuius sanctum nomen venerari, quem rebus omnibus anteferre, cui immortales pro innumeris eius in nos beneficijs gratias agere, quem in ore & corde semper habere, ac de eo dies noctesque cogitare deberemus? Quàm longè autem Christianorum multi ab hoc officiorum obsequio distãt, qui (vt Apostolus ait) sine Deo in hoc mundo vitam agere videntur? His igitur morbis reputet Ecclesiastes plerosque eorum, qui illum audiunt, laborare: qui omnes sunt ad mortem, & mortem quidem sempiternam. Quid ergo indigniùs, quàm eum, qui tot tantisque malis curandis destinatus sit, per aera quodammodo volitantem muscas venari, & aliud agere, quo tempore tantis malis salutarem opem ferre deberet?

Quia verò ad medicum spectat, non solùm morbos curare, sed integris etiam tuendæ sanitatis præcepta dare, In hoc quoque Ecclesiastes medici curam & solertiam imitabitur: præsertim cùm non satis ad perfectam iustitiam sit, à malo declinare, nisi bonum facias. Vbi ergo à malis deterruerit, ad bona quoque opera, hoc est, ad omnia virtutum officia exhortari debet: maximè cùm vitia aduersarum virtutum actionibus superãda sint. Ad ea verò præcipuè stimulare debebit, quæ præterquàm quòd virtutes egregiæ sunt, ad aliarum quoq; virtutum studia plurimùm iuuant. In hoc autem genere primas tenent, assiduum precandi officium, Dominicæ passionis, cæterorumque diuinorũ beneficiorum sedula meditatio, sacramentorum frequentior vsus, deuota piorum librorum lectio, affectuum cohibitio, diligens ac solicita cordis custodia, carnis castigatio, externorum sensuum, ac præcipuè oculorũ & linguæ moderatio, & omnia misericordiæ & humanitatis opera, siue quæ corporibus, siue quæ animabus proximorum

ximorum impendimus. Postremò, Ecclesiastes exemplo Pauli omnibus omnia fieri, & in omnes se formas velut alter Protheus transformare debet, vt omnes faciat saluos. Alios enim terrere, alios in spem allicere, alios consolari studeat (qui videlicet varijs calamitatibus & ærumnis premuntur: cùm omnia, quæ scripta sunt, ad nostram doctrinam scripta sint: vt per patientiam & consolationem Scripturarum spem habeamus) stantes confirmet, lapsos erigat, pusillanimes confortet, currentibus calcar addat, obfirmatos in sceleribus suis diuini iudicij metu perterreat, & singulis quibusq; conuenientia salutis medicamenta adhibeat. Deinde verò ad varios hominum status atque fortunas, variaque vitæ officia inclinanda oratio est. Quod quidem Apostolus in fine Epistolarum suarum facere solet, cùm dominis & seruis, parentibus & filijs, viris & vxoribus, viduis atque diuitibus huius seculi, quid quisq; in statu suo facere debeat, solicitè præscribit. Quod etiam Ioannes Baptista fecit: dum omnibus ad se confluentibus, pro cuiusque personæ conditione, variè tradidit præcepta viuendi. Ad hæc igitur & his similia, quæcunque dicimus, flectere debemus: si piè, fideliter, atque prudenter cœlestis doctrinæ panem esurientibus frangere, non populi plausum captare volumus. Nec tamen sic dicenti salutaris plausus deerit. Multis nanque experimentis constat, nulla magis re populum capi, nullamque attentius audire, quàm quæ vulneribus suis curandis accommodata est.

De Sententiarum & Epiphonematum ornamentis. Cap. XIII.

Sententiæ & Epiphonemata inter varia elocutionis ornamenta numerantur. Quæ tamen, quoniã cum inueniendi ratione maximè coniuncta sunt, hoc in loco ascribere libuit: præsertim quòd quemadmodũ affectus & accommodationes argumentationi oratoriæ adiunximus, & velut partes eius fecimus: ita & sententias & epiphonemata cũ ipsa argumentatione frequenter

ter cōmiſcentur. Quod tamen ornamenti genus, qui breuitati nimiū ſtudent, negligere ſolent: qui neſciunt quantam non modò decoris, ſed etiā vtilitatis partem orationi detrahant. Hac autem in re mihi etiam cōcionator ab oratore diſtare videtur: quòd hic rarò & verecundè admodum his ornamentis vtitur (ne magis vitam hominum inſtituere, quàm cauſam agere videatur) concionator autem, cùm non cauſas agat, ſed mores hominum inſtruat, his duabus orationis virtutibus maximè vtitur: idque adeò, vt ſanctorum Euangeliorum enarrationes in hac præcipuè re poſitæ ſint: vt vbicunque occaſio tulerit, ſententias & epiphonemata eruamus: quibus mores & vitam hominum inſtituamus: quas cùm varijs Scripturarum, & ſanctorum Patrum teſtimonijs confirmamus, plenam concionem efficimus. Quominus mirandum eſt, ſi nos hiſce duabus virtutibus magis, quàm oratores vtamur, eaſque inter inuentionis præcepta numeremus.

Sententia autem eſt oratio ſumpta de vita: quæ aut quid ſit, aut quid eſſe oporteat in vita, breuiter oſtendit, hoc modo: Difficile eſt primùm virtutem reuereri, qui ſemper ſecunda fortuna ſit vſus. Item, Liber is eſt exiſtimandus, qui nulli turpitudini ſeruit. Item, Egens æquè eſt is, qui non ſatis habet, & is, cui nihil ſatis poteſt eſſe. Item, Optima viuendi ratio eſt eligenda, eam iucundam conſuetudo reddet. Huiuſmodi ſententiæ ſimplices non ſunt improbandæ: productè, quòd habet breuis expoſitio, ſi rationis nullius indiget, magnā delectationem. Sed illud quoq; probandum eſt genus ſententię, quod confirmatur ſubiectione rationis: hoc modo: Omnes benè viuendi rationes in virtute ſunt collocandæ: propterea quòd ſola virtus in ſua poteſtate eſt: omnia, præter eam, ſubiecta ſunt fortunæ dominationi. Item, Qui fortunis alicuius inducti, amicitiam eius ſequuti ſunt, hi ſimulac fortuna dilapſa eſt, deuolāt omnes. Cùm enim receſſit ea res, quæ fuit cōſuetudinis cauſa, nihil supereſt, quare poſſint in amicitia retineri. Sunt itē ſententiæ, quæ duplices efferuntur, vel ſine ratione, vel cum ratione. Sine ratione, hoc modo:

Erant,

Erant, qui in prosperis rebus omnes impetus fortunæ se putant fugisse. Sapiẽter cogitant, qui temporibus secundis casus aduersos reformidant. Cum ratione, hoc pacto: Qui adolescentium peccatis ignosci putãt oportere, falluntur, propterea, quòd ætas illa non est impedimento bonis studijs: at hi sapienter faciunt, qui adolescentes maximè castigant: vt quibus virtutibus omnem vitam tueri, eas in ætate maturissima velint comparare. Hæc omnia ex Herenniana Rheto.

His porrò sententijs, quæ ex cõtrarijs rebus constãt, Salomon in Prouerb. frequentissimè vtitur. Lege cap. 10. cuius est initium: Filius sapiens lætificat patrem: filius verò stultus mœstitia est matris suæ. Vndecimum quoque eisdem sententijs refertum est: Statera dolosa abominatio est apud Deum, & pondus æquum voluntas eius, & cætera, quæ sequuntur.

Quintilianus sententijs addit, quas Græcè gnomas vocant: quod nomen ex eo acceperunt, quòd similes sint consilijs atque decretis. Sub hoc autem nomine adagia, quæ insignem aliquam sententiam continent, comprehendimus: quæ non vulgarem orationi & fidem, & ornamentum addunt: quorum non esse inops Ecclesiastes in lingua sua debet. Quanuis in hoc genere quędam nimium humilia, ac penè sordida sunt, quę dicentis autoritatem & grauitatẽ minuunt. Sunt item sententiæ ad rem tantùm relatæ, vt: Nihil est tam populare, quàm bonitas: Interim ad personam: quale est illud: Princeps qui vult omnia scire, necesse habet multa ignoscere. Sunt autem sententiæ rectæ, sunt & figuratæ. Rectæ sunt. Tam deest auaro quod habet, quàm quod non habet. Figuratæ autem, vt: Vsque adeò ne mori miserum est? Rectè enim dixisset, Mors misera non est, sed illud tamen acriùs. Rectum est, Nocere facile, prodesse difficile. Sed vehementius Medea apud Ouidium dicit: Seruare potui: perdere an possim rogas? Vertit autem hanc penè sententiam ad personam Cicero: Nihil, inquit, habet, Cęsar, nec fortuna tua maius, quam vt possis, nec natura meliùs, quàm vt velis, conseruare quàm plurimos.

Est

Est sententiarum genus, non illud quidem petitum ab autoribus, sed à nobis ad præsentis rei commoditatem confictum. Eas licebit omnibus orationis partibus admiscere. Atq; adeò vnus locus cõplures sæpenumerò sententias parit. Incidunt enim & in enarrando, & in mouendis affectibus, non solùm in probationibus. Quin etiam haud rarò transitiones per sententias fiũt. Quæ si in loco adhibeantur, haud mediocrem orationi copiam adiungent, neque id sine grauitate aut gratia. Sunt etiam sententiæ, quæ catholicæ dicuntur, vulgò iam ab omnibus receptæ, qualis illa: Inuidẽtia ipsa sui supplicium est. Et, Ira est breuis ad tempus stultitia.

Est & aliud tacitum & acutũ sententiæ genus, quod frequenter epithetis conficitur: vt, præceps iuuenta, incõsultus amor, esca malorum voluptas, morosa ac difficilis senecta, vitiorum expultrix philosophia, humanæ vitæ speculum comœdia, vitę magistra historia. Sic Virgil. Et cæco carpitur igne. Quod Ouid. explicuit, dicens: Tectus magis æstuat ignis. Item in narrando: Pars maior vincit meliorem: Explicabis, si dixeris: Ferè fit, vt pars maior vincat meliorem.

Quisquis igitur concionem suam huiusmodi sententijs ornatè vult (omnes autem velle debent) rerum naturam, de quibus dicit, prudenter exploret, & quicquid in illis, quod ad vitæ institutionem faciat, introspexerit, breui oratione explicet. Vt enim antè diximus, sententia est, quæ quid sit in vita, aut quid esse oporteat, breuiter ostendit. Aliquando enim ex his, quę dicuntur, sententiæ manant: aliquando verò, vt causæ & rationes eorum, quæ dicimus, afferuntur. Sic Diuus Gregorius ex Pharisæorum murmure aduersus Dominum, quòd peccatores reciperet, in hunc modum philosophatur. Ex qua re colligimus, quia vera iustitia compassionem habet, falsa verò indignationem. Interdum etiam ex vna aliqua ratione plures sententiæ consequuntur. Sic Seneca in epistola ad Polyb. consolatoria de morte fratris: Illud quoque te adiuuet cogitantem, non iniuriam tibi factam, quòd talem fratrem amisisti, sed beneficium datum, quòd tam diu

Grego. in homil.

pietate eius tibi vti fruique licuit. Iniquus est, qui muneris sui arbitrium danti nō reliquit. Auidus, qui non lucri loco habet, quod accepit: sed damni, quod reddidit. Ingratus est, qui iniuriam vocat finem voluptatis. Stultus, qui nullum fructum esse putat bonorum, nisi præsentium: qui non & in præteritis acquiescit: & ea iudicat certiora, quæ abierunt: quia de illis ne desināt, non est timendum. Nimis angustat gaudia sua, qui eis tantummodo quæ habet, ac videt, frui se putat, & habuisse eadem pro nihilo ducit. Diuus verò Cypri. sententijs pro rationibus vtitur, ad confirmanda ea, quæ suadet, his verbis: Neque persecutio sola metuenda est, & ea, quæ subruendis ac deijciendis Dei seruis aperta impugnatione grassantur. Facilior cautio est, vbi manifesta formido est. Et ad certamen animus ante præstruitur, quando se aduersarius confitetur. Plus metuendus est & cauendus inimicus, cùm latenter obrepit, cùm per pacis imaginem fallens, occultis accessibus serpit. Idem in Epist. ad Confess. vt felicibus confessionis suæ initijs finem adiungant, sic ait: Danda vobis opera est, vt post hæc initia ad incrementa quoq; veniatur, & consummetur in vobis, quod iam rudimentis felicibus esse cœpistis. Hæc propositio est, cui rationes ex sententijs subijciuntur, hoc modo: Parum est adipisci aliquid potuisse, plus est, quod adeptum est, posse seruare. Sicuti & fides ipsa, & natiuitas salutaris non accepta, sed custodita viuificat. Nec statim consecutio, sed consummatio hominem Deo seruat. Hæc ferè de sententiarum ornamentis Rhetores præcipiunt: in quibus qui volet esse diues, legat ex Ethnicis quidem scriptoribus Senecam, ex nostris verò D. Gregor. qui in hac virtute principes extiterunt.

Cypria. in Epist.

Idem.

De Epiphonemate I.

Sententijs Epiphonemata, quòd tenui limite ab illis diuidātur, adiunximus. Est autem Epiphonema, vt Fabius ait, rei narratæ, vel probatę summa acclamatio. Quale est illud: Tantæ molis erat Romanam condere gentem. Quia verò hæc diffinitio subobscura est, illam

illam ego rudi(quod aiunt) Minerua explicandam curabo. Cuius explicationem facilè intelliget, quisquis vel paululũ in Dialectica arte versatus fuerit. Ea enim quæ Dialectici, vel ex diffinitionibus, vel expositionibus, aut conclusionibus inferunt, Corolaria vocant. At Epiphonema (de quo nunc agimus) quædam corolarij species est. Corolarium nanque latissimè patet. Omnia enim, quæ ex antè dictis referuntur, siue vnũ, siue multa sint. Corolaria appellantur: Epiphonema aũt Corolarium quidem est, sed ad certam diffinitamque materiam contractum. Non enim quicquid ex rebus, quas tractauimus, elicitur, Epiphonema est: sed id solùm, quod admirationem, vel rei, de qua agitur, amplificationem, vel insignem aliquam sententiam continet, Epiphonema est. Sic Cicero pro Milone: Pudicitiam cùm eriperet militi tribunus in exercitu C. Marij, propinquus eius Imperatoris interfectus ab eo est, cui vim afferebat. Hic breuiter res gesta narrata est. Subdit protinus Cicero Epiphonema hoc modo: Facere enim probus adolescens periculosè, quàm turpiter perpeti maluit. Hæc sententia ex re narrata apertè consequitur, quæ adolescentis constantiam atque virtutem amplificat: quando is cum periculo etiam vitæ, flagitium à se propulsauit. Interdum etiam Epiphonema causam continet facti. Cùm videlicet ex natura rei causa colligitur. Vt enim ex causis effectus, ita ex effectibus intelliguntur causæ. Tale est illud Ioannis, Multi etiam ex principibus crediderunt, sed propter Pharisæos non confitebantur, ne de synagoga eijcerentur. Hic effectus est. Subdit autem Euangelista causam: Dilexerũt enim magis gloriam hominum, quàm gloriam Dei. Hæc oratio & causam continet facti, & sententiam ad personas relatam. Sulpitius Sæuerus in vita D. Martini, postea quàm illã Sancti viri in agone mortis constituti orationem cõmemorasset, Domine si adhuc populo tuo sum necessarius, non recuso laborem, fiat voluntas tua, huiusmodi Epiphonema subiecit: O virum ineffabilem, nec labore victum, nec morte vincendũ: qui nec mori timuit, nec viuere recusauit.

Hac eadem ratione, in quauis Euãgelica lectione multa similia his epiphonemata colligere licet. Sumamus (exempli gratia) Matthaei Euangelistæ vocationem, eiusque obedientiam, & publicanorum conuiuium. Quàm multa ex hac sacra lectione epiphonemata, quę admirationem & amplificationem continent, colligere licet? Quàm larga enim illa Domini pietas & misericordia, quæ publicanum ad Apostolici, & Euangelici muneris dignitatem vocauit? Item, Quàm stupenda iudicia Dei, qui multis alijs iustitiæ cultoribus prætermissis, hominem turpi negotio victitantem ad tantam gloriam eligere voluit? Quanta item vis illa diuini Spiritus, qui vnico verbo ita cor hominis immutauit? Quanta rursus illa obedientia, quæ ad vnum vocantis Domini verbum, quæ habebat, omnia deseruit? Quanta item eiusdem charitas, & alacritas, quæ amicos & publicanos ad Domini conuiuium inuitauit: vt eius monitis & exemplis, suauissimoque conuictu in eius amorem raperentur, & exemplo suo relictis omnibus eundẽ Dominum sequerentur? Prætereà quanta eiusdem Domini benignitas, charitas, & humilitas, qui neque peccatorum conuiuia dedignatus est, quò illos ad se benignè traheret, neque Pharisæorum obtrectationes curauit? Ac deinde, quanta Pharisæorum malitia, qui virtuti, qua ipsi carebant, vitij nomen imposuerunt, ne in hoc charitatis officio Christo Domino inferiores viderentur? Hæc omnia non dubium, quin epiphonemata sint, quæ ex sacra hac historia colliguntur: quæ nos fusiùs persequentes, integram concionem in eiusdem Apostoli festo confecimus. Mirus est in hoc genere D. Ambro. qui Agnetis virginis fortitudinem atque constantiam in tam tenera ętate, hac potissimùm orationis virtute illustrat & amplificat. Sic enim ait: Nomen virginis titulus est pudoris: appellabo Martyrem: prædicaui satis. Prolixa laudatio est, quæ non quæritur, sed tenetur. Hanc senes, hanc iuuenes, hanc pueri canant. Nemo est laudabilior, quàm qui ab omnibus laudari potest. Quot homines, tot præcones, qui martyrem prædicant, dum loquuntur.

tur. Hæc duodecim annorum martyrium fecisse traditur. Quò detestabilior crudelitas, quæ nec minusculæ pepercit ætati. Imò magna vis fidei, quæ etiam ab illa testimonium inuenit ætate. Fuitne in illo corpusculo vulneri locus? Et quæ non habuit, quo ferrum reciperet, habuit quo ferrum vinceret. Nouum martyrij genus? Nondum idonea pœnæ, & iam matura victorię: certare difficilis, facilis coronari. Non sic ad thalamum nupta properaret, vt ad supplicij locum. Flere omnes, ipsa sine fletu. Mirari plerique, quòd tam facilè vitæ suæ prodiga, quam nondum hauserat, iam quasi perfuncta donaret. Stupere vniuersi, quòd iam quasi diuinitatis testis existeret, quæ adhuc arbitra sui per ætatem esse non posset. Effecit denique, vt ei de Deo crederetur, cui de homine adhuc non credebatur: quia quod vltra naturam est, de autore naturæ est. Stetit, orauit, ceruicem inflexit. Cerneres trepidare carnificem, quasi ipse addictus fuisset: tremere percussoris dextram, pallere ora aliena timentis periculo, cùm puella non timeret suo. Hactenus Ambrosius. In cuius oratione facilè studiosus lector Epiphonemata singulis penè periodis adiecta deprehendet: quæ non vulgari acumine rem per se alioqui illustrem illustriorem atque mirabiliorem reddunt. Est autem hoc pulcherrimum orationis ornamentum: in quo quidem abundant, qui ingenij acumine plurimũ valent. Quò enim pleniùs rei naturam comprehendunt, eò plura ex his, quæ dicta sunt, colligunt: quæ vbi rem amplificant, Epiphonemata dicuntur. Narratio quippe & expositio rerum, cuique vel rudi etiam ingenio in promptu est. At sententias, & quidquid admirationem, vel amplificationem cõtinet, quod è rebus iam expositis aut probatis infertur, animaduertere, & argutè, breuiterque proferre (quod Epiphonematis est proprium) nõ vulgaris ingenij est. Eius autem præcipuus vsus in clausulis est. Ideò enim Epiphonema esse dicitur, rei narratæ, vel probatæ summa acclamatio. Denique quicquid in clausulis aurem acutè ferit, Epiphonema est.

Sic D. Augusti. exposita breuiter beatissimi martyris Vincentij passione, adiecit Epiphonemata, quæ insuperabilem Martyris constantiam mirè attollunt, & rem expositam amplificant. Si consideretur in hac passione humana patientia, incipit esse incredibilis: si agnoscatur diuina potentia, desinet esse mirabilis. Tanta grassabatur crudelitas in Martyris corpore, & tanta tranquillitas proferebatur in voce: tanta pœnarum asperitas sæuiebat in membris, tanta securitas sonabat in verbis, vt putaremus Vincentio patiente, alium loqui, alium torqueri. Clariorem nobis Martyrem tormenta faciebant. Multiplici enim vulnerum varietate confossus, non deserebat pugnam, sed acriùs iterabat. Putares, quòd cum duraret flamma, non vreret. Hactenus Augustin. In cuius verbis, quicquid exposita martyris constantia acutè colligitur, quod rem amplificet, atque mirabilem faciat, meritò Epiphonema esse dicitur.

De Prolepsi, quæ latinè præsumptio, vel anticipatio dicitur.
Cap. XIIII.

Ost sententias & Epiphonemata, Prolepsim quoque addere libuit. Quæ quanquam inter sententiarum figuras, quæ ad elocutionem pertinent (sicut Epiphonemata & sententiæ) numeretur, quia tamen plurimùm cum inueniendi ratione, sicut & illa conuenit, plurimumque & ornatus, & vtilitatis, & consilij continet, hoc in loco adscribendam, & argumentationi adiungendam duxi: quanuis ea non minus in cæteris inuentionis partibus locum habeat. Quemadmodum enim ea, quæ dicimus, tum sententias, tum Epiphonemata pariunt: ita ex iisdem hæc orationis virtus oritur. Quid autem Fabius de hac figura dicat, primo loco subijciam. Ait igitur: Mirè verò in caussis valet præsumptio, quæ Prolepsis dicitur, cùm id, quod obijci potest, occupamus. Id neque in alijs partibus parum est, & præcipuè procœmio conuenit. Sed quanquam

quam generis vnius,diuersas tamen species habet. Est enim quædam præmunitio, qualis Ciceronis contra Q. Cęcilium,quòd ad accusandum descendat,qui semper defenderat. Quædã confessio,vt pro Rabirio Posthumo, quem sua quoque sententia reprehendendum fatetur,quòd pecuniam regi crediderit. Quædam prædictio, vt: Dicam enim, non augendi criminis gratia. Quædam emendatio, vt: Rogo ignoscatis mihi,si longiùs sum euectus: Frequentissima præparatio,si pluribus verbis,vel quare facturi quid simus, vel quare fecerimus dici solet. Verborum quoque vis ac proprietas confirmatur: vel præsumptione: cuiusmodi est illud: Quanquã illa nõ pœna, sed prohibitio sceleris fuit: aut reprehensione: quale est illud: Ciues, inquã, si hoc eos appellari nomine fas est. Hactenus Fabius. Sed quoniã is breuiter hunc locum absoluit,quid ego de hac virtute sentiam, familiari Dialecticorum exemplo indicabo. Duos hi rerum conceptus esse statuunt, quos directum & reflexum appellant. Et directum quidem esse dicunt, cùm simpliciter id solùm concepimus, quod proposita vox aut oratio significat: reflexum autem, quod supra id,quod directè concepimus, reflectimur, singulare aliquid in eo, quod concepimus, expendentes,aut commentantes,aut etiam obijcientes. Ex hac enim posteriori animi conceptione hæc virtus manat: quo videlicet prudens concionator prudentis auditoris personam quodammodo induit: & quidquid ille tacita cogitatione, vel annotare, vel ponderare, vel obijcere poterit, ipse propter tardiores annotat, põderat, aut diluit. Itaque duas quodammodo personas suscipit,& dicentis, & audiẽtis: atque tacitis huiusmodi cogitationibus prudenter occurrit. Verbi gratia. Ex ijs, quæ dicimus,quędam prima fronte apparent arroganter, aut sordidè, aut obscurè, aut minus vtiliter, aut subtiliter, aut longiùs, aut breuiùs, aut asperiùs atque liberiùs, aut minus aptè dicta. His igitur veluti querelis prudentis auditoris, breuiter occurrẽdum est: & ratione ostendendum, nos id non temerè, sed cõsilio dixisse: aut aliter fieri minimè potuisse, Sic D. Chrysost.

accuſare eos volens, qui ſorores adoptiuas domi fouerent, parumque honeſtam huius cohabitationis cauſam eſſe contenderet, obiurgationis aſperitatem hac figura molliuit. Sic enim ait: Afferemus autem in medium, quam nos potiſſimùm cauſam huius cohabitationis ſuſpicemur. Et quænam illa? Omnino ſi à ſcopo aberrauero, fas vobis eſto, vt me redarguatis. Et quænam cauſa? quis ille prætextus? Videtur mihi mulieris conuictus, etiam abſque nuptijs ac congreſſu voluptatis habere nonnihil. Quod ſi non rectè ſentio, non eſt quod dicam. Meam vobis ſententiam narro, mox autem non meam ſolùm, ſed & illorum dicam: nam & illis ſic videtur. Quod inde colliqueſcit. Tantam enim gloriam, & tanta ſcandala neutiquam deſpicerent, niſi ingens quædam & vehemens cohabitandi voluptas eſſet. Precor, vt nobis venia detur, deſitque indignatio. Neque enim temerè & ſimpliciter inimicos vellem. Non ſum tam miſer atque ærumnoſus, qui temerè omnes offendere velim: ſed valdè doleo ac crucior, & gloriam Dei blaſphemari, & multorum ſalutem propter voluptatem hanc paulatim perire. Et habet voluptas hæc maiorem cohabitandi amorem, quàm legitimæ nuptiæ. Quod nunc fortè vobis mirum videtur: ſed vbi quod auditis, declarabo, eritis & vos mihi teſtes. Et paulò inferiùs, obiurgationis acrimoniam iterum mollire volens, his verbis vtitur. Nec valdè ſuccenſeamus eis, neque difficiles ſimus & importuni. Nam qui ægrum vult reſtituere, non hoc agit ira & verberibus: ſed aptat magis pharmaca magna cura, & blanda adhortatione. Nobis quanuis illos punire, & eis indignari liceret, vtpote in iudicum aſcitis ordinem, non tamen hoc facimus: ſed medicorum magis, & eorum, qui curare ſolent, morem ſequi lubet. Vnde obſecramus, & adhortamur, & eorum, ſi opus eſt, genua attingimus, ſi fortè quod agendum ſuſcepimus, perficiamus. Hactenus Chryſ. In cuius verbis ſatis liquet, quanta arte & conſilio occurrit omnibus, quæ cauſæ, quam tractabat, obſiſtere poſſent.

Præter

Præter hæc autē cùm res paulò obſcurior, aut ſubtilior, aut etiã illuſtrior eſt dicenda, attentio ab auditoribus ſine vlla arrogantia & oſtentatione petenda eſt. Breues etiã exclamatiunculæ, quæ rerũ dignitatem, neceſſitatē, & pondus oſtendant, interijci non incòmodè hac virtute ſolent. Cùm autē quædam ex ijs, quæ dicimus, ad viros, quædã ad vxores, quædam ad dominos, quædam ad ſeruos, nonnulla ad diuites, alia ad pauperes magis pertineant, hoc quoque breuiter indicandũ eſt, quò eorũ excitet attentionē, ad quos ea potiſſimum ſpectant Iã verò cùm aliquid mirabile, incredibile, ſupraq; communem hominũ fidem poſitũ narramus, nõ modò affectus ex rei magnitudine concitandi, ſed veritas etiã rei aliqua ratione munienda eſt, & interdũ etiã iureiurando confirmanda. Sic D. Hier. Sancta, inquit, Melania noſtri tēporis inter Chriſtianos vera nobilitas, calēte adhuc mariti corpuſculo, duos ſimul perdidit filios. Rē dicturus ſum incredibilē, ſed teſte Chriſto nõ falſam. Lachrymæ gutta nõ fluxit, ſed ad pedes aduoluta Chriſti, Expeditiùs, inquit, tibi Domine ſeruitura ſum, q̃ a tãto me onere liberaſti. Iã verò B. Iob rē omniũ maximè mirabilē, præſertim ſuo tēpore dicturus (nēpe reſurrectionis corporis, & incarnationis Dominicæ ſacramentũ) quã appoſita præfatiuncula vſus eſt: Quis, inquit, mihi tribuat, vt ſcribantur ſermones mei: quis mihi det, vt exarētur in libro ſtilo ferreo, & plumbi lamina, vel celte ſculpantur in ſilice? Subdit deinde rē maximè mirabilē. Scio enim q̃ redemptor meus viuit, & nouiſſimo die de terra ſurrecturus ſum: & q̃ ſequuntur. Id interdũ longiori etiam oratione fit. Sic Theodoretus in vita Simeonis Stilitis, cù nouũ illud & inauditũ vitæ gen⁹ in altiſſima columba ſub dio cõſidentis, narrare vellet, ne res adeò noua ac mirabilis fide careret, hac ſimilitudine rei fidē fecit. Quemadmodũ, inquit, ij, quib⁹ obtigit vt eſſent reges hominũ, poſt aliquã tēporis conuerſionē mutant imagines nummorũ, aliquando quidē leonum exprimētes imagines, aliquando autē ſtellarum, & aliquãdo angelorum, nouo charactere tentantes aurũ reddere pretioſius: ita etiam summus rex vniuersorum (veluti quasdam figuras ac characteres) hæc noua, & multiplicia viuendi instituta pietati, veræque religioni adijciens, non solùm Christianorum, sed infideliũ etiam ad laudandum linguas excitat. Hactenus ille. Sic etiam quisquis beatissimæ Catherinæ Senensis virtutes celebrare, & admiranda illa diuinæ familiaritatis indicia, quibus illam sibi Dominus deuinxit, narrare parat: quòd videlicet illam sibi Christus Dominus mira ratione desponsauerit, quòd ab eius pectore abstractum cor triduo apud se retinuerit, quòd cum ea canonicas horas recitauerit, hæc omnia quæ humanã fidem superare videntur, ex immẽsa Dei bonitate, & mira in Sanctos suos charitate, eiusq; alijs operibus maiori admiratione dignis, credibilia facere debet. Hæc exẽpli gratia dicta sint: præcepto enim hæc latissimè patet. Quã tamen dicentis acumen & prudentia, & autorũ obseruatio magis, quã præcepta explicabũt. Hæc enim virtus concionatoris & oratoris propria est: qui cum rudi frequenter & indocta multitudine agentes, his eã rationibus erudire & excitare debẽt. Mirus est in hac figura Greg. Theolog. Ex cuius lectione prudens lector obseruationis huius rationẽ magis, quàm ex vllis artis præceptionibus intelliget, si illius tamen scripta non oscitanter legerit. Quisquis igitur ea, quæ Fabi9 de hac figura præcepit, & quæ nos admonuimus, diligenter annotauerit, & legendis autoribus obseruauerit, facilè eius rationem & naturã comprehendet.

Ex his ergo, quæ hactenus à nobis dicta sunt, liquet, nos Collectioni (quã Rhetores quinq; partibus constare dicunt) quinq; alias Concionatori maximè vtiles & necessarias addidisse: nẽpe Affectus, Accommodationem, Sententias, Epiphonemata, & Prolepsim: quæ tamen non omnes in omni argumentatione cadunt. Quæ autem cadant, ex natura rerum, quas tractat prudens concionator, colligere poterit.

Harum autem partium cognitio mirè vtilis est. Ea nanq; admonetur concionator, vt propositionem aliquam probaturus, primùm ex locis, quos antè comme

mora-

morauimus, rationes quęrat, præcipueq; ex ijs quos intrinsecos appellari diximus. Deinde rationum confirmationes inuestiget: quæ ab extrinsecis potissimùm locis oriuntur. Tertio loco (si natura rei exigat) exornationē adhibebit: quæ non ad solam confirmationē, sed ad quanuis aliam argumentationis partem pertinet. Quartò, inspecta diligenter rerum natura, de quibus dicit, videat an materiam ei ad tractandos affectus, accommodationes, sententias, & epiphonemata suppeditent. Hæc enim omnia ex ipsa rerum natura oriūtur: quemadmodū Philosophi ex potentia materię formā educi aiunt. Prolepsis verò, quæ confutationis naturā refert, non solū ex natura rerū, quas dicimus (quādo videlicet ex illis dubitandi materia nascitur) sed ex auditorum etiā ingenijs & conditione colligitur, quēadmodum paulò antè à nobis est dictum. Has autem figuras, quæ ad elocutionem pertinent, ideò cum inuentionis præceptis copulare voluimus, quoniam, vt paulò ante diximus, ex ipsis (vt ita dixerim) rerū visceribus, de quibus dicimus, oriuntur: quarū materiā res ipsæ concionatori dabunt, si eas penitiùs altiusq; considerauerit. Quibus non grauabor exclamationē adiūgere (quæ etiam inter eloquutionis figuras numeratur) quæ tunc aptissimè cadit, cùm ex ipsa rerum natura velut spōte sua incurrit: vt magis ab ipsa nata, quàm dicentis ingenio ascita esse videatur.

De elocutionis genere, quo argumentationes suprà positæ tractandæ sunt.
Caput XV.

AD plenā absolutamq; partis huius tractationē, hoc vnum desiderari videtur, vt quādo tum de inuentione argumentorū, tum de formis earum disseruimus, quo elocutionis genere, quibusque dicendi figuris in argumentatione vti debemus, breuiter aperiamus: ne quidquam sit, quod ad huius doctrinæ partem desiderari possit. Qua de re vbi Fabius de syllogismis, cæterisq; argumētationū formis multa dixisset, sic in fine ait: Peregissē

mihi

mihi videor sacra tradentium artes, sed consilio locus superest. Nanque ego vt in oratione syllogismo quidē aliquando vti, nefas nō duco, ita constare totam, aut certè consertam esse aggressionū & enthymematū stipatione, minimè velim. Dialogis enim & dialecticis disputationibus erit similior, quàm nostri operis actionibus, quæ quidē inter se plurimū differunt. Nanq; illi homines docti, & inter doctos verum quærentes, minutiùs & scrupulosiùs scrûtantur omnia, & ad liquidum confessumq; perducunt: vt qui sibi & inueniendi, & iudicandi vendicent partes. Nobis ad aliorum iudicia componenda est oratio, & sæpius apud omnino imperitos, atq; aliarum certè ignaros literarum loquendum est: quos nisi & delectatione allicimus, & viribus trahimus, & nonnunquam turbamus affectibus, ipsa quæ iusta ac vera sunt, tenere non possumus. Locuples & speciosa vult esse eloquentia: quorū nihil cōsequetur, si conclusionibus certis & crebris, & in vnā propè formam cadentibus concisa, & contemptum ex humilitate, & odium ex quadam seruitute, & ex copia satietatem, & ex amplitudine fastidium tulerit. Feratur igitur non semitis, sed campis, non vti fontes angustis fistulis colliguntur, sed vt latissimi amnes totis vallib⁹ fluat, ac sibi viam siquando non acceperit, faciat. Nam quid illa miseriùs lege velut præformatas infantibus literas persequentium, vt Græci dicere solent, quem mater amictum dedit, solicitè custodientium? Propositio ac conclusio, ex consequentibus & repugnantibus non inspiret? non augeat? non mille figuris variet ac verset? vt ea nasci, & ipsa prouenire natura, non manufacta, & arte suscepta, magistrum fateri vbique videantur? Quis vnquam sic dixit orator? Nónne apud ipsum Demosthenem paucissima huiusmodi reperiuntur? Quæ apprehensa Græci magis (nam hoc solùm nobis peius faciunt) in catenas ligant, & inexplicabili serie connectunt, & indubitata colligunt, & probant confessa, & se antiquis per hoc similes vocant. Deinde interrogati, nunquam respondebunt quem imitētur. Sed de figuris alio loco. Nunc illud adijciendum, ne

his

his quidem consentire me, qui argumenta sermone puro, & dilucido & distincto, cæterùm minimè lato ornatoque putant esse dicenda. Nanque ea distincta quidem ac perspicua debere esse confiteor: in rebus verè minoribus etiam sermone, ac verbis quàm maximè proprijs, & ex vsu. At si maior erit materia, nullum ornatum his, qui modò non obscuret, subtrahendum puto. Nam & sæpe plurimum lucis affert ipsa translatio, cùm etiam ipsi iurisconsulti, quorum summus circa verborum proprietatem labor est, littus esse audeant dicere, qua fluctus alludit. Quod quoque natura magis asperum, hoc pluribus condiendum est voluptatibus, & nimis suspecta argumentatio dissimulatione, & multum ad fidem adiuuat audientis voluptas. Nisi fortè existimamus Ciceronem malè in hac ipsa argumentatione dixisse: Silere leges inter arma, & gladium nobis interim ab ipsis porrigi legibus. His tamē habendus modus: vt sint ornamento, non impedimento.

Hactenus de præcipua inuentionis parte, hoc est, probandi ratione & argumentorum formis, quæ in commune dicenda videbantur, perstrinximus: nunc consequens est, vt in sequenti libro de ratione amplificandi, quæ huic finitima est, quæque concionatoribus cumprimis necessaria est, disserere incipiamus.

ECCLESIASTICÆ RHETORICAE, SIVE DE RATIONE CONCIONANDI LIBER TERTIUS: IN QUO DE AMPLIFICANDI RATIONE & AFFECTIBUS AGITUR.

Quid amplificatio ab argumentatione differat.
Cap. I.

Mplificationem (quam inuentionis partem esse constat) ab argumentatione & probandi ratione (de qua hactenus loquuti sumus) secernere voluimus: non quòd ab ea modis omnibus seiuncta sit, sed quòd argumentatio ad omnia quęstionum genera latissimè pateat: in quibus quærimus, sitne res, an non sit, quid sit, qualis item sit, & cuius rei gratia talis sit, & multa his similia. Amplificatio autē ad certa quæstionum, siue propositionū genera cōtrahitur: in quibus de sola rei magnitudine & amplitudine quæritur. Hoc est, cùm ostendere nitimur aliquid esse in genere suo vehementer indignū, calamitosum, lætum, triste, miserabile, amabile, detestabile, formidādum, vel optandum: & quæ sunt eius generis. Hac enim ratione ad affectus concitandos, ad suadendum vel dissuadendum, ad laudandum aut vituperandum viam munimus: ad hæc enim tria amplificandi ratio potissimùm conducit. Itaque amplificatio (velut) argumentatio quędam ad certum genus contracta est. Differunt etiam hæ duæ orationis partes, argumentorum tractatione. Argumentatio enim syllogismis vti-

vtitur, hoc est, genere orationis in orbē quodammodo redacto., quanuis fusiùs orator, quā dialecticus syllogismum tractet. Amplificationis autem oratio expositioni, & enumerationi, quàm argumentationi similior est. Sic Paulus propositionem hanc: Ministri Christi sunt: vt minus sapiens dico, plus ego, laborum suorum enumeratione amplificat his verbis: In laboribus plurimis, in carceribus abundantiùs, in plagis supra modum, in mortibus frequenter: & cætera, quæ deinceps sequuntur. Postremò differunt etiam fine. Argumentationis enim est, fidem facere, & intellectum ad assensum vi argumentionis perducere. Amplificationis autem est, non solùm intellectum conuincere, vt rem esse in suo genere maximam credat: sed etiam voluntatem ad amandum vel detestandum, vel in quemuis alium affectum inducere.

Inuentio autem earum rerum, quæ ad amplificandum pertinent, ex eisdem locis vnde argumenta petuntur, sumenda est. Si enim amplificatio (vt paulò antè diximus) velut species quædam argumentationis est, efficitur sanè, vt vtriusque inuentio ex iisdem locis oriatur. Sed ex his tamen locis quædam magis ad amplificandum valent: ea videlicet, quæ multa in vna aliqua re esse ostendunt. Vnde loci à partibus, à causis, ab effectibus, & quæ his finitima sunt, nempè ab adiunctis, hoc est, antecedentibus, & consequentibus: quæ omnia exemplis, similibus, & scripturarum, vel sanctorum Patrum testimoniis augentur & confirmantur. Quarum rerum exempla paulò post subijciemus.

Veruntamen hoc in loco ad memoriam reuocare necesse est, quod antè diximus, videlicet duplices esse propositiones, quæ probantur, vel amplificantur, hoc est, hypotheses aut theses, quæ Latinè finitæ aut infinitæ dicuntur. Finita siue hypothesis est, si quis vel obedientiam Abrahæ, filium immolare parantis, vel adulterium à Dauide Vriæ vxori illatum amplificare velit, vtraque propositio finita erit: quæ videlicet ad has tantùm personas pertineat. Contrà verò, si quis obe-

obedientiam in commune laudare, adulterium vitupe rare velit, propositio infinita erit: quæ videlicet latè ad omnia personarum genera pateat. Hæc igitur propositio infinita, ex his præcipuè locis, quos supra memoraui, argumenta, hoc est, amplificandi rationes quærit. Finita verò, quæ circunstantijs implicita est, non modò ab his locis, sed ab omnibus etiam circunstantijs rem attolit & amplificat. Quæ res in augenda peccatorum grauitate Theologis valde nota est: qui duplices esse circunstantias statuunt: alias, quæ in infinitũ peccata aggrauent, & interdum etiam eorum speciem mutent: quas necessariò in peccatorum confessione detegendas aiunt. Alias verò, quæ citra infinitum aggrauent: quæ tamen non sint necessariò confitendæ. Hoc autem peccatorum exemplo, facilè Theologi intelligent, quonam modo virtutum quoq; officia, quæ certis personis ac temporibus tribuuntur, ex circunstantijs quoq; augenda & amplificanda sint: cùm eadem contrariorum disciplina sit. Sed operæpretium erit, vt hæc ipsa quæ diximus, propositis exemplis illustremus.

A partibus amplificatio.
Cap. II.

Partibus prophetæ variorum regnorum casus miserandos amplificant: qui non cõtenti simplici oratione regni excidium & vastitatem indicasse, calamitates omnes enumerant, quas vna illa vastatio complectitur. Sic Hieremias in Threnis Hierosolymorum ruinam: sic etiam Babylonis euersionem cap 50. & 51 amplificat. Sic etiam Ezechiel Tiri, & AEgypti, & Assyriorum vastationem lamẽtatur: dum opes omnes horum regnorum quæ diripiendæ erant, longa oratione enumerat. Sic etiam Ioab seruorum Dauidis beneficium, & intempestiuas eius lachrymas hac ratione amplificat: Cõfudisti hodie vultus omnes seruorum tuorum, qui saluam fecerunt animam tuam, & animam filiorũ tuorum, & filiarum tuarum, & animam vxorum tuarum, & ali-

& animam concubinarum tuarum. Hic apertè videm' rem ab eius partium enumeratione auctam. Sic etiam Gregor. Theologus Homilia de septem Machabæis, matris eorum constantiam amplificat: quæ omnibus tormentorum generibus ante illam propositis, de gradu virtutis & constantiæ depelli non potuit. Vnde ait: Matris verò robur, animique constantiam nihil flectere, & emollire, ac debilitare potuit. Non instrumenta luxandis artubus accomodata, non rotæ propositæ, non exquisitissima quæque tormentorum genera, non ferrearum vngularum acies, non furentes bestiæ, nō enses qui acuebantur, non feruentes ollę, non ignis qui excitabatur, non miscellanea turba, non vrgentes satellites, non generis aspectus, non membra quæ discerpebantur, non carnes quæ lacerabantur, non defluentes sanguinis riui, non flos ætatis qui absumebatur, non præsentia mala, non impendentes acerbitates. Hactenus ille. Quo in loco à partibus, hoc est, ab enumeratione omnis generis tormentorum, mirabilem huius mulieris constantiam amplificauit. Adhuc etiam modum Lactantius Firmianus Dominicæ crucis acerbitatem ex eius partibus, hoc est, ex cunctis eius membris sauciatis amplificat. Sic enim Christum Dominū hoc modo loquentem inducit.

Greg. Th.

Lact. Firmia.

Vertice ad vsq; pedes me lustra, en aspice crines
Sanguine concretos, & sanguinolenta sub ipsis
Colla comis, spinisq; caput crudelibus haustum,
Vndique diua pluens vinum super ora cruorem:
Compressos speculare oculos, & luce carentes,
Afflictasq; genas: arentem suspice linguam
Felle venenatam, & pallentes funere vultus:
Cerne manus clauis fixas, tractosq; lacertos,
Atq; ingens lateri vulnus: cerne vnde fluorem
Sanguineum, fossosq; pedes, artusq; cruentos.
Flecte genu, lignumq; crucis venerabile adorā.

Hactenus ille. Quo in loco vides totum, enumeratis partibus, quas integrantes appellant, amplificatū. Magis enim rem auget singularum partium distincta enumeratio, quàm confusa totius rei propositio. Hac eadem ratione secundus de rerum copia Commentarius hanc propositionem amplificat. Rem omnem luxu perdidit. Eam sententiam in summa comprehensam, quasique conuolutam, hunc ad modum licebit euoluere, si plurimas possessionum formas enumeremus, & varias perdendæ rei vias explicauerimus. Quidquid vel matris, vel patris nomine hæreditate obuenerat, quidquid aliorum affinium morte contigerat, quidquid ex vxoris dote, quæ quidem neutiquam erat vulgaris, accesserat: quidquid ex legatis accreuerat (accreuerat autem permultum) quidquid ex principis acceperat liberalitate: quidquid peculij castrensis conflauerat: pecuniam omnem, vasa, vestes, fundos, agros, vnà cum ipsis villis, & pecoribus: breuiter, rem omnem seu mobilem, seu soli, denique familiam etiam ipsam in fœdissimis scortorum amoribus, quotidianis comessationibus, sumptuosis obsonationibus, nocturnis perpotationibus, popinis, cupedijs, vnguentis, alea, lusibus, paucis diebus ita absumpsit, abliguriuit, absorbuit, vt ne teruncium quidem sibi reliquum fecerit. Hic duo illa verba, rem omnem, & luxu perdidit, suis partibus explicantur. His igitur rationibus totum, enumeratione partium, quæ sub illo continentur, augetur. Totum autem appellamus, primum quòd multas sub se partes claudit: vt in hoc exemplo proposito luxus: quæ vox, quàm multa in se vitia complectatur, explicatum est. Deinde totum appellamus, quod vniuersale signum habet adiunctum: vt in eodem exemplo, Rem omnẽ perditam, dicimus: in quo omnia, quæ sub illo vniuersitatis signo continentur, enumeramus. Hoc Dialectici descensum & ascensum appellant: quibus vel à toto ad singularium enumerationem, vel si singularibus ipsis ad totum argumentamur. Postremò totum appellamus, quod non singularibus rebus, sed partibus, quas Dialectici integrantes vocant, complectitur. Cuius rei exemplum ex Lactantio proposuimus. Vbicunque igitur totum aliquod ex his tribus generibus inciderit, si

res

res ita exigat, hoc modo amplificari poterit. Exempla sunt vel negligenter attendentibus, in sanctis literis & sanctorum Patrum scriptis, præsertim apud Chrysost. & Grego. Theol. passim obuia.

Ab adiunctis, hoc est, antecedentibus, comitantibus & consequentibus. Cap. III.

AB antecedentibus, quæ sub Adiunctorum ambitu continentur, rem amplificamus, quoties non contenti semel exitum rei protulisse, ex quo reliqua, quæ præcesserunt, intelligi possunt, sed singulatim ea quoque commemoramus, per quæ ad eum exitum peruentum est. Huius præceptionis in eodem commentario hoc proponitur exemplum. Ex ea virgine perditissimus & profligatissimus adolescens filium sustulit. Hanc sententiam ab antecedentibus sic & dilatare & amplificare licebit. Eam virginem, quòd esset singulari forma, miserè deperibat. Deinde amoris impatiens, simplicem puellæ animum promissis solicitauit, muneribus corrupit, blanditijs deliniuit, officijs in mutuum amorem pellexit, improbitate vicit, denique consuetudinem cum ea habuit. Aliquantò pòst tempore vterus virginis cœpit intumescere, fœtu videlicet concepto: demum puerum peperit. Aliud exemplum. Cicero Catilinæ conatus oppressit. Eam sententiã hac ratione dilatare atque amplificare licebit. Catilinę nefarios conatus per iuuentes perditissimos, totius Romanæ ciuitatis exitium atque internecionem molientes; M. Tullius Cicero consul sua sagacitate statim odoratus est: singulari vigilantia peruestigauit: summa prudentia deprehẽdit: mira in Rempublicam studio prodidit: incredibili eloquentia conuicit: grauissima autoritate repressit: armis extinxit: magna felicitate sustulit.

Hac autem amplificandi ratione (vt antè diximus) in ijs præcipuè rebus vti poterimus, in quibus explorata eius natura multa alia præcessisse intelliguntur. Causæ enim siue naturales siue morales effectus suos antegrediūtur, per quas ad eos explicādos peruenim⁹. Hac autē ratione locum illū Luc.2. tractare poterimus, Responsum acceperat Simeon à Spiritu sancto, non visurum se mortem, nisi prius videret Christum Domini. Ante hoc enim diuinum responsum multa præcessisse credendum est. Nam primùm vir sanctissimus diuinæ gloriæ & salutis animarum amore incensus, vehementer angebatur, cùm vniuersum penè mundum infidelitatis tenebris obrutum animaduerteret, & in paruo illo Iudææ angulo iustitiam penè extinctam, & pro vera religione superstitionem ferè & hypocrisim dominari. Sciebat autem summum tantorum malorum remedium in vnius Saluatoris aduentu positū esse: qui Euangelij lumen ad reuelationem gentium erat prælaturus. Clamabat igitur, & gemitibus inenarrabilibus eius aduentum accelerari, postulabat, sciens scriptum esse, Qui reminiscimini Dominum, ne taceatis, & ne detis silentium ei, donec stabiliat, & ponat

Esa.61. Hierusalem laudem in terra. His ergo sancti viri precibus, his gemitibus, his continuis lachrymis pius & misericors Dominus, qui respicit orationem humilium, & non spernit preces eorum, hunc gratissimum & iucundissimum illi responsum dedit, non visurum se mortem, nisi prius videret Christum Domini. Hac item ratione beatissimi patris Dominici mentem atque propositum (quo Prædicatorum ordinem in Ecclesia erigi postulauit) amplificare licebit. Neque enim hoc tam præclarum inuentū vir sanctissimus excogitare potuit, nisi prius arderet, quasi facula animarum pereuntium zelo multisque ieiunijs, precibus, & lachrymis hoc ipsum à Domino assiduè postularet.

A comitantibus verò & consequentibus rem amplificamus, cùm ea siue mala siue bona, siue commoda siue incommoda, quæ rem aliquam semper aut frequenter comitantur, aut consequuntur, enumeramus. Vt si quis accusare aliquem velit, quòd is alicuius belli autor extiterit: hoc modo eius temeritatem am-

amplificabit. Exhaustum in barbaros milites ærarium, fractam laboribus iuuentutem, proculcatas segetes, abacta pecora, incensos passim vicos ac villas, desertos agros, euersa mœnia, compilatas domos, direpta fana, tot orbos senes, tot orphanos liberos, tot viduas matronas, tot virgines indignè constupratas, tot adolescentium licentia deprauatos mores, tantum funerum, tantum luctus, tantum lachrymarum: præterea extinctas artes, oppressas leges, obliteratam religionem, confusa diuina humanaq; omnia, corruptam ciuitatis disciplinam. Vniuersum, inquã, hoc malorum agmen, quod ex bello nascitur, tibi feremus acceptum, si quidem belli fueris autor.

Est autem hic à comitantibus & consequentibus locus mirè vtilis, vel ad virtutes ex ijs, quæ illis conueniunt, amplificãdas, vel ad vitia quoque exaggeranda, cũ ea mala, quæ ab illis proficiscuntur, enumeramus. Qui quidem locus, ab eo qui est ab effectibus & adiacentibus oriri videtur. Est autem hæc amplificandi ratio cõcionatori valdè necessaria: præsertim cùm ad virtutis studium & amorem hortatur, aut à vitijs deterret: qđ ad genus suasorium vel dissuasorium pertinet. Sic D. Cyprianus sermone de zelo & liuore, inuidiæ virus elegantissimè exaggerat his verbis: Latè patet zeli multiplex & fœcunda pernicies, radix est omnium malorum, fons cladium, seminarium delictorum, materia culparum: indè odium surgit, animositas inde procedit, Auaritiam zelus inflammat, dum quis non potest suo esse contentus, videns alterum ditiorem: ambitionem zelus excitat, dum cernit quis alium in honoribus altiorem. Hinc Dominicæ vinculum pacis rumpitur, hinc charitas fraterna violatur. Hinc adulteratur veritas, vnitas scinditur, atque in hæreses & schismata prosilitur, dum obtrectatur sacerdotibus: dum episcopis inuidetur: dum quis queritur aut se non ordinatum, aut indignatur alterum se ferre præpositum. Hactenus ille.

Ab his autem tribus locis, nempe ab Antecedentibus, Comitantibus, & Consequentibus, Osorius Episcopus *Osorius Episcop.*

ſcopus humanæ vitæ miſeriam elegantiſſimè deſcribit his verbis: Quàm grauis & acerba ſit humanæ vitæ conditio, quàm multis incommodis agitata, nemo potetit vel explicando conſequi, vel enumerando percenſere. Vt enim à natali cuiuſque die capiamus exordium, omnesque vitæ partes oratione perſtringentes, ad exitum tandem illius veniamus, horam nullam videbimus aut dolore vacuam, aut labore ſolutam, aut metu liberam: ſed omnem ætatem infinitis difficultatib' affectam, & ſummis curis & angoribus implicatam. Vitæ nanque principium à fletu ducimus, deuinctisq; membris omnibus, in terram abiecti labores immenſos à plorartibus auſpicamur. Cùm autem reliqua animantia præſidijs naturæ tecta atque veſtita in lucem prodeant, ſolum hominem nudum, & ab omnibus rebus inopem cernimus, atque miſerabiliter impeditum in vitæ primordio vagientem, ſtatusque ſui miſeriam in ipſo ſtatim initio lamentantem. Quis autem poterit morborum vim & multitudinem, qui in illam naturam teneram & imbecillam confeſtim incurrunt, oratione complecti? Quæ cura nutrices, quæ ſolitudo parentes afficiat? quæ pericula ſint pueris infantibus primis illis menſibus intenta? Iam verò cum ætate progreſſi, metu & cupiditate magis atque magis turbari incipiunt, omnia mala, quæ minùs antea ſentiebant, fiunt eis quotidiè grauiora. Cũ autẽ ad pubertatẽ perueniunt, tũc ingens vis tẽpeſtatis exiſtit, quæ miſeros homines exagitat, nec eos vllo in loco conſiſtere patitur. Hinc enim acerbi amores inuadũt, inde turbulenta diſſidia ſtatum animi conuellunt. Quid, cũ amariſſimæ voluptates multis doloribus emptæ neruos omnes incidunt? quid, cùm dolores admoti totum hominem impetu proſternunt? quid deinde, cùm adulta ætate dominandi libido inflammat animum? quid cùm inuidia eundem conficit atque conſumit. Adde ſi lubet, nuptiarum moleſtias, familiæ labes, vitæ ſolicitudines, fori contentiones. Adde lubricam amicorum fidem, ſociorum proditiones, rerum ciui-

lium

lium turbines atque procellas. Quid autem ipsius ætatis extremæ morbos atque molestias, & corporis exhausti deformitatem referam? quid denique cadaueris ipsius horrificam speciem commemorem? Est ne aliquid in vita vel odore tetriùs, vel aspectu truculentiùs, vel contagio pestilentiùs: Sic igitur in summa vitæ breuitate, vis ingens malorum circunquaque volitat: laborem labor excipit: dolor ex dolore nectitur: mœrorem atque luctum grauior quidam luctus sæpè consequitur. Vnde colligitur, nihil esse in terris homine calamitosiùs. Hactenus Osorius. In hoc autem exemplo primum quidem ab humanæ vitæ partibus suo ordine descriptis, deinde ab adiunctis vnicuique parti miserijs tota res amplificatur.

A causis rerum amplificatio.
Cap. IIII.

A Causis D. Basilius passionis ac doloris magnitudinem sanctorum quadraginta martyrum amplificat: diligenter causas omnes, quæ dolorem illum augere possent, ob oculos ponens. Cum enim, inquit, tyrannus, martyrum constantiam, & respondendi libertatem vidisset, in iram excanduit: expendebatque secum, quam nam machinam excogitaret, vt longam, simulque amaram ipsis mortem construeret. Inuenit itaq; : & videte quàm grauem. Cùm enim considerasset regionis naturam, quòd frigore horrida esset, & anni tẽpus, quòd hybernum: obseruata nocte, in qua maximè malum ipsum augesceret, & aliâs tunc Aquilo in ipsa spiraret: iussit omnes denudatos sub dio in media vrbe congelatos mori. Nouistis autem omnes, qui hyemem experti estis, quàm intollerabilis ea tormenti species existat. Neque enim possibile est alijs ipsam demonstrari, quàm ijs, qui iam experimento exempla eius apud se reposita habent. Nam corpus frigori expositum, primùm quidem totum liuidum est sanguine congelato. Deinde agitatur, ac efferuescit: dentes colliduntur, fibræ cõuelluntur, & tota moles inuoluntariè contrahitur. Dolor autem quidam acris & afflictio inenarrabilis vsque ad medullas ipsas progrediens, intolerabilem facit his, qui congelantur, doloris sensum. Deinde extremitates ipsius amputantur, cùm extremę partes velut ab igne exurantur. Caliditas enim ab extremis corporis fugata & ad profundum diffugiens, partes, à quibus discedit, mortuas relinquit: eas verò, ad quas detruditur, doloribus affligit, morte paulatim per congelationem procedente. Tunc itaque sub dio pernoctare condemnati sunt, quando stagnũ, circum quod vrbs habitatur, in qua hoc certamen sancti decertarunt, velut planicies aliqua ad agitandos equos expositum erat: cùm glacies ipsum transmutasset, & per frigus ad continentem ac firmam terram redactum, accolis securam super dorsum viam exhibebat. Fluuij verò perpetuò fluentes, glacie ligati à fluxu cessarant: teneræque aquæ natura ad lapidum duritiam transmutata erat. Acres autem Aquilonis flatus omne animatum ad mortem vrgebant. Tunc itaque vbi mandatum audiuissent (vide mihi, virorum hic insuperabilem constantiam) cum gaudio, abiecta etiam postrema tunica, vnusquisque ad mortem per frigus procedebant, velut ad spolia diripienda se mutuò inhortantes. Hactenus Basil. Qui hac ratione causis omnibus doloris explicatis, doloris magnitudinem, ac proinde Martyrum constantiam exaggerauit.

Ab effectibus amplificatio.

Ab effectibus autem (qui interdum consequentib' vel comitantibus adnumerantur) frequentissimè rem amplificamus: cùm omnẽ (vt ita dicam) eius sobolem & fœcunditatem ob oculos ponimus. Hoc modo D. Bernard. considerationis studium, ex fructibus, quos illa parit, commendat. Sic enim ait: Primùm quidem consideratio ipsum fontem suum, id est, mentem de qua oritur, purificat: deinde regit affectus, dirigit actus, corrigit excessus, componit mores, vitã honestat & ordinat. Postremo diuinarũ pariter & humanarũ rerum scientiam confert. Consideratio est, quæ confusa discriminat, sparsa colligit, secreta rimatur, verum inuestigat, verisimilia examinat, ficta & fucata explorat. Hæc est, quæ agenda prçordinat, acta recogitat, in prosperis aduersa præsentit, in aduersis quasi non sentit. Hactenus ille.

Hoc autem loco ab effectibus ducto, quo commoda aut incommoda, quæ ex rebus consequuntur, enumeramus, cùm alias, tum maximè in suasorijs & dissuasorijs concionibus vtimur. Ex ijs namque rem, de qua agimus, vel esse amplectendam, si suademus, vel fugiendam, si dissuademus, probare contendimus.

De amplificatione à communibus locis, & circumstantijs simul.

Plenissima tamen amplificatio est, quç à locis, quos suprà recensuimus, simul & ab omnibus rerum & personarum circunstantijs proficiscitur. Eius commodissimum exemplum extat apud D. Tho. 3. parte. q in quo Dominicæ passionis dolorem omnium maximũ fuisse ex omnium partium, & causarum, & circunstantiarum enumeratione probat.

Est autem hoc ipsum exemplum cõmodissimum, quodque apertissimè, quæcunque hactenus diximus, declarat. In quo etiam manifestè apparet, amplificationem esse argumentationem quandam, qua idem sanctus doctor hanc propositionem probat: nempè Dominicæ passionis dolorem, fuisse omnium maximum. Itaque studiosum lectorem ad hoc exemplum remitto.

Eadem ratione mundi conuersionem per Apostolos factam, cùm ex locis, quç antè commemorauimus, tum ex rerum & personarum circunstantijs amplificamus. Ex persona quidem Apostolorum, quòd exigui numero, genere infimi, lingua barbari, armis, opibus, & potentia, atque terrena sapientia destituti, quiq; profiterentur, se nihil scire, nisi Christum, & hunc quidem supplicio crucis affectum. A re verò, quòd ea prçdicarent, quæ essent ad agendum aspera, multoq; magis ad credendum difficilia: nempè hominem inter latrones crucifixum, esse summum Deum, rerum omnium conditorem, & alia, quæ de beatissima Trinitate, & sacra Eucharistia, & corporum resurrectione fides nostra prædicat. Præmia verò, quòd ad mouentis causæ rationem pertinet, vix vlla in hac vita proponebāt: nisi vincula, verbera, exilia, bonorum proscriptiones, mortes & cruciatus religionis gratia sustinendos. Contrà verò ex persequentium personis rei magnitudo augetur: quòd essent Reges, Imperatores, populi, nationes, ac postremò omnes omnium ordinum homines. Sed quonam modo? Ferali crudelitate, immani odio, & incredibili furoris impetu. Patres etiam in filios, & viri in vxores atrocissimè sæuiebant. Sed quibus machinis & instrumentis aduersus illos dimicabant? Hoc D. Cyprianus explicat his verbis: Innoxios, iustos, Deo charos domo priuas, patrimonio spolias, catenis premis, carcere includis, gladio, bestijs, ignibus punis. Admoues laniandis corporibus longa tormenta, multiplicas lacerandis visceribus numerosa supplicia: nec feritas & immanitas tua vsitatis potest cōtenta esse tormentis. Excogitat nouas pœnas ingeniosa crudelitas. Sed videamus tamen, quid ijs tot machinis atque tormentis mundus profecerit. Tantum abest, vt virtutem Sanctorum, Apostolorum, atque Martyrum infringere potuerit, vt vinctas illis manus porrexerit, atque idolorum templis euersis, Christi crucem adoraret, eius paupertatem & patientiam imitari, & omnes mundi opes atque diuitias, & carnis oblectamenta respuere, & cruciatus omnes propter Christi amorem amplecti cœperit. Hoc exēplo cernere licet, quantum ad res insignes amplificandas conducat, varias tum rerum, tum personarum circunstantias diligenter excutere.

Cyprian.

Simili ratione D. Chrysostomos ex omnibus circunstantijs diligentissimè congestis, calamitatem sancti Patriarchę Iacob exaggerat, cùm ei Ioseph filij mors à cæteris filijs nunciata esset. Sic enim ait: Cùm autem adoleuisset amantissimæ vxoris filius, solarique illius desdedesiderium huius præsenti & iugi contubernio speraret, tunc sibi multiplices parantur clades: fratres enim illius tunicam intinctam sanguine patri ostendentes, vario illum luctu confecerunt. Neque enim solam lugebat mortem, sed ipsum quoque mortis genus: plurimaque erant, quæ illius animū confunderent: quòd amatæ illius coniugis filius, quòd melior reliquis, quòd maximè dilectus, quòd in ipso ætatis flore, quòd ab eo missus, quòd nec in domo, neque in lecto, nec patre coram assistente, nec dicens aliquid & audiens: quòd non communi morte omnium, quòd viuēs à ferarum immanitate discerptus fuerat, quòd ne reliquias quidem illius reperire poterat, & humo condere: ista illi non in iuuentute contigissent, quādo melius ferre potuisset, sed in senectute vltima. Erat miserandum omninò spectaculum, videre canos verendos puluere fœdatos, simileque pectus discisa tunica nudatū, lamentaque admittentia cōsolationem nullam. Scidit enim (inquit) Iacob vestimenta sua, & circūposuit cilicium lumbis suis, lugebatque filium diebus plurimis. Hactenus Chrysostomus: qui in excutiendis omnibus circunstantijs mirus artifex est.

Si quis aūt appositissimā & elegātissima huius amplificationis exēpla videre cupit, legat eiusdē sancti Patris secundū & tertium de prouidentia libros: in quibus vt Stagiritem monachū arreptitium cōsolaretur, sanctorum Patriarcharum Noe, Abrahę, Iacob, Moysi, ac Dauidis labores, & calamitates & persecutiones (expositis & amplificatis omnibus personarū & rerum circunstantijs) diuina quadā orationis vbertate & facundia exaggerat. His nanq; exemplis multò magis, quàm artis præceptionibus concionator amplificādi rationem (quæ maximè ad omnia valet) adijcere poterit.

Cæterùm, quæ hactenus dicta sunt, ad inueniendi rationem pertinent: hoc est, vnde argumenta sumi debeant, quibus quod volumus, amplificare valeamus. His autem varias amplificandi rationes adiungemus, quas Quintilianus enumerat; quæ huius loci propriæ esse videntur.

De modis amplificandi, ex Quintiliano, Cap. V.

PRima est igitur amplificandi, vel minuendi species, in ipso rei nomine: vt cùm eum qui sit cæsus, occisum: eum, qui sit improbus, latronem: contraque, eum, qui pulsauit, attigisse, qui vulnerauit, læsisse dicim⁹. Hæc autem prima amplificandi ratio, ad hyperbolem pertinere videtur (de qua suo loco dicemus) quæ rebus dare solet excedentia fidem nomina. Quod maximè naturale & vsitatum est his, qui aliquid augere, aut minuere conantur: vt suprà vel citrà id, quod res habet, oratio feratur. Hoc autem genus increscit, ac fit manifestius, si ampliora verba cum ipsis nominibus, pro quibus ea posituri sumus, conferantur. Vt Cicero in Verrem: Nõ enim furem, sed raptorẽ: non adulterum, sed expugnatorem pudicitiæ: non sacrilegum, sed hostem sacrorum, religionumque: non sicarium, sed crudelissimũ carnificem ciuium, sociorumque in vestrum iudicium adduximus. Illo enim modo, vt sit multum, hoc etiam plus vt sit efficitur.

Quatuor tamen maximè generibus video constare amplificationem, Incremento, Comparatione, Ratiocinatione, Congerie. Incrementum est potentissimum: cùm magna videntur, etiam quę inferiora sunt. Id aut gradu vno fit, aut pluribus: per id venitur, non modò ad summum, sed interim quodammodo suprà summum. Omnibus his sufficit vel vnum Ciceronis exemplum: Facinus est vincire ciuem Romanum, scelus verberare, propè parricidium, necare: quid dicam, in crucem tollere? Verbo satis digno, tam nefaria res appellari non potest. Nam, & si tantùm verberatus esset, vno gradu increuerat, ponendo etiam id esse facinus, quod erat inferius. Et si tantùm occisus esset, per plures gradus ascenderat. Cùm verò dixerit, propè parricidium necare, supra quod nihil est, adiecit, quid dicam in crucem tollere? Ita cùm id, quod maximum est, occupasset, necesse erat, in eo, quod vltrà est, verba deficere. Hac autem amplificandi ratione in ijs rebus vti

vti possumus, quæ multa etiam in eodem genere magna sub se comprehendant: quale est admirandum, atque omni laude prædicandum redemptionis nostræ beneficium. Magnum est enim, quod Propheta quoq; miratur, cùm ait: Quid est homo, quòd memor es eius, aut filius hominis, quoniã visitas eum? Maius autem, quòd Moyses inauditum ab exordio mundi fuisse ait, vt populus Deum audiret de medio ignis, ad homines loquentem, & cœlestibus ipsum præceptis imbuẽtem. Quòd si hoc adeò magnum & mirabile est, quid erit, Deum ipsum propter hominum salutem mortale corpus induere, cum hominibus in terra versari, ab hominibus vinciri, cædi, & reprobari? Quid verò in crucem inter maleficos & sceleratos homines suspendi? Hanc tantam diuinæ bonitatis dignationem, quæ vis orationis pro meritis amplificare queat? Fit & aliter supra summum adiectio: vt apud Vergilium de Lauso: Quo pulchrior alter nõ fuit, excepto Laurentis corpore Turni. Summũ est enim, quo pulchrior alter non fuit. Huic deinde aliquid suprà positum est. Tertius quoque est modus, ad quem non per gradus itur: vt quod non est plus, quàm maximum, sed quò nihil maius est. Matrem tuam occidisti. Quid dicam amplius, matrem tuam occidisti? Nam & hoc augendi genus est, tantùm aliquid efficere, vt non possit augeri. Crescit oratio minus apertè, sed nescio, an hoc ipso efficacius, cùm citra distinctionẽ, in contextu & cursu semper aliquid priore maius insequitur: vt de vomitu Antonij Cicero: Tu istis faucibus, istis lateribus, ista gladiatoria totius corporis firmitate, tantùm vini in Hippiæ nuptijs exhauseras, vt tibi necesse esset in conspectu populi Romani vomere postridie. Si inter cœnam in tuis immanibus illis poculis hoc tibi accidisset, quis non turpe duceret? In cœtu verò populi Romani negocium publicum gerens, magister equitum (cui ructare turpe esset) his frustis esculentis, vinum redolẽtibus, gremium suum & totum tribunal impleuit. Singula incrementum habent: Per se enim deforme erat, vel non in cœtu vomere: in cœtu etiam non populi, populi etiã non Roma-

Romani, vel si nullum negotium ageret, vel si non publicum, vel si non magister equitum. Sed alius diuideret hæc, & circa singulos gradus immoraretur. Hic in sublime etiam currit, & ad summum peruenit, non nixu, sed impetu.

Verùm vt hæc amplificatio in superiora tendit, ita quæ fit per Comparationem, incrementum ex minoribus petit. Augendò enim, quod est infrà, necesse est, vt extollat id, quod suprà positum est. Hæc autem amplificandi ratio ab imparium comparatione sumitur: quæ Dialectici argumenta à minori, vel maiori ducta vocant: nisi quòd cùm argumenta sunt, probant aliquid, hic verò probando amplificant, & rem maiorem esse demonstrant. Hac autē amplificandi ratione, qui dicit, pictorum artem atque solertiam imitatur: qui vbi insignem aliquem colorem eminere inter cæteros volunt, alium ei substernunt, qui illum magis conspicuū reddat. Ad hunc ergo modum, qui dicit, exempla & similia requirit: quorum comparatione res, quam attollere cupit, maxima videatur. Huius rei exempla in literis sanctis passim reperiuntur. Sic enim Dominus
Hier. 35. apud Hieremiam exemplo Rechabitarum, populi sui intemperantiam & inobedientiam amplificat. Idemque apud eundem, eiusdem populi perfidiam acri & figurata oratione, Gentilium exemplo amplificat, cùm ait: Transite ad insulas Cethin, & in Cedar mittite, & considerate vehementer, & videte, si factum est
Hier. 2. huiuscemodi, si mutauit Gens Deos suos (& certè ipsi non sunt Dij) Populus autem meus mutauit gloriam suam in idolum. Obstupescite cœli super hoc, &c. Sic etiam Dominus Iudæorum cæcitatem & ingratitudinem exemplo Niniuitarum & Reginæ Sabæorum declarat: præsertim cùm personæ circunstantiam subdit: Ecce plusquàm Ionas hic, &, Ecce plusquàm Salomon hic. Illud autem in huiusmodi comparationibus curandum, vt vtriusque partis circunstantias, quæ rem attollere possunt, diligenter excutiamus. Non solùm enim tota totis, sed etiam partes partibus comparantur. Sic in Catilinam Cicero: An verò vir amplissimus

mus Scipio Pontifex maximus, Tiberium Grachum mediocriter labefactantem statum Reipubl. priuatus interfecit: Catilinam verò orbem terræ cæde atque incendio vastare cupientem nos Consules perferemus? Hic & Catilina Gracho, & status Reip. orbi terrarum, & mediocris labefactatio cædi, incendijs, & vastationi: & priuatus consulibus comparatur: quæ si quis dilatare velit, plenos per singula locos habeat. Sic D. Cypria. hoc argumentum à minori ductũ, nempè si Dominus delinquentem seruũ punit, cur Deus de peccante homine suppliciũ non sumat, collatis circunstantijs hoc modo amplificat. Ipse de seruo tuo exigis seruitiũ: & homo hominem parere tibi, & obedire compellis: & cùm sit vobis eadem sors nascendi, conditio vna moriendi, corporum materia consimilis, animarum ratio communis, æquali iure, & pari lege, vel veniatur in hunc mundum, vel de hoc mundo postmodum recedatur: tamen nisi pro arbitrio tuo tibi seruiatur, nisi ad voluntatis imperium pareatur, imperiosus & nimius seruitutis exactor flagellis verberas: fame, siti, nuditate, frequenter ferro, & carcere affligis & crucias: & non agnoscis Dominum Deum tuum, cùm sic exerceas ipse dominatum. Hactenus Cyprianus. Hac eadem amplificandi ratione, & virtutes virtutum, & vitia vitiorum comparatione, ex omnibus circunstantijs amplificare solemus. Ad hunc enim modum idem Cyprianus grauiùs schismaticorum, quàm lapsorum, hoc est, eorum, qui idolis sacrificarent, crimen esse demonstrat his verbis. Peius hoc crimen est, quàm quod admisisse lapsi videntur: qui tamen in pœnitentia criminis constituti, Deum plenis satisfactionibus deprecantur. Hic Ecclesia quæritur, & rogatur, illic Ecclesia impugnatur. Hic potest necessitas fuisse, illic voluntas tenetur in scelere. Hic qui lapsus est, sibi tantum nocuit, illic qui hæresim, vel schisma facere conatus est, multos secum trahendo decepit. Hic animæ vnius est damnum, illic periculum plurimorum. Certè peccasse se, & hic intelligit & lamentatur, & plangit: ille tumens in peccato suo, & in ipsis suis delictis placens,

Contra Demetr.

placens, à matre filios segregat, & oues à pastore sollicitat, Dei sacramenta disturbat. Et cùm lapsus semel peccauerit, ille quotidie peccat. Postremò lapsus martyrium consecutus, potest regni promissa percipere: ille si extra Ecclesiam fuerit occisus, ad Ecclesiæ non potest præmia peruenire.

Est & alius amplificandi modus, cui Fabius ratiocinationis nomen imposuit: quòd videlicet hæc amplificatio alibi posita, alibi valeat: & vt aliud crescat, aliud augetur: atque inde ad id, quod extolli volumus, ratio deducitur. Obiecturus Antonio Cicero merum & vomitum. Tu, inquit, istis faucibus, istis lateribus, ista gladiatoria totius corporis firmitate. Quid fauces, & latera ad ebrietatem? Minimè sunt otiosa. Nam respicientes ad hæc, possumus æstimare, quantum ille vini in Hippiæ nuptijs exhauserit, quod ferre, & cõcoquere nõ posset illa gladiatoria corporis firmitate. Ergo si ex alio colligitur aliud, nec improprium, nec inusitatum nomen est ratiocinationis, qua ex insequentibus amplificatio ducitur. Siquidem tanta vis fuerit vini erumpentis, vt non casum afferret, aut voluntatem, sed necessitatem (vbi minimè deceret) vomendi, & cibus non recens (vt accidere interim solet) redderetur: sed qui vsque in posterũ diem redundaret. Idem hoc præstant, quæ antecesserunt. Nam cùm Aeolus à Iunone rogatus, Cauum conuersa cuspide montem impulit in latus, ac venti velut agmine facto, qua data porta ruunt, apparet, quanta sit futura tempestas. Huc etiam pertinet, cùm res atrocissimas quasque in summam ipsi extulimus inuidiam, eleuamus consulto, quò grauiora videantur, quæ sequutura sunt: vt à Cicerone factum est, cùm diceret: Leuia sunt hæc in hoc reo crimina: metum virgarum nauarchus nobilissimæ ciuitatis pretio redemit, humanum est: alius ne securi feriretur, pecuniam dedit, vsitatum est. Non vult populus Romanus obsoletis criminibus accusari Verrem: noua postulat: inaudita desiderat. non de Prætore Siciliæ, sed de crudelissimo tyranno fieri iudicium arbitratur: Hoc in loco Cicero ratiocinatione vsus est, qua colli-

colligerent audientes, quantum illud esset, quod inferebatur, cui comparata hæc, humana viderentur, atque vsitata. Hoc quidam Concessionem vocant: cùm is, qui dicit, iniquum aliquid pati, atque concedere videtur: vt quæ deinde dicturus est, grauiora appareant. Sic D. Cyprianus contra Christi hostem Demetrianum, Parum est, inquit, quòd furentium varietate vitiorum, quòd iniquitate feralium criminum, quòd cruentarum compendio rapinarum vita vestra maculatur: quòd superstitionibus falsis religio vera subuertitur: adhuc insuper Dei seruos, & maiestati, ac nomini eius dicatos, iniustis persecutionibus flagellatis. Satis non est, quòd tu ipse Dominum non colis: adhuc insuper eos, qui colũt, sacrilega infestatione persequeris? Hic augendi modus dissimili ratione idem efficit, quod incrementum: de quo superiùs diximus. In incremento enim magna facimus, quæ antecesserunt: vt maius appareat, quod deinde augere volumus. Hic autem, quæ verè maxima sunt, leuia facimus, & extenuamus: vt eorum comparatione longè maius esse videatur, quòd amplificare volumus. Sic etiam solet ex alio aliud augeri: vt cùm Annibalis bellicis laudibus, ampliatur virtus Scipionis: & fortitudinem Gallorũ Germanorumque miramur, quò sit maior C. Cæsaris gloria. Illud quoque est ex relatione ad aliquid, quod non eius rei gratia dictum videtur, amplificationis genus. Tale est illud: Non putant indignum Troiani Principes, Graios, Troianosque propter Helenæ speciem tot mala, tanto temporis spatio sustinere. Quænam igitur illa forma credenda est? Non enim hoc dicit Paris: qui rapuit, non aliquis iuuenis, aut vnus è vulgo, sed senes, & prudentissimi, & Priamo assidentes. Verùm & ipse Rex decennij bello exhaustus, amissis tot liberis, imminente summo discrimine, cui faciem illam (ex qua tot lachrymarum origo fluxisset) inuisam, atque abominandam esse oportebat, & audit hæc, & eam filiam appellans, & iuxta se locans, & excusat etiam, atque sibi esse malorum causam negat. Quin ex instrumento quoque heroum illorũ magnitudo æstimanda nobis datur. Ad hoc pertinet Clypeus Aiacis, & hasta Achillis. Qua virtute egregiè est vsus in Cyclope Vergilius: Nam quòd illud corpus mēte concipiam, cuius trunca manum pinus regit? Quid? cùm vix loricam, duo multiplicem connixi humeris, ferrēt? Quantus Demoleos, qui indutus eam, cursu palantes Troas agebāt? Ad hunc autem modū in libr. Reg. proceritas corporis & fortitudo Goliæ ex hasta eius, quòd esset quasi licitatorium texentium, & lorica, quæ erat quinque millium siclorum ponderis, demōstratur. Et Deut. 3. eadem corporis proceritas regis Basam, ex ferrei lecti eius magnitudine: qui nouem cubitos longitudinis, & quatuor latitudinis haberent, ostenditur. Hæc autem corporum & virium amplificatio, aliam quoque parit amplificationem, nempè Dauidis, qui Goliam interfecit, & Israelitici populi, imò diuinę virtutis, qua is Regem adeò potentem superauit. Est hoc simile illi, quæ emphasis dicitur: sed illa ex verbo, hoc ex re coniecturam facit: tantoque plus valet, quantò res ipsa verbis est firmior.

Potest asscribi amplificationi Congeries quoq; verborum ac sententiarum idem significantium. Nam etiam si non per gradus ascendant, tamen velut aceruo quodam alleuantur. Tale est illud Ciceronis: Quid enim tuus ille Tubero districtus in acie pharsalica gladius agebat? cuius latus ille mucro petebat? qui sensus erat armorum tuorum? quæ tua mens? oculi? manus? ardor animi? quid cupiebas? quid optabas? Simile est hoc figuræ, quam Synathrismum vocant. Sed illic plurium rerum est cōgeries, hic vnius multiplicatio. Hæc etiam crescere solet verbis omnibus, altiùs atque altiùs insurgentibus. Aderat ianitor carceris, carnifex prætoris, mors terrorque sociorum, & ciuium Romanorum, lictor Sextius.

Eadem ferè est ratio minuendi: Nam totidem sunt ascendentibus, quot descendentibus gradus. Scio posse videri quibusdam speciem amplificationis, hyperbolen quoque. Nam & hæc in vtranque partem valet: sed quia excedit hoc nomen, in tropos differenda est. Facit etiam

etiam ad vim & amplitudinem rerum ostendendam asseueratio: cùm vel aduerbijs, vel nominibus, vel alijs partibus appositis amplificamus, vel in laudem, vel in vituperium. Maiorem in modum me Senecę lectio delectat. Dici non potest, quàm tibi faueat socer. Verbis consequi nequeo, quàm me delectet Cicero. Notus & vsitatus est, & ille modus amplificandi, cùm speciem augemus generi collatam. Vt cùm omnes disciplinæ liberales plurimum homini côcilient vel ornamenti, vel commodi, tum in primis Philosophia.

Hæc verò Rhetores de ratione amplificandi: cuius præcepta propositis exemplis apertiora & illustriora fiunt. Quæ studiosus concionator legendis sacris doctoribus, atque his præcipuè, qui eloquentiæ laude floruerunt (quales ferè Gręci sunt) obseruare debet: vt hac virtute (quæ præcipua in dicendo est) plurimum valeat. Eius autem præceptionis, quam Fabius Ratiocinationem vocat, quæ cùm aliud dicat, aliò tendat, tria commodissima exempla apud Ezechielem inuenies. Amplificaturus enim casum & ruinam Tyri, primùm eius gloriam, immensas opes, & emporij celebritatem cap. 27. longa & magnifica oratione amplificat. Simili ratione, cap. 31. regni Assyriorum vastationem prænunciaturus, primùm quidem gloriam extollit: similique ordine cap. sequēti Aegyptij euersionem amplificat. Eademque ratione, verbisque splendidissimis Israelitici populi ingratum animum & scelera exaggerat, diuinis beneficijs primùm longa oratione enumeratis. Sic enim c. 16. populū suum Dominus sub mulieris nomine alloquitur: Transiens per te, vidi te conculcari in sanguine tuo: & dixi tibi, cùm esses in sanguine tuo, viue, Multiplicatam quasi germen agri dedi te, & multiplicata es, & grandis effecta: & cætera, quæ sequuntur. Simili quoque modo Natam Propheta Dauidis adulterium accusauit, diuinis beneficijs, quæ in illum Dominus contulerat, primùm expositis. Sed his exemplis Prophetarum libri pleni sunt.

De rerum descriptionibus.

Cap. VI.

QVemadmodum cùm de argumentorũ inuentione diceremus, formas etiam argumentationum, quæ ad elocutionem magis pertinere videbantur, exposuimus: vt quę simul in oratione coeunt, simul etiam ab arte traderentur: ita nunc cùm de locis, vnde omnis amplificandi inuentio petatur, dictum à nobis sit, figuras etiam, quæ amplificationi maximè deseruiunt, quæ ad elocutionem magis spectant, his locis adnectere voluimus: vt res inter se finitimæ simul collocarentur, & concionator, vbi aliquid amplificare voluerit, & q̃d dicere, & quemadmodũ dicere debeat, in prospectu habeat. Inter ea verò elocutionis ornamenta, quæ amplificationi deseruiunt, rerum & personatum descriptiones præcipuè numerantur: quæ quanuis ad alia quoque valeant (sæpè enim huiusmodi descriptiones delectationis gratia adhibentur) frequentissimus tamen earum vsus in re amplificanda & exaggerãda est. Cùm enim amplificatio ad commouendos affectus instituta sit, nihil hos magis excitat, quàm si ita res verbis exprimatur, vt non tam dici, quàm geri, & ante oculos poni videatur. Constat enim, affectus omnes, rei magnitudine ante oculos posita, potissimum concitari. Quod quidem tum rerum, tum personarum descriptionibus fit. De quibus iãiam dicere incipiemus.

Descriptio rei.

Descriptio est, cùm id, quod fit, aut factum est, non summatim aut tenuiter exponimus, sed omnibus fucatum coloribus ob oculos ponimus: vt auditorem siue lectorem iam extra se positum, velut in theatrum auocet. Hanc ab effingenda rerum imagine, Græci vocant Hypotyposin. Etiam si vocabulum hoc commune est, quoties aliquid oculis subijcitur. Hoc autem genus præcipuè constat circunstantiarum explicatione, earum præsertim, quæ rem oculis maximè subijciunt, ac moratam reddunt narrationem: hoc est, quæ singularum

larum personarum affectus, mores, & ingeniũ ostendũt. Non mediocriter tamen adiuuatur collationibus, similibus, dissimilibus, imaginibus, metaphoris, allegorijs, & si quæ prætereà sunt figuræ, quæ rẽ illustrant. Quin epitheta quoque in hunc vsum plurimùm valent. Verùm vt ista probè exprimas, non modò cõfert ars & ingenium, verumetiam oculis spectasse, quæ velis effingere, aut ipsis interfuisse, aut etiam si natura rei ita ferat, in persona sua expertum fuisse. Vt si quis hominis in agone mortis constituti, & de salute sua soliciti, & peccatorum conscientia anxij, trepidationem & mœrorem describere vellet, non parum conduceret, hoc ipsum periculo & experimento suo didicisse. Hoc modo Gregor. Theologus vitæ contemplatiuæ tranquillitatem & felicitatem, quam expertus ipse fuerat, his veluti coloribus in Apologetico depingit. Nihil enim mihi fortunatiùs eo homine esse videtur, qui clausis compressisque corporis sensibus, atque extra carnem, mundumque positus, in seque collectus, nec nisi summa necessitate impellente, quidquam humanarum rerum attingens, & secum in se, & cum Deo colloquens, superiorem rebus in aspectum cadentibus vitam agit: diuinasque species & imagines puras semper, nec vllis terrenis & errabundis formis permixtas in se ipso circunfert, ac Dei, rerumque diuinarum purum omninò speculum est, indiesque efficitur, lucique lucem, obscuriori videlicet clariorem adiungit, ac iam futuri æui bono fruitur, & cum Angelis versatur: & licet adhuc in terris agens, terram deserit, atque à spiritu in cœlo collocatur, si quis vestrum hoc amore correptus tenetur, quid dicam, intelligit: atque affectui ei in quem tum incidi, facilè ignoscet. Hactenus ille. D. quoque Cypri. Tract. de habitu virg. quarundã fœminarum lasciuiam descriptione amplificat his verbis: Quasdã non pudet nubentibus interesse, & inter illam lasciuientem libertatem sermonum colloquia incesta miscere, audire, quod non decet, quod non licet dicere: obseruare, & esse præsentes inter verba turpia & temulenta conuiuia, quibus libidinũ fomes accenditur, sponsa ad patientiã stupri, ad audaciam sponsus animatur. Quis illi in nuptijs locus est, cui animus ad nuptias nõ est? Aut voluntariæ illic & lætæ esse quæ possunt, vbi & studia & vota diuersa sunt? Quid illic dicitur, quid videtur? quãtum à proposito suo virgo deficit, quando pudica, quæ venerat, impudicior discedit? Corpore licet virgo ac mente permaneat, oculis, auribus, lingua minuit illa, quæ habebat. Quid verò, quæ promiscuas balneas adeũt? quæ oculis ad libidinẽ curiósis pudori ac pudicitiæ corpora dicata prostituunt? quæ cùm viros atq; à viris nudæ vident turpiter ac videntur, nónne ipsæ illecebrã vitijs præstant? nónne ad corruptelã & iniuriam suam desideria præsentiũ solicitant & inuitant? Viderit, inquis, qua illuc mẽte quis veniat, mihi tantùm reficiendi corpusculi cura est, & lauandi. Non te purgat ista defensio, nec lasciuiæ, & petulantiæ crimen excusat. Sordidat lauatio ista, non abluit, nec emundat membra, sed maculat. Impudicè tu neminem conspicis, sed ipsa conspiceris impudicè. Oculos tuos turpi oblectatione non polluis, sed dum oblectas alios, ipsa pollueris: spectaculum de lauacro facis: theatra sunt fœdiora, quò conuenis: verecundia illic omnis exuitur: simul cum amictu vestis, honor corporis ac pudor ponitur, denotanda & contractanda virginitas reuelatur. Hactenus Cyprian. Sed commodissimum huius rei exemplum extat apud D. Gregor. Nissenum hom. de natiuitate Domini: in qua puerorum innocentum crudelissimam stragem copiosè describit his verbis: Quare horrendum illud edictum emittitur, vt miselli puelli trucidarentur? Quid maleficij commiserunt? quam mortis ac supplicij causam aduersus sese præbuerunt? quibus vnum illud solùm crimini datur, quòd scilicet nati sunt, & in lucem prodierunt: atque hac de causa ciuitatem carnificibus repleri oportebat? Quis verò oratione calamitates delineauerit atque descripserit? quis ante oculos ponere narrando clades & funera possit? promiscuam illam lamentationem? flebilem concentũ puerorum, matrum cognatorum, patrum ad carnificum minas miserabiliter exclaman-

Alia eiusdem descriptio.

Gregor. Nisse.

clamantium? Quomodo quis cum ense nudo carnificem iuxta infantem stantē, toruis ac cæde micantibus oculis intuentem, atq; alias consentaneas voces edentem, sinistra manu puellum ad se trahentem, suasque proprias ceruices ensis mucroni submittentem, ne suis oculis videat miserum filium carnificis manibus trucidari? Quá ratione quis affectus patrum exposuerit? implorationes, exclamationes, gemitus, extremos filiorum amplexus: cùm multa etiam talia eodem tempore simul acciderent? Quis multiplices ac varias calamitates facies ac modos deplorauerit, vt miser infans simul & mãmæ adhæresceret, & per viscera letale vulnus acciperet? vt misera mater & papillám ori infantis admoueret, & sanguinem filij sinu exciperet? Sæpè aũt alicubi carnifex ruente manu, vno impetu gladij, filiũ vnà cum matre transfixit, atque vnum sanguinis flumen extitit, quòd tam ex materna plaga, quàm ex letali vulnere filij commisceretur. Quoniam autem etiam hoc scelesta vox Herodis adiecit, vt non solùm aduersus modò genitos infantes funesta, capitalisque sententia proferretur, verùm etiam si quis ad alterum annum progressus esset, vt is quoque de medio tolleretur (scriptum est enim, à bimatu & infra) alteram ex verisimilitudine cladem in his ratio cernit: quòd sæpe tempus interiectum, duorum filiorum matrem fecerit eãdem. Quale igitur rursus in talibus spectaculum erat, duobus circa matrem vnã carnificibus occupatis, vno quidem prætercurrentem ad se trahente: altero verò eum, qui mammæ etiam nunc admoueretur, à sinu reuellente? quomodo miseram matrem hac de caussa affectam fuisse credibile est, cùm aduersus duos filios natura quasi finderetur, vtroq; æqualiter maternis visceribus ignē accendente, cùm ambigeret, vtrùm ex improbis carnificibus sequeretur, vno quidē hinc, altero aũt illinc ad cædē attrahentibus infantes? Accurrat ad recens natũ, obscurum adhuc & indistinctũ ploratum emittentem? At alterum audit iam loquentem, ac voce balbutiente matrem cũ lachrymis implorantem. Quid agat? quo euadat? quò se vertat? ad vtrius vocem clamorem

morem referat? vtrius gemitui oploret? vtrius morti illachrymabitur, cùm ex æquo naturæ stimulis vtriusque nomine vrgeatur?

I.

Possumus autem descriptionibus, vbi res postulauerit, vel longioribus, vel breuioribus vti. Longiores sunt illæ descriptiones, quibus D. Chrysosto. lib. 6. de sacerdotio indignitatem suam ad episcopale ministerium Basilio probare contendit. Quas, quoniam & singularem doctrinam continent, & virtutis huius (quæ est in dicendo maxima) rationem apertissimè demonstrant, hoc in loco attexere libuit. Is igitur volens se purgare Basilio, quòd Episcopi dignitatem refugisset, muneris amplitudinem & difficultatem, suamque infirmitatem & indignitatem eius rei causam extitisse ait. Tum deinde: quo metu atque mœrore animi contabuerit, cùm ea res tractari cœpta est, incredibili dicendi facultate amplificat his verbis: Ab eo ipso die, quo tute mihi episcopatus suspicionem hanc iniecisti, factum est identidem, vt corpus hoc ab anima propemodum dissolueretur: tam ingens pauor, tam ingens mœstitia animum meum occupauit. Nam cùm apud me considerarem Christi sponsæ gloriam, sanctimoniam, venustatem spiritualem, prudentiam, ornatum: tum verò animi mei vitia expenderẽ, fiebat, vt assiduis, tum illam, tum etiam me gemitibus, luctibusque prosequerer. In tanto ergo æstu antea vixi, cùm id tute ignorares, meque in tranquillitate victitare existimares. Ego verò tibi hic animi mei æstum detegere tentabo: hinc enim fortasse veniam mihi dabis, meque tandem insimulare desines. Qui igitur illum detegam? Nam si eum apertè oculis istis cernere velis, id nimirum haud aliter liceat, quàm corde hoc tibi per me prius detecto, nudatoque. Quod quia fieri non potest, tibi hunc ego per obscuram quandam imaginem, vtcunque potero, experiar mœstitiæ meæ fumum repræsentare.

Personæ descriptio. Fingamus puellam aliquã regis filiam, & eius quidem, cui terra ea vniuersa, quæ sub Sole posita est, pareat, à proco quodam expeti: tum verò demus nouam quandam

quandam in ea inesse formæ venustatem, quæ sic humanam naturam transcendat, vt per eam puella muliebre genus vniuersum magno admodum discrimine superet. Præterea tantam illi inesse animi virtutem, vt virorum genus, eorum inquam, qui vel antea fuere, vel futuri olim sunt, lōgo post se interuallo relinquat: tum autem & morum honestate tanta eandem excellere, vt vel omnes philosophiæ terminos excedat: denique talem esse, vt proprij aspectus gratia, oculorumque venustas vniuersam illam corporis totius elegantiam obscuret. Addamus item, si placet, ipsius procum, non ex ijs tantùm quæ diximus, virginis amore ardere, sed furore item nescio quo erga illam affici: quo q-dem insanissimos quosque, qui antea vnquam extiterint, amatores superet. Postea procum hunc, dum hoc philtro ac furore deflagrat, alicunde accepisse futurū, vt puellam illam, quam miro amore depereat, homuncio nescio quis humilis, abiectus, obscuro atque ignobili genere natus, quique idem corpore sit mutilo, denique mortalium omnium nequissimus, in vxorem ducat. Tibine hic exiguam doloris nostri partem repræsentauimus? satin' tibi à me factum putas, vel finita hic à nobis imagine? Equidem satis me fecisse puto, quod ad animi mei mœstitiam repræsentandam spectat, cuius vnius rei gratia imaginem ipsam adhibuimus. Atqui vt tibi item hic metus, stuporisque nostri modum oculis subijciam, ad aliam rursus hypothesim descriptionemque me confero. Ponite ante oculos exercitum ex militibus, tum peditibus, tum equitibus, tum nauticis viris constantem, ac mare quidem obtegat triremium numerus. Rursum ipsas camporum planicies, ipsos montium vertices, hinc peditū, hinc equitum phalanges cōtegant: æs item armorum oppositum Soli, splendorem reddat, atque à solaribus radijs, & galearum, & clypeorum coruscatio vibretur: hastarum fragor, equorumque hinnitus in cœlum feratur, neque mare, neque terra appareat, vbique æs, vbique ferrum. Tum sint contra hos instructi, armati, efferi quidam ac truces viri. Instet iam & conflictus tem-

Altera persona descriptio.

Rei descriptio.

tempus: postea rapiat quis de repente adolescentem aliquem in agro educatum, ac qui nullius prorsus artis alterius gnarus sit, quàm lyræ pastoricæ ac pedi: eundemque armatura ærea cùm induerit, per totum illum exercitum circumiens deducat, ostendatq; manipulos, manipulorum ductores, sagittarios, funditores, centuriones, duces, cataphractos, equites, iaculatores, triremes, triremium ductores, milites inibi confertos, naualium machinarum copiam: ostēdat hostium procinctam aciem vniuersam, & auersandos formidolosque quosdam in illis aspectus, & armorum apparatum ab aliorum apparatu diuersum, & immensam multitudinem, & conualles, & alta præcipitia, & montium iniquitates. Ostendat & aduersarios in equis volantibus incantatione quadam insidere, & cataphractos per aerem ferri, explicata etiam ei incantationis illius vi ac forma. Recenseat porro & belli calamitates, missilium, iaculorum niuis instar ingruentium impetum, multam illam caliginem & tenebras, obscurissimam noctem, quam sagittarum multitudo efficiat, Solis radios densitate sua auertant, puluerem tenebris non minorem, omnium oculos obcęcantem, sanguinis torrentes, cadentium gemitus, stantium clamores, iacentium aceruos, totas sanguine tinctas, equos, præ cadauerum multitudine, vnà cum suis sessoribus in caput præcipites, terram vniuersam mixtim hæc omnia continentem, sanguinem, arcus, sagittas, equorum vngulas, hominum capita simul iacentia, & brachia, & collum, & tibiam, & pectus transfixum, cerebella ensibus traiecta, iaculi cuspidem effractum, cui hominis oculus tanquam infibulatus hæreat. Recenseat item & classis mala atque incommoda. Triremes alias in medijs aquis conflagrantes, alias cum cataphractis ipsis pessum euntes, fluctuum fragorem, nautarum tumultuationem, militum clamorem, spumam tum vndarum, tum sanguinis mixtam, eandemque in naues simul omnes irrumpentem, cadauera alia super ipsa nauium transtra iacere, alia submergi, alia adnatare, alia ad littora æstuantis maris impetu eijci,

Altera naualis prælij descriptio.

alia

alia intra ipsos fluctus sic obrui, vt nauibus iter veluti obsepiant. Postremò cùm exactè belli tragœdias omnes edocuerit. addat item & captiuitatis calamitates & seruitutem, nulla non morte duriorem. At, secundum hæc omnia, iubeat illam continuò in equum ascendere, vniuersique illius exercitus ducem agere. Hic tu adolescentulum illum censes, vel nudæ harum rerum narrationi sustinendæ parem esse posse? ac non potiùs, vel à primo statim aspectu animo defecturum? Proinde ne me ipse hic putes rem oratione attollere, neque hoc ipso quòd corpore, sicut carcere aliquo inclusi, nihil prorsus rerum inuisibilium cernere possimus, magna ea esse ducas, quæ à me dicta sunt. Videas enim eo prælio longè tum maius, tum horribiliùs, si tibi fortè caliginosissimam illam Diaboli aciem, conflictumque insanum oculis istis cernere liceat. Non enim illic aut æs, aut ferrum, non equi, non currus, non rotæ, non ignis, non iacula ista, quæ cernimus: verùm alia quædam machinamenta ijs, quæ dixi, longè terribiliora. Certè aduersarijs istis nequaquam opus est thorace, non scuto, neque ensibus, neque hastis: sed vel nudus execrandæ illius militiæ aspectus talis est, vt humanam animam à corpore ipso dissoluere possit, nisi ea admodum generosa fuerit, atque adeò antequam à viribus ipsa suis auxilium petat, diuinæ in se clementiæ prouidentiam senserit. Ac sanè, si liceret, corpore hoc exuto, aut vnà etiam cum ipso corpore perspicuè atque imtrepidè vniuersam illius aciem bellumque contra nos instructum ipsis oculis coram contueri, videres vtique non sanguinis torrentes, neque corpora demortua: sed animarum lapsus tam multos, sed vulnera sic grauia, vt tibi statim belli vniuersa illa pictura, quam modò expressi, puerorum delectamenta, & ludicrum potius, quàm bellum videri possit: tam multi certè ac frequentes ij sunt, qui in dies singulos feriuntur, quorum vulnera non idem mortis genus pariunt: sed quantum inter se dissident anima atque corpus, tantum est certè inter mortem hanc atq; illam discrimen. Nam quoties plagam

Spiritualis prælij descriptio.

Contentione vtriusque prælij spirituale pugnã ex omnibus circũstantijs amplificat.

gam anima accipit,eademque cadit, hic prostrata quidem iacet, malæ conscientiæ cruciatu contabescens: postea verò, quàm separata à corpore hinc emigrarit, æterno cruciandа supplicio traditur. Quòd si quis existat,qui Diaboli plagas non persentiat,nimirum illius morbus ex ea indolentia ingrauescit. Quencunque enim plaga vna inflicta non mordet,neque attristat,is certè facilè & alteram excipit: itemque & hac accepta, tertiam: neque enim intermittit ad extremum vsque spiritum feriens nefarius ille, quoties inuenit animã supinam,prioresque plagas contemnentem. Porrò autem si congressus modum expendere velis, hunc verò longè acriorem,ac magis diuersum comperies. Neque enim quisquam est,qui tam multas fraudis,doli,artificij formas norit,quã multas sceleratus ille hostis. Qua quidem in parte maior illius vis ac potentia inest: neque inimicitias quis tantas,tamque inconciliabiles aduersus hostes sibi infensissimos gerere potest, quantas ille aduersus humanam naturam gerit.

Porro si quis examinet, quanta cum inhumanitate is depugnet, ridiculum certè fuerit homines hoc in loco conferre: Sin iracundissimas ac truculentissimas quasque feras delegeris,quas cum huius furore atq; insania conferas, reuera mansuetissimas humanissimasque eas hac comparatione comperies: tantum ille in animas nostras furorem spirans euomit. Adde,quod & pugnæ inter homines gestæ tempus breue quidem esse solet, qua etiam in temporis breuitate multæ dantur induciæ. Nam & natura sic comparatum videmus, vt & noctis superuentus, & iugulandi labor,& cibi capiendi tempus, & multa id genus alia, militi respirandi potestatem sic faciant, vt & armaturam exuere, tum verò paululum respirare, seque & cibo & potu reficere,multisque rebus alijs pristinas vires recuperare valeat. Aduersus autem Diabolum dimicanti, nunquàm licet arma ipsa ponere,somnumúe vllum capere,ei presertim,qui perpetuò inuulneratus prælio excedere volet. Ex duobus enim necessariò alterum consequitur, vt aut cadat quis, ac pereat armis spoliatus: aut continennenter vigilet, armatusque stet. Siquidem ille continenter cum sua ipsius acie stat, socordias nostras obseruans, ac maius quidem afferēs studium ad nostram internecionem, quàm ad nostram ipsi nos salutem afferamus. Postremò, vt semel finiam, quòd à nobis hostis ille minimè cernatur, quodque de repentè, atque improuiso nos adoriatur (quæ res ijs, qui non assiduè in excubijs vigilantes fuerint, infinitorum malorum causa esse solet) facit nimirum, vt bello hoc ægriùs, ac maiore cum negotio, quàm illo defungi possis. In hoc ergo campo voluisti nos Christi militibus duces esse? Hoc ipsum verò quid aliud erat, quàm Diabolo potius duces esse? Cùm enim is, qui cæteros debet tum in ordines partiri, tū militaribus armis instruere, omnium simul infirmissimus, simul & imperitissimus fuerit, fit nimirum, vt suæ fidei creditos prodat, & Diabolo magis, quàm Christo ducem agat. Hactenus Chrysosto. Cuius verba huic preceptioni inserere libuit, nō solùm quòd describendi rationem apertissimo exemplo doceant, sed etiam, quòd singularem doctrinā cōtineant.

In quoquidem exemplo illam quoque amplificandi rationem animaduertere licet, quam Quintilianus annotauit: in qua impari exemplo, hoc est, à maiori, vel minori ducto, omnes circunstantias excutimus: quò id, de quo agimus, multò esse maius, comprobemus. Sic enim hoc in loco D. Chrysos. collatione facta, apertè ostendit, quantò acies Dæmonum instructissimo quouis exercitu formidabiliores sint

II.

Illud tamen hoc in loco admonendum est, Sermocinationes personarum, & illud similitudinis genus, quod à Rhetoribus imago similis appellatur (de quib. suis in locis disseremus) ad has rerū descriptiones plurimùm lucis afferre. Quod sequenti descriptione, qua in amplificanda matris septem Machabæorum constantia D. Gregor. Theologus vsus est, apertè liquet. Sic enim ait: At verò egregia mater gaudio simul ac mœrore afficiebatur: atque in duorum affectuum meditullio posita erat. Nam vt filiorum fortitudine certa- *Grego. homil. de 7. Machab.*

minum.

minumque spectaculo mirificè delectabatur, sic rursus cùm incertum pugnæ euentũ, incredilemque tormentorum magnitudinem secum reputaret, timore com-

Imago similis.

mouebatur Ac proinde illos, non secus atque anicula pullos suos arripiente angue, aut alia quapiam insidiatrice bestia, circunuolabat, stridebat, obsecrabat, certantes adiuuabat: nihil denique non dicebat ac faciebat, quò illos ad victoriam paratiores, instructioresque redderet. Cruoris guttas rapiebat, fragmenta membrorum excipiebat, reliquias adorabat, hunc colligebat, illum porrigebat, alium parabat. Omnibus accla-

Sermocinatio.

mabat: Euge filij mei, euge strenui milites, euge in corporibus fermè incorporei, euge legis canæque senectutis meæ, atque ciuitatis, quæ vos aluit, atque ad eã virtutis magnitudinem euexit, antistites atque patroni. Paulùm adhuc & vicimus: paulùm adhuc & ego inter mulieres beata, & vos inter adolescentes beati. Hactenus Theolog. Hoc autem genus similitudinis ad rem oculis subijciendam maximè pertinet. Alia quoque similitudinum genera & exempla, quæ à pari, maiori, vel minori, simili, dissimili, & contrario ducuntur, plurimùm ad res amplificandas valent, vt suo loco ex Fabij sententia exposuimus. Quo in genere prudens lector duo præcipuè in D. Chrysostomo (qui in hac parte maximè excellit) animaduertere poterit. Alterum, quod in exemplis imparibus, hoc est, à maiori, vel minori deductis, personarum circunstantiãs, quæ imparitatis rationem continent, diligenter excutit & amplificat. Deinde non contentus rem maximam cum alia maxima comparasse, dat etiam operam, vt ea, quam augere vult, adhuc longè maior appareat. Hac autem ratione in sermone, quo eos accusat, qui domi sorores adoptiuas fouerent, quò eorum periculum ostendat, beati Iob exemplum inducit, oculos suos ne virginem viderent custodientis: & Apostoli Pauli, corpus suum castigantis, & in seruitutem, ne reprobus fieret, redigentis. Sic igitur ait: Sanctus ille Iob, qui omnem transcenderat virtutem, ex omnibus Diaboli retibus ex-

Chrysost.

tractus, qui & primus & solus tantam fortitudinem

demon-

demonstrauit, & omne ferrum & adamantem sua cõtinentia prætergressus, subneruauit Diaboli potestatem: sic veritus erat talem pugnam, & putauit impossibile esse cohabitare virgini purum & sine damno: adeò, vt non solùm à cohabitatione tali procul & longè seipsum, sed & ab aspectu prorsus occursu subduxerit, legemq; posuerit oculis suis, omnino in virginem ne respicere quidem. Sciebat enim manifestè, quòd non solùm cohabitantem, sed & vidẽtem curiosè in faciem virginis, difficile, forte autem & impossibile esset, effugere damnum quod inde oritur. Propter quod & dicebat. Ne cogitarem quidem de virgine. At si paruus videtur vobis ad certamen Iob (quamuis reuerà neque stercore illius simus digni) veruntamen, licet minus tua magnanimitate esse putas exemplum, cogita vocalissimum præconem veritatis, qui totum orbem circuit: & dicere potuit verba illa multa sapientia referta, quòd non iam ipse sit viuens, sed Christus in ipso: & quòd crucifixus sit mundo, & mundus sibi: & quòd quotidie moriatur. Post tantam ergo spiritus gratiam, & tanta certaminũ specimina, post tam innumera pericula, post tam eximiæ diligentiæ & sapientiæ studiũ, declarat nobis & cõmonstrat, quòd donec spirauerim⁹, & hac carne fuerimus circundati, certaminibus nobis opus est, & laboribus: neq; vnquam otio temperãtia paratur, sed multis sudoribus & laboribus opus est. Ad hoc enim trophæum parandũ dicebat: Castigo corpus meum, & in seruitutẽ redigo: ne dũ alijs prædicauero, ipse reprobus fiam. Hæc afit dicebat, declarans seditionem carnis, & cõcupiscentiæ rabiem, præliumq; continuũ, ac vitam semper in agone cõstitutã. Hactenus ille. In quibus exẽplis apertè liquet, quàm studiosè personarum circunstantia (beati. s. Iob, & Pauli) excusserit & amplificauerit: vt facilè quisq; intelligeret, in quo periculo versarentur, qui tam longè ab ea animi firmitate & perfectione distarent. Superioris autem obseruationis in eodem sermone clarissima extant exempla: quæ (ne in re satis aperta sim longior) studioso concionatori legenda relinquo. Est enim hic sermo aduersus

cos,

eos, qui fouent domi ſorores adoptiuas, digniſſimus, qui ab omnibus legatur, vt qui ſit tum magno diuinæ glorię ſtudio, tum maxima eloquentia refertus. Exēplo item huic obſeruationi erit naturalis prælij ſimilitudo, paulò antè à nobis ab eodē autore inducta: in qua hic vir diuinus poſt vtriuſque militiæ collationem, exponit etiam, quantò ſpiritualis militiæ certamen & periculum ſit atrociùs, magiſque pertimeſcendum.

De perſonarum deſcriptionibus. Cap. VII.

POſt rerum deſcriptiones, ſequitur perſonarum deſcriptio, quæ varias habet ſpecies. Quanuis autem non omnes ad amplificandi rationem (de qua nunc ſermonem inſtituimus) pertineant, ratio tamen præcipiendi exigit, vt quoniam rerum deſcriptiones tradidimus, perſonarum quoque tradamus. Primum autem earum genus eſt, cùm perſonæ ingenium, mores, cæteraſque circunſtantias, quas perſonis attributas ſuperiùs diximus, ſiue laudis, ſiue vituperationis gratia, breui oratione depingimus: quemadmodum Saluſtius Catilinæ, Cæſaris, & Catonis perſonas deſcripſit. Sic in literis ſanctis vita ſanctiſſimi Iob, Tobiæ, Iudith, in veteri teſtamēto, & Simeonis, & Annæ viduę, in nouo mores & vita breuiter deſcribuntur. Hoc autem genus deſcriptionis docendi magis gratia, quàm amplificandi ſolet adhiberi.

Eſt aliud propoſito noſtro accommodatiùs, quod notationem appellant: quoties amantis, luxurioſi, auari, voracis, temulenti, ſomniculoſi, garruli, glorioſi, oſtentatoris, inuidi, ſycophantę perſonam depingimus. Mirus eſt in hoc deſcriptionis genere Ioan. Caſſianus: in ijs enim libris, quos dę octo principalium vitiorum remedijs ſcripſit, ingenium, mores, facta, dicta eorum, qui his vitijs contaminati ſunt, appoſitiſſimè depingit. Duci autem huiuſmodi notationes videntur à concomitantibus, & conſequentibus, & effectibus, & ab eo loco, quem Dialectici à cōmuniter accidentib᷒ appellant.

lant. Docendi autem gratia duo solùm exempla hic ascribam: reliqua autem in ijs libris studiosus concionator videre poterit. Is igitur in 10. de acidia libro, eũ, qui hoc morbo laborat (quem nonnulli seniorum, meridianum Dæmonem appellabant) ita describit: Cum hic Dæmon miserabilem obsederit mẽtem, horrorem loci; fastidium cellæ, fratrum quoque, qui vel cum eo, vel eminùs commorantur, tanquam negligentium, at minus spiritualium aspernationem gigni atq; contemptum. Ad omne quoque opus, quod intra septa sui cubilis est, facit desidem & inertem. Non eum in cellà residere, nec operum sinit impendere sectioni, nihilque se proficere tanto tempore in eadem commorantem, crebriùs ingemiscit: & ab omni se dolet spiritali quæstu inanem in eo loco vacuumque consistere: vtpote qui cùm posset etiam alios regere, ac prodesse plurimis, nullum ædificauerit, nec quemquam institutione sua doctrinaque lucratus sit. Absentia, longeque posita magnificat monasteria: loca etiam illa magis ad profectum vtilia, & saluti congruentiora describit: cõsortia quoq; ibidem fratrum suauia, & plena spiritali conuersatione depingit. Contrà, vniuersa quæ habentur in manibus aspera: & non solùm ædificationem nullam esse in fratribus, qui morantur in loco, sed ne ipsum quidem victum corporis absque ingenti labore conquiri. Postremò, non posse se saluari putat in eo loco durantem, nisi relicta cella (cum qua sibi, si adhuc ea fuerit remoratus, pereundum erit) exinde semetipsum quantociùs asportauerit. Deinde lassitudinem corporis, cibique esuriem, quinta, sextaque hora tantã suscitat, vt velut longo itinere, grauissimoq; labore confectus sibimet lassusque videatur: aut quasi refectionẽ cibi biduano ieiunio, triduanóue distulerit. Tum præterea huc illucque anxius circunspectat, & nec fratrem sibi quempiam aduentare suspirat: sæpiusque egreditur & ingreditur cellam: ac Solem, velut ad occasum tardius properantem; crebrius intuetur. Et ita quadam irrationabili mentis confusione, velut tetra impletur caligine, omnique actu spiritali redditur otio- Ibid. Cass.

sus ac vacuus: vt nulla re alia tantæ oppugnationis remedium, quàm visitatione fratris cuiuspiam, seu somni solius solatio posse existimet inueniri. Deinde honestas idem morbus ac necessarias suggerit salutationes fratribus exhibendas, visitationesque infirmorum, vel eminùs vel longiùs positorum. Quædam etiam pia ac religiosa dictat officia: illos, vel illas debere parentes inquirere, & ad salutandos eos crebriùs properare: illā religiosam, deuotamque Deo fœminam, omni præsertim parentum præsidio destitutam, magnum opus esse pietatis frequentiùs inuisere: ac si quid ei sit necessarium, quæ à proprijs parentibus negligitur atque despicitur, sanctissimū procurari, magisque oportere in his operam pietatis impendi, quàm infructuosè, ac sine vllo profectu in cellula residere. Hactenus Cassia.

Idem etiam lib. 12. superbi Monachi mores & ingenium hoc modo describit: Quisquis superbiæ morbo fuerit occupatus, non solùm nullam subiectionis aut obedientiæ regulam custodire dignatur, verùm ne ipsam auribus quidem suis doctrinam perfectionis admittit: tantumque concrescit in corde eius spiritalis verbi fastidium, vt cùm fortè talis fuerit oborta collatio, vno in loco stare nesciat eius obtutus: sed huc illucque stupidus circumferatur intuitus, & aliorsum, atque in obliquum, quàm moris est, oculi defigantur. Pro suspirijs enim salutaribus sputa de sicco gutture contrahuntur, excreationes etiam sine vlla interpellatione flegmatum prouocantur, digiti ludunt, & in modum scribentis volitant, & ita huc atque illuc vniuersa membra corporis commouentur: vt dum spiritalis agitatur collatio, totum se vel scatentibus vermibus, vel acutissimis sudibus credat insidere: & quicquid simplex collatio ad ædificationem protulerit audientium, ob suam suggillationem æstimet esse prolatum: totoq; tempore, quo spiritalis vitæ examinatio ventilatur, suis suspicionibus occupatus, non quid inde ad profectum suum capere debeat, aucupatur: sed causas cur vnumquoque sit dictum, solicita mente perquirit: vel quid eis possit objicere, tacita intra se cordis volutatiotatione coniectat. Deinde post hæc, excelsa vox; sermo rigidus, amara & turbulenta responsio, incessus erectus ac mobilis, lingua facilis, procax loquela, nec vnquam taciturnitatis amica, nisi cùm contra fratrem rancorem quendam in suo corde conceperit: fitque silentium eius non compunctionis, nec humilitatis vllius, sed superbiæ & indignationis indicium: ita, vt quid in eo detestabilius sit, haud facilè discernatur; vtrùm diffusa illa petulansque lætitia, an dira hæc virulentaque feritas. In illa namque sermo non opportunus, risus leuis ac fatuus, effrenata ac indisciplinata cordis elatio: in ista verò ita plenum virulentumq; silentium: & quod ob hoc tantùm concipitur, vt aduersus fratrē rancor taciturnitate seruatus, protelari diutiùs possit, non vt ex eo virtus humilitatis ac patientiæ præbeatur. Et cùm ipse rumore possessus facilè cunctis tristitias inferat, atq; ad satisfactionem læsi fratris semetipsum submittere dedignetur, etiā ab illo sibimet oblatā respuit atq; contēnit. Hactenus Cassia. qui suis quasi coloribus & acidiosi & superbi Monachi mores & ingenium ad viuum depinxit.

D. verò Bernard. detractorum mores, qui quodam simulato verecundiæ fuco, conceptam malitiam, quā retinere non possunt, adumbrare conantur, describit his verbis: Videas à detractore alta suspiria præmitti, sicque cum quadam grauitate & tarditate, vultu modesto, demissis superciliis, & voce plangenti egredi maledictionem: quæ quidē tantò persuasibilior est, quantò creditur ab his, qui audiunt, corde inuito, & magis condolentis affectu, quā malitiosè proferri. Doleo (inquit) vehementer, pro eo, quò diligo eum, vt scitis, & nunquam potui de hac re corrigere eum: & aliàs mihi benè compertum fuerat: sed per me nunquā innotuisset, per alterum patefacta res est. Veritatem negare non possum, dolens dico, reuera ita est: nam aliàs quidem in pluribus valet, cæterū in ista parte, vt verum fateamur, minimè excusari potest. Hæc Bern. D. verò Hieronim. epistola quadam fictam humilitatem hac eadē figura describit his verbis: Fictam humilitatem fugiēs, *Sup. Can. serm. 24.* *Hier. ill epist.*

illam sectare, quæ vera est: quam Christus docuit, in qua non sit superbia inclusa. Multi enim huius virtutis vmbram, veritatem pauci sequuntur. Perfacilè est aliquem habere vestem contemptam, salutare submissiùs, manus & genua deosculari, inclinato in terram capite, oculisque deiectis, humilitatem atque mansuetudinem polliceri, lenta voce tenuique sermones infringere, suspirare crebriùs, & omne verbum peccatorem ac miserum se clamare: sed si vel leui sermone offensus fuerit, cōtinuò videbis attollere supercilium, leuare ceruicem, & delicatum illum orationis sonum insano clamore repentè mutare. Hactenus ille. His exemplis, quid hæc orationis figura postulet, facilè erit intelligere.

De Sermocinatione. Cap. VIII.

EST etiam Sermocinatio, quæ inter personarum descriptiones numeratur: qua nescio quid magis ad Concionatoris officium pertinere putem, non modò ad rationem amplificandi, sed ad multa quoque alia. Quò est mihi eius ratio & natura diligentius aperienda, & exemplis illustranda. Prius tamen Cornificij definitionem & exempla subijciam: Sermocinatio est, cùm alicui personæ sermo attribuitur: & is exponitur cum ratione dignitatis, hoc pacto: Cùm militibus vrbs redundaret, & omnes timore oppressi domi continerentur, venit iste cum sago, gladio succinctus, tenens iaculum: quinque adolescentes hominem simili ornatu subsequuntur: Irrumpit in ædes subitò: deinde magna voce, Vbi est iste beatus, inquit, ædium Dominus? quin mihi præstò fit: quid tacetis? Hic alij omnes stupidi timore obmutuerunt. Vxor illius infelicissimi cum maximo fletu ad istius pedes abiecit sese. Parce, inquit: & per ea, quæ tibi dulcissima sunt in vita, miserere nostri: noli extinguere extinctos. Fer mansuetè fortunam: nos quoque fuimus beati: nosce te esse hominem. At ille: Quin illum mihi datis, ac vos auribus meis applorare desinitis? Non abibit. Illi nunciatur intereà venisse istum,

& cla-

& clamore maximo mortem minari. Quod simul vt audiuit, Heus, inquit, Gorgia pedissequa puerorum, absconde pueros, defende, fac vt incolumes ad adolescentiam perducas. Vix hæc dixerat, cùm ecce iste prę stò, Sedes, inquit, audax? non vox mea tibi vitam ademit? Exple meas inimicitias, & iracundiam satura tuo sanguine. Ille, cum magno spiritu, Metuebam, inquit, ne planè victus essem: nunc video in iudicio mecum contendere non vis: vbi superari turpissimum est, superare pulcherrimum: interficere me vis: occidar equidem, sed victus non peribo. At ille: In extremo vitæ tempore etiam sententiose loqueris: neque ei, quem vides dominari, vis supplicare? Tum mulier: Imò quidem istę rogat & supplicat; sed tu quæso commoueare: & tu per Deos, inquit, hunc amplexare. Dominus est, vicit hic te, vince tu nunc animum. Cur non desinis, inquit vxor, loqui? quæ me digna non sunt, tace, & quæ curanda sunt, cura. Tu cessas mihi vitam, tibi omnem benè viuendi spem mea morte eripere? Iste mulierem repulit à se lamētantem: illi nescio quid incipienti dicere (quod dignum videlicet illius virtute esset) gladium in latere defixit. Puto in hoc exēplo datos esse vnicuiq; sermones ad dignitatem accommodatos: quod oportet in hoc genere obseruare. Sunt item sermocinationes consequentes hoc genus. Nam quid putamus illos dicturos, si hoc iudicaueritis: Nonne hac omnes vtentur oratione? Deinde subijcere sermonem.

Est quidem hæc figura frequens in libr. Sapientiæ. Sap. 2. Lege secundum eius libri caput, in quo longa quædam perditorum hominum Sermocinatio continetur. Sic enim seipsos ad luxum & impietatem adhortantur: Exiguum & cum tædio est tempus vitæ nostræ, & non est refrigerium in fine hominis, & non est qui agnitus sit reuersus ab inferis: quia ex nihilo nati sumus, & post hoc erimus tanquā si nō fuerimus, &c. Venite ergo fruamur bonis quæ sunt, & vtamur creatura tanquam in iuuentute celeriter. Vino pretioso & vnguentis nos impleamus, & non prætereat nos flos temporis. Coronemus nos rosis antequàm marcescant: nullum pratum sit, quod non pertranseat luxuria nostra, & quæ sequuntur. Item eiusdem libri capite 5. timor & horror impiorum in extremo iudicij die, & sermo eorum describitur his verbis: Tunc stabunt iusti in magna constantia aduersus eos, qui se angustiauerunt, & qui abstulerunt labores eorum. Videntes, turbabuntur timore horribili, & mirabuntur in subita & insperata eorum salute, gementes præ angustia spiritus, dicentes intra se, pœnitentiam agentes: Hi sunt, quos habuimus aliquando in derisum, & in similitudinem improperij. nos insensati vitam illorum æstimabamus insaniam, & finem illorum sine honore. Ecce quomodo computati sunt inter filios Dei, & inter sanctos sors illorum est. Ergo errauimus à via veritatis, & lumen iustitiæ non luxit nobis, & Sol intelligentiæ non ortus est nobis, &c. Quid nobis profuit superbia, aut diuitiarum iactantia quid contulit nobis? Transierunt illa omnia tanquam vmbra volans: & cætera quæ sequuntur. Simili modo in Prouerbijs Salomon procacitatem adulteræ fœminæ primùm describit: deinde sermonem illi conuenientem tribuit. Sic enim ait: Considero vecordem iuuenem, qui transit per plateas iuxta angulum: & propè viam domus illius graditur in obscuro aduesperanscente die: &c. quæ sequuntur. Sic etiam in eodem lib. Salomon, improborum sermones, quibus simplicem hominem ad prauitatis suæ consortium inducere contendunt, ita describit: Fili mi, si te lactauerint peccatores, ne acquiescas eis: si dixerint, veni nobiscum, insidiemur sanguini, abscondamus tendiculas contra insontem frustra: omnem pretiosam substantiam reperiemus, implebimus domos nostras spolijs, sortem mitte nobiscum, marsupium vnum sit omnium nostrum: fili mi ne ambules cum eis. Eadem dicendi figura Esaias Regis Assyriorum superbiam amplificat: Postquam enim de eo Dominus dixerat, Væ Assur virga furoris mei, & baculus ipse: in manu eorum indignatio mea, &c. Ipse autem non sic arbitrabitur, sed ad conterendum erit cor eius, & ad inter-

Pro. 7.

Pro. 1.

Esa. 10.

Internecionem gentium non paucarum. Dicit enim: Nunquid non Principes mei simul Reges sunt? & cætera. Nec solū quid personæ dicant, sed quid etiam dicere meritò debuissent, hac figura significamus. Sic Hieremias, vt filiorum Israhel ingratum animum exaggeraret, quid ij dicere debuissent, exprimit his verbis: Et non dixerunt, Vbi est Dominus, qui ascendere nos fecit de terra AEgypti? qui traduxit nos per desertum, per terram inhabitabilem, & inuiam? & cætera. Et infra idem: Et non dixerunt, Metuamus Dominum, qui dat nobis pluuiam temporaneam, & serotinam: plenitudinem annuæ messis custodientem nobis. Et iterum: Sacerdotes non dixerunt, Vbi est Dominus? & cæt. Hoc etiam modo sermonem tribuimus homini seipsum admonēti, atque ad opus aliquod virtutis adhortanti. Vnde Eusebius Emissenus, fidelem virum vitam & mores suos expendere adhortatur his verbis: Vnusquisque conscientiam suam ante conspectum interioris hominis constituat: ipsi nosmetipsos quotidie castigemus: ipsi nobiscum rationem de quotidiana conuersatione faciamus. Alloquatur se in secreto cordis vnaquæque anima, & dicat: Videamus si hanc diem sine peccato, sine inuidia, sine obtrectatione, sine murmuratione transegi. Videamus si aliquid hodiè, quod ad profectum meum, quod ad ædificationem aliorum pertinet, operatus fui: puto quòd hodie mentitus sum, peieraui, ira vel concupiscentia victus sum, nec alicui benefeci, nec pro timore æternæ mortis ingemui. Quis mihi reddet hanc diem, quam in vanis rebus perdidi, quā in cogitationibus noxijs pessimisque consumpsi? Hactenus ille.

Hier. 2.
Idem 5.
Idem 2.
Eus. Em. in homil.

Hoc autem modo, tacitam Spiritus sancti exhortationem describere solemus, sermonem eidem Spiritui accommodantes, quo nos, proposito vitæ nostræ periculo, mortis incerta conditione, gehennæ supplicijs, cælestibusque præmijs, diuinisque beneficijs commemoratis, ad ostium cordis nostri pulsans, à scelerata vita ad pœnitentiam reuocare conatur,

natur. Similique ratione varias Dæmonum suggestiones describere possumus, sermonem illis malitiæ eorum conuenientē tribuentes. Ad hunc quoq; modum rationes, quib' improbi homines in sceleribus suis se ipsos consolantur, salutemque sibi pollicentur, describere licet: quid quisque eorum intra se dicat, sermocinatione exprimentes. Longam enim sibi vitam pollicentur, Dei misericordiam, Christi sanguinem, beati Latronis exemplum, extremam in fine vitæ pœnitentiam, cæteraque his similia in consolationem suam adhibent. Hac etiam virtute commodissimè in amplificandis Martyrum certaminibus vtimur: cùm explicamus, quibus ipsi sermonibus partim iudicibus respō debant, partim seipsos ad fidei constantiam & patientiam adhortabantur. Extant commodissima huius rei exempla apud Basilium, in homilia quadraginta martyrum. Itemque apud D. Gregorium Theologum, in homilia de septem Machabæis: in qua sermones describit, quibus mater filios ad patientiam adhortabatur, quibusque ipsi se ad eiusdem virtutis constantiam excitabant. Ad quæ exempla studiosum concionatorem remitto.

De Conformatione. Cap. IX.

SErmocinationi finitima est conformatio: quæ maiorem adhuc vim habet in loco adhibita. De qua sic idem Cornificius: Cōformatio est, cùm aliqua quæ non adest persona confingitur quasi adsit: vt cùm res muta aut informis fit eloquens & formata: & ei oratio attribuitur ad dignitatem accommodata, aut actio quædam, hoc pacto: Quòd si nunc hæc vrbs inuictissima vocem emittat, nónne hoc pacto loquatur? Ego illa plurimis trophæis ornata, triumphis ditata certissimis, clarissimis locupletata victorijs, nunc vestris seditionibus ô ciues vexor: quam dolis malitiosa Carthago, viribus probata Numantia, disciplinis erudita Corinthus labefactare non potuit, eam patiemini nūc ab homūculis teterrimis proteri atq; cōculcari?

Item

Item: Quòd si nunc L. ille Brutus reuiuiscat, & hic ante pedes vestros adsit, non hac vtetur oratione? Ego reges eieci, vos tyrannos introducitis: ego libertatem, quæ non erat, peperi, vos partam seruare non vultis: ego capitis mei periculo patriam liberaui, vos liberi sine periculo esse non curatis. Hæc conformatio licet in plures res mutas atque inanimatas transferatur, proficit plurimum in amplificationis partibus & cõmiseratione. Cicero verò aduersus Catilinam patriæ proditorem, sic eandem loquentẽ inducit: Quæ tecum Catilina sic agit, & quodammodò tacita loquitur: Nullũ iam tot annis facinus extitit, nisi per te, nullum flagitium sine te: tibi vni multorũ ciuium neces, tibi vexatio direptioque sociorum impunita fuit ac libera. Tu non solùm ad negligendas leges & quæstiones, verum etiam ad euertendas perfringendasque valuisti. Superiora illa quanquam ferenda non fuerunt, tamen vt potui, tuli: nunc verò me totam esse in metu propter te vnum, quicquid increpuerit, Catilinam timeri, nullum videri cõtra me consilium iniri posse, quod à tuo scelere abhorreat, non est ferendum. Hactenus Cicero. Ad hunc etiam modum Osorius Episcopus eidem patriæ sermonẽ aduersus parentes tribuit, qui liberorum suorum licentiam, & corruptos mores minimè castigant. Sic igitur ait: Quòd si patria eiusmodi verbis tecũ expostulet, quid illi respondebis? Homo cur quantũ est in te, mihi moliris exitium? cur in me pestẽ nefariè machinaris? cur parentẽ, quem omni pietate complecti debebas, iugulandum suscipis? Meis enim legibus & institutis in lucem editus & enutritus fuisti: per me non solùm à feris, sed etiã à morum feritate reuocatus, & omni humanitate cultus extitisti: meo præsidio vitam non solùm clementer atque benignè, verum etiã securè traduxisti: si enim in solitudine & vastitate vitam ageres, non modò belluarũ laniatus extimesceres, sed nihil inter te & belluas immanes interesset. Mea igitur ope factũ est, vt in periculis auxiliũ, in morbis remedium, in ærumnis solatium, in perturbatione disciplinam, in curis alleuamentum inuenires. Cùm

Cicer. in Catil.

Lib. 7. de Institut. Princip.

vita tua tam multis simul rebus indigeat, omnes illæ fuerunt à me tibi largè atque munificè suppeditatæ. Quod si ita non esse putas, à me secede, lucem meam atque celebritatem fuge, & te in solitudinem abde: & videamus, quo tandem modo possis absque meo præsidio vitam sustentare. Quòd igitur opibus abundas, quòd humanitatem retines, quòd securè vitam degis, quòd lucis iucunditate frueris, id totum mihi est in acceptis referendum. Magis igitur mater sum tua, quàm illa, quæ te peperit, existimanda. Si igitur mihi necem attuleris, non modò te improbum hominem, sed impium & sceleratum parricidam fateare necesse est. Sed dices fortasse, te nunquam de meo interitu cogitasse. An non intelligis, vitam atque salutem meam ciuium moribus & honestate contineri? Adeò sine mente es, vt non videas, si illi, cùm ad ætatem maturam peruenerint, flagitijs efferati fuerint, esse mihi eorum scelere miserum funestumque fatum necessariò subeundum? Nec illud quidem recogitas, te non tibi, quàm mihi filios genuisse? Cur igitur illos flagitijs obrui sinis? Cur eorum peccatis indulges? Cur illorum inconsideratam cupiditatem alis? Cur eorum pudorem extingui pateris? Cur denique illos honestatis studium negligere, & libidini seruire permittis? Quod enim est aliud rerum publicarum exitiũ & funus, nisi id, quod corrupta & vitiosa ciuium institutione comparatur? Ciues igitur, qui malè filios suos instituunt, me perdunt, mihi pestem parant, mihi interitum & exitium moliuntur: Hæc si Respub. dicat, hominibus in filiorum educatione dissolutis, venitne vobis in mentem, quomodo homines in tanta re negligentes, & maximi & immanissimi criminis suspicione liberetis? Hactenus Osorius.

Hæc etiam figura non infrequens in sanctis literis est. Vnde apud Salomonem & Ecclesiasticum, Sapientia laudes suas prædicat, & homines ad sui studium aduocat. Quale est illud: O viri, ad vos clamito, & vox
Prouer. 8. mea ad filios hominum, &c. Tale est etiam illud eiusdem,
Prouer. 1. dem, Sapientia foris prædicat: in plateis dat vocem suam:

suam: in foribus portarum vrbis profert verba sua dicens: Vsquequo paruuli diligitis infantiam: & stulti ea, quæ sunt sibi noxia, cupient? & cætera. Extat libellus quidam de conflictu vitiorum & virtutum: quem quidam Leoni Papæ, quidam D. Augustino tribuunt: in quo vitijs tanquam rebus animatis sermones tribuuntur, quibus sese hominibus probent atque insinuēt. Similique ratione virtutes ipsæ pro se respondent, & causam atque dignitatem suam aduersus vitia tuētur. Diuus verò Cyprianus contra fœminas, quæ exquisitis coloribus faciem depingunt, Deum ipsum hoc modo inducit loquentem: Non metuis, oro, quæ talis es, ne cùm resurrectionis dies venerit, artifex tuus te non recognoscat? & ad sua præmia & promissa venientem remoueat & excludat? & increpans, vigore censoris & iudicis dicat: Opus hoc meum non est, nec hæc imago nostra est. Cutem falso medicamine polluisti, crinem adulterino colore mutasti, expugnata est mendacio facies, figura corrupta est, vultus alienus est, Deum videre non poteris, cùm oculi tibi non sint, quos Deus fecit, sed quos Diabolus infecit. Illum tu sectata es, rutilos atque depictos oculos serpentis imitata es, de inimico tuo compta, cum illo pariter arsura. Hæc oro non cogitanda sunt Dei seruis? non die semper ac nocte metuenda? Idem quoque Cyprianus exaggerare volens inhumanitatem ac peruersitatem eorum hominum, qui cùm ingentes sumptus in rebus immanissimis faciant, ne teruncium quidem Christo pauperi porrigunt, appositissimè hac eadem figura Dæmonem loquentem inducit. Sic enim ait: Ponat vnusquisque ante oculos suos Diabolum cum seruis suis, id est, cum populo perditionis & mortis, in medium prosilire, plebem Christi præsente & iudicante ipso, comparationis examine prouocare dicentem: Ego pro istis, quos mecum vides, nec alapas accepi, nec flagella sustinui, nec crucem pertuli, nec sanguinem fudi, nec familiam meam pretio passionis & crucis redemi: sed nec regnū cœleste illis promitto, nec ad paradysum restituta immortalitate denuo reuoco, & mu-

Cyprian. de habitu virg.

Cyp. Ser. de Eleem.

& münera, mihi quàm pretiosa, quàm grandia, quàm nimio & longo tempore quæsita, sumptuosissimis apparatibus comparant, rebus suis vel obligatis in muneris apparatione, vel venditis, ac nisi editio honesta successerit, conuitijs ac sibilis eijciuntur, & furore populari nonnunquam penè lapidantur. Tuos tales munerarios Christe demonstra, illos diuites, illos copiosis opibus affluentes, & in Ecclesia præsidente & spectante te eiusmodi munus edant, oppignoratis vel distractis rebus suis, immò ad cœlestes thesauros, mutata in melius possessione, translatis. In istis muneribus hominum caducis atque terrenis nemo pascitur, nemo vestitur, nemo cibi & potus solatio sustinetur: cuncta inter furorem edentis & spectantis errorem, prodiga & stulta voluptatum frustrantium vanitate depereunt. Illic in pauperibus tuis tu vestiris, & pasceris, tu æternam vitam operantibus polliceris: & vix tui meis pereuntibus adæquantur, qui à te diuinis mercedibus, & præmijs cœlestibus honorantur. Quid ad hæc respondemus fratres charissimi? diuitū mentes qua ratione defendimus? qua excúsatione purgamus, qui Zabuli seruis minores sumus, vt Christo pro pretio passionis & sanguinis vicem nec in modicis rependamus? Hactenus Cyprianus. Cuius oratio satis indicat, quantum rei, de qua agitur, indignitas, hac dicendi figura creuerit. Extant apud D. Hieronymum in Epitaphio Blesillæ duo cōmodissima huius virtutis exempla: quæ his adijcere non grauabor. Cùm enim Paula Blesillæ filiæ mortē molestissimè ferret, eandem Blesillam his verbis loquentem inducit: Quas nunc existimas Blesillā nostram pati cruces, quæ ferre tormenta, quòd tibi Christum videat subiratū? Clamat nunc illa lugenti: Si vnquam me amasti mater, si tua vbera suxi, si tuis instituta sum monitis, ne inuideas gloriæ meæ, nec hoc agas, vt à nobis in perpetuum separemur. Putas esse me solam? Habeo pro te Mariam matrem Domini. Multas hic video, quas antè nesciebam. O quantò melior est iste comitatus? Habeo Annam quondā in Euangelio prophetantem: &, quò magis gaudeas, tantorū annorum

Hiero. in epist. ad Paul.

rum labores ego in tribus mensibus consequuta sum. Vnam palmã castitatis accepimus. Misereris mei, quia mundã reliqui? At ego vestri sortem doleo, quos adhuc seculi carcer includit: quos quotidie in acie præliantes, nunc ira, nunc auaritia, nunc libido, nunc variorũ incentiua vitiorum pertrahunt ad ruinã. Si vis, vt mater mea sis, cura placere Christo. Non agnosco matrẽ meo Domino displicentẽ. Loquitur illa & alia multa, quæ taceo, & pro te Dominum rogat. Hactenus Hieronymus. Qui nec hac Blesillæ oratione contentus, ipsum etiã Dominũ ad Paulam matrem his verbis inducit loquentẽ: Non vereris ne tibi saluator dicat: Irasceris Paula, quia tua filia mea facta est filia? Indignaris de iudicio meo, & rebellibus lachrymis facis iniuriã possidenti? Scis enim quid de te, quid de cæteris tuis cogitem. Cibum tibi denegas, non ieiuniorum studio, sed doloris. Non amo frugalitatem istam. Ieiunia ista aduersarij mei sunt. Nullã animam recipio, quæ me nolente, separatur à corpore. Tales stulta philosophia habeat martyres, habeat Zenonem, Cleombrotum, vel Catonem. Super nullum requiescit spiritus meus, nisi super humilem & quietum, & trementem verba mea. Hoc est, quod mihi in monasterio promittebas? Quòd habitu à matronis cæteris separato, tibi quasi religiosior videbaris? Mens ista, quæ plangit, sericarũ vestium est. Intercipetis & moreris, & quasi non in meas manus ventura sis, crudelem iudicẽ fugis? Fugerat quondam & Ionas animosus Propheta, sed in profundo maris meus fuit. Si viuentem crederes filiam, nunquam plangeres ad meliora migrasse. Hoc est, quod per Apostolum meũ iusseram, ne pro dormientibus in similitudinem gentium tristaremini? Hactenus ille. Hieremias quoque ad leniendos captiuorum animos, ipsam Hierosolymorum ciuitatem his verbis filios suos alloquentem facit: Audite confines Sion: adduxit enim mihi Deus luctũ magnum: vidi enim captiuitatẽ populi mei, filiorum meorum, & filiarum, quam superduxit illis æternus. Nutriui enim illos cum iucunditate: dimisi autem illos cum fletu & luctu, &c.

Idem ad eandem.

Hæc

Hæc duo nouissima descriptionum genera, præter alias insignes vtilitates, hoc etiam habēt, quòd rectum orationis cursum atq; impetum ad formam quodam modo dialogi flectunt: dum sermones varijs personis accommodant, quas idem concionator induere debet, & ea vocis & gestus figura pronunciare, atque ij, quibus hi sermones tribuuntur. Quæ res non modò ad orationis, sed etiam ad pronunciationis varietatem & gratiam plurimùm valet.

Post rerum & personarum descriptiones, temporum quoque & locorum numerantur: quas, quoniam proposito nostro parum conueniunt, omittendas duxi. Extant autem duo huius rei apud Lactantium clarissima exempla in carmine de phœnice, & de Dominica resurrectione. Illic enim locus, hic tempus elegantissimè describuntur.

De affectibus in communi.
Caput X.

POst amplificandi rationem proximum est, vt de affectibus disseramus: quanuis hoc, exposita iam amplificandi ratione, magna ex parte traditum sit. Affectus enim (vt Philosophi aiunt) partim magnitudine rerum, partim earundem præsentia oculis subiecta concitantur. Illud amplificatione, hoc descriptione rerum & personarum fit. Vtrunque verò hactenus explicuimus. Itaque rerum amplificatio atque descriptio, quanuis in suadendo aut dissuadendo, laudando aut vituperando plurimùm valeant, non minus tamen, sed multò etiam magis ad effectus permouendos conducunt. Hæc igitur prima admonitio sit, vt cùm alicuius rei tractatione auditorum animos afficere volumus, eam rem maximam in suo genere ostendamus, eandemque (si natura rei patitur) velut oculis spectandam proponamus. Huius rei commodissimum exemplum præbent Lamentationes Hieremiæ: in quibus vir ille sanctissimus, non humano, sed diuino spiritu actus, ciuitatis sanctæ euersionem, ciuiumque suorum calamitalamitatem miro modo his rationibus exaggerat. Omnia enim, quæ calamitas illa complectebatur, hoc est, omnes eius partes & circunstantias enumerat & amplificat, remque totam ante oculos ponit. Hoc enim ostendunt illa verba: Quomodo sedet sola ciuitas populo? &c. Et, Candidiores Nazaræi eius niue, nitidiores lacte, &c. Et, Omnes portæ eius destructæ, sacerdotes eius gementes, virgines eius squallidæ, & ipsa oppressa amaritudine. Iam verò eiusdem Prophetæ oratio lamentationibus addita, totius calamitatis summam complectitur. *Thre. 1.*

Deinde illud etiam ad permouendos animos maximè iuuat, vt ipsi, qui mouere alios volumus, vehementer commoueamur. Qua de re non grauabor Fabij verba, quæ superiùs citaui, hoc in loco repetere. Is igitur vbi de mouendis affectibus disseruisset, sic hunc locum absoluit: si tradita mihi sequi præcepta sufficeret, satisfeceram huic parti, nihil eorum, quæ legi, vel didici, quod modò probabile fuit, omittēdo. Sed mihi in animo est, quæ latent penitùs, ipsa huius loci aperire penetralia: quæ quidē non aliquo tradente, sed experimento meo ac natura ipsa duce accepi. Summa enim, quantum ego quidem sentio, circa mouendos affectus in hoc posita est, vt moueamur ipsi. Nam & luctus, & iræ, & indignationis aliquando ridicula fuerit imitatio, si verba, vultumque tantùm, non etiam animum accommodauerimus. Quid enim aliud est causæ, vt lugentes vtique in recenti dolore disertissimè quædam exclamare videantur, & ira nonnunquam indoctis quoque eloquentiam faciat, quàm quòd illis inest vis mentis & veritas ipsa morum? Quare in his, quæ verisimilia esse volemus, simus ipsi similes eorum, qui verè patiuntur, affectibus: & à tali animo proficiscatur oratio, qualem facere iudicem volet. An ille dolebit, qui audiet me, cùm hoc dicam, non dolentem? irascetur, si nihil ipse, qui in iram concitat, idq; exigit, simile patietur? siccis agenti oculis iudex lachrymas dabit? Fieri non potest. Nec incēdit nisi ignis, nec madescimus nisi humore, nec res vlla dat alteri colorem, *Fabius li. 6. cap. 3.*

lorem, quem ipsa non habet. Primũ est igitur, vt apud nos valeant ea, quæ valere apud iudicem volumus, afficiamurq; antequã afficere conemur. At quomodo fiet, vt afficiamur? Neque enim sunt motus in nostra potestate. Tentabo etiã de hoc dicere. Quas phantasias Græci vocant, nos sanè visiones appellemus, per quas imagines rerũ absentium ita repræsentantur animo, vt eas cernere oculis, ac præsentes habere videamur. Has quisquis benè ceperit, is erit in affectibus potentissim⁹. Hunc quidem dicunt euphantasioton, qui sibi res, voces, actus secundum verum optimè fingit: quod quidẽ nobis volentibus facilè continget. Vt, hominem occisum queror, non omnia, quæ in re præsenti accidisse credibile est, in oculis habebo? non percussor ille subitus erumpet? non expauescet? circunuentus exclamabit? vel rogabit? vel fugiet? non ferientem, non concidentem videbo? non animo sanguis, & pauor, & gemitus, extremus denique expirantis hiatus insidet? Insequetur energia, quæ à Cicerone illustratio & euidentia nominatur, quæ non tam dicere videtur, quàm ostendere, & affectus non aliter, quàm si rebus ipsis intersimus, sequentur. Vbi verò miseratione opus erit, nobis ea, de quibus querimur, accidisse credamus, atque id animo nostro persuadeamus. Nos illi simus, quos grauia, indigna, tristia passos queramur. Nec agamus rem quasi alienam, sed assumamus parumper illum dolorem. Ita dicemus, quæ in simili nostro casu dicturi essemus. Vidi ego sæpe histriones atque comœdos, cùm ex aliquo grauiore actu personam deposuissent, flentes adhuc egredi. Quòd si in alienis scriptis sola pronunciatio ita falsis accedit affectibus, quid nos faciemus, qui illa cogitare debemus, vt moueri periclitãtium vice possimus? Orbum agimus & naufragum, & periclitantem, quorum induere personas quid attinet, nisi affectus assumimus? Hæc dissimulanda mihi non fuerunt, quibus ipse, quantuscunq; vsus fuit (nam peruenisse me ad aliquod nomẽ ingenij credo) frequenter motus sum, vt me nõ lachrymę solùm deprehenderint, sed pallor & vero similis dolor. Hactenus Fabius.

Cæte-

Cæterùm, pios animi erga res spirituales affectus nulla ars præbere potest, nisi adsit Spiritus ille diuinus, qui afflatu suo hunc motum animis nostris inspiret, quo & Prophetæ & Euangelici viri pleni fuerunt. Hoc enim nobis insinuat adspectus ille sanctorum animalium, quæ Ezechiel Propheta descripsit, qui erat vt carbonum ignis ardentium; & quasi adspectus lampadarum. Non solùm enim accensis lampadibus mentes hominum illuminabant, sed etiam ignitis carbonibus ad diuinarum rerum amorem incendebant. Hoc affectu saucius Hieremias clamabat: Quis dabit capiti meo aquam, & oculis meis fontem lachrymarum, & plorabo die ac nocte interfectos filiæ populi mei. Et, O vos omnes, qui transitis per viam? &c. Et, Defecerunt præ lachrymis oculi mei; conturbata sunt viscera mea, effusum est in terra iecur meum super contritione filiæ populi mei. Hoc eodem affectu commotus Apostolus dicebat: Quis infirmatur, & ego non infirmor? quis scandalizatur, & ego non vror: Et, Filioli mei, quos iterum parturio, donec formetur Christus in vobis; vellem esse apud vos modò, & commutare vocem meam: quoniam confundor in vobis. Quisquis igitur hunc animum atque sensum habuerit; non dubium, quin motus ipse, alios mouere, & incensus incendere possit. Quia verò hoc (vt antè diximus) Spiritus sancti donum est; qui in humilium cordibus requiescit; humilitate, & submissione animi, assiduisque precibus illud ab eo flagitet, quisquis onus & officium hoc effugere non potest.

Hiere. 9. Thren. 2. 2. Cor. 11. Galat. 4.

De affectibus in specie. Cap. XI.

VErùm hæc in vniuersum dicta sunt. Iam ad affectus in specie tractandos descendamus, sua cuique loca & inueniendi rationem præscribentes. Sunt autem alii affectus oratorum, alij concionatorum. Oratores enim ferè auditorum animos ad commiserationem, vel indignationem mouere solent. Concionatores autem ad amorem Dei, peccati odium, spem diuinæ miserationis, metum diuini iudicij, ac spirituale gaudium, salutarem tristitiam, diuinarum rerum admirationem, mundi contemptum, & cordis humilitatem, siue animi submissionem mouere solent.

Aristoteles secundo Rhetorices ad Theodectem libro copiosè de omnibus fermè affectibus scribit: nempè de ira, mansuetudine, amore, odio, timore, audacia, pudore, indignatione, misericordia, cæterisque similibus. In quibus tractandis philosophico more causas explicat, quibus vnusquisque horum affectuum in animo commoueri soleat. Hāc ergo prudentissimi Philosophi methodum his affectibus concitandis, quos suprà memorauimus, nos quoque sequemur. Diligenter ergo animaduertenda illa sunt, quæ in nobis dilectionem erga Deum, peccati odium, spem in Deum, timorem, cæterosque similes affectus concitare soleant. Hęc autem omnia sigillatim explicare non vnius libri, sed multorum opus est: cùm magna pars sacrorum voluminum, sanctorumque Patrum hoc præcipuè agat, vt hos affectus in animis nostris ingeneret. Nobis autem hoc in loco satis erit, velut digito affectuum fontes indicasse, viamque ostendisse, quam in alijs sequi debeamus.

Amorem igitur in Deum excitant immensa eius bonitas, charitas, mansuetudo, pulchritudo, cognatio, & beneficentia. Bonitas enim (vt ab hac incipiamus) humanæ voluntatis obiectum à Philosophis esse dicitur. Deus autem non modò bonus, sed immensa etiam bonitas, summumque & vniuersale bonum est, quod omnem complectitur bonitatem: quemadmodum ipse ad Mosem ait: Ego ostendam tibi omne bonum. Denique adeò bonus est, vt eius comparatione nihil bonum esse dicatur: quemadmodum Saluator ait: Nemo bonus, nisi solus Deus. Amor etiam nostri, quem secundo loco posuimus, ad mutuam amoris vicem reddendam incitat. At ita nos Dominus dilexit, vt dicat: Maiorem hac dilectionem nemo habet, quàm vt animā suam ponat quis pro amicis suis. Et, Sic Deus dilexit mundum, vt filium suum vnigenitum daret.

Et,

Et, In charitate perpetua dilexi te, ideo attraxi te miserans. Hæc autem diuina charitas sic nos ad redamandum impellit, vt Saluator dicat: Ignem veni mittere in terram, & quid volo, nisi vt accendatur? Lenitas quoque & mansuetudo amorem conciliant. At virtutem hanc ita sibi Saluator sumpsit, vt dicat: Discite à me, quia mitis sum & humilis corde. Et Apostolus, cæteris Domini virtutibus prętermissis, fideles obsecrat per mansuetudinem Christi. Pulchritudo quoque ad se amandam vehementer allicit, quæ Græcè calon (à vocando) dicitur: quòd omnia vocet ad se, & amoris vi ac potestate trahat. At Deus est, cuius immensam pulchritudinem Sol & Luna mirantur: qui de se ipso ait: Pulchritudo agri mecum est. Nec agri solùm, sed omnium etiam cœlestium atque terrestrium rerum pulchritudinem in se vno continet: à quo etiam pulchritudo omnis in omnia, quæ pulchra sunt, deriuatur: cùm nemo dare possit, quod non habet. Quisquis autem pulchri huius naturam & conditionem pleniùs cognoscere cupit, Platonem legat in conuiuio, in quo Socrates fœminam quandam de summi huius pulchri natura mirabiliter disserentem inducit. Sequitur deinde cognatio, quam cum Deo habemus, cuius & genus sumus: quemadmodũ Paulus poetæ Gentilis testimonio docet. Hæc autem magnum etiam amoris incitamentum est. Cùm enim sanguinis & generis cõmunio inter cognatos sit, consequens est, vt qui seipsum diligit, eiusdem generis & sanguinis consortes diligat. Inter cognationes autem, parentũ & filiorum magna cognatio est. At de Domino Deo nostro Propheta dicit: Nónne ipse est pater tuus, qui possedit, & fecit, & creauit te? Nec enim corporis solùm formator, sed animæ etiã creator est, ideoq; ipse est, à quo omnis paternitas in cœlo & in terra nominatur: cuius cõparatione, sicut nemo bonus, ita nemo pater super terrã appellandus est. Vnde meritò Propheta dicit: Pater meus & mater mea dereliquerunt me, Dominus autem assumpsit me. Et Esaias: Et nunc Domine, pater noster es tu: & Abrahã nesciuit nos, & Israel ignorauit nos. Quantò

Psalm. 26.

Esai 63.

ergo magis talis Pater diligendus est? Sed est aliud cognationis nomen multò arctiùs atque coniunctiùs, quodque maiorem amoris flammam excitat: nempè viri & vxoris, propter quam relinquet homo patrem & matrem: Hoc autem plenissimum amoris nomen sibi Christus Dominus in Canticorum libro vendicauit: vt flagrãtissimũ suum erga nos amorem, nostrumque, hoc est, sanctarum animarum erga illum, insinuaret. Idemque fidelem animam fide & charitate inflammatam sibi desponsat. Vtrunque autem nomen & patris & sponsi per Prophetam complexus est, cùm ait: Ergo amodò voca me, Pater meus, & dux virginitatis meæ. Quo ergo amore talis sponsus à nobis diligendus est?

Superest beneficentia, quæ omnia Domini beneficia siue corporis, siue animæ, siue naturæ, siue gratiæ, siue cõmunia, siue priuata complectitur: atq; inter hæc omnia summũ & maximũ redemptionis nostrę beneficium. Quę aũt oratio horum beneficiorũ multitudinẽ & magnitudinem vel explicare, vel etiã numerare valeat? Facilius enim stellarum multitudo, quàm diuina beneficia, numerari poterunt. Quot ergo sunt Domini beneficia, tot cordi nostro igniculi admouentur, qui amoris ignem erga illum incendant. Denique (vt vno verbo omnia complectar) omnes amandi rationes, quę in rebus conditis inueniuntur, cum infinita accessione in hoc summo bono auctæ reperiuntur. Quò fit, vt solus infinitus amor, qui in diuino pectore æstuat, huic infinitæ bonitati plenè satisfaciat: cæteri verò amores vel ipsarum quoque beatarum mentium, infinitis partibus minores sunt, quàm quos infinita illa bonitas & pulchritudo meretur. Ex his ergo fontibus rationes & incitamenta charitatis oriuntur, quibus algentia hominum pectora ad Dei amorem incendimus.

Hoc igitur exemplo proposito, Ecclesiastes partim studio & meditatione, partim sacrarum literarum, sanctorumque Patrum lectione rationes inuenire poterit, quibus cæteros affectus in animo auditorum excitare possit. Inter quos ad lætalis peccati odium & detestatiotestationem, & ad diuinæ iustitiæ timorem potissimùm studeat inducere. Hunc autem salutarem metum præcipuè acuunt peccatorum multitudo, incerta vitæ conditio, mortis ineuitabilis necessitas, diuinorum iudiciorum abyssus, rationis reddendæ cogitatio, extremi iudicij formidanda seueritas, suppliciorumque gehennæ acerbitas simul & æternitas, cæteraque his similia. Est autem hic timoris affectus vtilissimus ad obdurata hominũ pectora concutienda. Cùm enim homines nimium sui amantes sint, etiam si Dei amore careant, hoc tamen nimio sui amore capti, quicquid sibi valdè noxium esse intelligunt, vehementer perhorrescunt. Vnde fit, vt à seruili timore incipientes, & peccata solo pœnarum metu detestantes, paulatim ad filiorum amorem prouehantur. Hac ratione beatissimus confessor Vincentius infinitam penè hominum multitudinem ad veram pœnitentiam traxit: quòd in concionibus suis vt vehementissimus, ita frequentissimus esset in hoc diuini iudicij, æternorumque suppliciorum metu concitando. Quocirca Ecclesiastes animarum salutem sitiens, frequenter hos affectus vrgere, ac præcipuè gehennæ acerbitatem & æternitatem quanta poterit vi dicendi exaggerare, & velut oculis spectandam proponere debet. Nunquam enim tantùm has pœnas dicendo amplificare poterit, quin multis ac penè infinitis partibus eius oratio sit inferior, quàm quod rei magnitudo postulat. Qua in re omnis ars, omnisque dicendi facultas deficit. Cùm enim inter Oratorum virtutes Dinosis præcipuè numeretur, quæ rei indignitatem & atrocitatem non solùm dicendo æquat, sed etiam superat (qua virtute Demosthenes plurimùm valuisse dicitur) in hac tamen pœnarum acerbitate amplificanda virtus hæc prorsus deficit. Tantum enim abest, vt maiorem, quàm reuera est, dicendo faciat, vt ne quanta sit, efficere vllo modo possit. Quanuis autem longè minus sit, quod hac de re dicitur, hoc ipsum tamen, quod dicitur, vehementer vel ferrea hominum præcordia mouere potest. Ad hoc autem multa Ecclesiastes in scriniolis reposita & meditata habere debet: quibus hunc affectum excitare possit: ac deinde ingentem admirationem commouere: quòd tam multi sint, qui hæc omnia certissima fide sibi persuadentes, non aliter viuant, quàm si eadem aniles fabulas existimarent. Vbi igitur his rationibus argumenta inuenerimus, quibus affectus isti commoueantur, rationes amplificandi adhibendæ sunt, quibus ea, quæ inuenta fuerint, amplificemus: & hæc ipsa exemplis, similibus, dissimilibus, & scripturarum atque sanctorum Patrum testimonijs confirmabimus.

De commiserationis affectu.

Conquestio in causis iudicialibus defensori necessaria est, qua vel iudicum, vel auditorum animos ad misericordiam flectere conatur. Huius autem affectus tractatio raro in concionibus incidit: incidit tamen aliquando, siue cùm Dominicæ passionis acerbitatem, vel sacratissimæ Virginis dolorẽ amplificamus, quando aut triduo filium amisit, aut cùm eo in Aegyptum fugit, aut (quod fuit longè miserabilius) cum eundem in cruce morientem vidit, & tumulo condidit. Poterit etiam in agonibus Martyrum explicandis hic affectus intercedere. Quanuis autem hoc raro eueniat, quia tamen, quæ de hoc animorum motu Rhetores docent, digna sunt, quæ legantur, ea hoc in loco attexere volui: ex quibus prudens concionator, quæ instituto suo commodiora videbuntur, seligere poterit. De hoc

Cicero. igitur affectu Cicero in primo de Inuentione libro sic ait.

Conquestio est oratio auditorum misericordiam captans. In hac primùm animum auditoris mitem & misericordem conficere oportet, quò faciliùs conquestione commoueri possit. Id locis communibus efficere oportebit, per quos fortunæ vis in omnes & hominum infirmitas ostenditur. Qua ratione habita grauiter & sententiosè, maximè demittitur animus hominum, & ad misericordiam comparatur, cùm in alieno malo suam infirmitatem considerabit. Deinde primus locus

locus est misericordiæ, per quem, quibus in bonis fuerint, & nunc quibus in malis sint, ostenditur. Secundus, qui in tria tempora tribuitur, per quem, quibus in malis fuerint, & sint, & futuri sint, demonstratur. Tertius, per quem vnumquodque deploratur incommodum, vt in morte filij, pueritiæ delectatio, amor, spes, solatium, educatio, & si qua simili in genere quolibet de incommodo per conquestionem dici poterunt. Quartus, per quem res turpes, & humiles, & illiberales proferentur, & indignæ ætate, genere, fortuna, pristino honore, beneficijs, quas passi perpessuriúe sint. Quintus est, per quem omnia ante oculos sigillatim incommoda ponentur, vt videatur is, qui audit, videre: & re quoque ipsa, quasi adsit, non verbis solùm ad misericordiam ducatur. Sextus, per quem præter spem in miserijs demonstratur esse: & cùm aliquid expectaret, non modò id non adeptum esse, sed in summas miserias incidisse. Septimus, per quem ad ipsos, qui audiunt, similem casum conuertimus, & petimus, vt de suis liberis, aut parentibus, aut aliquo, qui illis charus debeat esse, nos cùm videant, recordentur. Octauus, per quem aliquid dicitur esse factum, quod non oportuerit, aut non factum, quod oportuerit, hoc modo: Non affui, non vidi, non postremam eius vocem audiui, non extremum eius spiritum excepi. Item, Inimicorum in manibus mortuus est, hostili in terra turpiter iacuit insepultus, à feris diu vexatus, communi quoque honore in morte caruit. Nonus, per quem oratio ad mutas & expertes animi res refertur, vt si ad equum, domum, vestem, sermonem alicuius accommodes, quibus animus eorum, qui audiunt, & aliquem dilexerunt, vehementer cõmouetur. Decimus, per quem inopia, infirmitas, solitudo demonstratur. Vndecimus, per quem aut liberorum, aut parentum, aut sui corporis sepeliendi, aut alicuius eiusmodi rei cõmendatio fit. Duodecimus, per quem disiunctio deploratur ab aliquo, cùm deducaris ab eo, qui cũ libentissimè vixeris, vt à parẽte, filio, fratre, familiari. Tertiusdecimus, per quem, cum indignatione cõquerimur, quòd ab ijs, à quibus minimè conueniat, malè tractentur, propinquis, amicis, quibus benefecerimus, quos adiutores fore putauerimus: aut à quibus indignum est, vt à seruis, libertis, clientibus, supplicibus. Quartusdecimus, qui per obsecrationem sumitur, in quo orantur modò illi, qui audiunt, humili & supplici oratione, vt misereantur. Quintusdecimus, per quem non nostras, sed eorum, qui chari nobis debent esse, fortunas conqueri nos demonstramus. Sextusdecimus est, per quem animum nostrum in alios misericordem esse ostendimus: & tamen amplum, & excelsum, & patientem incommodorum esse, & futurum, si quid acciderit, demonstramus. Nam sæpè virtus & magnificentia, in qua grauitas & auctoritas est, plus proficit ad misericordiam commouendam, quàm humilitas & obsecratio. Commotis autem animis diutiùs in conquestione morari non oportebit. Quemadmodum enim dixit Rhetor Apollonius, lachryma nihil citiùs arescit. Hactenus Cicero.

De figuris elocutionis, quæ affectibus concitandis deseruiunt.
Cap. XII.

QVæ hactenus de affectibus concitandis diximus ad inueniendi magis, quàm ad eloquendi rationem pertinent. Nūc quasdam elocutionis figuras, quæ ad hoc ipsum precipuè conducunt, his adiungere visum est. Post rem igitur insignem amplificatam, aut probatam, auditoris animus, qui iam rei magnitudine incipit cōmoueri, figuris ad hoc idoneis excitādus est. Inter quas prima & vulgatissima est exclamatio: qualis illa Apostoli, ex affectu charitatis erumpens: O insensati Galathæ, quis vos fascinauit non obedire veritati? &c. Nec semper exclamatio ab hac interiectione, O, incipienda est: sed vbicunque impotens affectus erumpit, exclamatio est: qualis illa: Generatio praua atque peruersa, hæccine reddis Domino popule stulte & insipiens? Nónne ipse est pater tuus? &c. Potuisset enim dicere: O ge-

Exclamatio.

Deut. 32.

O generatio praua, &c. quemadmodum in Euangelio Dominus: O generatio incredula, atq; peruersa, quã diu apud vos ero? quousque vos patiar? Illa quoque eiusdem Domini vox doloris index, Væ mundo à scandalis, exclamatio est. Sed vehementissima illa est, quæ pluribus constat exclamationibus: qualis illa Grego. Theo. in oratione funebri, in qua Gorgoniæ sororis, fœminæ sanctissimæ virtutes, ac præcipuè sacras in orationis studio vigilias commendat. Re enim exposita sic exclamat: O noctes insomnes, & psalmorum cantus, & stationem in diem desinentem. O Dauid, solis pijs animis, haud prolixè canens. O tenera membra in terram prouoluta, seque asperè præter naturam exercentia. O lachrymarum fontes præ tribulatione profusarum, vt in exultatione messem faciant. O nocturnũ clamorem, nubes penetrantem, ad Deumque peruadentem. O spiritus feruorem, præ orationis desiderio, nec canes nocturnos, nec imbres, nec tonitrua: nec grãdinem, nec tenebras extimescentem. O fœmineam naturam, quæ propter commune salutis certamen naturam virilem superasti, atque ostendisti, maris & fœminæ nomine non animos, sed corpora sola distingui. Hactenus Gregorius.

Matt. 17.

Matt. 18.

Greg Nazian. oratione funebri sororis Gorgo.

Est autem exclamatio multò acrior, cùm Apostrophe coniuncta est: in qua animus rei magnitudine cõmotus, ad res etiam mutas & inanimes sermonem cõuertit: qualis illa est: Obstupescite cæli super hoc, & portæ eius desolamini vehementer, &c. Et illa quoque ante rem expositam, quod rariùs contingit: contingit tamen. Audi cœlum, & auribus percipe terra: quia Dominus loquutus est. Et similis huic: Audite cœli, quæ loquor, audiat terra, verba oris mei. Sed illa tamen si non acrior, certè splendidior atque suauior ex desiderij magnitudine expressa vox: Rorate cœli desuper, & nubes pluant iustum: aperiatur terra, & germinet Saluatorem: Hanc quidem vocem ingens desiderij ardor expressit. Ille verò vehemens grati animi & lætitiæ affectus: Laudate cœli, quoniam Dominus fecit: iubilate extrema terræ: resonate montes laudationem, saltus

Apostrophe.

Hier. 2.

Esai. 1.

Esai. 45.

Esai. 44.

& omne lignum eius: quoniam redemit Dominus Iacob, & Israel gloriabitur. Dive rò Hieronymus in Epitaphio Nepotiani mortem ipsam alloquitur his verbis: O mors, quæ fratres diuidis, & amore sociatos crudelis ac dura dissocias! &c.

Contraria huic figura est, qua non res mutas & inanimes alloquimur, sed ipsis etiam sermonem & humanos affectus tribuimus: quod in literis sanctis vt vehementissimum, ita frequētissimum est. Quale est illud:
Psal. 97. Flumina plaudent manu, simul montes exultabunt à conspectu Domini: quia venit, &c Et, Lætentur cœli,
Psal. 95. & exultet terra: gaudebunt campi, & omnia, quæ in eis sunt. Tunc exultabunt omnia ligna syluarum à facie Domini, quia venit, &c. Et, Misericordia & veritas obuiauerunt sibi, iustitia & pax osculatæ sunt.

Hyperbole. Finitima his Hyperbole, quæ Latinè dicitur superlatio: cuius est etiam non infrequens in literis sanctis vsus: quę rem attollit quidem supra fidem, sed non
Psal. 17. supra modum. Talis est illa vox in Psal. 17. Et intonuit de cœlo Dominus, & altissimus dedit vocem suam, grando, & carbones ignis. Et misit sagittas suas, & dissipauit eos, fulgura multiplicauit, & conturbauit eos. Et apparuerunt fontes aquarum, & reuelata sunt fundamenta orbis terrarum His enim vocibus horrendis, impetum & iram diuini numinis aduersus impios voluit demonstrare. Ad eundem modum Deus apud E-
Esai. 13. saiam, Cœlum, inquit, turbabo, & conquassabitur terra, propter indignationem exercituum. Quem locum Diuus Hieronymus explanans, ait hanc esse superlationem, qua vehementissimam iram Dei, Vates sanctus exaggerat. Simile huic esse videtur illud eiusdem
Esai. 42. Prophetæ: tacui, semper silui, patiens fui, sicut parturiens loquar, dissipabo simul, & absorbebo: desertos faciam montes & colles, & omne gramen eorum exsiccabo. His enim verbis diuini furoris magnitudo insinuatur.

Interrogatio. Interrogationum quoque repetitio vim habet & acrimoniam: & non solùm ad affectus permouendos, sed etiam ad orationis varietatem plurimùm valet. Est

autem

autem vehementior atque elegantior, cùm plures interrogationes articulis aut membris distinctæ in eadem orationis serie fluxerunt: quale est illud Apostoli: Non sum liber? Non sum Apostolus? Nónne Christum vidi? Nónne opus meum vos estis in Domino? Et paulò pòst: Quis militat suis stipendijs vnquam? Quis plantat vineam, & de fructu eius non edit? Quis pascit gregem, & de lacte gregis non manducat? Nunquid secundum hominem hoc dico? An & lex hæc nō dicit? &c. Sic etiam exposita letalis peccati grauitate, eos, qui huiusmodi peccata deserere nullo modo volunt, his interrogationibus vrgere ac perterrefacere licebit. Quousque tandem ô miseri homines, diuina patientia abutemini? Quandiu in isto infelicissimo statu permanebitis? Quem tot sceleribus finem statuetis? Nihil ergo vos periculi vestri magnitudo, nihil diuini iudicij timor, nihil mortis incerta conditio, nihil rationis reddendæ cogitatio, nihil æterni supplicij metus, nihil susceptæ cum Deo inimicitiæ periculum, nihil tot diuina beneficia, quæ nos ad benefactoris amorem prouocant, nihil diuinæ maiestatis imperium, quod spérnitis & pro nihilo ducitis: nihil Christi crux, claui, lancea, sputa, vincula, flagella vestri causa suscepta, apud vos efficient? Quale pectus illud est, quod tot machinis non mouetur, tot arietibus non quatitur, tot fulminibus non deijcitur? Quomodo talibus aut cibus, aut somnus gratus esse potest, cùm in eo statu degant, in quo si repentina mors superuenerit (quod fieri non rarò solet) protinus ad æterna supplicia rapiantur? Quis in eis sensus remanet, qui somnum carpere tot noctes in peccato audent? qui rerum omnium conditorem (sine cuius virtute ne spirare quidem possumus) sibi infensum & inimicum habent? Quis hic Dæmonis vires atque potentiam non agnoscat, adeò potenter hominem excæcantis, & veluti adamantinis compedibus vincientis?

1. Cor. 9.

Obsecratio quoque, qua aliquid obnixè ab auditoribus postulamus, post rem probatā, aut amplificatam, appo-

Obsecratio.

appoſitiſſimè cadit. Sic Paulus, Obſecro, inquit, vos per miſericordiam Dei, vt exhibeatis corpora veſtra hoſtiam viuentem, &c. Et iterum, Ipſe ego Paulus obſecro vos per manſuetudinem & modeſtiam Chriſti, &c. Et alibi: Obſecro vos ego vinctus in Domino, & cæt. Sic. *Ephes. 4.* *Chryſoſt.* D. Chryſoſtomus poſteaquàm vehementer in eos inuectus eſſet, qui ſorores adoptiuas domi fouebant, hac obſecratione orationẽ clauſit: Oro igitur, & ſupplico, & ante genua veſtra me prouoluo, & omnibus preces offero, perſuadeamini, & ab hac ebrietate redeamus: ſimus noſtri ipſorum compotes, & agnoſcamus honorem, quem dedit nobis Deus: & Paulum clamantẽ audiamus: Ne ſitis ſerui hominum: & mulieribus ſeruire ad communem omnium perniciem deſinamus. Hactenus ille. Hac igitur figura frequentiſſimè concionatores vti poſſunt: quæ ſi à charitatis viſceribus proficiſcatur, magnam vim ad animos permouendos habet. Eſt in Hiſpania Concionator quidam, non minus ſanctitate, quam doctrina, & officij dignitate celebris: cuius auditores (inter cætera laudum eius inſignia) hoc maximè commendant, quòd frequenter hac obſecratione vti ſoleat: Obſecro vos fratres amore Dei, ne vltra peccare velimus. Quam quidẽ ſententiam ea vocis & vultus figura pronunciat, quæ facilè affectũ eius charitatis pleniſſimum oſtendunt: quo vehementer auditorum animos commouere ſolet.

Adiuratio *2. Tim. 4.* Finitima eſt huic adiuratio: quæ maiorem adhuc vim habet. Cuius ſpeciem illa Pauli verba, præ ſe ferre videntur: Teſtificor coram Deo & Chriſto Ieſu, qui iudicaturus eſt viuos & mortuos & aduentum ipſius. & regnum eius, prædica verbum, &c. Religioſus admodum pater Franciſcus Titelmanus, vbi in commentarijs de cœlo & mundo, aliquorum ſyderum magnitudinem, ex ſententia Ptolemæi Alfragani, cæterorumq; doctiſſimorum Aſtronomorum declaraſſet, adieciſſetque aliquot ſydera eſſe, quæ terræ magnitudinem trigeties quinquies, alia ſeptuagies, alia nonagies, alia verò (quæ primæ magnitudinis eſſe dicuntur) centies & ſepties ſuperarent, rei magnitudine ſtupefactus, ſic exclaclamat: Adiuro te, lector quisquis es, vt Christiano pectore, etiam atque etiam perpendas ex his, quæ dicta sunt, quàm sit miseranda sors eorum hominum, qui propter angustissima huius terræ gurgustiola immensam illam cœlestis regni amplitudinem amittunt. Iterumque considera, quàm miseri sint, & quàm malè sibi consulant, qui pro huiusmodi rebus digladiantur, mutuoque se ipsos decipiunt, omniaque diuina & humana iura violant. Quanuis enim aliquis totius terræ imperium obtineret (quod tamen nulli hactenus inter mortales contigit) quid aliud, quàm punctum rapuit? quid aliud, quàm punctum manibus tenet, in atomo tenet imperium? Illi ergo, qui pro terræ minima particula, vtpote pro agello, pro angusto prædiolo, pro domuncula siue casula contendunt, quid aliud moliuntur, quid quærunt, quàm huius puncti, hoc est, totius terræ minimam particulam possidere? O vanas hominum curas, ô pectora cæca. Disce ô miser, pro quam minima recula, quantum amittas thesaurum: & pro angusto formicarum nidulo, quàm amplum abijcias palatium, dum terrenam sortem cœlesti præeligis.

Optatio quoque affectum animi desiderantis explicat: qualis illa: Gens absque consilio, & sine prudentia est. Vtinam saperent & intelligerent, ac nouissima prouiderēt. Itē illa: Quis dabit mihi pennas sicut colūbæ, & volabo, & requiescam. Et illa: Vsquequo peccatores Domine, vsq; quò peccatores gloriabuntur? Sic etiam Dominus de filijs Israel obedientiam pollicentibus ad Moysem ait: Rectè omnia sunt loquuti. Quis det eos talem habere mentem, vt timeant me, & custodiant vniuersa mandata mea, vt benè sit illis, & filijs eorum vsque in sempiternum? Sanctus quoque Iob, Quis, inquit, mihi tribuat, vt in inferno protegas me? &cæt. Et, Quis mihi tribuat, vt describantur sermones mei? quis mihi det, vt exarentur in libro, &c. Hieremias item populi peccatis offensus, clamat: Quis dabit me in solitudinem diuersoriū viatorū, vt fugiā populū meum: qui omnes adulteri sunt, & cœtus præuaricatorum.

Optatio. *Deut.* 32. *Psal.* 54. *Psal.* 93. *Iob.* 14. *Iob.* 19. *Hiere.* 9.

Con-

Contraria huic est imprecatio, qualis illa Didonis apud Verg.

Sed mihi vel tellus optem, prius ima dehiscat,
Vel pater omnipotens adigat me fulmine ad vmbras,
Pallentes vmbras Erebi, noctemque profundam,
Antè pudor, quàm te violem, & tua iura resoluam.

Est hæc figura non infrequens in literis sanctis: sic sanctus Iob: Pereat dies: in qua natus sum, & nox in
Osea 14. qua dictum est, conceptus est homo. Et Oseæ. 14. Pereat Samaria, quia ad iracundiam prouocauit Deum
Psal. 68. suum, &c. Et in Psalmo: Fiant mensæ eorum coram ipsis in laqueum, &c. Verùm his imprecationibus Prophetarum & Psalmorũ libri pleni sunt: quæ tamen non tam imprecationes malorum, quàm futurarum cladium vaticinia, existimandæ sunt. Hac figura vti possumus, cùm gehennæ acerbitatem, aut extremi iudicij seueritatem exaggerantes, damnatorum voces exprimimus: quibus illi parentibus, nutricibus, præceptoribus, ac postremò natali diei, atque sibi ipsis rabido ore dira imprecantur.

Admiratio quoque inter figuras, quæ affectibus seruiunt, iure numeranda est: cuius est in literis sanctis
Thren. 1. frequens vsus: qualia sunt illa: Quomodo sedet sola ci-
Thren. 4. uitas plena populo! &, Quomodo obscuratum est au-
Thren. 2. rum, mutatus est color optimus! &, Quomodo obte-
Esai. 14. xit caligine in furore suo Dominus filiam Sion! Isaias
Psal. 13. quoque: Quomodo cecidisti de cœlo Lucifer, qui mane oriebaris! &c. Et Psalmographus, Quid est tibi mare, quòd fugisti: & tu Iordanis, quia conuersus es retrorsum? Montes exultastis sicut arietes, &c. Hoc aũt in loco duplicatur figura, cùm admirationi iungitur Apostrophe. Apparet autem hanc esse figuram, quia quod simpliciter dici poterat, Sedet sola ciuitas plena populo, &c. acrius eadem sententia hoc modo profertur & honestatur. Sunt & aliæ figuræ, quæ multum etiam ad acrimoniam, & res amplificandas valent: quales sunt, Repetitio, Conuersio. Complexio, Interpretatio, Synathrismos, siue congeries, Contraria, Contentio, & quædã aliæ, quas inter cæteras elocutionis figu-

tas reddemus. Eas enim solùm hic enumerare voluimus, quæ manifestos continent affectus. Quas si quis inter figuras referre noluerit, nō admodum repugnabo, dummodo earum vis atque natura intelligatur.

Hæc sunt, quæ de amplificandi ratione in commune mihi dicenda visa sunt. Cùm autem initio secundi libri omnem orationem in triplici genere versari traditum à nobis sit, nempe argumentatione, amplificatione, & expositione: ac de duobus prioribus iam dictum sit, reliquum erat, vt de tertia parte, hoc est, expositione modò diceremus: de qua tamen in sequenti libro, cùm de narratione & genere didascalico dicendum erit, pauca trademus. Vtroque enim modo aliquid exponimus, vel cùm rem gestam narramus, vel cùm abstrusum aliquid dicendo explicamus.

ECCLESIASTICÆ RHETORICAE, SIVE DE RATIONE CONCIONANDI LIBER QUARTUS: qui singularia concionum genera, & dispositionis ordinem atque rationem explicat.

De sex orationis partibus. *Cap.* I.

ACTENVS communia inuentionis præcepta, quę ad omnia concionum genera in vniuersum pertinent, exposuimus. Nunc doctrinæ ordo exigere videtur, vt ad singulares concionum species tractandas descen-

descendamus: & quid vnaquæque earum desideret; quidque Ecclesiastes supra Oratorem addat, explicemus. Diximus autem, ex Aristotelis & Ciceronis sententia, Rhetoricæ artis materiam in triplici causarum genere versari, iudiciali, deliberatiuo, ac demonstratiuo. Et in iudiciali quidem genere accusamus vel defendimus, in deliberatiuo suademus, dissuademus, hortamur, dehortamur, petimus, consiliamur, commendamus, &c. in demonstratiuo, personas, res, facta laudamus, aut vituperamus. Additum est his didascalicũ seu dialecticum genus, ab ijs, qui latiùs hoc causæ genus patere volunt, vt non tantum finitam complectatur quæstionem, sed ad infinitam etiam extendatur, & ad quancunque rem positam, de qua disseri via & ratione possit: Hoc genere continentur theses, seu loci cõmunes, & simplices, & copulati: quorum tractationem orator à dialectica methodo accipit. Eam rationem Cicero in lib. de officijs sequutus est: nihilque aliud D. Thom. cæterique Theologiæ doctores agunt, cùm de Deo, de Angelis, de anima, de fide, spe, charitate, cæterisque virtutibus disputant: quarum naturam, genus, species, partes, causas, effectus, &c. tractant. Huius autem generis finis cognitio est. Ecclesiastes tamen omnia ad vitæ institutionem inclinabit. Ex his autẽ quatuor generibus iudiciale ab instituto nostro excludendum esse superius diximus: reliqua verò tria, quoniam proposito nostro magis conueniunt, sigillatim à nobis tractanda sunt.

Quia verò non parum refert ad omnia concionum genera, præcipueque ad suasoria, quæ maximè ad institutum nostrum pertinent, orationis cuiusque præcipuas partes, & veluti membra nosse, necesse erit, vt has antè omnia breuiter exponamus. Sunt igitur plenissimæ atque perfectæ orationis sex partes, Exordiũ, Narratio, Propositio (cui partitio siue diuisio iungitur) Confirmatio, Confutatio, & Conclusio siue peroratio. Exordium est principium orationis, per quod animus auditoris præparatur ad audiendum. Narratio est rerum gestarum, aut perinde vt gestarum expositio.

ſitio. Propoſitio ſummam cauſæ complectitur: cui additur partitio, quæ membra orationis aperit. Confirmatio eſt noſtrorum argumẽtorum expoſitio cum aſſeueratione. Confutatio eſt contrariorum locorũ diſſolutio. Concluſio eſt artificioſus terminus orationis. Has partes natura monſtrauit, & hunc ordinem ſeruari iubet: vt antequam de re propoſita dicamus, initio concilientur animi eorum, qui audiunt: deinde res demonſtretur: poſtea controuerſia conſtituatur: tum id, quod intendimus, confirmetur: pòſt, quæ contradici poſſunt, refellãtur: extrema autem oratione, ea quæ pro nobis faciunt, amplificentur & augeantur: quæ pro aduerſarijs, infirmentur. Eſt itaque oratio, quæ his partibus conſtat, velut perfectum quoddam in ſuo genere corpus, membris omnibus abſolutum. Prima igitur pars ad conciliandos animos, vltima ad commouendos valet. Confirmatio & confutatio ad docẽdum ac probandum pertinent, ad quam reliquæ viam muniunt. Ex his partibus plena & perfecta componitur oratio. Quid autem vnaquæque earum exigat, exponere incipiamus.

De Exordio I.

Exordium eſt, quo animus auditoris ad audiẽdum præparatur. Id ita ſumitur, vt beneuolos, vt attentos, vt dociles auditores habeamus. Hic multa Rhetores de captanda beneuolentia docent. Beneuolos quippe auditores quatuor modis faciunt: à dicentis, ab aduerſariorum, ab auditorum perſona, & à rebus ipſis. Et ab aduerſariorum quidem perſona, ſi eos in odium, inuidiam, contemptum adduxerint: quæ omnia longiſſimè ab officio noſtro diſtant. Satis ergo nobis erit, ſi attentos & dociles efficiamus: quibus etiam rationibus eorum nobis fauorem & gratiam conciliabimus. Attentos enim habebimus, ſi docebimus, nos de rebus magnis, nouis, inuſitatis verba facturos, aut de ijs rebus, quæ ad Rempublicam pertinent, aut ad eos ipſos, qui audient, aut ad Dei cultum & religionem: & ſi rogabimus, vt attentè audiant: & ſi numero exponemus res, de quibus dicturi ſumus. Dociles auditores haberẽ poterimus, si summam causæ breuiter exponemus, & si attentos eos faciemus. Nã docilis est, qui attentè vult audire.

De *Narratione*. II.

Post exordiũ Rhetores (qui hanc artem ad iudiciales præcipuè causas tractandas, vt antea diximus, excogitarunt) Narrationem secundo loco posuerunt: quæ ad huiusmodi causas agendas ferè necessaria est. Hoc aũt narrationis genus parum instituto nostro conuenit. Sunt tamen quatuor alia narrationũ genera, quæ non rarò in cõciones incurrunt. Primũ est, cùm res gestas, quæ vel in sacris literis, vel in vita Sanctorum cõtinentur, ad aliquid confirmandum commemoramus. Secundum est, quod amplificandi causa tractatur. Tertium est, quod allegoriæ vel tropologiæ seruit. Quartũ in Euangelica lectione explicanda versatur: de quibus breuiter modò dicendum est.

Primum ergo genus esse dicimus, quod res gestas & exempla Sanctorum cõmemorat. Sic enim narramus historiam Ioseph à fratribus proditi: sic Dauidis, Tobiæ, Iudith, Ester, Ionæ Prophetæ, cæterasque similes alicuius vtilitatis gratia, in diuersis concionum partibus commemoramus. Nemo autem putet, facilè cuique esse huiusmodi exempla artificiosè & eleganter dicere. Hac enim in re cum primis eloquentia dominatur, vt iucundam narrationem efficiat: in ea namque tum animorum motus, tum verba varijs personis conuenientia (per quæ morata oratio fit) tum etiam breues rerum descriptiones adhibendæ erunt, quæ rem oculis subijciant. Genus quoque orationis rebus ipsis conuenire debet. Hoc autem fiet, si lætis iucunda, serijs grauia, insignibus ornata, tristibus acerba tribuatur expositio.

Quanuis autem huiusmodi narrationes iudicialium causarum dissimiles sint, eas tamen virtutes habere debent, quas illis Rhetores attribuunt. Volunt quippe, vt omnis narratio breuis, dilucida, verisimilis, & iucunda sit. Breuis & iucunda libentius auditur: perspicua facilius intelligitur: verisimilis citius probatur. Solet ferè

ferè narrationis initio præparatio quædam adhiberi, & fini,tanquam peroratio, atq; ad contentionē transitio:quod ipsum in reliquis etiam partibus obseruandū est: vt aptè inter se omnes atque eleganter cohæreant. Has ergo res habere narrationem conuenit: quæ quoniam fieri oportere scimus, quemadmodum facere debeamus,cognoscendum est. Rem breuiter narrare poterimus, si inde incipiemus narrare, vnde necesse erit: &,si non ab vltimo initio repetere volemus, &,si summatim non particulatim narrabimus: &,si non ad extremum,sed vsque eò,quò opus erit, prosequemur,&, si transitionibus nullis vtemur,&,si non decertabimus ab eo,quod cœperimus exponere:&,si exitus rerum ita exponemus,vt antè quoq;, quæ facta sint, sciri possint, tametsi nos reticuerimus. Quod genus si dicam me ex prouincia redijsse, profectum quoque in prouinciā intelligatur. Et omninò non modo id, quod obest,sed etiam id, quod neque obest, neque adiuuat, satius est præterire. Et ne bis aut sæpius idem dicamus, cauendum est etiam,ne id,quod semel suprà diximus,deinceps dicamus, hoc modo: Athenis Megarā vesperi aduenit Simo: vbi aduenit Megaram, insidias fecit virgini:insidias postquam fecit,vim in loco attulit.Rem dilucidè narrabimus, si vt quidque primùm gestum erit, ita primùm exponemus, & rerum ac temporum ordinem conseruabimus;vt gestæ res erunt, aut vt potuisse geri videbuntur. Hic erit considerandum, ne quid perturbatè, ne quid contortè, ne quid ambiguè; ne quid nouè dicamus, ne quam aliam in rem transeamus, ne ab vltimo repetamus, ne longè prosequamur, ne quid quod ad rem pertineat, prætereamus: &,si persequamur ea,quæ de breuitate præcepta sunt. Nam quò breuior, eò dilucidior, & cognitu facilior narratio fiet. Verisimilis narratio erit, si, vt mos, vt opinio, vt natura postulat, dicemus: si spatia temporum, personarum dignitates, consiliorum rationes, locorum opportunitates constabunt: ne refelli possit, aut temporis parum fuisse, aut causam nullam, aut locum idoneum non fuisse, aut homines ipsos facere, aut pati non potuisse. Iucunda verò narratio erit, si noua, inexpectata, magna, grauia contineat.

Secundum narrationis genus esse diximus, quod amplificandi causa sumitur, quo videlicet egregia Sanctorum facta, aut detestanda malorum exempla amplificare volumus. Hac ratione Origenes obedientiam Abrahæ in filij sacrificio, Gregorius Nazianzenus vitam & mortem beati martyris Cypriani, D. Basilius quadraginta militum martyrium, D. autem Chrysostomus, trium puerorum, quos Nabuchodonosor in fornacē conijci præcepit, constantiam & animi magnitudinem amplificat. Hoc autem narrationis genus maiorem adhuc eloquentiæ vim, quàm superius illud desiderat. Huic enim potissimùm amplæ illæ rerū & personarum descriptiones, & ea omnia, quæ in superiori libro de amplificatione diximus, seruiunt. Nihil autem nos iuuare magis ad huius artificij rationem poterit, quàm hæc sanctorum Patrum scripta, quæ modo retuli, perlegisse, & quæ artis sunt, diligenter in eos adnotasse. Verùm hac de re paulò fusiùs, cùm ad demonstratiuum genus ventum fuerit, differemus.

Tertium genus est, quod allegoriæ, mysticisq; sanctarum scripturarum sensibus deseruit. Quia vero sancti olim Patres (ac præcipuè Origenes) in his mysticis sensibus explicandis diligentissimè versati sunt, & hoc ipsum ad Concionatoris officium maximè spectat, quæ mihi hac de re dicenda videbuntur, paucis expediam. Principio igitur inter mysticos sensus, alij ad mores formandos, alij ad Christi mysterium explicandum pertinent: illud tropologiam, hoc allegoriam appellant. Et illi quidem sensus ad moralem Philosophiam, hi verò ad Christi fidem: illi ad legem & institutionem vitæ, hi ad gratiam Euangelij explicandam referuntur. Qua ex re dignitas allegoriæ supra tropologiam intelligitur: quandoquidem tropologia diuinæ legis enarrationem continet, allegoria verò diuinæ gratiæ beneficium demonstrat: illa quidem intellectum erudit, hæc verò proposita diuinæ gratiæ, diuinæque bonitatis & misericordiæ magnitudine, voluntatem

luntatem accendit. Itaque cùm concionator (vt antè diximus) docere, flectere, ac delectare debeat, tropologia solùm docet: allegoria verò non solùm docet, sed etiam flectit, atque delectat. Delectat quidem diuinæ largitatis & gratiæ, Euangelijque faustissimo nuncio ante oculos posito: flectit autem, qui hac tanta diuinæ bonitatis & charitatis magnitudine exposita, voluntates hominum ad mutuum in Deum amorem, & peccati odium, & salutis suæ spem vehementer incendit.

Sed cùm allegoriæ nomen multa, quæ ad Christi mysterium pertinent, comprahendat, illud genus allegoriæ potissimùm excellit, quod summum redemptionis nostræ beneficium, & Dominicæ passionis meritum, & diuinæ gratiæ, quæ per illam nobis datur, mirabilem vim & efficaciam præcipuè declarat. Hæc enim diligenter exposita & amplificata, miro modo mẽtes hominum in tantarum rerum admirationem rapiunt, & diuinæ bonitatis, benignitatis, charitatis, & misericordiæ amorem vehementer inflammant. Nemo autem allegoriarum tractatione hos affectus excitare poterit, nisi qui prius partim quidem studio atq; doctrina, partim verò secreto Spiritus sancti magisterio hanc tantam diuinæ dignationis gratiam didicerit, eiusq; non modò cognitionem, sed etiam sensum ab eo hauserit. Hoc autem ad mysticam Theologiam spectat: quæ diuinarum rerum dignitatem magis amãdo ac degustando, quàm intelligendo cognoscit: cuius verus ac legitimus magister Spiritus sanctus est. Qui ab hoc igitur summo præceptore fuerit edoctus, is vtique huiusmodi allegoriarũ tractatione poterit animos hominum ad amorem in Deum, & peccati odium excitare: & quem ipse motum atq; affectum animo conceperit, in alios dicendo transfundere.

Sunt autem quidam præcipuè hac nostra ætate, qui solo literali (vt vocant) sensu contenti, mysticos sensus refugiunt. Sunt rursus alij, qui in omnibus penè sanctarum scripturarum locis hos sensus indagare student: quo in genere notatus olim à D. Hieronym. Origenes

rigenes fuit: sic enim de illo ait: Liberis campis allegoriæ vagatur, & interpretatis nominibus singulorum, ingenium suum facit Ecclesiæ sacramenta. Modus igitur in his adhibendus est, & media, hoc est, regia via incedendum, vt videlicet nusquam allegorias requiramus, nisi cùm res ipsa mysticum sensum postulare videtur. Cùm enim Dominus In Euangelio lutum facit ex sputo, & cæci oculos linit, & ad Natatoriam Siloë mittit: cumque surdum & mutum à turba secernit, & expuens tangit linguam eius, & digitos mittit in aures eius, & gemit, & cœlum suspicit, apertè hæc omnia mysticum aliquid nobis hic latere insinuant.

Hac igitur in re hęc ab eodem Origene tradita regula mihi tenenda esse videtur: vt quoties vel in sacra historia, vel in veteris legis præceptis, sacrificijs & cæremonijs aliquid inueniatur, quod prima fronte vel otiosum, vel specie tenus superstitiosum, vel parum rationi & æquitati consonum inueniatur, ibi mysticum sensum requiramus: vt quod in litera scriptoris aut legislatoris dignitati minus conuenire videtur, in mystico sensu maximè conuenire reperiatur. Exempli gratia. Parum diuinæ legis æquitati conuenire videtur, vt mulier, quæ filium enixa fuerit, septem diebus immunda sit, & ab omni sacrorum contactu arceatur: si verò filiam pepererit, hoc legalis immunditiæ spatium duplicetur. Sic etiam cur vir mundus, qui ex præcepto Domini vaccam legalium immunditiarum expiatricem comburit, & qui eius cineres colligit, in mundissimo loco reponit, lauare vestimenta sua, & vsque ad vesperam immundus esse per legem debeat: cùm ex diuinæ legis obedientia, & rei mundissimæ contactu nemo sordes contrahat. Iam verò vacca præcipitur eligi rufa, & sine macula, & quæ nunquam iugum portauerit, & quòd extra castra non in templo immolanda atque comburenda, & ita comburenda, vt ipsius etiam pellis atque fimus cum ea simul comburatur: quis igitur hæc omnia mysterijs vacare credat? Quid verò mundati leprosi sacrificium? quàm multa continet,

quæ

quæ si nihil spirituale atque reconditum designarent, indignum Deo legislatore videretur. Sic enim Leuitici decimoquarto de ipso legimus: Adducetur ad sacerdotem, qui egressus de castris, cùm inuenerit leprã esse mũdatam, præcipiet ei, qui purificatur, vt offerat duos passeres viuos pro se, quos vesci licitum est, & lignum cedrinum vermiculumque, & hyssopum, & vnum ex passeribus immolari iubebit in vase fictili super aquas viuentes: alium autem viuum cum ligno cedrino, & cocco, & hyssopo tinget in sanguine passeris immolati, quo asperget illum, qui mundandus est, septies, vt iure purgetur, & dimittet passerem viuum, vt in agrum auolet. Hactenus verba legis. In his ergo ac similibus legibus explicandis Origenes ait: Si credimus has literas esse diuinas, necesse est, vt spirituale aliquid atque diuinum tanto dignum legislatore in eis latere fateamur. Alioqui audeo dicere, Atheniensium aut Lacedæmoniorum leges commodiores hominibus, magisque salutares extitisse. Cùm verò idem Dominus in paschalis agni sacrificio præcipiat, vt is agnus sit anniculus, vt sine macula, vt in vna domo comedatur, vt ossa eius non conterantur, vt nihil ex eo in crastinum reponatur, sed igne quod residuum fuerit, comburatur, ac postremò, vt assus, non elixus comederetur, quis adeò sine mente erit, vt non hæc omnia mysticis sensibus refertissima esse credat? Hic D. Gregor. ex eo, quod Dominus pręcepit, ne quid crudum ex hoc agno comederetur, apertè colligit spiritualem in his sensum reconditum esse. Alioqui otiosum erat pręcipere, ne quis crudas carnes comederet, quas præter carniuoras bestias nemo comedit.

His ita constitutis proximum est, vt tractandi rationem in his mysticis sensibus ostendamus. Primùm igitur vel legẽ ipsam, vel historiã rei gestæ dilucidè & breuiter (vt paulò antè de narratione diximus) exponemus, hac tamẽ obseruatione, vt vel ex lege vel historia rei gestæ ea solùm dicamus, quæ ad mystici sensus explicationẽ pertinent: cætera verò, nisi quæ ad historiæ cognitionẽ necessaria fuerint, prætermittamus. Exẽpli gratia. Si ex sacrificio illius vaccæ (cuius paulò antè mentionem feci) redemptionis Christi gratiam & sacramentorum virtutem à sacra eius passione manantem voluero declarare, altero eiusdem legis mysterio prætermisso, de eo videlicet, qui vaccam combussit, & eius cineres in mundo loco reposuit (qui etiam immũdus esse vsque ad vesperam dicitur) cætera solùm, quę ad sacram Christi humanitatem pertinent, commemorabo: ne videlicet multis rebus, quarum mysteria explanare nolo, narrationem frustra onerẽ. Rursum si docere voluero, genus humanum primi parentis vitio ad mortem damnatum, nequaquam Mosis lege, sed per incarnationis Dominicæ beneficium fuisse à morte suscitatum, per quod homines immensam illã Dei bonitatem & charitatem agnoscentes, amore eius æstuare cœperunt, ea solùm ex historia pueri ab Helisæo suscitati narrabo, quæ ad hoc mysterium explicãdum pertinebunt. Nempe, quòd illa sancti viri hospita ad ipsum accurrerit. Propheta verò puerum suum cum baculo miserit, quem super defuncti corpus poneret: qui tamen vitam mortuo reddere non potuit, quousque pueri dominus venit, seq; ad defuncti paruuli mẽsuram contraxit: quo factum est, vt caro pueri calefieret, oculosq; aperuerit: atq; ita demũ vitam amissam receperit. Lege igitur aut historia hoc modo ante oculos posita, primo loco ijs rationibus, quas paulò antè ex Origenis sententia attigimus, demonstrandum erit, mysticum aliquid in ijs rebus latere. Nam (vt de Helisæo loquar) quorsum necis & vitæ autor Dominus hac tam noua ratione voluerit mortuo vitam reddi, quæ nihil ad hoc pertinere videbatur?

Cùm his igitur rationibus auditorum attentio fuerit excitata, eorumque animus eius mysterij cognoscẽdi auidus effectus, tum eius explanationem aggrediemur, singulas eius partes, singulis vel legis vel historiæ partibus accommodantes: idque (quantum orationis perspicuitas tulerit) translatis verbis vtentes, quæ ad legem vel historiã propositã alludere intelligãtur. Quod tamẽ ita faciendum erit, vt oratio metaphoris respersa,

non

non obruta esse videatur: ne obscuritatem pariat, & allegoricus sermo in ænigmata exeat.

In his autem allegorijs nequaquam oportebit (qđ quidam faciunt) diutiùs in nominum interpretatione versari: sed hæc ipsa breui oratione explicantes, in ea re, cuius gratia allegoria inducta est, immorari conueniet, & longiori interdum oratione, id quod intendimus, amplificare.

Vltimo verò loco illud adijciam, vt quoniam multa sunt, quæ de hac re præcipiuntur, quæ nos breui oratione complecti minimè possumus, studiosus concionator in his mysticis sensibus explicandis cum laude versari cupiens, diligenter Origenis libros, qui in Mosis Pentateucum scripti sunt, euoluat: & ex eo, quonā modo hæc præcipua Theologiæ pars tractanda sit, plenissimè discet. Extat etiam de hoc argumenti genere Radulphi Flauiani opus in Leuiticum, dignum profectò quod à studiosis concionatoribus legatur. Extat item allegoriarum moraliumq; sententiarum opus, abs triginta veteribus Patribus collectum: in quo multa in hoc genere scitu digna pius concionator congesta deprehendet.

Reliquum erat quartum narrationis genus, quod in Euangelica lectione explananda versatur: cuius vim & rationem paulò post suo loco explicabimus.

De propositione & partitione. III.

Propositio est, qua breuiter status & summa totius causæ comprænditur. Hæc autem omnis confirmationis caput est, quæ omitti nunquam potest. Si propositio simplex non est, subijcitur partitio: quæ breuis est partium propositionis enumeratio. Ea duplex est: vna, quæ tantum in genere iudiciali adhibetur, per quā aperimus, quid cum aduersarijs conueniat, & quid in controuersia relinquatur. Altera est, qua in omnibus causarum generibus vti licebit: per quam explicamus, quot & quibus de rebus simus dicturi, & quem secuturi in dicendo ordinem ostendimus: vt quid quaque de re, quóue loco dicendum sit, appareat: quæ res vel maximè docilem facit auditorem, dum quo ordine vnāquanque eatum, quæ propositæ sunt, partium tractaturus sit, præcognoscet: maximumque eadem memoriæ lumen affert: vtilis & necessaria non oratori solū, sed cuiuis etiam quacunque de re differenti. Sed hic videndum est, ne sit obscura partitio, ne longa nimium, ac multiplex: ne permixta genera partibus implicentur. Tribus enim virtutibus ea maximè commēdatur: absolutione, & paucitate, nec pluribus ferè, quàm tribus, aut interdum quatuor membris comprahenditur. Euenire autem interdum potest, vt aliqua diuisionis pars docendi gratia iterùm diuidenda sit: quod fecit Cicero pro lege Manilia, siue de imperatore ad bellum Mithridaticum deligendo. Prima enim partitio fuit: Primùm mihi videtur de genere belli, deinde de magnitudine, tum de imperatore deligendo esse dicēdum. Absolutis autem duobus propositis diuisionis membris; cùm ad tertium ventum est, hac diuisione est vsus: Ego sic existimo, in summo imperatore quatuor has res inesse oportere, virtutem, scientiam rei militaris, autoritatem, felicitatem. Hæc de partitione in vniuersum dicta sunt: de qua etiam nonnulla paulò inferiùs annotabimus.

Sunt autem multa alia, quæ Dialectici de diuisionis ratione atque natura docent, quæ ab illis petenda sūt. Quòd verò ad institutum nostrum attinet, videndum illud quoque est, vt membra diuisionis inter se cohæreant: hoc est, vt sub eodem genere vniuocè contineantur, Qua in re multi nimis insulsè peccant, qui sola nominis voce contenti, dissimillima inter se membra sub eodem nomine coniungunt. Pudet huius rei exemplū ponere. Hoc certè modo peccant, qui ciuitatem supra montem positam explicaturi, montem faciunt virum sanctum, de quo sermonem habituri sunt: deinde Ecclesiam, tum iusti viri animam: atque ita de triplici monte se concionem habituros dicunt. Quo in genere innumera penè vitia in multis autoribus, qui sermones scripserunt, passim deprehendere licet.

Quia tamen non leuiter à multis in hac diuidendi ratione peccatur (quæ res totius concionis perturbationem

onem parit, quæ tota à diuisionis ordine & ratione procedit) quid in hac parte Ecclesiastes considerare debeat, paucis expediam. Is igitur ante omnia quid in tota concione efficere velit, hoc est, orationis suæ scopum ante oculos ponat. Deinde quibus illum rationibus attingere velit, animaduertat, easque prudenti consilio ad aliquem ordinem reducat: atque ita demùm diuisionis partes colligere poterit, quæ totius causæ summam comprehendant. Hoc autem apparet in ea Ciceronis diuisione, quam paulò antè citauimus. Cætera verò, quæ de hac re præcipi possunt, prudentis concionatoris iudicio relinquuntur: quandoquidem totã hanc rectè disponendi rationem (à qua diuisio manat) Cicero prudẽtiæ magis consilio, quàm artis præceptis constare putat.

De confirmatione & confutatione. IIII.

Quartam & quintam orationis partem esse dixim^9 confirmationem & confutationem: quas nonnulli sub contentionis & probationis nomine comprehendunt: cuius gratia superiores illæ partes traditæ sunt. Ea verò totius quæstionis disputationem continet. Constat autem confirmatione & confutatione: quarum illa ad probandum, hæc ad refellendum valet: illa argumentando causæ facit fidem, hæc aduersariorũ argumenta, quæ vel obiecta sunt, vel obijci possunt, dissoluit. Ad hanc autem probationis partem, omnia, quæ in secundo libro siue de argumentorum inuentione, siue de argumentationum formis dicta sunt, pertinent. Quæ omnia ex Dialecticorum fontibus manant. Verùm cùm concionatori efficiendum sit, non solùm vt doceat (quod proprium est Dialecticorum) verùm etiam vt delectet & permoueat, illustrior est Oratorum ornatiorque confirmatio, quàm ieiuna illa Dialecticorum argumentatio: cui tamen Rhetores omne orationis robur acceptum ferunt, si quid argumentis aut probare velint, aut repræhendere. Quibus autẽ orationis figuris Rhetoricæ argumentationes illustrandæ atq; exornandæ sint, superiori libro (vbi de argumentandi ratione tractauimus) expositum est.

De

De confutatione. V.

Quibus autem aduersarij confirmatio aut diluatur, aut infirmetur, aut eleuetur, Cicero in Rhetoricis docet his ferè verbis: Omnis argumentatio reprehenditur, si aut ex his quæ sumpta sunt, non conceditur aliquid vnum, pluráue, aut his concessis, conclusio ex his confici negatur, aut si genus ipsum argumentationis vitiosum ostenditur (velutí cùm docemus falsa esse, ꝓ veris assumpta) aut si contra firmam argumentationẽ alia æquè firma aut firmior ponitur. Hæc ab illo pluribus explicantur. lib. 1. de Inuent. & à Cornificio. lib. 2. Rhetor. ad Heren. & à Quintil. lib. 5. cap. 13. Vtimur alijs etiam modis Eleuatione, cùm aduersarij argumenta ridemus: Excusatione, vt si ætas, imprudentia, sexus afferatur: Deprecatione: mutua criminatione: Inuersione signi contra nos allati.

De Conclusione seu peroratione. VI.

Hæc ex Cic. lib. 1. de Inuent.

Peroratio est extrema pars orationis, seu artificiosus orationis exitus: qui constat ferè vel enumeratione, vel affectibus. Enumeratio est, per quam res disperse & diffusè dictæ, vnum sub aspectum subijciuntur. Hæc si semper eodem modo tractabitur, perspicuè ab omnibus artificio quodam tractari intelligetur. Sin variè fiet, & hanc suspicionem & satietatem vitare poterit. Quare tum oportebit id facere, vt plerique faciũt propter facilitatem singillatim vnamquanque rem attingere: & ita omnes transire breuiter argumentationes: tum autem (id quod difficiliùs est) dicere, quas partes exposueris in partitione, de quibus te pollicitus sis dicturum, & reducere in memoriam, quibus rationibus vnamquanque partem confirmaueris: tum ab ijs, qui audiunt, quærere, quid sit quod sibi velle debeant, demonstrari, hoc modo: Docuimus hoc, illud planum fecimus: ita simul & in memoriam redibit auditor, & putabit nihil esse præterea, quod debeat desiderare. Atque in his generibus (vt antè dictum est) tum tuas argumentationes percurre separatim, tum id, quod artificiosiùs est, tum tuis contrarias coniungere: & cum tuam argumentationem dixeris, tum cõtra eam quod affere-

afferebatur, quemadmodum dilueris, ostẽdere. Ita per breuem comparationem auditoris memoria & de confirmatione, & de reprehensione redintegrabitur. Atq; hæc alijs actionis quoque modis variare oportebit. Nã tum ex tua persona enumerare possis, vt quid, & quo loco quidque dixeris, admoneas: tum verò personam aut rem aliquam inducere, & enumerationem ei totam attribuere. Personam hoc modo: Nam si legis scriptor exi stat, & quærat à vobis quid dubitetis, quid possitis dicere, cùm vobis hoc & hoc sit demonstratum. Atque hic item in nostra persona licebit aliàs singillatim transire omnes argumentationes, aliàs ad partitiones singula genera referre, aliàs ab auditore, quid desideret, quærere; aliàs hæc facere per comparationem suarum & contrariarum argumentationum. Res autem inducetur, si alicui rei huiusmodi, legi, loco, vrbi, monumento attribuetur oratio per enumerationem, hoc modo: Quid si leges loqui possent, nonne hæc apud vos quererentur? Quidnam amplius desideratis iudices, cùm vobis hoc & hoc planum factum sit? In hoc quoque genere omnibus eisdem modis vti licebit. Commune autem præceptum hoc datur ad enumerationem, vt ex vnaquaque argumentatione (quoniam tota iterum dici non potest) id eligatur, quod erit grauissimum, & vnumquodq; quàm breuissimè transeatur, vt memoria, non oratio renouata videatur. Hactenus Cicer. His similia dicit Fabius: quæ quamuis ad iudiciales causas magis pertineant, multa tamen ex his elicere possumus, quæ non parum ad institutum nostrum (præsertim in suasorij generis peroratione) conducant. Facilè enim ex similibus similia procreantur. Sic igitur Fabius: In peroratione quæ repetemus, quàm breuissimè dicenda sunt, & quod Græco verbo patet, decurrendum per capita. Nam si morabimur, non iam enumeratio, sed altera quasi fiet oratio. Quæ autem enumeranda videntur, cum põdere aliquo dicenda sunt, & aptis excitanda sententijs, & figuris vtiq; varianda: alioqui nihil est odiosius recta illa repetitione, velut memoriæ iudicum diffidentis. Sunt autem

innu-

innumetabiles, optimeque in Verrem Cicero: Si pater ipse iudicaret, quæ diceret, cùm hæc probarentur? Deinde subiecit enumerationem. Aut cum idem in eundem per inuocationem deorum spoliata à Prætore tẽpla dinumerat. Licet dubitare, nunquid nos fugerit, & quid responsuri sint aduersarij his & his, aut quam spẽ accusator habeat omnibus ita defensis? Illa verò iucũdissima, si contingat aliquod ex aduersario ducere argumentum, vt si dicas: Reliquit verò hanc partem causæ: aut inuidia premere maluit: aut ad preces confugit, & merito, cùm sciret hæc & hæc. Sed non sunt singulę species persequendæ, ne sola videantur, quę fortè nunc dixero, cùm occasiones & ex causis, & ex dictis aduersariorum, & ex quibusdam fortuitis quoq; oriantur. Nec referenda modò nostra, sed postulandum etiam ab aduersarijs, vt ad quædam respondeant. Id autem, si & actionis supererit locus, & ea proposuerimus, quæ refelli non possunt. Hactenus Fabius.

Alteram verò orationis partẽ affectibus constare diximus: & quidem Rhetores in iudicialibus causis indignationis & commiserationis affectus excitarẽ conantur. Accusator quippe ad indignationem aduersus crimen quod intẽdit: Defensor verò commiseratione ad reum absoluendum vtitur. Ille igitur vbi crimen admissum esse probauit, ad vindictam & supplicium criminis atrocitate amplificata excitat: iste contrà, vbi argumentis reũ probauit innocentem, ad absolutionẽ & misericordiam hortatur. Qua ex re liquet, perorationis affectus cum ratione causæ, quæ tractata est, conuenire & cohærere debere.

Ad hunc ergo modum prudens concionator pro argumenti & materiæ ratione, quam præcipuè in concione tractauit, argumentandi subtilitate relicta, amplificationi vela pandere debet: sic tamen, vt amplificatio ipsa, quæ quandoque longior, quandoque breuior futura est, cum præcedenti orationis parte cohæreat. Itaque si suademus, vbi rei dignitatem & vtilitatem argumentis probauimus, aculeos in fine exhortationis adijciemus: contrà verò si dissuademus, ad odium, & con

temcontemptum, ac detestationem eius rei acriter incitabimus. Quæ res quãuis variè per totum orationis corpus spargenda sit, in fine tamen orationis, quando auditor flectendus, & vel à turpi actione deterrendus, vel ad honesta excitandus est, præcipuas partes habet. Qua de re D. August. sic ait: Si qui audiunt, mouendi sunt potiùs, quàm docendi: vt in eo quod iam sciunt, agendo non torpeant, & rebus assensum, quas veras esse fatentur, accommodent, maioribus dicendi viribus opus est. Ibi obsecrationes & increpationes, concitationes & coercitiones, & quæcunque alia valent ad commouendos animos, sunt necessaria. Et paulò pòst idem. Cùm verò, inquit, id docetur, quod agendum est, & ideò docetur, vt agatur, frustra persuadetur verum esse quod dicitur, frustra placet modus ipse quo dicitur, si non ita dicitur, vt agatur. Oportet igitur eloquentem Ecclesiasticum, quando suadet aliquid quod agendũ est, nõ solùm docere vt instruat, & delectare vt teneat, verùm etiam flectere vt vincat. Et paulò antè in eodem capite de eodem genere sic ait: Sicut est autem, vt teneatur ad audiendum, delectandus auditor, ita flectendus, vt moueatur ad agendum. Et sicut delectatur, si suauiter loquaris, ita flectitur, si amet quod polliceris: timeat, quod minaris: oderit, quod arguis: quod commendas, amplectatur: quod dolendum exaggeras, doleat: cum quid lætandum prædicas, gaudeat: misereatur eorum, quos miserandos ante oculos dicendo constituis: fugiat eos, quos cauendos terrẽdo proponis: & quicquid aliud grandi eloquentia fieri potest, ad commouendos animos auditorum, non quid agendum sit vt sciant, sed vt agant, quod agendum esse iam sciunt. Si autem adhuc nesciunt, prius vtique docendi sunt, quàm mouendi. Hactenus Augustin. His igitur affectibus & figuris, quæ D. Augusti. commemorauit, post epilogũ siue enumerationem, quæ est altera perorationis pars, vti licebit. Cõmodissimè enim probata iam causa velut strue lignorum composita, affectuum flamma consurgit. Quæ tantò erit ardentior, quantò probatio fuerit firmior & efficacior.

Lib. 4. de doct. Christia.

Illud

Illud vltimò admonendum duxi, argumentorum epilogum extremam hanc orationis partem, quam Cicero amplificationem vocat, præcedere debere. Non enim in hoc solùm argumentorum summa colligitur, vt auditorum memoria reficiatur, sed vt omnia simul breuiter cõglobata, velut agmine facto, in eorum animos irrumpant, & apud illos quod volumus, efficiãt. Hanc autem argumentorum enumerationem opportunè amplificatio sequitur: qua vel ab aliquo scelere deterremus, vel ad virtutis eius studium, de qua sermonem fecimus, adhortamur, & acres ad hoc stimulos adhibemus.

Est etiam commodissimus perorandi modus, quando non ad vnam aliquam virtutem, sed omnia virtutum officia adhortamur: quibus æternæ vitæ præmium propositum est. Quo perorationis genere elegantissimè D. Paulus in Epist. ad Romanos vsus est: quam omnium penè officiorum atq; virtutum enumeratione finiuit. Nec hanc solùm, sed Epistolam quoq; ad Hebræos, cæterasq; his virtutum, variorumq; officiorum adhortationibus claudit.

Aliquando verò non inutile erit, de cœlesti gloria, & Sanctorum felicitate in regno patris eorum disserere: vt hoc suauissimo animarum ferculo spiritualis doctrinæ epulum finiamus. Quod venustissimè D. Cyprian. in Sermon. de mortalitate fecit. Hæc autem duo postrema perorationis genera in omnibus concionibus, quacunq; de re habeantur, non incommodè quadrare poterunt. Semper enim quæ vel ad flectẽdos animos potentiora, vel ad oblectandos iucũdiora sunt, extremæ orationis parti, quæ de tota ferè concione dijudicat, reseruanda sunt.

Hæc igitur de sex perfectæ orationis partibus dicta sunt: quæ in genere suasorio ac dissuasorio (quod mox tractabimus) præcipuè locum habent. Ideoque peculiariùs de ipsis in eo genere disseremus.

De primo concionandi modo in genere suasorio.

Cap. II.

IS perfectæ orationis partibus explicatis, reliquum est, vt ad peculiares concionandi modos tractandos descendamus: atque in primis suasoriū ac dissuasorium: quos sub deliberatiuo genere comprehendi superiùs diximus. Hoc enim genus adeò concionatoris proprium est, vt in omnibus concionibus (siue quæ de Sanctis, siue quæ de redemptionis nostræ beneficijs habentur, siue quæ in explanatione Euangeliorū, cæterorumque sacrorum librorum versantur) hunc nobis scopum & in tota concione, & singulis eius partibus proponere debeamus: vt ad pietatem & iustitiam homines adhortemur, vel à vitijs deterreamus: quod ad hoc genus pertinet. Huc enim semper omnis oratio nostra referenda est.

De hoc autem genere satis multa diximus, cùm sex orationis partium vim & rationem tradidimus: quæ nullibi commodiùs, quàm in hoc suasorio genere inueniuntur. Sed nos tamen, quæ de his partibus dixim⁹, ad hunc concionandi modum hoc in loco accommodabimus.

Exordium igitur in hoc genere attentos in primis auditores faciet, exposita rei dignitate vel necessitate, de qua sermonem habituri sumus. Omnes enim attentè audiunt, quæ vel maximè decent, vel quæ sibi cum primis necessaria ducunt. Exempli causa. Si quis vetusta hominum odia extirpare dicendo velit, præfari poterit, esse hoc grauissimum crimen, dicente Ioanne: Qui odit fratrem suum, homicida est. Deinde crimē *1. Ioan. 3.* hoc quàm diutissimè animo infixum hærere. Quo tēpore innumera peccata hoc peccatum parit. Postremò latissimè hoc scelus patere: cùm varia passim irarum atque odiorum incitamenta ab importunis & sceleratis hominibus vnicuique præbeantur: ideoque operæpretium esse, hoc tantum periculum, & tam latè patens malum, quodque tam multa ex se scelera germinet, ab auditorum mentibus penitùs reuellere. Diuersa autem ratione virtutem aliquam suasuri, insignem eius laudem, vtilitatem, aut necessitatem breuiter ostẽdemus, & quanti nostra referat, eius dignitatem exploratam & perspectam habere. Sic D. Cyprian. Ser. de patient: ab hac necessitate orditur his verbis. De patientia locuturus fratres dilectissimi, & vtilitates eius & commoda prædicaturus, vnde potius incipiam, quàm qđ nunc quoque ad audientiam vestram patientiam video esse necessariam: vt ne hoc ipsum, quod auditis & discitis, sine patientia facere possitis? Tunc enim demùm sermo & oratio salutaris efficaciter discitur, si patienter, quod dicitur, audiatur. Nec inuenio fratres dilectissimi, inter cæteras cœlestis disciplinæ vias, quibus ad consequenda diuinitùs præmia spei ac fidei nostræ secta dirigitur, quid magis sit vel vtiliùs ad vitam, vel maius ad gloriam, quàm vt, qui præceptis dominicis obsequio timoris ac deuotionis innitimur, patientiam maximè tota obseruatione tueamur. Hanc se sectari Philosophi quoq; profitentur: sed tam illic patientia falsa est, quam & sapientia falsa est.

Cyprian.

Narratio in huiusmodi causis ferè locum non habet: propositio tamen ac diuisio necessaria est. Propositio quidem, vt auditores intelligant, quò potissimũ oratio nostra tendat. Qua in re concionatores quidam grauiter delinquunt: qui cùm initio dicendi concionis suæ scopum auditoribus non proponant, vix quisquã est, qui, quò tendant & quid efficere velint, assequatur: atq; ita auditor dubius hæret & incertus: neque quid ex doctrina colligere possit, assequitur. Scopus igitur ante omnia præfigendus est, vt auditor apertè videat, quò omnia sententiarum & rationum iacula dirigantur.

Propositioni finitima est diuisio, quæ causam in partes diuidit. Ea verò è generibus expetendorum & fugiendorum frequenter sumenda est: illud cùm suademus, hoc verò cùm dissuademus. Cum enim bonum ita humanæ voluntati à natura propositum sit, vt nihil velle possit, nisi quod vel bonum sit, vel aliquam boni rationem induat: danda nobis opera est, vt in eo, quod suademus, omnes boni rationes esse ostendamus. Cùm autem tria bonorum genera Philosophi statuant, honestum, vtile, atque iucundum: hæc ipsa, quã maximè fieri poterit, in eo quod suademus, esse contendamus. Rhetores autem docendi gratia, hæc tria bonorum genera in alia partiuntur, nempe honestum, vtile, tutum, iucundum, facile, necessarium. Atque hæc omnia, vel plura horum, in eo quod suadent inesse contendunt. Ab honesto suasit cœlestis Magister, cùm adolescenti dixit: Si vis perfectus esse, vade & vende omnia quæ habes, & da pauperibus, &c. Ab vtili suadet Paulus, cùm ait: Itaque fratres, stabiles estote, abundantes in omni opere Domini: scientes, quòd labor vester non est inanis in Domino. A tuto verò idẽ suadet, cùm infirmis nuptias concedit propter fornicationis periculum. A iucundo verò argumentatur, cùm nos ad diuinorum mandatorum obedientiam inducit, quòd sit diuinæ legis iugum suaue, & onus leue. A facili verò, serui Naaman Syri illum ad obediendum Prophetæ imperio excitabant, dicentes: Pater, & si rem grandem tibi dixisset Propheta, certè facere debuisses: quanto magis quia non dixit, nisi, Vade, lauare, &c. Itèm Moyses ad populum, Mandatum, inquit, hoc quod ego præcipio tibi hodie, non supra te est, neque procul positum, nec in cœlo situm; vt possis dicere: Quis nostrum valet ad cœlum ascendere, vt deferat illud ad nos, vt audiamus, atque opere compleamus? Neque trans mare, &cæte. Rursumque alibi: Et nunc Israel, quid Dominus petit à te, nisi vt diligas Dominum Deum tuum, & ambules in viis eius, & diligas eum, ac seruias Domino Deo tuo in toto corde tuo, & in tota anima tua, vt benè sit tibi? A necessario verò vrget Dominus, cùm ait: Nisi pœnitentiam egeritis, omnes simul peribitis. His etiam partibus addunt laudabile: quod quanuis nunquam ab honesto separetur, sunt tamen inter virtutes, quæ sub eo continentur, nonnullæ, quæ magnam apud homines laudem promerentur: qualis magnanimitas, liberalitas, magnificentia, fortitudo, atque

Matt. 19.

1. Cor. 15.

Matt 11.

4. Reg. 5.

Deut. 30.

Deut. 10.

Luc. 13.

prudentia est,& si quæ sunt aliæ. Quia verò homines laudis & gloriæ maximè auidi sunt, hæc quoque laudis pars in eo quod suademus, inesse demonstrandũ est. Ab hoc enim loco Iudas Machabæus milites suos
1.Mac. 9. ad periculosissimum certamen excitauit, ne videlicet vllum gloriæ suæ crimen fugientes inferrent. Capiuntur autem hac esca potissimùm reges & principes
Cicer. viri. Ab hoc autem loco Cicer. pro lege Manilia ad suscipiendum bellum Mithridaticum adhortatur: Et quoniam, inquit, præter cæteras gentes appetentes laudis & gloriæ fuistis, delenda vobis est illa macula Mithridatico bello superiore suscepta, & cætera. Denique fructus omnes & vtilitates & laudes, quas secum ea res affert, quam suademus, non solùm enumerare, sed quàm maximè fieri possit, amplificare debemus.

Diuersa autem ratione dissuademus, cùm id, à quo deterremus, turpe. damnosum, periculosum, ignominiosum, iniucundum, difficile, aut (si fieri posset) impossibile esse probamus. Hoc enim postremo loco sanctus Ioseph ad stuprum repudiandum vsus est, cùm
Gen. 39. adulteræ fœminæ respondit: Ecce dominus meus, omnibus mihi traditis, ignorat quid habeat in domo sua, &c. quomodo ergo possum hoc malum facere, & peccare in dominum meum? Vtriusque autem rei clarissima Deut. 28. extant exempla: in quibus Moses commoda omnia, quæ pietatem & iustitiam consequuntur; & horrenda item atque formidanda mala, quæ improbitati constituta sunt, magnifica oratione persequitur. Quæ quidem res maximam in suadendo vim habet. cùm ex vtroque latere auditorum voluntatem feriat: dum & bona proponit, quæ eam alliceãt, & mala item, quę terreant: atque ita demum in officio contineant

Post confirmationem sequitur confutatio: qua (vt antea diximus) ea quæ obstant, quæque auditorum animos remorantur, quò minus præceptis nostris pareant, amouemus & confutamus. Sic Diuus Cypria-
Cyprian. nus, Sermone de eleemosyna, vbi multos huius virtutis

tis fructus & vtilitates commemoraſſet, ea quæ homines ab hoc benignitatis ſtudio remorari poterant, diluit atq; confutat. Sic enim ait: Sic vereris & metuis, ne ſi plurimum operari cœperis, patrimonium tuum larga operatione ad penuriam fortè redigatur, eſto in hac parte ſecurus, & cætera, quæ ſequuntur. Deinde aliorũ excuſationem confutat, qui liberis ſe patrimonium ſeruare dicunt, his verbis: Sed nec illa res fratres à bonis operibus refrænet & reuocet Chriſtianum, quòd excuſare ſe poſſe aliquis exiſtimet beneficio filiorum, & cætera quæ ſequuntur.

Vltimo loco ſequitur peroratio, ſiue epilogus: cuius (vt antè diximus) duo ſunt officia: alterum, breuiſſimè omnia argumentationum capita in vnum cõgerere, quò multiplici rationum vi ac pondere auditorum animos in noſtram ſententiam pertrahamus: alterum verò, affectus concitare, quibus ad id quod iã probauimus, exequendum impellamus: indigniſſimũ eſſe oſtendentes, vel rem adeò ſalutarem ſpernere (ſi ſuademus) vel adeo pernicioſam amplecti & perſequi, ſi diſſuademus. Exemplo nobis erit D. Cyprianus ſermone de patientia. Vbi enim is patientiæ laudes & fructus expoſuiſſet, orationem tandem hoc epilogo claudit: Patientia eſt, quæ nos Deo & commendat, & ſeruat: Ipſa eſt, quæ iram temperat, quæ linguam frænat, mentem gubernat, pacem cuſtodit, diſciplinam regit, libidinis impetum frangit, tumoris violentiam cõprimit, incendium ſimultatis extinguit: coercet potẽtiam diuitum, inopiam pauperum refouet, tuetur in virginibus beatam integritatem, in viduis laborioſam caſtitatem, in coniunctis & maritatis indiuiduam charitatem: facit humiles in proſperis, in aduerſis fortes, contra iniurias & contumelias mites: docet delinquentibus citò ignoſcere: ſi ipſe delinquas, diu & multum rogare: tentationes expugnat, perſecutiones tolerat, paſſiones & martyria conſummat, Hactenus Cyprian.

I.

His autem partibus, quæ concionatori cum oratore

tore communes sunt, proprium ac singulare quiddam addit Ecclesiastes: nempe, vt cùm ad alicuius virtutis officium fuerit adhortatus, vel ab aliquo vitio deterruerit, perorata causa, modum ostendat, quo vel ea virtutis actio exequenda sit, vel turpis actio fugienda. Sapienter enim Plutarchus ait, eos qui ad virtutem adhortantur, nec tamen docent, vel tradunt eam, similes esse ijs, qui lucernam quidem emungunt, nec tamen oleum infundunt, quo ali & sustentari possit. Sic qui ad eleemosynæ studium adhortatur, docere post adhortationem debet, quonam modo vtiliter eleemosyna danda sit: vt videlicet non angusta, sed larga & liberali manu: quando qui parcè seminat, parcè & metet. Deinde, vt prompto & alacri animo: hilarem enim datorem diligit Deus. Præterea, vt eleemosyna sit occulta: vt nesciat sinistra tua, quid faciat dextera tua. Tum etiam, vt ex affectu charitatis & compassionis tribuas, quod est misericordiæ proprium: & cætera his similia. Ad eundem quoque modum, vbi ad precandi studium adhortati fuerimus, de animi præparatione ad precandum, de modo precandi, & conditionibus ad precandum necessarijs, quò sit efficax oratio, agendum est: si non ad ostentationem, sed ad salutem animarũ dicimus. Atque vt docendi gratia de scriptis nostris exempla proponamus, in fine eius libri, quem de orationis & meditationis studio scripsimus, três in hoc genere suasorio tractatus, de tribus satisfactionis partibus, nempè oratione, ieiunio, & eleemosyna adiecimus. Qui faciliùs quid hoc argumenti genus requirat, quàm ipsa præcepta indicabunt. In eo autem volumine, cui Hispano sermone titulum præfiximus (*Guia de peccadores*) duobus libris hoc idem argumentum copiosè persequuti sumus: in quibus ad virtutis studium sumus adhortati. Principiò enim, in exordio attentionem captauimus: rem omnium, quæ in vita sunt, maximè necessariam dicturos nos professi. Deinde honesti partes tractauimus immensam Dei bonitatem, eiusque clarissima beneficia explicantes: quæ iure suo obedientiam & amorem nostrum sibi vendicant. Deinde de vtilitatis & iucunditatis ratio explicata est. Quo in loco duodecim insignia priuilegia, quibus pij omnes in hac vita potiũtur, exposuimus. Postea excusationes omnes, quibus improbi homines sese à virtutis studio subtrahere solent, tanquam inanes & friuolas apertissima oratione confutauimus atq; dissoluimus. In vltimo verò eius libri capite, argumentorum omniũ summam complexi sumus: & quantum facultas tulit, timoris & amoris affectus concitauimus, quibus languentes animos ad virtutis amorẽ, diuinique numinis metum excitaremus. Et hæc quidem in priori libro: in posteriori verò, qua ratione esset virtus colenda atque exercenda, præscripsimus.

Illud autẽ in hoc genere præcipuè admonendum videtur, vt bona & mala, commoda & incommoda, quę in hac causa ad suadendum vel dissuadendum adducimus, quantum fieri possit, iis rationibus, quas supra memoraui, amplificemus. Quò enim maiora ea fecerimus, eò vehementiùs suadebimus.

Illud etiam admonendũ, duo esse hominum genera, alterum indoctum & aggreste, quod antefert semp vtilitatem honestati: alterum expolitum, quod rebus omnibus dignitatem anteponit. Apud hunc autem, argumenta quæ ducuntur ab honesto: apud illum verò, quæ sumuntur ab vtili, fortiora sunt. Hæc de genere suasorio breuiter dicta sint.

De secundo concionandi modo in genere Demonstratiuo, qui Sanctorum festis & laudibus deseruit.

Cap. III.

QVemadmodum concionandi modus, qui proximè à nobis descriptus est, in genere Suasorio versatur: ita qui in festis Sanctorum diebus tractatur, ad Demonstratiuũ genus pertinet: quo vtimur in alicuius certæ personæ laudem vel vituperationem. Finem autẽ eius Rhetores statuunt, vt is quẽ laudant, laude dignissimus videatur: contrà verò, si vituperant. At iuxta D. Basil. sentẽ- *Basil.*

 tiam,

tiam, laudes Sanctorum nequaquam encomiorum legibus seruiunt: non enim hæc præcipuè agimus, vt eos sanctissimos fuisse doceamus: sed vt vitam nostram ad eorum normam effingere studeamus: atque vt hoc argumento mirabilem diuini Spiritus virtutem agnoscamus: qui homines natura fragiles & imbecillos, & in peccatis conceptos, ad malumque propensos ita permutauit, vt pares propemodum Angelis, ac mundo superiores effecerit. In hoc genere Rhetores per omnes personarum circunstantias (quas supra enumerauimus) laudationem ducunt. Genus videlicet, parentes, patriam, naturæ dotes, educationem, fortunam, studia, dicta, facta, & quæ sunt huius generis, commemorantes atque amplificantes. Hoc autem ferè ordine Diuus Gregorius Theolog. laudes scripsit Diui Basilij, & Cæsarij fratris, atque Gorgoniæ sororis. Nos tamen, dum laudes Sanctorum predicamus, non vsquequaque hunc ordinem sequimur: sola enim ferè insignia facta, dictaque, & interdum etiam miracula enumeramus, & quantum possumus amplificam⁹, auditoresque ad eorum imitationem excitare contendimus.

In hoc autem genere, amplificandi ratio præcipuè dominatur: qua, tum ex natura rei & partibus eius, tū ex omnibus alijs circunstantijs, quæ rebus & personis attributæ sunt, egregia Sanctorum facta dicendo illustramus & amplificamus. Sic Apostolus ad Romanos ex personæ circunstantijs fidem Abrahæ amplificat his verbis: Et non infirmatus est in fide: nec considerauit corpus suum emortuum (cùm iam ferè centum esset annorum) & emortuam vuluam Saræ. In repromissione etiam Dei non hæsitauit diffidentia, sed confortatus est fide, dans gloriam Deo: plenissimè sciens, quia quæcunque promisit Deus, potens est & facere. Ideò & reputatum est illi ad iustitiam. Sic Origenes hom. de sacrificio Isaac, celerem eius & promptam obedientiam in re adeò graui & luctuosa ex omnibus circunstantijs amplificat. Vt autem quantum in hoc genere virtus amplificandi valeat, apertè doceam, claríssirissimum huius rei exemplum ex lib. Senecæ de Tranquillitate vitæ hoc in loco referam: quo is dictum illud Stilbonis Philosophi (Omnia bona mea mecum porto) re primum exposita, his verbis amplificat. *Seneca.*

Megaram Demetrius ceperat, cui cognomen Poliorcetes fuit: ab hoc Stilbon Philosophus interrogatus, nũquid perdidisset: Nihil, inquit. Omnia nanque mea mecum sunt. Atqui & patrimonium eius in prædam cesserat, & filias rapuerat hostis, & patriam violauerat. At is victoriam illi excussit: & se vrbe capta, non inuictum tantùm, sed indemnem esse testatus est. Habebat ergo secum vera bona: in quæ non est manus iniectio. At quæ dissipata & direpta ferebantur, non iudicabat sua, sed aduentitia, & nutum fortunæ sequentia: ideò non, vt propria dilexerat. Omnium enim extrinsecùs affluentium lubrica & incerta possessio est. Cogita nunc, an huic fur, an calumniator, an vicinus potens, aut diues aliquis facere iniuriam posset: cui bellum & hostis ille, egregiam artem quassandarũ vrbium professus, eripere nihil potuit. Inter micantes vbique gladios; & militarem in rapinam tumultum, inter flammas & sanguinem, stragemque impulsæ ciuitatis, inter fragorem templorum super Deos suos cadentium, vni homini pax fuit. Non est itaque quod audax iudices promissum, cuius tibi, si parum fidei habes, sponsorem dabo. Vix enim credis tantum firmitatis in hominem, aut tantam animi magnitudinem cadere: sed si prodit in medium qui dicat, Non est quod dubites, an attollere se homo natus supra humana possit, an dolores, damna, vlcerationes, vulnera, magnos motus rerum circa se frementium, securus aspiciat: & dura placidè ferat, & secunda moderatè, nec illis cedens, nec his fretus, vnus idemque inter diuersa sit, nec quicquam suũ, nisi se putet esse, ea quoque parte, qua melior est. En adsum hoc vobis probaturus: sub isto tot ciuitatum euersore, munimenta incursu arietis labefieri, & turrium altitudinem cuniculis ac latentibus fossis repente residere, & æquaturum editissimas arces aggerē crescere: at nulla machinamēta posse reperiri, q̄ benè fundatū animū agitent. Eripui me nudū domo, & incendijs vndiq; relucentibus, per flāmas, per sanguinem fugi. Filias meas quis casus habeat, an peior publico, nescio. Solus, & senior, & hostilia circa me omnia videns, tamen integrum incolumemque esse censum meum profiteor, teneo, habeo quicquid mei habui. Non est quod me victum, victorem te credas. Vicit fortuna tua fortunam meam. Caduca illa, & domi num mutantia vbi sint, nescio. Quod ad res meas pertinet, mecum sunt, mecum erunt. Perdiderunt isti diuites patrimonia: libidinosi amores suos, & magno pudoris impendio dilecta scorta. Ambitiosi curiam & forum, & loca exercendis in publico vitijs destinata. Fœneratores perdiderunt tabellas suas, quibus auaritia falso læta, diuitias imaginatur. Ego itaque omnia integra illibataque habeo. Proinde istos interroga, qui flent, qui lamentantur, qui strictis gladijs nuda pro pecunia corpora opponunt, qui hostem onerato sinu fugiunt. Ergo ita habe Serene, perfectum illum virū humanis diuinisq; virtutibus plenum, nihil perdere. Bona eius solidis & insuperabilibus munimentis præcincta sunt. Non Babylonis illi muros cōtuleris, quos Alexander intrauit. Non Carthaginis, aut Numantiæ mœnia, vna manu capta: Non capitolium arcémue. Patent illa hostili vestigio: illa, quæ sapientem tuentur, à flāmma & incursu tuta sunt: nullum introitum præbent: excelsa, inexpugnabilia, Dijs æqua. Non est, quod dicas, ita vt solet, hunc sapientem nostrum nusquam inueniri. Non enim ingētem imaginem falsæ virtutis concipimus: sed qualem confirmamus, exhibuimus & exhibemus. Rarò forsitan, magnisque ætatum interuallis inuenitur, Nec enim magna & excedentia solitum ac vulgarem modum crebrò gignuntur. Non potest ergo quisquam aut nocere sapienti aut prodesse: quemadmodum diuina nec iuuari desiderant, nec lædi possunt. Sapiens autem vicinus proximusque Dijs cōsistit: excepta mortalitate, similis Deo. Hactenus Seneca. Quem in medium protuli, vt proposito

Sermocinatio.

Redit ad amicū, cui scribebat.

posito hoc exemplo, studiosus concionator animaduerteret, qua ratione egregia Sanctorum facta dictaq; amplificare dicendo possit: cùm videat hanc vnam vocem, Omnia mea bona mecum porto, tam longa oratione à Seneca fuisse verbis & sententijs illustratam. Quod si hæc egregia hominum facta adeò magnificis verbis & sententijs Seneca extulit, quid is faceret, si agones & certamina nostrorum Martyrum & puellarum scripsisset, quæ spectaculū admirandum Deo, Angelis, & hominibus præbuerunt? Si quis autem commodissima huius amplificationis exempla videre cupit, legat secundum & tertium D. Chrys. de diuina prouidentia librum: in quo is Noe, Abrahæ, Iacob, Moysi, atque Dauidis patientiam, variosque labores mira facundia amplificat. Quibus exemplis ad hanc, de qua loquimur, virtutem erudiri poterit.

1.

Quæret fortasse studiosus concionator, qua ratione præclaras Martyrum cæterorumq; Sanctorum virtutes amplificare simili ratione possit. Ad hoc igitur nonnihil iuuabit præcepta & amplificandi rationes, quas libro 3. præscripsimus, probè tenere: deinde disertissimorum Patrum scripta, qui in hoc genere magna cum laude versati sunt, studiosè legere: & quibus illi rationibus Sanctorum virtutes extulerunt, diligenter annotare: & ad eorum imitationem, quæ laudare voluerint, effingere. Exemplis enim multò magis, quàm præceptis animaduertere poterit, quid in genere maximè deceat.

Sed hæc omnia leuiora sunt, nisi adsit Spiritus ille cœlestis, de quo Apostolus ait: Non autem non spiritum huius mundi accepimus, sed spiritum, qui ex Deo est: vt sciamus, quæ à Deo donata sunt nobis: hoc est, vt eius lumine illustrati, virtutum atque donorum eius dignitatem atq; amplitudinem æstimare sciamus. Si enim nemo sine arte aurū purum ab adulterino discernere, & lapillorum atque gemmarum pretium & dignitatem (præsertim cùm in puluere atq; luto sordent) agnoscere potest: quis sine diuino lumine diuina

dona

dona (quæ exuperant omnem sensum) pro dignitate æstimare & admirari queat? Regina Saba, cùm Salomonis regiam, & famulorum, atque pincernarum, & cantorum ordines, vestes, & officia, ac postremò regię domus apparatum vidisset, rerum magnitudine atque splendore stupefacta, non habuisse vltrà spiritum dicitur. Si quis autem eos mẽtis oculos haberet, quibus veri Salomonis opes, hoc est, imperuestigabiles diuitias Christi, & famulorum eius virtutes, & clarissima gesta intueri posset, non dubium, quin multò magis, quàm Regina Saba in admirationem extasimque raperetur. Non tamen est omnium, hos oculos habere, quibus latentem Christi & Ecclesiæ suæ splendorẽ cernere possint: cùm omnis eius gloria ab intra sit fimbrijs aureis. Ipsa enim Ecclesia de se ait: Nigra sum, sed formosa filiæ Hierusalem. Exterius quidem nigra, intus autem miro decoris splendore coruscans. Quonam modo? Sicut, inquit, tabernacula cedar. & sicut pelles Salomonis. Hæc namque tabernacula atque Salomonis pelles extrà quidem puluere deformatæ, atque Solis ardore exustæ erant: intus tamen regio cultu atque apparatu splendebant. Quid autem magis ad viuum Ecclesię ornatũ exprimere potuit, quæ cùm extra in sanctis martyribus, cæterisque diuinis hominibus (atque ijs præsertim, qui in solitudinibus vitam inopem agebant) vilis atque subiecta carnalium hominum oculis appareret, supernis tamen mentibus splendore & dignitate virtutum ita fulgebat, vt spectatores suos in stuporem atque admirationem raperet? Quis enim non stupeat, audiens Paulum dicentem: Si immolor supra sacrificium fidei vestræ, in hoc gaudeo, & congratulor omnibus vobis: idipsum vos congaudete & congratulamini mihi? Quis vnquam talem gaudij & congratulationis materiam audiuit? Quis non stupeat Andręam crucem sibi paratam tanta deuotionis alacritate salutantem, laudantem, desiderantem, tantoque gaudio & securitate amplectentem? Quis non stupeat Laurentium inter tormentorum suorum flammas lætantem, & Vincẽtium moras carnificum increpantem, & B. P.

Cant. 1.

Domini-

Dominicum auidissimè martyrium sitientem, & omnia corporis sui membra dissecari cupientem? Quid Agnetem Virginem commemorem, tertiodecimo ætatis anno ignes & gladios superantem? Quid nobilem virginem Eufemiam, rotas, ignes, & bestias vincẽtem, & iniuriam se à iudice pati clamantem, quòd cùm nobilis esset, ignobiliores sibi in martyrio præferret? Atque vt à Martyribus ad Cõfessores veniamus, quis beatum Alexium in ipsa paterna domo, patre, matre, sponsaque præsentibus, eiusque absentiam perpetuo luctu lamentantibus, vitam adeò inopem & asperam inter multas seruorum suorũ iniurias, annis decem & octo patientissimè vsque ad mortem tolerasse, non obstupescat? Quis non diuinæ gratiæ potentiam agnoscat, qui nouerit Eduardum Angliæ Regem ab adolescentia sua ad extremum vsque vitæ diem, cum nobilissima & pulcherrima virgine matrimonio sibi copulata, in perpetua castitate vixisse: cùm necesse esset illi conuiuere, & cum ea perpetuò versari, & communi domo atque mensa vti?

Miracula verò Sanctorum multi prædicanda non putant, quòd illorum commemoratione magis Diuorum sanctitas declaretur, quàm auditorum vita instituatur. Ego verò ex eorum narratione immensam Dei nostri bonitatem, & inæstimabilem in suos charitatem, fidem, paternam curam, & prouidentiam, hac ratione maximè declarari posse video: vtpote qui eos tanto honore prosequutus sit, vt non modò ipsorum verbis & imperio, sed cineribus, & vestibus, & sudariolis, & semicinthijs, & pulueri postremo tumulorũ suorum elementa mundi famulari, Dæmones obtemperare, morbos cedere, & naturæ leges (quibus mũdi Reges & Imperatores subijciuntur) obedire voluerit. Sed quid ista cõmemoro? Cùm cæcus quidam videndi facultatem à Domino postulasset, iussus est, vt aqua ea, qua manuũ sordes Eduardus Rex (cuius modò mentionem feci) lauâret, oculos ipse suos lauaret: lauit, & oculorum lumen protinus recepit. Quantã quæso dilectionis erga suos vim hoc indicio Dominus ostẽdit, cùm

cùm hunc tantum honorem aquæ sordidæ impendere voluit, non alia vi, quàm quòd ea serui sui manus contigisset? Quàm multa autem huiusmodi miracula in vitis sanctorum legimus, quæ ineffabilem hanc Domini in suos benignitatem & misericordiam apertissimè testantur & prædicant? Mihi verò neque Solis, & Lunæ, & stellarum splendor, neque cœlum, terræ, maria tantam diuinæ bonitatis significationem præbent, quantam hoc, quòd video, hæc ipsa omnia, quæ æternis Dominus legibus & imperio stabiliuit, atque deuinxit, sanctorum nutui & pulueri cedere atque obedire. Quæ quidem bonitas his clarissimis argumentis patefacta, incredibile dictu est, quantam in pijs hominibus amoris flammam excitet, quantumque accedat desiderium seruiendi ei Domino, à quo nihil ipsi minus sperare poterunt, si fideliter ei diligenterq; seruierint. Hæc breuiter de commemoratione miraculorum seu narratione dicere volui, qua pius concionator auditorum animos in diuinæ bonitatis amorem excitare commodè poterit.

Non minus autem has easdem diuinæ bonitatis & charitatis opes paterna illa cura & prouidentia declarat, quam fidelissimus & amantissimus Dominus in Martyrum suorum certaminibus ostendit. Nam præter insuperabilem constantiam, quam illis ad tam immania supplicia perferenda contulit, admirandis eos fauoribus, cœlestibusq; signis, & miraculis in tormentis reficiebat & consolabatur. Ignes frequenter extinguebat, immanes bestias mitigabat, rotas ferreas cõfringebat, feruentem adipem refrigerabat, vulnera eorum sanabat, defluentem ex vulneribus sanguinem Angelorum manibus abstergebat, truncata membra redintegrabat, in carcere positos visitabat, inediaq; maceratos cœlesti cibo reficiebat. Quibus rebus adeò in fidei veritate confirmabantur, vt non modò ipsi in ea stabiles & inconcussi perdurarent, sed infideles etiã ad fidẽ, miraculorum testimonio conuerterent, & ad martyrium excitarent. Quis igitur his indicijs nõ apertè immẽsas illas diuinę bonitatis diuitias, & plenissima cha-

ritatis

ritatis & misericordiæ in suos viscera non agnoscat? quis non talem Deum flagrantissimę dilectionis ardore prosequatur? quis propter illius gloriam millies in tormentis vitam abijcere non concupiscat? O fidelissime piorum amice? ô vere adiutor in opportunitatibus & in tribulatione? Hanc autem paternam in suos curam & prouidentiam Sapiens ille declarauit, cùm de increata sapientia loquens ait: Hæc venditum iustum non dereliquit, sed à peccatoribus tutauit illũ: descenditque cum illo in foueam, & in vinculis nõ dereliquit illum, donec afferret illi sceptrum regni, &c. Quisquis igitur Spiritus sancti magisterio doctus, harum rerum non modò intellectum, sed etiam sensum acceperit, is vtique præclara sanctorum gesta & miracula dignis poterit efferre præconijs, atque his argumentis & exẽplis ad diuinæ bonitatis cognitionem pariter & amorem auditorum animos poterit excitare.

Hæ sunt igitur (vt ad institutum redeam) veri Salomonis nostri opes, hæ imperuestigabiles diuitiæ Christi, hæc illa virtus, siue (vt alij verterunt) potentia Euangelij in salutem omni credenti, quę hominem mundo, seipso, atque natura superiorem facit.

Hinc etiam licebit diuinæ gratiæ vim & potentiam vehementer admirari: quæ hanc tantam vim, tantãq; puritatem mortali & fragili creaturæ contulit. Hinc etiam licebit cæcitatem & amẽtiam eorum hominum accusare, qui laboris ac difficultatis metu, virtutis iter, tanquam asperum ac difficile ingredi detrectant: cùm tamen diuinæ gratiæ & charitatis virtus non modò diuinorum mandatorum obedientiam, sed cruces etiam & ignes iucundissimos faciat. Hinc etiam licebit desides ac torpentes acriter obiurgare, qui non præstent leuiora, cùm tamen Sancti omnes ex eadem massa procreati, eodemque modo in peccatis cõcepti, tanto maiora præstiterint. Quisquis igitur eam mentẽ atque spiritum Domini beneficio nactus fuerit, vt hæc tam magnifica Spiritus sancti dona, æqua lance, iustisque ponderibus librare sciat, is planè, quem ipse affectum conceperit, in auditorum animos transferre

dicen-

dicendo poterit, atque ita demum sanctorum virtutes meritis poterit efferre praeconijs. Quia verò pauci admodũ sunt, quibus hęc felicitas contingit, nulli sermones concionatoribus molestiores ac difficiliores sunt, quàm qui de Sanctorum laudibus habentur. Quisquis autem hoc praestare minus poterit, habet sanè paratum in promptu remedium: nempe, vt Euangelicam lectionem, quae eo die legitur, more solito explanet, & insignes Sãcti virtutes vel ipsi explanationi (vbi locus admonuerit) admisceat, vel in extrema concionis parte proponat. Est autem contentio demonstratiua, qua vel personam cũ persona, vel rem cum re laudis aut vituperationis gratia conferimus: de qua sequenti libro inter sententiarum figuras disseremus.

Tertius concionandi modus, qui lectionis Euangelicae enarrationem continet. Cap. IIII.

EST etiam tertius concionandi modus, idemq; in vsu frequentissimus, qui in Euangelicae lectionis explanatione versatur. Quomodo autem Ecclesiastes in hoc concionum genere se gerere debeat, paucis expediam.

Principiò, Euangelica lectio ante eius explanationem breuiter recitanda est: ea tamen breuitate, quae venustate & sermonis elegantia non careat. Non enim ea ieiuna & arida esse debet (quod quidam nimis iniucundè faciunt) sed suo quodam ornatu perpolita. Paraphrasten quippe concionator magis, quàm interpretem hac in re agere debet. Ea enim, quae sancti Euangelistae breui atq; simplici oratione tradiderunt, ipse paullò fusius narrare curabit. Nec hoc tamen perpetuò faciendũ est: pręsertim cùm Euangelica lectio solito longior extiterit (qualis Lazari quatriduani & Samaritanae historia est) aut etiam cùm commodius videbitur, eam cum ipsa simul explanatione coniungere. Quod concionatoris iudicio relinquitur. Neque enim haec, quae dicimus, plebiscita sunt aere incisa, vt non aliter facere liceat, cùm id videbitur commodius.

Sacra

Sacra verò lectione breuiter exposita, sequatur eiusdem explanatio. Antequam non ab re fuerit, ab aliqua sententia, vel cõmuni loco ordiri, quæ proposito quadret, & in ea paululum immorari: atque ita demum ad id, quod initio explanationis dicturi sumus, inclinare. Erit autem operæpretium, ante Euangelicæ lectionis explanationem vel narrationem, quid illam in cõtextu Euangelicæ historiæ præcesserit, indicare: quando videlicet ea, quæ sequuntur, ab antecedentibus pendeant. Sic, cùm sacram illã lectionem explicamus, Caro mea verè est cibus, &c. exordium à miraculo quinque panum capiendum est: quo cùm Dominus Iudęos ad fidem inducere vellet, ipsique contra signum tale ab eo flagitarent (quale fuit Manna Patribus in deserto exhibitum) hac occasione sumpta, quanto nobiliorem panem cibumque esset ipse mundo præstiturus, disserere cœpit: qui non corpoream & temporariam, sed ęternam esset hominibus vitam largiturus. Sic etiã parabola illa de Patresamilias operarios ad vineæ suæ culturam vocante, ab ea Petri interrogatione pendet, qua de præmio, ijs, qui omnia propter Deum reliquerũt, proposito inquirit: cui Dominus, post præmij huius magnitudinem expositam, de varijs præmiandi rationibus, partim ex diuina iustitia, partim ex gratia in parabola propositã, disserit. Hoc igitur exordium breuiter absoluamus: ne tempus explanationi Euangelicæ destinatũ, hac occasione subtrahatur. Qua in re dupliciter à multis precatur, qui & maximam concionis partem in hac connexione insumunt: & cùm non est necesse, sequentibus antecedentia cõnectunt. Sic enim multi communia quędã concionandi decreta sibi proposuerunt, vt quod in vna concione decet, in omnibus decere credant: & quod semel faciendum esse statuunt, vbique esse faciendum arbitrentur.

Est & aliud exordij genus, quo nõnunquam vti debemus, vt auditorum animos ad audiendum præparemus. Quicquid enim impedimento est, quò minus auditores vel moueantur, vel persuadeantur, initio dictionis amouendum est. Vehementer autem concionum fructum impedit, quòd multi magis consuetudine ducti, quàm studio proficiendi concionibus intersunt: alij verò curiositatis affectu, alij negligenter & oscitanter concionẽ audientes, vacui atque ieiuni à concione redeunt. Commodum igitur erit, huiusmodi impedimenta, cæteraque his similia initio dicendi amouere, summumque eorum, qui sic audiunt, periculum explicare. Cùm enim malorum nostrorum remedia in diuinorum eloquiorum medela posita sit, quæ spes reliqua erit ægroto, cui toties adhibita hæc medicina nihil profuit? Hoc igitur triplici principio in huiusmodi concionibus vti licebit. Iudicio autem cõcionatoris relinquitur, quando hoc aut illo principio vtendum sit. Hoc enim solùm in hac disciplina perpetuum est, quòd nihil perpetuò fieri debeat: sed pro ratione Euãgeliorum, temporum, & auditorum, omnia dicentis consilio varianda sunt.

Porro autem in ipsa Euangelij explicatione hęc admonenda esse duco. Primùm, vt tria solùm, vel quatuor, aut ad summum quinque loca sibi tractanda Ecclesiastes proponat. Si enim plura his fuerint, oratio sępè intercisa erit, cùm frequenter dicendi impetum deponere atque refrigerare necesse sit, ac denuò nouum exordium atque spiritum resumere. Adde etiam, quòd cùm præcipuũ Concionatoris munus sit, affectus commouere: hos autẽ nisi re iam probata aut amplificata excitare nequeat, efficitur sanè, vt quantò probatio ipsa & amplificatio longior atque vehementior fuerit, tantò affectus acriores cõcitari possint. Quisquis ergo pauciora loca tractare constituit, habet vtiq; longiora spatia, quibus & res copiosiùs probare, & amplificare, atq; ita affectus vehementiores accendere queat. Qua cõmoditate caret, qui multa Euangelicæ lectionis loca vnius horę spatio (quod nobis ad dicendũ datur) tractare decreuit. Ingens nanq; flãma ex magna lignorum materia, parua aũt ex tenui excitari solet. Si enim (vt Sapiens ille ait) secũdum ligna syluæ, sic exardescit ignis, consultiùs est pauciora loca copiosè digerere, quàm multa breuiter ieiuna oratione percurrere.

Dein-

Deinde illud admonendum, ne in ipsa explanatione (quod multi faciunt) vim scripturis faciamus: ne germanum sensum vel adulteremus, vel violenter detorqueamus: sed id assumamus, quod Scriptura sponte sua vigilanti atque studioso lectori offert: & ea potissimum deligamus, quæ non curiositati, aut otiosæ subtilitati seruiant, sed quæ ad mores componẽdos, & objurganda vitia plurimùm valeant.

Cęterùm, quas sententias ex sacra lectione deprompserit, alijs scripturarum & sanctorum Patrum testimonijs studeat confirmare. Vt enim D. Hieronymus ait: Sermo presbyteri scripturarum sale conditus esse debet. In locis autem scripturarum adducendis, quatuor hæc mihi obseruanda videntur. Primùm, vt, quatenus fieri possit, ne sint nimium trita atque vulgata, & cuilibet passim obuia (nisi ea insigni aliqua expositione illustrentur) sed reconditiora, & minus trita loca adducenda: qualia multa sunt, quæ in Prophetarum & Sapientiæ libris continentur: quæ nouitate suà & dicentium & audientium animos alliciant. Deindè in his locis afferendis modus adhibendus est: ne videlicet quicquid nobis occurreret, propriæ inuentionis amore illecti (quod multis sanè contingit) protinus arripiamus. Sed commodissima quæque & minus cuique obuia eligamus. Præterea illud etiam videndũ, ne rem per se satis apertam, aut iam probatam, testimonijs nõ necessarijs oneremus. Quod quidam faciunt, ostentandæ magis memoriæ, aut eruditionis, quàm necessitatis causa. Deinde id etiam prouidendum, vt quas sententias vel ex literis sanctis, vel ex patribus attulerimus, sic interpretemur, vt fide & integritate sententiæ conseruata, cum quadam venustate, & sermonis nostri proprietate ita reddamus, vt non ex Latina lingua trãslatæ, sed in nostra natæ esse videantur. Dupliciter enim hac in re multi peccant. Quidã enim sic Latina vertũt, vt Latini sermonis idiomata seruent: atq; ita magnam sententijs gratiam adimunt. Cùm enim vnaquæque lingua sua habeat idiomata, proprietatesque loquendi, optimi interpretis est, Latini sermonis idiomata

Ad Nepotianum.

in alterius linguæ idiomata, quæ tantundē valeant, cōuertere. Alij verò, vt hoc crimen effugiant, ineptè rhetoricantur, nimiaq; verborum copia luxuriantes, nec allatæ sententiæ grauitatē, nec veritatem conseruant.

Cæterùm, vt de elocutione aliquid hoc loco dicam, est planè methodus valdè accommodata, ad multa lectionis Euangelicæ loca explicanda: si ea sub quæstionis, aut dubitationis figura proponamus. Exempli gratia. In Euangelio de Regulo salutem filio petente, quęri primùm potest; cur Dominus illum infidelitatis arguat: cùm fidem habere videretur, qui salutem filio petebat: neque enim salutem ab eo peteret, quem nō crederet saluatorem. Deinde, cur Principi, qui simili ratione salutem filiæ petebat, nihil tale dixit: imò cum eo perrexit, & in ipso itinere in fide nutantem benignè confirmauit: cùm tamen & acriter Regulum corripuerit, & cum eo ire noluerit. Item, cur in Cēturionis domum (qui salutem seruo petebat) ire spōte sua non rogatus voluit: in domum verò Reguli rogatus etiam ire noluit. Vnaquæque harum quæstionum adhibitis dubitandi rationibus proponēda est. Deinde verò responsio eius assignanda, similique modo confirmanda, & ad vtilitatem auditorum accommodanda est. Quicquid enim in concione dialogi formam præsefert (pręterquam quòd attentionem dubitatione ipsa excitat) ad pronunciationis varietatem plurimùm conducit. Vnde D. Chrys. tractandorum animorum artifex peritissimus, crebris sæpè interrogatiunculis dormiētem excitat auditorem.

Postremò illud etiam admonendum est, vt cùm aliquod scripturæ testimonium citamus, nequaquam sola eius interpretatione, quæ vulgari sermone fit, cōtenti simus: quod multi faciunt, qui totidem verbis Latina patrio sermone reddunt. Danda enim opera est, vt aliquid in testimonio adducto obseruatione dignū ponderemus. Quod fit, quando vel emphasim, quæ in vno aliquo verbo latet, explicamus, vel metaphoram aliquam excutimus. Est enim metaphora omnis in arctum contracta similitudo: ideoque per illam explicanda

canda est. Interdum etiam sententiam breuiter compræhensam dilatamus, aut amplificamus. Ad quod, dilatandi atque amplificandi rationes (quæ superiùs à nobis expositæ sunt) iuuare poterunt. Hoc satis sit breuiter monuisse. Plena quippe huius rei cognitio, totius vitæ studio comparatur. Hoc enim præcipuè agimus, cùm sacris literis operam damus. Nec enim earundem intelligentia contenti sumus: sed ea etiã ponderamus, quæ aliquid obseruatione dignum continent. Hæc autem admonitio in ijs scripturarum testimonijs locum non habet, quæ ad mysticam nominum interpretationem pertinent: vt cùm aquę nomine diuinam gratiam & sapientiam significari, vel calicis nomine sortem, quæ cuique obtigit, aut olei vocabulo misericordiam intelligi debere dicimus. In his enim satis est, vocis significationem ex alio loco breuiter indicasse.

Quartus concionandi modus ex superioribus mixtus. Cap. V.

EST autem quartus concionandi modus ex his, quę diximus, temperatus, ac D. Chrysostomo valdè familiaris: cuius sunt duæ præcipuæ partes: quarum altera Euangelicæ lectionis explanationem continet: altera in hoc genere Suasorio vel Dissuasorio versatur: In quo vir sanctus communia virtutum & vitiorum loca tractare solet: in quibus vel ad aliquam virtutis actionem adhortatur, vel ab aliquo vitio deterret: vtriusque rei bona & mala, commoda & incommoda enumerans & amplificans. Qua de re nihil est singulare ac proprium, quod in hoc genere præcipi debeat. Cùm enim hic concionandi modus ex duobus superioribus conflatus sit, quid in toto fieri debeat, ex partium doctrina, è quibus totum constat, intelligi facilè potest. In quo tamen genere periculum est, ne dum vtrique parti satisfacere volumus, plus iusto longiores in concione simus. Quæ res magnoperè concionatoribus fugienda est: ne, dum auditores tædio afficimus, omnium, quæ rectè dicta sunt, gratiam & fructum amittamus: cùm fatigatus auditor, neque quid dicas, attendit, & eorum, quæ audiuit, suauitatem ac memoriam perdit.

His ita constitutis, non erit alienum hos quatuor concionandi modos inter se conferre, vt cuiusque ipsorum ratio, dignitas, atque vtilitas intelligatur. Et quidem hi omnes, & quicunque alij reperiantur, ad tria mihi capita reuocari posse videntur. Primus quidem simplex appellari potest, cùm vnum aliquod argumentum, siue in genere Suasorio, siue in Demonstratiuo tractatur: in Suasorio, cùm ad vnam aliquam virtutem hortamur, aut ab aliquo scelere dehortamur: quod facit D. Cyprian. in sermo. de patientia, de eleemosyna, de mortalitate, de inuidia: idemque non rarò cæteri quoque Patres. In Demonstratiuo autem, cùm totus sermo, alicuius Sancti virtutes, & egregia facta, atq; insignia miracula prædicat & amplificat: quod ijdem sępè faciunt. Secundus verò modus Euangelicam lectionem explanat: in qua varia moralis vitæ documenta & argumenta, vt cuiusque loci ratio exigit, explicantur. Quod genus cõcionandi sancti quoque Patres frequenter secuti sunt. Quocirca nemo ex his duobus concionandi modis alterum ita probare debet, vt alterum deprimat: quando vterque veteribus Patribus in vsu fuerit: nemoque iure reprehendere potest, quod eorum exemplo & authoritate defenditur. Hic autem concionandi modus & auditoribus propter rerum varietatem gratus, & propter diuersa vitæ documenta vtilis, & concionatori quoque facilis admodum est. Neque enim sex illis partibus, quas antea commemorauimus, neque artificiosa argumentorum dispositione eget, cùm lectionis Euangelicæ seriem atque ordinem sequatur: neque magnam admodum in concionatore eruditionem requirit: cùm nulla tam angusta ingenij vena sit, neque tam curta rerum supellex, vt non singulis explanationis partibus aliquid aliunde sumat, quod illas locupletare & illustrare queat. Sed hic tamen concionandi modus, vt audienti gratus, & dicenti facilis, ita parum vehemens esse videtur. Rerum enim amplificatio & concitatiores affectus causam argumentis iam probatam

batam consequuntur: tãtoque sunt (vt anteà diximus) vehementiores, quantò probatio longior atque firmior est. Huiusmodi autem probationes in Euangeliorum explanatione longiores esse nequeunt, quando qui multa (& ea quidem inter se diuersa) vnius horæ spatio tractare debet, diutius in vna aliqua re immorari non potest: ideoq; breuis & ieiuna probatio magnam affectuum vim excitare non poterit. Adde etiam, quòd ille docendi ardor atque impetus (in quo tota penè dicendi vis posita est) frequenter refrigerandus atque interrumpendus est. Quoties enim ab vna re ad aliam longè diuersam transitum facimus, toties impetum illum subsidere & intercidi necesse est. Neque quisquam adeò affectuum suorum est dominus, vt facilè possit affectum, quo erat iam permotus, exuere, & nouum illum, qui ex dissimili rerũ natura consurgit, protinus induere.

Cæterùm, cùm vna aliqua res in tota concione tractatur, vt cùm ad dilectionem inimicorum, ad eleemosynæ, humilitatis, charitatis, & patientiæ studia exhortamur, ardẽtior oratio esse poterit, quòd multiplex argumentorum vis maiorem affectibus concitandis materiam præbeat. Difficilior tamen huius causæ tractatio est. Primùm, quòd maiorem in concionatore dicendi facultatem, vberioremque sententiarum copiam requirat: vt satietatem, quæ ex vnius rei tractatione excitatur, rerum varietate & copia vitare possit. Hic igitur primus huius operis labor est. Proximus verò (& haud scio an multò maior) reliquas orationis partes, nempè exordium, diuisionem, confutationem, & perorationem confirmationi (in qua tota vis causæ sita est) aptare & accommodare. Est enim huiusmodi oratio velut perfectum quoddã corpus, suis partibus, & quasi membris compactum, quæ omnia, tanquam vnius corporis membra, cohærere inter se, sibique mutuo respondere debent. Hic tamen labor ea ratione, quã diximus, pensatur, quòd huiusmodi oratiò vehementior, & ad permouendos animos accommodatior est.

Quòd si quis à me requirat, quem ex his concionandi modi modis sequi potissimùm debeamus (quanuis non is sim, qui hoc mihi iudicium arrogare possim) tamẽ pro tenuitate ingenij mei, quid censeam, paucis indicabo. Non probo illos, qui vnam duntaxat concionandi formam sequuntur, & quod semel faciunt, semper faciendum esse decernunt. Commodius ergo videtur, vt pro rerum natura ac dignitate, aut etiam auditorum vtilitate vel necessitate nunc hoc, nunc illo concionandi genere vtamur. Aliquando enim tota concio in lectionis Euangelicæ explanatione versabitur: quandoque verò vnum aliquod argumentum in genere dissuasorio vel demonstratiuo persequetur. Satietas verò, quæ ex vnius rei tractatione gigni posse videtur, hac ratione vitabitur, si eadem de re varias quæstiones explicemus. Exempli gratia. Si de charitate dicimus, pars prima de laude & commendatione charitatis: altera verò de his, quæ ad charitatem consequendam adiuuant: tertia autem de præcipuis charitatis impedimẽtis (quę remouenda sunt) disputabit. Item de humilitate dicturus, easdem partes versabit, atque item de diuersis veræ humilitatis gradibus & signis differet. Eodem modo de orationis quoque virtute disputare poterit. Cui argumento illud etiam liberum erit adiungere, vt de præparatione animi ad orandum, deque varijs virtutibus, hoc est, fide, humilitate, deuotione, ieiunio, & misericordia (quibus efficax oratio fulcienda atque iuuanda est) haberi sermo poterit. Hac ergo multiplici eiusdem rei varietate satietas atque fastidium vitari poterit. Hoc autem meum iudicium sanctorum Patrum autoritate tueri possum, quos apertè videmus in vtroque concionandi genere versatos: sed inter hos tamen concionandi modos, quartus (quem paulò antè indicauimus) commodissimus mihi videtur. Nam & Euangelicam lectionem enarrat, ac deinde vnum aliquod argumentum persequitur. Hunc enim concionandi modum (vt antè dixi) summo illi concionatori D. Chrysostomo video placuisse. Hoc igitur frequentiùs: alijs verò tum pro natura & conditione rerum, tum pro facultate & ingenio dicẽtis vti licebit.

Neque

Neque enim omnibus ingenijs, aut omnibus etiam argumentis eadem conueniunt.

De genere concionis Didascalico. *Cap. VI.*

EST & aliud concionum genus, quod Didascalicum appellant: quod docendi gratia magis, quã mouendi adhibetur. Occurrere tamen aliquando ex singulari aliqua ratione potest (præsertim in aliquibus concionis partibus, quæ hoc exigunt) cùm populus non solùm mouendus, sed etiam docendus est. Id verò est, cùm alicuius rei plenam notitiam atque sciẽtiam tradere volumus.

In hoc igitur genere hic ferè ordo seruandus erit, vt primùm ostendamus quid res sit, deinde qualis sit, hoc est, quas habeat qualitates & affectiones. Tum causas eius & effectus, ac postremo eius partes per diuisionem indagemus. Sic de gratiæ natura tractaturus, primùm quærit quid sit gratia: secundò quas habeat proprietates: tum præcipuas eius causas & effectus, quos in anima viri iusti operatur: ac postremò gratiæ partes variarum gratiarum diuisione numerabit ac discutiet. Horum exemplorum D. Thom. cæterique Theologiæ tractatores pleni sunt. Aristoteles verò aliam methodum non admodum huic dissimilem tradit. Præcipit enim, vt primùm probemus rem esse, deinde quid ea sit, postea qualis sit, ad extremum cur talis sit. Quo quidem ordine, cùm commodissimè quælibet res tractetur, non dubium est, quin optimus doctrinæ ordo in eadem re tractanda censendus sit. Quanquam non erit necesse hæc omnia persequi, cùm de vno aut pluribus constiterit. Ad hos quatuor quasi gradus reuocantur omnia, quæ de qualibet re quæri possunt. Hac enim ratione & rerum effectus, & causæ item explicantur: quarum cognitio scientiam parit. Ad hunc ergo modũ in tractatione cuiusque virtutis, primùm, An proposita virtus sit necessaria humanæ perfectioni, necne, differitur. Quod ad quæstionem, an res sit, reducitur. Deinde, quænam sit eius materia,

ria, tum obiecta, tum subiecta: quod ad quæstionem naturæ pertinet. Tum quæ sint virtutis affectiones ac conditiones: quod ad quæstionem qualitatis perspicuè spectat. Ad extremum, quonam pacto ipsam possimus consequi: quod ad quartam quæstionē reuocatur, in qua de causis & impedimentis virtutum agitur. Itaque omnia, quæ de vna re differuntur, ad illa quatuor reuocantur, eodemque ordine ferè tractantur.

Concionator tamen in hac ipsa tractatione meminisse debet, quid potissimùm inter doctorem & concionatorem intersit. Scholasticus enim doctor docere solùm, & intellectum erudire studet: concionator autem voluntatem mouere, & ad pietatis & iustitiæ studium inflammare debet: ideoque omnia ad hunc scopum (quatenus fieri poterit) dirigere atque referre conabitur.

De Dispositione. Cap. VII.

Diximus hactenus de inuentione argumentorum: reliquum est, vt breuiter de ipsorum ordine atque dispositione dicamus. Ordo igitur (quod ad hunc locum attinet) est argumentorum inter se apta ad persuasionem collocatio. Quæ quidem quam sit necessaria disserenti, nemo est qui non videat. Vt enim domui construendæ satis non est lapides & reliquam materiam in aceruum congerere, nisi his disponendis ac collocandis artificum manus adhibeatur: vtque milites, quantumlibet fortes ac strenui, nisi periti ducis industria formam exercitus accipiant, ad bellum inferendum idonei non sunt: sic argumenta ex locis traditis coacta tumultuantur, nec ad finem adipiscendum apta sunt, nisi ad persuasionem apposite collocentur ac disponantur. Turbati quippe exercitus, sibi ipsis sunt impedimento: & artus etiam leuiter loco moti, perdunt, quo viguerunt, vsum. Sic oratio carens hac virtute, tumultuetur necesse est, & sine rectore fluitet, nec cohæreat sibi: multa repetat, multa trāseat, velut

lut nocte in ignotis locis errans: nec initio, nec fine, proposito, casum potius, quàm consilium sequatur.

Primus igitur dispositionis ordo est, cùm sequimus eam præceptionem, quam paulò antè exposuimus: hoc est, vt vtamur principio, narratione, diuisione, cõfirmatione, confutatione, conclusione: & hunc ordinem quemadmodum præceptum antè est, in dicendo sequemur. Item ex institutione artis, non modò totas causas per orationem, sed singulas quoque argumentationes disponemus, quemadmodum in secundo libro docuimus: id est, expositionem, rationẽ, confirmationem rationis, exornationem, complexionem. Hæc igitur duplex dispositio est: vna per orationes, altera per argumentationes, ab institutione artis profecta.

In confirmatione autem & confutatione argumẽtationum dispositiones huiusmodi conuenit habere: firmissimas argumentationes in primis & postremis causæ partibus collocare: mediocres, & neque vtiles ad dicendum, neque necessariæ ad probandum (quæ si separatim ac singulæ dicantur, infirmæ sunt: cum cæteris tamen coniunctæ, firmæ & probabiles fiunt) interponi, & in medio collocari oportet. Nam & re narrata statim expectat animus auditoris, ex qua re causa confirmari possit. Quapropter continuò firmam aliquam oportet inferre argumentationem. Et quoniam nuperrimè dictum facilè memoriæ mandatur, vtile est, cùm dicere desinemus, recentem aliquam relinquere in animis auditorum benè firmam argumentationem.

Est & alius doctrinæ ordo, qui in quouis orationis genere seruandus est. Primùm enim ea priori loco tractare debemus, quæ ad eorum quæ sequuntur intelligentiam vel necessaria sunt, vel maiorem illis lucem afferunt. Præterea semper à communioribus, ad minus communia: à genere ad speciem: à facilioribus ad difficiliora: à magis notis, ad minus nota procedendum est. Ideoque ab effectibus ad eorum causas, & ab his, quæ sensu cognoscuntur, ad ea quę intelle

ctu

ctu præuidentur, consurgimus: quòd ea nobis, vt magis vicina & familiaria, ita magis nota sunt. Hac enim ratione (vt Apostolus ait) inuisibilia Deî à creatura mundi per ea quæ facta sunt, intellecta conspiciuntur: sempiterna quoque virtus eius & diuinitas. Hactenus de inuentione ac dispositione ferè coniunctim, quæ tradenda videbantur: exposuimus: nunc ad elocutionem (quæ præcipua huius artis pars est) transitum faciemus.

ECCLESIASTICÆ RHETORICAE, SIVE DE RATIONE concionandi liber quintus, de Elocutione.

PRAEFATIO.

Nunquam putaram, studiose lector, cùm libellum hunc scribere cœpissem, vt ad hæc minuta elocutionis præcepta descẽderem. Sed cùm huius artis institutio ad vnam benè dicendi rationem dirigatur, quæ multis tamen partibus & virtutibus constát, ita omnes inter se cohærent & colligatæ sunt, vt vix vna aliqui citra aliarum cognitionem intelligi perfectè possit. Quocirca ne mutila & manca admonitio nostra relinqueretur, néue studiosus concionator, per varias Rhetorum officinas, & perplexa eorum documenta vagaretur, quæ proposito nostro maximè necessaria visa sunt, quàm potui dilucidè atque recto ordine collegi, eaque perspicuitatis gratia plurimis D. Cypriani exemplis, qui omnium orthodoxorum Patrum eloquentissimus & ornatissimus in dicendo est, illustranda curaui.

ui. Sicut Rhetores vnius Ciceronis exempla ad omnia dicendi præcepta & ornamenta illustranda sufficere credunt: ita ego hunc Christianum Ciceronem ad omnia elocutionis pręcepta elucidanda satis esse arbitror: vt omittam interim, quòd is non solùm præceptis explicandis, sed etiam formandis moribus, & vitæ rectè constituendæ seruit.

De elocutionis commendatione & qualitate, ex Fabij lib. 8. Cap. I.

HInc iam elocutionis rationem tractabimus, partem operis, vt inter omnes oratores cõuenit, difficillimam. Nam & Marcus Antonius ait, à se disertos visos esse multos, eloquentem autem neminem. Disertis, satis putat dicere quæ oporteat: ornatè autem dicere, proprium esse eloquentissimi. Quæ virtus si vsque ad eum in nullo reperta est, ac ne in ipso quidem, aut L. Crasso, certum est, & in his, & in prioribus eam desideratã, quia difficilima fuit. Et M. Tullius inuentionem quidem ac dispositionem prudentis hominis putat: eloquentiam, oratoris. Ideoque præcipuè circa partis huius præcepta elaborauit: quòd eum meritò fecisse, etiã ipso rei, de qua loquimur, nomine, palàm declaratur. Eloqui enim hoc est, omnia, quæ mente conceperis, promere, atque ad audientes perferre: sine quo superuacua sunt priora, & similia gladio condito, atque intra vaginam suam hærenti. Hoc itaque maximè docetur, hoc nullus nisi arte assequi potest, huic studium adhibendum, hoc exercitatio petit, hoc imitatio, hic omnis ætas consumitur, hoc maximè orator oratore præstantior, hoc genera ipsa dicendi alia alijs potiora. Neque enim Asiani, aut quocunque aliò genere corrupti, res non viderunt, aut eas non collocauerunt: neq; quos aridos vocamus, stulti aut in causis cæci fuerũt: sed his iudicium in eloquendo ac modus, illis vires defuerunt: vt appareat in hoc & vitium, & virtutem esse dicendi. Non ideò tamen sola est agenda cura verborum. Occurram enim necesse est, & velut in vestibulo pro-

protinus apprehensuris hanc confessionem meam, resistam his, qui omissa rerum, qui nerui sunt in causis, diligentia, quodam inani circa voces studio senescũt: idque faciunt gratia decoris, quod est in dicendo mea quidem opinione pulcherrimum: sed cùm sequitur, non cùm affectatur. Corpora sana, & integri sanguinis, & exercitatione firmata, ex iisdem his speciem accipiunt, ex quibus vires. Nanque & colorata, & astricta, & lacertis expressa sunt: sed eadem, siquis vulsa atque fucata muliebriter comat, fœdissima sunt ipso formæ labore. Et cultus concessus atque magnificus addit hominibus (vt Græco versu testatum est) autoritatem. At muliebris & luxoriosus, non corpus exornat, sed detegit mentem. Similiter illa translucida, & versicolor quorundam elocutio res ipsas effœminat, quæ illo verborum habitu vestiuntur. Curam ergo verborum, rerum volo esse solicitudinem: nam plerunque optimè rebus cohærent, & cernuntur suo lumine. At nos quærimus illa, tanquam lateant semper, seque subducant. Ità nunquam putamus circa id esse, de quo dicendum est, sed ex aliis locis petimus, & inuentis vim afferimus. Maiore animo aggredienda eloquentia est: quæ si toto corpore valet, vngues polire, & capillum reponere, non existimabit ad curam suam pertinere. Sed euenit plerunque, vt hac diligentia deterior etiam fiat oratio. Primùm, quia sunt optima, minimè accersita, & simplicibus, atque ab ipsa veritate profectis similia: nam illa, quæ curam fatentur, & ficta atque composita videri etiam volunt, nec gratiam consequuntur, & fidem amittunt, propter id quod sensus obumbrant, & velut læto gramine sata strangulant. Nam & quod rectè dici potest, circumimus amore verborum: & quod satis dictum est, repetimus: & quod vno verbo patuit, pluribus oneramus: & pleraque significare melius putamus, quàm dicere. Quid? quod nihil iam proprium placet, dum parum creditur disertum, quod & alius dixisset? A corruptissimo quoque Poetarum, figuras seu translationes mutuamur: tum demum ingeniosi

geniosi scilicet, si ad intelligendum nos opus sit ingenio. Atqui satis apertè Cicero præceperat, in dicendo vitium vel maximum esse, à vulgari genere orationis, atque consuetudine communi abhorrere. Sed ille durus atque ineruditus, nos melius, quibus sordent omnia, quæ natura dictauit: qui non ornamenta quærimus, sed lenocinia, Quasi verò sit vlla verborum, nisi rei cohærentium virtus: quæ vt propria sint, dilucida, & ornata, & aptè collocentur, si tota vita laborandum est, omnis studiorum fructus amissus est. Atque plerosque videas hærentes circa singula, & dum inueniunt, & dum inuenta ponderant, ac dimetiuntur. Quæ si idcirco fierent, vt semper optimis vteremur, abominanda tamen hæc infelicitas erat, quæ & cursum dicendi refrænat, & calorem cogitationis extinguit mora & diffidentia. Miser enim, & (vt sic dicam) pauper orator est, qui nullum verbum æquo animo perdere potest. Sed ne perdet quidem, qui rationem loquendi primum cognouerit, tũ lectione multa & idonea, copiosam sibi verborum supellectilem compararit, & huic adhibuerit artem collocandi: deinde hæc omnia exercitatione plurima roborarit: vt semper in promptu sint, & ante oculos. Nanque & hoc qui fecerit, ei res cum nominibus suis occurrent. Sed opus est studio præcedente, & acquisita facultate, & quasi reposita. Nanq; ista quærendi, iudicandi, comparandi anxietas, dum discimus adhibenda est, non cum dicimus Hactenus Fabius. Et paulo inferiùs idem: In hac igitur cura est aliquid satis. Cũ enim Latina verba significãtia, tum aptè sint collocata, quid amplius laboramus? Quibusdam tamen nullus finis calumniandi est & cum singulis penè syllabis commorãdi: qui etiam cũ optima sint reperta, quærunt aliquid, quod sit maximè antiquum, remotum, inopinatum: nec intelligunt iacere sensus in oratione, in qua verba laudantur. Sit igitur cura elocutionis quã maxima, dũ sciamus nihil verborũ causa esse faciendũ, cùm verba ipsa rerũ gratia sint reperta: quorũ ea sunt maximè ꝓbabilia, quæ sensum animi nostri optimè promũt, atq;

in aniin animis auditorum, quod volumus, efficiunt. Eā debent præstare sine dubio & admirabilem, & iucundam orationem. Verùm admirabilem, non sic, quomodo prodigia miramur: & iucundam orationem, nō deformi voluptate, sed cum laude ad dignitatem coniuncta. Hactenus Fabius. Hæc in genere de elocutionis qualitate dicta sint: nunc ad singulares eius siue partes, siue virtutes veniamus. In quibus hunc tenebimus ordinem, vt primo loco virtutes, quæ ad elocutionis rationem pertinent, collocemus: deinde vitia illi contrària subijciamus.

De quatuor præcipuis elocutionis virtutibus: ac primo de Latinitate.
Cap. II.

Quatuor præcipuè in elocutione Ciceró spectanda esse ait, nempe vt Latinè, vt perspicuè, vt ornatè, vt ad id quodcunque agitur, aptè congruenterque dicamus: de quibus est nobis sigillatim hoc libro dicendum.

Primùm igitur est, vt oratio Latina sit atque emendata. Quæ res ad Grammatici officium præcipuè pertinet: cuius est de oratione congrua, & incongrua iudicare. Quod non in Latino solùm, aut Græco sermone, sed in quouis alio inspiciendum est. Habet enim vnaquæque lingua non modò suas phrases & idiomata, sed etiam suam syntaxim & constructionem verborum, qua diserti in ea lingua vti solent: quam etiam sequi debet, quisquis castè & emendatè loqui desiderat. Aduersus autem primam hanc virtutem (quæ aliorum omnium fundamentum est) tria vitia numerantur: nempe Barbarismus, Solœcismus, & barbara lexis. Barbarismus autem in vna dictione committitur, cùm ea verba vsurpamus, quæ apud eius linguæ peritos, in qua loquimur, non reperiuntur. Solœcism' verò in oratione locum habet, cùm voces quidem Latinè, sed malè tamen, hoc est, contra artis Grammaticæ præcepta copulantur. Barbara verò lexis barbarismo mo affinis est: cũ videlicet peregrina dictione vtimur; vt cum Latina in Hispano sermone, vel Hispana in Latino miscemus. Castus enim & proprius sermo hoc etiam vitare studet. Hic autem non alienum erit, vt quẽ admodum peregrina verba, ita etiam phrases & idiomata peregrina magno studio fugiamus. Quod vitium frequenter etiam in disertissimos viros cadit. Nam in T. Liuio miræ facundiæ viro, putat inesse Asinius Pollio Patauinitatem quandam. Quare si fieri potest (inquit Fabi.) & verba omnia, & vox huius alumnum vrbis oleant, vt oratio Romana planè videatur, non ciuitate donata. Quo quidem vitio nonnulli concionatores haud carent: qui patrio sermone loquentes, Latini aut Hebræi sermonis phrases admiscent. Quod tũc vel maximè faciunt, cùm scripturarum, vel sanctorum Patrum testimonia vulgari sermone reddunt.

De secunda elocutionis virtute, videlicet, Perspicuitate.

Cap. III.

Rationis perspicuitas, tum in verbis singulis, tum in coniunctis, hoc est, in contextu orationis diligenter obseruanda est. Prius illud efficiunt propria verba, quibus maxima sermonis pars constare debet. Proprietas tamen ipsa non simpliciter accipitur. Primus enim intellectus est, sua cuiusque rei appellatio, qua nõ semper vtimur. Nam & obscœna vitabimus, & sordida & humilia. Sunt autem humilia infra dignitatem rerum, aut ordinis. Sed ne in his quidem virtus oratoris inspicitur. At illud iam non mediocriter probandum, quod hoc etiam laudari modo solet, vt maximè propriè dictum id sit, quo nihil inueniri possit significantiùs: vt Cato dixit, C. Cæsarem ad euertendam Remp. sobrium accessisse: Annibalem quoque dirum; & acrem tibiam hoc modo dicimus. Et ea quoque, quę benè translata sunt, propria dici solent. Possunt videri verba, quæ plus significant, quàm eloquuntur, in parte ponenda perspicuitatis: intellectum enim adiuuant. Quod facit emphasis: de qua suo loco dicemus.

Plus tamen est obscuritatis in contextu & continuatione sermonis, & plures modi. Quare nec sit tam longus sermo, vt eum prosequi non possis intentio: nec traiectione tam tardus, vt in hyperbaton finis eius differatur. Vitanda etiam ambiguitas, non hæc solū, quæ incertum intellectum facit, vt Chremetem audiui percussisse Demeam: sed illa quoque, quæ etiam si turbare non potest sensum, in idem tamen verborum vitium incidit: vt siquis dicat visum à se hominem librum scribentem. Nam etiam si librum ab homine scribi pateat, malè tamen composuerat, feceratque ambiguum quantum in ipso fuit. Etiam interiectione siue Parenthesi: qua & oratores & historici frequenter vtuntur, vt medio sermone aliquem inferat sensum, impediri solet intellectus, nisi quod interponitur, breue est.

Est etiam in quibusdam turba inanium verborum: qui dum communem loquendi morem reformidant, ducti specie nitoris, circumeunt omnia copiosa loquacitate, quæ dicere volunt: ipsam deinde illam seriem cum alia simili iungentes miscentesq;, vltra quàm vllus spiritus durare possit, extendunt.

Alij breuitatis æmuli, necessaria quoque orationi subtrahunt verba: & velut satis sit scire ipsos, quæ dicere velint, quantum ad alios pertineat, nihil putant. At ego otiosum sermonem dixerim, quem auditor suo ingenio non intelligit.

Nobis igitur prima sit virtus Perspicuitas, propria verba, rectus ordo, non in longum dilata conclusio, nihil neque desit, neque superfluat. Ita sermo & doctis probabilis, & planus imperitis erit. Hæc est eloquendi obseruatio. Nam rerum perspicuitas quomodo præstanda sit, in præceptis narrationis traditur. Similis autem ratio est in omnibus. Nam si neque pauciora quā oportet, neque plura, neque inordinata aut indistincta dixerimus, erunt dilucida, & negligenter quoque audientibus aperta. D. autem Augustinus, iuxta illud Græcorum adagium: Quantumuis rudiùs dicito, modo clariùs, minùs latinis verbis vti admonet, si perspicua ma-

Aug. lib. 4. de doctrin. Christ.

magis fuerint. Sic enim ait: Quid prodest locutionis integritas, quam non sequitur intellectus audientis: cū loquendi omninò nulla sit causa, si quod loquimur; non intelligunt, propter quos vt intelligāt loquimur? Qui ergo docet, vitabit omnia verba quæ non docent. Et si pro eis alia integra, quæ intelligantur, potest dicere, id magis eliget. Si autem non potest, siue quia non sunt, siue quia in præsentia non occurrunt, vtetur etiā verbis minùs integris: dum tamen res ipsa doceatur atque discatur integrè. Et paulò post. Bonorum, inquit, ingeniorum insignis est indoles, in verbis verum amare, non verba. Quid enim prodest clauis aurea, si aperire quod volumus, non potest? Aut quid obest lignea, si hoc potest, quando nihil quærimus, nisi patere, quod clausum est? Hæc ille.

Est autem alia non in verbis, sed in rebus ipsis obscuritas: vbi quidam concionatores abditas atque difficiles quæstiones ex ipsis Philosophiæ atque Theologiæ generalibus desumptas, rudi & indoctæ multitudini proponunt: quo ingenium suum ostentent, & eruditi in populo habeantur. Hi autem minimè cum Apostolo dicere posse videntur: Non nosmetipsos prædicamus, sed Dominū nostrum Iesum Christum: nos autem seruos vestros per Iesum. Vehementer autem indignum est, vt quo in loco & officio alios à vanitatis & iactantiæ vitio deterremus, nos in idem vitium; quod perstringimus, incidamus. Quòd si admonitio mea aduersus hanc multorum consuetudinem minus valet, valeat sanè D. Augustini, in 4. de Doctr. Christ. libro dicentis: sunt quædam; quæ sua vi non intelliguntur, aut vix intelliguntur, quantumuis planissimè dicentis versentur eloquio: quæ in populi audientiam vel rarò si aliquid vrget; vel nunquam omninò mittenda sunt. Hactenus August.

2. Cor. 4.

August.

De tertia elocutionis virtute, quæ in ornatu posita est. Cap. IIII.

Hæc ex Fab. lib. 8. cap. 3.

VEnio nunc ad ornatum, in quo sine dubio plusquàm in cæteris dicendi partibus sibi indulget concionator. Nam emendatè quidem ac dilucidè dicentium tenue prçmium est: magis enim hoc est vitijs carere, quàm vt magnam aliquam virtutem adeptus esse videaris. Nec verò hic ornatus parum causæ confert. Nam qui libenter audiunt, & magis attendunt, & faciliùs credunt, & plerunque ipsa delectatione capiuntur, nonnunquam admiratione auferuntur. Nam & ferrum affert oculis terroris aliquid, & fulmina ipsa non tam nos confunderent, si vis eorum tantùm, non etiam ipse fulgor timeretur. Recteque Cicero, his ipsis ad Brutum verbis quadam in epistola scribit: Nam eloquentiam, quæ admirationem non habet, nullam iudico. Arist. quoque eãdem petendam maximè putat. Sed hic ornatus, repetam enim virilis, fortis, & sanctus sit, nec effœminatã leuitatem, nec fuco eminentem colorem amet, sanguine & viribus niteat. Hoc autem adeò verum est, vt cũ in hac parte sint vicina virtutibus vitia, etiam qui vitijs vtuntur, virtutis tamen his nomen imponant. Quare nemo ex corruptis dicat, me inimicum esse cultè dicẽtibus. Non nego hanc esse virtutem, sed illis eam non tribuo. An ego fundum cultiorem putem, in quo mihi quis ostenderit lilia, & violas, & amœnos fontes surgentes, quam vbi plena messis, aut graues fructu vites erunt? Sterilem platanum, tonsasque myrtos, quã maritam vlmum, & vberes oleas præoptauerim? Habeant illa diuites, licèt quid essent, si aliud nihil haberent? Nullúsne etiam fructiferis adhibendus est decor? quis negat? Nam & in ordinem certaque interualla redigam meas arbores. Quid enim illo quincunce speciosius? quid in quamcunque partem spectaueris, rectius? Sed protinus in id quoque prodest, vt terræ succum æqualiter trahant. Surgentia in altum cacumina oleæ ferro coercebo, in orbem se formosius fundet, &

pro-

protinus fructum ramis pluribus feret. Decentior equus, cuius astricta ilia, idem velocior. Pulcher aspectus fit athleta, cuius lacertos exercitatio expressit, idē certamini paratior. Nunquā vera species ab vtilitate diuiditur Hactenus Fab. D. verò August. de hoc orationis ornatu, quo potissimùm auditorum animi oblectātur, sic ait: Sicut autem sæpè sumenda sunt & amara salubria: ita semper vitanda est dulcedo perniciosa. Sed salubri suauitate, quid melius? Quantò enim magis illic appetitur suauitas, tantò faciliùs salubritas prodest. Sunt ergo Ecclesiastici viri, qui diuina eloquia non solùm sapienter, sed & eloquenter etiam tractauerunt, Quibus legendis magis non sufficit tempus, quàm deesse ipsis studentibus & vacantibus possunt. Hæc ille. *Aug. vbi supra.*

De ornatu, qui est in verbis singulis. Cap. V.

QVoniam orationis, tam ornatus, quàm perspicuitas, aut in singulis verbis est, aut in coniunctis, primùm quid singula verba, deinde quid coniuncta exigant, consideremus. Qua in re illud primo loco statuendū est, quòd quemadmodum perspicuitas proprijs verbis, sic ornatus translatis, vel quouis alio Tropo figuratis, præcipuè constat. Sed cùm eandem rem frequenter plura verba significent, quod Synonimia vocatur, commodiora semper & meliora eligenda sunt. Constat enim inter hæc ipsa verba, alia esse alijs consonantiora, grandiora, honestiora, sublimiora, nitidiora, iucundiora, vocaliora. Exempli gratia: Consonantiora sunt, quanquam, moderatio, & concertare, quàm si dixeris, & si, modestia, confligere. Grandiora sunt, immanis, contrucidare, optimus, officiosissimus: quam hæc, magnus, necare, bonus, officiosus. Nitidiùs etiam bos, quàm vacca. In vniuersum quidem optima ex simplicibus verbis creduntur, quæ aut maximè exclamant, aut sono sunt iucundissima. Et honesta quidem turpibus potiora semper: nec sordidis vnquam inerudita orationε locus.

Cæterùm quòd ad vsum attinet (in quo maior obseruatio est, delectus verborum sic habendus est, vt cum rerum, de quibus dicimus, natura & dignitate cohæreant. Rebus enim atrocibus verba etiam ipsa auditu aspera magis conuenient. Quod enim verbum in re grandi aptum & magnificum fuerit, in re humili tumidum erit. Contrà verò, quæ humilia circa res magnas, apta circa minores videntur. Et sicut in oratione nitida notabile est humilius verbum, & velut macula: ita à sermone tenui sublime nitidumque discordat, fitque corruptum, qui in plano tumet.

Hæc de proprijs verbis dicta sunt. Translata verò (de quibus modo dicendum est(nisi in contextu probari non possunt. Sed nec inornata sunt quidem, nisi cùm sunt infra rei, de qua loquendum est, dignitatem.

De Tropis. Cap. VI.

QVoniam (vt paulò antè diximus) perspicuitas quidem proprijs, ornatus verò trãslatis verbis, vel quouis alio tropo figuratis præcipuè constat, de Tropis iam dicere incipiamus, atq; eò libentius, quò in Prophetarum libris frequentior eorum vsus est. Omnia enim Prophetarum scripta (quoniam de rebus maximis disserunt, siue cùm hominum scelera corripiunt, siue cũ vltrices scelerum pœnas improbis denunciant, siue cũ pijs hominibus, & in officio manẽtibus ingentia diuinæ gratiæ beneficia pollicentur) metaphoris & allegorijs plena sunt: quibus illi magnarum rerum similitudinibus, quæ ipsi quoque maxima dicunt, amplificare & ante oculos ponere solent. Cuius rei non alienum puto loca aliquot indicare: vt apertè liqueat, omnia Prophetarum scripta metaphoris & allegorijs referta esse. Talis est locus ille Isaiæ. Et egredietur virga de radice Iesse, & flos de radice eius ascendet, &c. Virgę enim nomine potentiam, floris autem, pulchritudinem Domini Saluatoris designauit. Deinde sequentia allegorijs plena sunt. Habitabit lupus cum agno, &cæt. Et cap. 8. Pro eo quod abiecit populus iste aquas

aquas Siloë, quæ vadunt cum silentio,&c. Deinde futuram populi vastitatem fluminis inundatione designat & amplificat. Cap. verò 35. Conuersionem & lætitiam Gentium pulcherrimis metaphoris declarat, cùm ait: Lætabitur deserta & inuia,& exultabit solitudo, & florebit quasi lilium : & quæ sequuntur. Hiere. verò cap. 4. Assiriorum Regem leonis nomine significat, cùm ait: Ascendit leo,de cubili suo,&c. Ezechiel verò cap. 17.eundem Regem ingentis aquilæ nomine exprimit,cùm ait: Aquila grandis magnarum alarum,longo membrorum ductu, plena plumis & varietate, venit ad Libanum, & tulit medullam cedri, &c. Pharaonem verò Aegypti Regem draconem appellat : vt eius superbiam & atrocitatem ostendat, his verbis Ecce ego ad te draco magne,qui cubas in medio fluminum tuorum, & dicis, Meus est fluuius, & ego feci memetipsum. Verùm hæc exempla in omnibus ferè Prophetarum paginis reperiuntur. Quæ tamen hoc in loco referri volui, vt Troporum vtilitatem & vsum etiam ostenderem. Apparet enim res magnas & atroces his nominibus attolli,earumque magnitudinē his verbis magis,quam proprijs significari. Est igitur Tropus verbi vel sermonis à propria significatione in aliam cum virtute mutatio. Incipiamus igitur ab eo, qui cùm frequentissimus est, tum longè pulcherrim⁹, translationem dico, quæ metaphora Græcè vocatur. Latissimè enim patet. Eam necessitas genuit inopia coacta, post autem delectatio iucunditasq; celebrauit. Nam vt vestis frigoris depellendi causa reperta primò, post adhiberi cœpta est ad ornatum etiam corporis & dignitatem. sic verbi translatio, instituta est inopiæ causa,frequentata delectationis. Est autem translatio, cū nomen aut verbum transfertur ex eo loco,in quo propriū est,in eum,in quo proprium deest, aut trāslatum proprio melius est Id facimus,aut quia necesse est,aut quia significantiùs,aut quia decentiùs. Nam gemmare vites,luxuriem esse in herbis, lætas segetes, etiam rustici necessitate dicunt. Oratores durum hominem aut asperum. Non enim proprium erat, quòd darent

Ex Fab. li. 8. ca 6.

Metaphora.

his affectationibus nomen. Iam incensum ira, inflammatum cupiditate, & lapsum errore, significandi gratia. Nihil enim horum suis verbis, quàm his accersitis magis proprium erat. Illa verò ad ornatum, lumen orationis, & generis claritatem, & concionum procellas, & eloquentiæ flumina, vt Cicero pro Milone: Clodiū fontem eius gloriæ vocat, & alio loco segetem, ac materiam. Illud autem admirandum videtur, quid sit, quòd omnes translatis & alienis magis delectentur verbis, quàm proprijs & suis. Nam si res suum nomē, & proprium vocabulum non habet, vt pes in naui, vt in vite gemma, necessitas cogit, quod non habeas, aliundè sumere: sed in suorum verborum maxima copia, tamen homines aliena multò magis, si sunt ratione translata, delectant. Causa autem illa est, quòd translatio est similitudo ad vnum verbum contracta: similitudine autem mirificè capiuntur animi. Eo tamen distat, quòd illa comparatur rei, quàm volumus exprimere, hæc pro ipsa redicitur. Comparatio est, cùm dico fecisse quid hominem, vt leonem. Translatio, cùm dico de homine, leo est.

Metaphoræ autem vis omnis quadruplex est. Cùm in rebus animalibus aliud pro alio ponitur: vt Liuius, Scipionem à Catone allatrari solitum refert. Inanima pro alijs generis eiusdem sumuntur: vt, Concentu virtutum nihil est suauius. Aut pro rebus animalibus inanima: vt, Duo fulmina belli Scipiades: Præcipueque ex his oritur mira sublimitas, quæ audaciæ proxima periculo translationis attollitur, cùm rebus sensu carentibus actum quendam, & animos damus: qualis est: Pontem indignatus Araxes. Et illa Ciceronis: Quid enim tuus ille Tubero districtus in acie Pharsalica gladius agebat? cuius latus ille mucro petebat? qui sensus erat armorum tuorum. Arcanæ autem literæ propter rerum magnitudinem hac eadem metaphora non rarò vtuntur, qua & rebus inanimatis affectus & actiones humanas tribuunt, & ad ipsas etiam sermonem conuertunt. Tale est illud: Flumina plaudent manu, simul montes exultabūt à conspectu

ſpectu Domini. Et alio loco; Tunc exultabunt omnia ligna ſyluarum à facie Domini, &c. Rei enim magnitudo, nempè Christi Domini in mundum aduentus, hoc exigere videbatur, vel ipſo Domino teſtante, qui ait: Si hi tacuerint, lapides clamabunt.

In tranſlationibus autem fugienda eſt diſſimilitudo, qualis eſt in illo Ennij, Cœli ingentes fornices. Deinde videndum eſt, ne longè ſimile ſit ductum: Syrtim patrimonij: ſcopulum libentius dixerim: Charybdim bonorum voraginem potiùs. Faciliùs enim ad ea, quæ viſa, quàm ad illa, quæ audita ſunt, mentis oculi feruntur. Sunt quædam & humiles tranſlationes, vt, Saxea eſt verruca: quædam maiores, quàm res poſtulat, vt, Tempeſtas comeſſationis: quædam minores, vt comeſſatio tempeſtatis. Vt modicus autem atque opportunus eius vſus illuſtrat orationem, ita frequens & obſcurat, & tędio complet: continuus verò in allegoriam & ænigma exit. Quòd ſi vereare, ne paulò durior tranſlatio eſſe videatur, mollienda eſt propoſito ſæpè verbo: vt, Si olim M. Catone mortuo pupillum Senatum quis relictū dicat: paulò duriùs: ſin, vt ita dicam, pupillum: aliquantò mitiùs eſt. Etenim verecunda debet eſſe tranſlatio, vt deducta eſſe in alienum locum, nō irruiſſe, atque vt præcario, non vi veniſſe videatur. Diligenter etiam cauendum eſt, ne omnia, quæ Poetis permiſſa ſunt, conuenire orationi putemus: nec enim paſtorem populi autore Homero dixerim, nec volucres pennis remigare, licèt Vergilius in apibus ac Dædalo ſpecioſiſſimè ſit vſus. Modus autem nullus eſt floretior in ſingulis verbis, nec qui plus luminis afferat orationi: eoque in illo explicando meritò longiores fuimus.

Synecdoche tropus eſt, in quo ex parte totum, aut contrà, aut ex antecedentibus ſequentia intelliguntur. *Synecdoche.* Quæ deſcriptio octo illos modos comprehendit, quibus fit Synecdoche, quos grauiſſimi ſcriptores tradiderunt. Ex parte totum intelligitur, vt ex puppi nauis: enſis ex mucrone: aut ex tecto domus. Cicero: Mucrones eorum à iugulis noſtris reiecimus. Huc pertinet, cùm vel ex vno plures ſignificantur. Liuius: Romanus prælio

lio victor: & Vergilius: Hostis habet muros. Vel genus ex forma siue specie. Verg. Dentesque Sabellicus exacuit sus: pro quouis sue. Vel ex materia res cõfecta: qua ratione & ferrum pro gladio, & pinus pro naui, & aurum atque argentum pro aurea & argentea pecunia sumitur. Cicero: Homines instructi & certis locis cũ ferro collocati. Contrà verò ex toto pars declaratur, vt in illo Vergilij: Fontemque ignemq; ferebant. De quo genere est, cùm aut è pluribus vnus intelligitur. Cicero ad Brutum, Populo, inquit, imposuimus, & oratores visi sumus: cùm de se tantùm loqueretur. Aut è genere pars illi subiecta, Vergilius: Prędamq; ex vnguibus ales proiecit. Ex antecedentibus quoque sequentia monstrantur: vt cùm ait idem Poeta: Aspite aratra iugo referunt suspensa iuuenci. Ex his autem perspicuum est, translationem ad mouendos animos, & res penè sub oculos subijciendas repertam esse: synecdochen verò ad locupletandum sermonem pertinere.

Metonymia. Nec procul ab hoc genere discedit Metonymia: in qua causas per effecta, vel effecta per causas, vel ex eo, quod continet, id quod continetur, vel rem è signo intelligimus. Per causas effecta declaramus, cùm inuentor, aut alicuius rei auctor pro re inuenta ponitur. Vergilius: Onerantq; canistris, dona laboratæ Cereris. Hoc modo Platonem, Aristotelem, Demosthenem frequenter pro eorum scriptis ponimus. Cicero: Lectitasse Platonem studiosè, audiuisse etiam Demosthenẽ dicitur. Ex effectis autem causa significatur, cùm sacrilegium deprehẽsum, & scelus dicimus pro scelerato. Hinc mœstum timorem, tristem senectutem, & pallidam mortẽ eleganter optimi dicunt auctores. Vergi. Mœstumq; timorem mittite. Horatius: Pallida mors æquo pulsat pede pauperum tabernas. Regumque turres.

Ex eò quod continet, id quod cõtinetur, venustè etiã intelligitur. Sic benè moratæ vrbes vocantur, sic seculũ felix, sic Roma pro Romanis, Athene pro Atheniensibus frequẽter ponuntur. Virgil. Cœlo gratissimus amnis, id est, cœlestibus, Cicero: Vt omittã illas omnium doctrinarum inuentrices Athenas, in quibus summa dicendi

dicendi vis & inuenta est, & perfecta: pro Atheniensibus Huc referuntur etiã illa, cùm ex possessore res, quę possidetur, aut ex duce exercitus significatur. Verg. Iam proximus ardet Vcalegon: id est, Vcalegontis domus.

Sic hominem deuorari, cuius patrimonium deuoratur: & ab Annibale apud Cãnas cæsa sexaginta millia hominum dicimus, id est, ab eius copijs. Et signo denique res monstratur: Vnde toga, quæ pacis erat insigne & otij, pro pace: & fasces vsurpantur pro magistratu. Vergil.

Non illum populi fasces, non purpura regum
Flexit.

Metonymiam, vt ait Cicero, Rhetores hypallagen vocant.

Antonomasia ponit aliquid pro nomine: vt, Euersor Carthaginis & Numantiæ, pro Scipione, Et, Romanæ eloquentiæ princeps, pro Cicerone Et per Epitheton, Talamo quæ fixa reliquit impius: impiũ pro Aenea posuit. Sic Philosophũ pro Aristotele, Poetam pro Vergilio excellentiæ causa dicimus. Differt Antonomasia à Periphrasi, quòd illa ad sola personarũ nomina referatur: Periphrasis verò (de qua mox dicemus) latissimè ad cætera patet, quæ circuitione aliqua melius, quàm proprio nomine significantur. *Antonomasia.*

Epitheton, siue Latinè appositum, Diomedes speciem facit antonomasiæ. Estq; frequenter adiectiuum nomen proprio nomini adiectum, ornandi, aut amplificandi, aut iudicandi causa. Non rarò etiam alijs nominibus adiungi: quæ personarum propria non sunt. Neque refert, an hæc epitheta sint adiectiua nomina, necne, modò quocunque pacto proprietas quædam attribuatur, non personis tantùm, verumetiam rebus: vt, Præceps iuuenta, præceps, amens, & incõsultus amor: esca malorũ voluptas: morosa ac difficilis senecta: vitiorum expultrix philosophia: humanæ vitæ speculũ comœdia: vitæ magistra historia In poematis licebit naturalibus epithetis vti: vt, Candida nix, liquidi fontes, frigida nox, volubilis amnis, aureus Sol. In oratione prosa non oportebit adhiberi, nisi emphasim quandam *Epitheton.*

dam habeant,& ad rem propositam pertineãt: vt, Non impetrabis causam tam iniquam ab Aristide iustissimo. Et, coram Catone seuerissimo morum censore audes agere Floralia? Id potissimùm fiet in citationibus exemplorum, aut sententiarum. Aristarchus eruditissimus,& idem diligentissimus, Cicero eloquentiæ Princeps, Plato certissimus auctor. Exornantur autem epitheta maximè translationibus: vt, cupiditas effrænata, insanæ substructiones, &c. Solet etiam fieri alijs adiunctis Epitheton tropis apud Vergil. Turpis egestas, & tristis senectus. Veruntamen talis est ratio huius virtutis, vt sine appositis nuda sit & velut incompta omnis oratio, nec oneretur tamen multis. Nam fit longa & impedita: vt in quæstionibus eam iudices similẽ agmini totidem lixas habenti, quot milites quoque: in quo & numerus est duplex, nec duplum virium.

Interdum autem epitheta eleganter ita multiplicantur, vt instar diffinitionis vel descriptionis sint, imò & frequenter totam rei naturam, eiusque proprietates explicent. Hic Ioannes Clymacus, Superbia, inquit, est Dei abnegatio, aspernatio hominum, laudum progenies, sterilitatis argumentum, diuini adiutorij expulsio, stuporis præcursor, lapsuum ministra, casus materia, iracundiæ fons, simulationis ianua, firmamentum Dæmonum, delictorum custos, duritiæ & crudelitatis artifex, compassionis & misericordiæ ignoratio, amarus exactor, immitis iudex, Dei aduersatrix, blasphemiæ radix. Hæc ille. Sic Origenes de muliere Cananæa, Mulier, inquit, caput peccati, arma Diaboli, expulsio paradysi, mater delicti, corruptio legis antiquæ veniebat ad Dominum Iesum. Sic etiam Iudas Apostolus in Epistola sua de Pseudoapostolis loquẽs, Hi sunt, inquit, in epulis suis maculæ conuiuantes, sine timore semetipsos pascentes, nubes sine aqua, quæ à ventis circunferuntur, arbores autumnales, infructuosæ, bis mortuæ, eradicatæ, fluctus feri maris, despumantes suas confusiones, sydera errantia.

Catechresis, quam rectè dicimus abusionem, nõ habẽtibus nomen suum accommodat, quod in proximo est.

Ioan. Cly. *Orige.* *Catachres.* *Fab. vbi supra.*

est. Sic: Equum diuina Palladis arte, ædificant. Et, Pyxides, cuiuscunque materiæ sunt: & parricida matris quoque aut sororis interfector dicitur. Valdè similis est metaphoræ, sed ab ea tamen distinguitur, quod abusio nomen ex vicina ac finitima re, accommodat alteri rei, quæ sine nomine est: metaphora verò etiã si nomen non deest, vndecunque modò similitudinem res habeat, alienũ nomen asciscit. Quid tam propinquum patris interfectori, quàm matris, aut sororis, aut fratris interfector? Ergo is, quia nomen Latino sermone non habet, per abusionem parricida vocatur. Quid rursus magis seiunctum, quàm arbor, atque Respublica, quæ florere, verbo ab arbore translato, dicitur? Vnde apparet, duos hos tropos ita similes esse, vt tamen sint diuersi.

Allegoria, quam inuersionem interpretamur, aliud verbis, aliud sensu ostendit, ac etiam interim contrarium. Vergilius: *Allegoria. Idem vbi suprà.*

> *Sed nos immensum spatijs confecimus æquor.* Et:
> *Iam tempus equum spumantia soluere colla.*

Habet vsum talis allegoriæ frequenter oratio, sed rarò totius, plerunque apertis permixta est. Tota apud Ciceron. talis est. Hoc miror enim queror'que, quenquam hominem ita pessundare alterum verbis velle, vt etiam nauẽ perforet, qua ipse nauiget. Illud verò cõmixtum allegoriæ genus frequentissimum est. Equidem cæteras tempestates & procellas in illis duntaxat fluctibus concionum semper Miloni putaui esse subeundas: Nisi adiecisset, fluctibus concionum, esset allegoria: nunc eam miscuit. Illud verò longè speciosissimum genus orationis, in quo trium permixta est gratia, similitudinis, allegoriæ, & translationis. Quod fretum, quem Euripum tot motus, tantas, tam varias habere creditis agitationes, commutationes, fluctus, quantas perturbationes, & quantos æstus habet ratio comitiorum? Dies intermissus vnus, aut nox interposita, sæpè perturbat omnia, & totam opinionẽ parua nonnunquam commutat aura rumoris. Nam id quoque in primis est custodiendum, vt quo genere cœperis translationis, hoc

hoc desinas Multi enim cùm initiũ à tempestate sumpserunt: incendio aut ruina finiunt, quæ est in consequentia rerum fœdissima. Hactenus Fabius. Cæterùm scripturæ Prophetarum, vt alijs tropis, ita pulcherrimis allegorijs, & mira verborum consequentia illuminantur, qualis est illa Isaiæ 5. de vinea plantata à dilecto in cornu filio olei. Quam etiam non minori elegantia septem continuis versiculis persequitur David, cùm ait: Vineam de Aegypto transtulisti, eiecisti Gentes, & plantasti eam, extendit palmites suos vsque ad mare, & vsque ad flumen propagines eius: & cætera quæ sequuntur.

Ironia. Ironia, quam illusionem vocant, allegoria est, quæ non solùm aliud sensu, aliud verbis ostendit, sed contrarium. Ea aut pronunciatione intelligitur, aut persona, aut rei natura. Nam si qua earum verbis dissentit, apparet diuersam esse orationi voluntatem. Cicero in Clodium: Integritas tua te purgauit, mihi crede, pudor eripuit, vita antè acta seruauit. Et Turnus apud Vergilium: Meque timoris argue tu Drance, quando tot cædis aceruos Teucrorum tua dextra dedit.

Periphrasis. Periphrasis, siue Latinè Circuitio: sicut & allegoria, non in vno verbo, sed in coniunctis fit, cùm id, quod simpliciter dici poterat (quò sit oratio vel plenior, vel significantior) pluribus verbis dicimus Quod frequentissimè fit, cùm recto obliquum decoris gratia adiungimus: vt, Scipionis prouidentia Carthaginis opes fregit, pro eo, quod est, Scipio Carthaginem deleuit. Sic dicimus admirari virtutis decus & elegantiam, pro virtutem: & odisse sceleris deformitatẽ, vel turpitudinem, pro scelus. Qua loquendi figura frequentissimè & ornatissimè vtitur eloquentissimus Osorius. Constat autem alijs modis tropus hic, nempè etymologia, notatione, finitione Etymologia, cùm nominis rationem explicamus: vt si quis hæredipetam dicat, qui hæreditates alienas appetat, captetque Aut pro parasito, hominem cibo ventrique deditum: aut pro Philosopho, hominem sapientiæ studiosum: pro Grammatico, qui literas doceat: pro locuplete, qui plurima loca possideat

ſideat: pro pecunioſo, qui magnam pecorum copiam poſſideat. Notatione conſtabit, cùm notis quibuſdam accidentium rem quampiam deſcribimus: vt ſi quis iram intelligens, animi aut bilis efferueſcentiam dicat, quæ pallorem vultui, ardorem oculis, tremorem membris inducat. Eiuſdem generis eſt & illud, qui digito ſcalpunt vno caput: quo molles & parum viri ſignificantur. Aut ſi dicas, Cubito ſe emungit, ſalſamentariũ indicans. Finitione conſtabit, vt ſi quis artem benedicendi pro Rhetorica dicat Peculatorem virum, qui ciuitatis ærarium compilaſſet Hominem tyrannum, qui vi leges ac ciuium libertatem oppreſſiſſet.

Hæc de tropis dicta ſint: quæ (vt antè diximus) ornamenti plurimum orationi conciliant: quorum omnium vna eſt ratio atque natura: nempè pro noto & proprio alicuius rei nomine aliud ſubrogare, quod vel ornatiùs, vel ſignificantius ſit, vel etiã vim habeat probationis & argumenti. Atque vt huius virtutis fontem aperiam, quæ magnam huic facultati lucem præferet, ſciendum nequaquam nomen aliud pro alio ſubiici poſſe, niſi illi valdè finitimum & quaſi cognatum ſit. Cognata autem rebus ſunt ea, quæ ſuprà diximus, eſſe rebus aut perſonis attributa, vndè Topica, hoc eſt, argumentorum ſedes oriuntur. Qualia ſunt genus rei, ſpecies, diffinitio, propria, accidentia, ſiue antecedentia, ſiue concomitantia, ſiue conſequentia cauſæ, effectus, totum & partes, ſimilia, & cætera eiuſdem generis. Cùm ergo omnia hæc vim habeant argumenti, periti artificis erit, quò ſit oratio vehementior, frequenter his rerum attributis pro rebus ipſis vti: quòd huiuſmodi nomina vicem argumenti, ſiue (vt Dialectici vocant) medij vim habeãt. Sic ſapiens illa fœmina, 2. Reg. 20. Ioab Ciuitatem Abæla obſidenti ait: Quare præcipitas hęreditatem Domini? In qua oratione, verbo præcipitandi obſidionis malũ amplificauit: verbo aũt hæreditatis, quòd pro ciuitatis proprio nomine poſuit, vim argumenti & quidẽ acris incluſit. Quo exemplo apertè liquet, ad omnẽ vſum, cui Topica deſeruiũt, tropos etiam deſeruire: qui ab illis originem ducũt. Cùm

autem

autem similitudo inter Topica numeretur, ea verò ad probandum, ad amplificandũ, ad inferẽdum rebus lucem, ad rem oculis subijciendam, & ad delectandum accõmodata sit, consequens est, vt metaphora etiã, quæ breuis similitudo esse dicitur, ad omnes hos vsus deseruiat, eoq; principem inter omnes tropos locũ teneat.

Illud etiam admonendum, quòd non modò ad orationis ornatum, sed ad intelligenda quoque scripta Prophetarum hæc facultas plurimùm conducit, quòd frequentissimè his tropis vtantur. Si quis enim in scriptis eorum diligenter aduerterit, quid pro nominibus proprijs earũ rerum, de quibus dicũt, vsurpauerint, inueniet eos nõ solùm metaphoricis, & allegoricis locutionibus vsos, sed alijs etiam Tropis, dum aut effectum pro causa, aut causam pro effectu, aut totum pro parte, aut partem pro toto, aut proprium nomen pro communi, aut commune pro proprio, aut instrumẽta pro re confecta, aut quæ rebus adiuncta sunt, pro rebus ipsis ponunt. Tale est illud Hier. Interrogate & videte si

Hier. 30. generat masculus. Quare ergo vidi omnis viri manum super lumbum suum quasi parturientis? Hic ex consequentibus calamitatis magnitudinem significauit. Simile est huic illud eiusdem: Vocate lamentatrices, & ad eas, quæ procul sunt, mittite, &c. His enim signis venturæ cladis acerbitatem voluit ostendere. Cùm ve-

Amos 30. rò Amos diuitũ inhumanitatem exaggerans ait: Nihil patiebantur super contritione Ioseph, propriũ nomen pro communi pauperum & miserorũ nomine posuit,

Aug. li. 4. *de doctr. Christ.* vt D. August. annotauit, qui hunc Prophetæ Tropum plurimùm cõmendauit. Cùm verò Apostolus ait, Nõ regnet peccatũ in vestro mortali corpore, ad obediendum cõcupiscentijs eius: effectũ posuit, pro causa peccati: nempe concupiscentia & somite, vnde peccata oriuntur. Contrà verò, cùm fide ait homines iustificari, partem pro toto posuit. Fides quippe radix & fundamentum est omnium, quæ ad iustificationem requiruntur: pro quibus fidem posuit. Sic vbi in scripturis legimus, quinquagesimum caput, vel quinquaginta capita, ex præcipua parte totum intelligimus.

Cæte-

Cæterùm, qua ratione sibi Ecclesiastes ornatissimorum verborum copiam, in quibus hæc troporum lumina inueniantur, comparere possit, suo loco explicabimus.

De ornatu, qui est in verbis coniunctis: ac primum de figuris. Cap. VII.

CVM paulò superiùs dictum à nobis sit, orationis ornatum partim in verbis singulis, partim in coniunctis positum esse, vbi iam de tropis, qui ad priorem ornatus partem deseruiunt, diximus, reliquum est, vt de posteriori, qui in verbis coniunctis cernitur, nunc dicamus. Hic autem præcipuè constat figuris, compositione, & varijs dicendi formis ad rerum dignitatem accommodatis. De his igitur in reliqua huius libri parte tractandum est, à figuris (quæ Græcè Schemata dicuntur) initium sumentes: in quibus maxima ornatus & elegantiæ pars sita est. His autem Demosthenes ita est vsus, vt omnia ferè, quæ dicit, áliqua huiusmodi figura exornare curet. Quo nomine multi putant (vt autor est Cicero) eloquentiam eius maximè esse mirabilem.

Principiò igitur figuræ definitio ac diuisio tradenda est. Figura autem (vt Rhetores definiunt) est cõformatio quædam orationis, remota à communi, & primùm se offerente ratione, qua rectus sermo in alium cum virtute mutatur. Vt hoc autem rudi (quod aiunt) Minerua explicemus, sciendum est, quòd quemadmodum eidem corpori vestimenta plura aptari possunt, quorum aliá ad venustatem, alia ad grauitatem, alia ad luctum & mœstitiam, alia ad humilitatem & sanctitatem accommodantur: ita eadem sententia diuersis potest figuris & formis explicari, & quodam modo vestiri: quorum aliæ venustatem, aliæ grauitatem, aliæ vim & acrimoniam præseferant. Eruditi autem artificis est, eam figuram, & velut habitum eligere, qui vel sententiæ enunciandæ, vel proposito nostro maximè quadret. Subijciamus huius rei exempla. Simplici & recta oratione Apostolus dicere poterat: Si quis infirmatur,& ego infirmor:si scandalizatur,& ego vror. Sed ab hac simplici, & primùm se offerente ratione discedēs, multò acriùs & elegantiùs per interrogationis figuram dixit: Quis infirmatur, & ego non infirmor? quis scandalizatur,& ego non vror? Simili quoque ratione dicere poterat: Nulla res poterit nos à charitate Christi separare,&c. At quantò vehementiùs & elegantiùs est, Quis nos seperabit à charitate Christi? Tribulatio, an angustia, an periculum? &c. Item simplici oratione dicere poterat, Non possunt homines Deum inuocare, de quo nihil audierunt: neque audire, nisi illis annuncietur: neque quis annunciare poterit, nisi à Deo mittatur. At multò elegantiùs ait: Quomodo inuocabunt, in quem non crediderunt? aut quomodo credent ei, quem non audierunt? quomodo autem audient sine prædicante? quomodo verò prædicabunt, nisi mittātur? Hic enim multæ simul elocutionis virtutes coëunt. Est enim repetitio, & interrogatio, & gradatio, & membra item orationis ex pari ferè numero syllabarū. Potuisset etiā D. Gregorius simpliciter dicere: Mirum est peccatricem mulierem ad Dominum venire: & mirum item, eandem ab eo misericorditer trahi, & benignè recipi. Sed quantò elegantiùs est, hanc sentētiam figurata oratione ad hunc modū explicari? Quid igitur miramur fratres, Mariam venientem, an Dominum suscipientem? suscipientem dicam, an trahentē? dicam melius & trahentem & suscipientem. Ad hunc modum Sedulius cùm dicere potuisset, Vehementer nobis prima illa fœmina & antiquus serpens nocuerunt, multò ornatiùs atque vehementiùs dixit: Heu noxia coniux. Noxia tu coniux magis, an Draco perfidus ille? Perfidus ille Draco, sed tu quoque noxia cōiux. Item simpliciter dicere solemus, Virtutis comes inuidia est, quæ viros bonos plerunque insectatur: acriùs tamen per exclamationem dicitur, ô virtutis comes inuidia, quæ bonos plerunque insequeris, atque adeò insectaris! His exemplis, vt arbitror, facilè figuræ definitio, & eius item vsus percipi potest.

2. Cor. 11.

Definitionem sequitur diuisio. Sunt enim duplices

figuræ,

figuræ, aliæ verborum, aliæ sententiarum. Verborum sunt, quæ venusta & concinna eorundem verborum collocatione constant: qua sublata, mutatur, vel tollitur figura. Sententiarum verò sunt, quæ non in verbis, sed in rebus ipsis sunt positæ: vt cùm vel exclamamus, vel interrogamus, vel obsecramus, vel dubitare nos aliquid dicimus, vel etiam optamus. Descriptiones quoque rerum & personarum, hoc est, sermocinationes, notationes, sententiæ, & epiphonemata, de quibus antè diximus, & multæ item aliæ inter sententiarum figuras numerantur.

Cùm autem verborum figuræ ornatum & elegantiam orationi concilient, vnde hic ornatus originem ducat, diligenter animaduertendũ est. Huius enim rei cognitio plurimũ ad earum vsum conducet. Sciẽdum est igitur, rerum omniũ decorem & pulchritudinem, quæ vel sensibus, vel intellectu percipitur, proportione quadam & concinnitate partiũ sibi inuicem aptè consentientium præcipuè constare. Vnde sapientissimus ille rerum omnium architectus, qui pulcherrima omnia facere voluit, in numero, pondere, & mensura perfecit, ipsumque inter cætera hominem ea natura condidit, vt numeris & apta rerum concinnitate maximè caperetur. Hac enim de causa & pulchritudo oculos oblectat, & vocum concentus suis numeris dimensus aures recreat, & Poetarum carmina, quæ numerorum legibus eleganter astricta sunt, voluptate nos afficiunt. Quò minus mirandum est, si ornatus, qui in verborum figuris est positus, in quadam apta & concinna verborum collocatione & proportione constitutus sit. Quid autem proportionis huius nomine intelligam; (liceat enim hac voce vti) proposita exempla facilè declarabunt. Sumamus illam Eusebij Emisseni sententiam, Ferina immanitas est, Deum æstimare minorem, quia maiora contulit: vt ideò à te minus accipiat honoris, quia plus contulit dignitatis. Hic apertè vides proportionem inter contraria, & similiter cadẽtia verba. Idem Eusebius locum illum explanans, Paruulus natus est nobis, & filius datus est nobis, sic ait: Natus est nobis, qui sibi erat. Dat⁹ est ergo ex diuinitate, natus ex Virgine. Natus, qui sentiret occasum: datus, qui nesciret exordium. Natus, qui & matre esset iunior: datus, quo nec pater esset antiquior. Natus, qui moreretur: datus, ex quo vita nasceretur. Ac sic qui erat, datus est: qui non erat, natus est. Illic dominatur, hic humiliatur. Sibi regnat, & mihi militat. Idem etiam de corporum resurrectione disputans, sic ait: Ipsa caro honoratur præmijs, quæ est probata supplicijs: ipsa in muneribus gaudebit, quæ in doloribus triumphauit: quæ ideò tolerabiliter doluit se afflictam, quia fideliter credidit reformandam. In his omnibus quis non videt numerum & proportionem similium, dissimiliũ, & contrariorum sibi inuicem respõdentium? Quin & in Ecclesiasticis quoque antiphonis & versiculis interdum idem numerus atque proportio reperitur: quale est illud in laudibus D. Martini: O virum ineffabilem, nec labore victum, nec morte vincendum: qui nec mori timuit: nec viuere recusauit! Hic apparet, quomodo sibi respondeant, laborem & mortem, victum & vincendum, mori & viuere, timere & recusare. Est autem in his omnibus exemplis oratio colis & commatis vbiq; rotunda: de quibus suo loco dicemus.

Quia verò D. Augustin. (vt cæteros quoque Patres omittam) hoc loquendi genere maximè delectatus est, libet nõnulla eius exempla referre, quæ Prosper Aquitanius annotauit atque collegit: quæ hanc præceptionem maximè illustrabant: vt omittam interim, quòd eadem ipsa, citra hanc commoditatem, non indigna sunt, quæ legantur. Sic igitur ait: Lex data est, vt gratia quæreretur: gratia data est, vt lex adimpleretur: quæ non vitio suo non poterat impleri, sed vitio prudentiæ carnis. Quod vitium per legem demonstrandum, per gratiam fuit sanãdum. Idem: Diuina bonitas ideò maximè irascitur in hoc seculo, ne irascatur in futuro: & misericorditer temporalem adhibet seueritatem, ne æternam iustè inferat vltionem. Idem: vera confessio est benedicentis, cùm idem sonus est & oris & cordis. Benè autem loqui, & malè viuere, nihil aliud est, quàm

sua

sua se voce dãnare. Idem: Hoc affectu & desiderio colendus est Deus, vt sui cultus ipse sit merces. Nam qui Deum ideo colit, vt aliud magis, quàm ipsum promereantur, non Deum colit, sed illud, quod assequi concupiscit. Idem: Iniquus puniri se ignorat, nisi cùm manifesto supplicio senserit: nolens, quantum mali sit, quod perpetrauit volens. Idem: Mala mors putanda non est, quam bona vita præcesserit. Non enim facit malam mortem, nisi quod sequitur mortem. Nõ itaque multum curandum necessariò morituris, quid accidat, vt moriantur, sed moriendo quonam ire cogantur. Idem: Iustis quicquid malorum ab iniquis dominis irrogatur, non pœna est criminis, sed virtutis examen. Nam bonus etiam si seruiat, liber est: malus autẽ & si regnet, seruus est: nec vnius hominis, sed (quod est grauius) tot dominorum, quot vitiorum. Idem: Diabolus superbus hominem superbientem perduxit ad mortem: Christus humilis hominem obedientem reduxit ad vitam. Quia sicut ille elatus cecidit, & deiecit consentientem: sic iste humiliatus surrexit, & erexit credentem. Idem: In rebus spiritalibus cùm minor maiori adhæret, sicut creatori creatura, illa fit maior, quàm erat, non ille: & hoc est maius esse, quod est melius esse: quia adhærens creatura creatori, non mole auctior, sed virtute fit maior. Idem: Omnes beati habent, quod volunt. Miseri autem sunt, qui vel non habent, quod volunt, vel id habent, quod non rectè volunt. Propior est ergo beatitudini volũtas recta, etiam non adepta, quod cupit, quàm praua, etiam si quod cupit, obtinuit. Idem: Qui laudat Deum in miraculis beneficiorum, laudet & in terroribus vltionum. Nam & blanditur, & minatur. Si non blandiretur, nulla esset exhortatio: si non minaretur, nulla esset correctio. Hactenus ille. In his autem omnibus locis vel negligenter etiam attendentibus proportionis concinnitas satis apparet, qua singula verba singulis verbis contraponuntur, sibique mutuo respondent. Sed huiusmodi exemplorum nusquam nõ maxima copia, & passim obuia, vt meritò accusari possim, quòd rem adeò perspiquam tot exemplis onerauerim. Verùm hoc feci, vt ostenderem hanc decoris & venustatis partem, quæ in verborum figuris cernitur, ex eo fonte manare, vnde omnis aliarum rerum pulchritudo, quę vel arte vel natura constant, manare solet: simul vt hac ratione admonerentur, qui eleganter dicere volunt, vt ad hanc dicendi formam ea reuocare studeant, quorum natura huius decoris capax est. Hæc enim orationis gratia sequi rerum naturam debet, non affectari. Et tunc etiam parciùs hoc loquendi genere vtendum est, cùm in veritate dicemus, quò affectationis vitium omnium aliorum pessimum fugiamus: vtpote quòd fidem dicenti adimat. Hoc enim loquendi genere venerandi Patres Augustinus, Eusebius Emissenus, Petrus Rauenas, D. Bernard. ita delectati sunt, vt vix alio elocutionis genere frequentiùs vtantur. D. verò Gregor. omnes ferè sententias his numeris astringit. Quam rem adeò venustè Petrus Rauenas egit, vt hac potissimùm ratione Chrysologi nomen inuenerit. Quanuis autem Rhetores hac loquendi figura parciùs vtendum esse præcipiant, quòd ea plus habeat iucunditatis & suauitatis, quàm grauitatis, hi tamen (quos suprà memoraui) Patres, vt eorum scripta monstrant, frequentissimè ea vsi sunt.

Sed vt ad id, cuius gratia hæc à me inducta sunt, veniam, sciendum est, plerasque verborum figuras ex hoc proportionis fonte manare. Est enim (quod ad præsens attinet institutum) triplex proportionis genus, nempè eiusdem verbi ad idem verbum certo ordine & numero sibi respondens: aut similis ad simile, aut contrarij ad contrarium, quacunque ratione contrarium sit. varia siquidem contrariorũ genera à Dialecticis numerantur. Ex hoc ergo triplici proportionum genere tres veluti classes figurarum oriuntur, quę in verbis positæ sunt: de quibus vbi mox dixerimus, nonnullas alias partim similes, partim contrarias adijciemus. Vtrunque enim ad eundem ordinem atque tractationem pertinet.

Prima

Prima classis de figuris verborum, quæ eiusdem verbi repetitione constant.

Cap. VIII.

EX prima igitur classe, vbi idem verbum eleganter repetitur, primum locum tenet Repetitio: quæ est, cùm continenter ab vno atque eodem verbo in rebus similibus & diuersis principia sumuntur. Sic Diuus Cyprianus: Si, inquit, filij Dei sumus, si templa eius esse iam cœpimus, si accepto Spiritu sancto, sancti & spiritualiter viuimus, si de terris, oculos ad cœlum sustulimus, si ad superna & diuina plenum Deo & Christo pectus ereximus, non nisi quæ sunt Deo & Christo digna faciamus. Idemque rursus contra quosdam Christi confessores paulò licentiùs agentes, sub vnius nomine sic inuehitur: Confessor est, sed post confessionem periculum maius est: quia plus aduersarius prouocatus est. Confessor est, hoc magis stare debet cum Domini Euangelio, per Euangelium gloriam consecutus est à Domino. Confessor est, sit humilis & quietus, sit in actu suo cum disciplina modestus: vt qui Christi confessor dicitur, Christum, quem confitetur, imitetur. Confessor est Christi, sed si non postea blasphemetur maiestas & dignitas Christi. Lingua Christum confessa, non sit maledica, non sit turbulenta, non conuitijs & litibus perstrepens audiatur. Cæterùm si culpabilis & detestabilis postmodum fuerit, si confessionem suam mala conuersatione prodiderit, si vitam suam turpi fœditate maculauerit, si Ecclesiam denique, vbi Confessor factus est, derelinquens, & vnitatis concordiam scindens, fidem primam perfidia posteriore mutauerit, blandiri sibi per confessionem non potest, &c. Hactenus Cyprianus.

Conuersio.

Conuersio est, per quam non, vt antè, primum repetimus verbum, sed ad postremum continenter reuertimur. Cyprianus: Deus videri non potest, visu clarior est: nec comprehendi, tactu purior est: nec æstimari, sensu maior est. Et ideo sic Deum dignè æstimamus, dum inæstimabilem dicimus. Idem: Quisque ille est, quem zelo persequeris, subterfugere & vitare te poterit, tu te fugere non potes: vbicunque fugeris, aduersarius tuus tecum est, hostis semper in pectore tuo est, pernicies intus inclusa est, ineluctabili catenarum nexu ligatus & vinctus es, zelo dominante captiuus es, nec solatia tibi vlla subueniunt. Tale est illud Apostoli: Hebræi sunt? & ego. Israelitæ sunt? & ego. Semen Abrahæ sunt? & ego. Ministri Christi sunt? (vt minus sapiens dico) plus ego. Sic etiam Seneca, Hoc est, inquit, Alexandri crimen æternum, quod nulla virtus, nulla bellorum felicitas redimet. Nam quoties quis dixerit, occidit Persarum multa millia, opponetur, & Callisthenem. Quoties dictum erit, occidit Dariũ, penes quem tunc magnum regnum erat, opponetur, & Callisthenem. Quoties dictum erit, Omnia Oceano tenus vicit, ipsum quoque tentauit nouis classibus, & imperium ex angulo Thraciæ vsque ad Orientis terminos protulit, dicetur, Sed Callisthenem occidit. Omnia licèt antiqua ducum regumque exempla transierit, ex his, quę facit, nihil tam magnũ erit, quàm scelus Callisthenis.

Li.6. nat. Quæst.

Complexio.

Complexio est, quæ vtranque complectitur exornationem, & hanc, & quam antè posuimus, vt & repetatur idem primum verbum sæpius, & crebrò ad idem postremum reuertamur. Cyprianus: Solus non est, cui Christus in fuga comes est. Solus non est, qui tẽplum Dei seruans vbicunque fuerit, sine Deo non est. Sed hæc breuis complexio est. Potest autem esse multò longior. Cuius rei exemplum non verebor ex sanctissimo Bonauentura afferre: cuius oratio quãuis non adeò leniter fluat, sententiarũ tamen pondere nõ minus grata sanis ingenijs esse debet, quàm quæ elegantia & nitorę sermonis exornata est. Is igitur precandi studium hoc genere exornationis commendat his verbis: Si vis patienter tolerare aduersa, vaca orationi. Si vis tentationes & tribulationes superare, vaca orationi. Si vis prauas affectiones conculcare, vaca orationi. Si vis astutias Sathanæ cognoscere, ac eius fallacias vitare, vaca orationi. Si vis lætanter viuere in opere Dei, & per laboris & afflictionis viam incedere, vaca orationi. Si vis spirituali in vita te exercere, & carnis curam non agere in desiderijs, vaca orationi. Si vis vanas cogitationum muscas effugare, vaca orationi. Si vis animam tuã sanctis cogitationibus & desiderijs impinguare, vaca orationi. Si vis cor tuum virili spiritu & constanti proposito in Dei beneplacito stabilire, vaca orationi. Denique si vis vitia extirpare, & virtutibus ornari, vaca orationi. In ea enim recipitur sancti Spiritus vnctio: quæ de omnibus mẽtem docet. Hac eadem figura D. Greg. vtitur, hoc modo: Considero, inquit, Patres noui & veteris testamenti, Dauid, Danielem, Amos, Petrũ, Paulum, & Matthæum, & apertis oculis fidei intueor. Implet nanq; Spiritus sanctus puerum citharœdũ, & Psalmistam facit: implet abstinentem puerum, & iudicem senum facit: implet pastorem armentarium, & Prophetã facit: implet piscatorẽ, & principẽ Apostolorũ facit: implet persequutorẽ, et doctorem gentiũ facit: implet publicanum, & Euangelistam facit. Quã ergo insani sumus, qui hunc Spiritum non quærimus? Hic videre licet eadem esse verborum initia eosdemq; fines.

Traductio.

Traductio est, quæ facit, vt cùm idem verbum crebriùs ponatur, non modò non offendat animum, sed etiam concinniorem orationem reddat, hoc pacto: Qui nihil habet in vita iucundiùs vita, is cum virtute vitam non potest colere. Item, Eum tu hominem appellas, qui si fuisset homo, nunquam tam crudeliter vitam hominis petijsset. At erat inimicus: ergo inimicũ sic vlcisci voluit, vt ipse sibi reperiretur inimicus. Item, Diuitias sine diuitum esse, tu verò virtutem præfer diuitijs. Nam si voles diuitias cum virtute comparare, vix satis idoneæ tibi videbuntur diuitiæ, quæ virtutis pedissequæ sint. Repetuntur autem eadem nomina. Primum quidem in diuersis casibus, quale est illud: Imprecor arma armis pugnent ipsiq; nepotes. Littora littoribus contraria, fluctibus vndas. Eleganter etiam Ioannes Picus Mirandul. cum Deo loquens sic ait: *Polyptoton.*

Nanq; tua est nostris maior clementia culpis,
Et dare non dignis res magè digna Deo est,
Quanquam sat digni, si quos dignatur amare,
Qui quos non dignos inuenit, ipse facit.

Hoc autem Polyptoton Græci vocant. Huc etiam pertinet Epanalepsis: hoc est, à postremo ad primum verbum regressio. Quale est illud.

Epanalepsis.

Multa super Priamo rogitans, super Hectore multa.

Item illud Cice. in Verrem: Multi & graues dolores inuenti parentibus, & propinquis multi. Quod etiam fit, sententia aliqua interiecta, hoc modo: Bona miserum me (consumptis enim lachrymis, tamen animo infixus hæret dolor) bona, inquam, Cn. Pōpeij acerbissimæ voci subiecta præconis. Finitima huic quoque est Anadiplosis, quæ idem verbum in fine præcedentis & initio sequentis orationis repetit. Quale est illud:

Anadiplosis.

Vrbs Etrusca solo sequitur pulcherrimus astur,
Astur equo fidens & versicoloribus armis.

Sic etiam Cic. contra Catil. O tempora, ô mores. Senatus hoc intelligit, Consul videt, hic tamen viuit: Viuit? imò verò etiam in Senatū venit, &c. Et oratio quoque hoc modo iteratur. Quale est illud Sedulij, de prima fœmina loquens.

Heu noxia coniux.
Noxia tu coniux magis, an Draco perfidus ille?
Perfidus ille Draco, sed tu quoq; noxia coniux.

Simile est & illud Ioa. Pici Mirandulani.

Sed premit heu miseros tantæ indulgentia sortis
Quos fecit natos gratia, culpa reos.
Culpa reos facit, sed vincat gratia culpam:
Et tuus in nostro crimine crescat honor.

Epizeusis.

Est etiam affinis huic Epizeusis, Latinè Conduplicatio, quæ vel idem verbum, vel eandem sententiam conduplicat. Idem verbum, quale est illud: Tu tu faces illas incendisti. Et: Me me adsum qui feci, in me conuertite ferrum. Et Cice. contra Cantilinam: Viuis & viuis, non ad deponendā, sed ad confirmādam audaciam. In oratione verò hoc modo: Commotus non es?

es? cum tibi mater pedes amplexaretur, commotus nō es? Item, Nunc etiam audes in horum conspectum venire proditor patriæ, proditor, inquam, patriæ venire audes in horum conspectum? Vehementer auditorem commouet eiusdem redintegratio verbi, & vulnus maius efficit, quasi aliquod telum sæpius perueniat in eādem partem corporis.

Gradatio.

Gradatio quoque ab hoc repetitionis fonte manat, quæ quandum verborum catenam efficit: estque & ad docendum, & ad delectandum cumprimis accommodata D. Cypria. Serm. de liuore, Zelare, inquit, quod bonum videas, & inuidere melioribus, leue apud quosdā crimen videtur: dumque existimatur leue, non timetur: dum non timetur, contemnitur: dum contemnitur, non facilè vitatur. D. item Gregor. Considerandum est, ad culmen quisque regiminis qualiter veniat, & ad hoc ritè perueniens qualiter viuat, & benè viuens qualiter doceat, & rectè docens, infirmitatem suā quotidie quanta consideratione cognoscat. Et Apostolus, Tribulatio, inquit, patientiam operatur, patientia probationem, probatio verò spem, spes autem non confundit. Et iterum, Quos, inquit, præsciuit & prædestinauit, hos & vocauit: & quos vocauit, illos & iustificauit, &c. Et in eodem capite per Interrogationem & Repetitionem venustissimè ait: Quomodo inuocabunt, in quem non crediderunt, quomodo verò credent ei, quem non audierunt? &c. Item: Non sensi hæc & non suasi: neque suasi, & non ipse statim facere cœpi: neque facere cœpi, & non perfeci: neque perfeci, & non probaui. In hoc autem nouissimo exemplo, non decus modò, sed vis etiam & acrimonia inest. Hactenus de figuris, quæ eiusdem verbi repetitione constant. *Rom. 5.*

In his autem figuris non inopia fit, vt ad idem verbum redeatur sæpius, sed inest festiuitas quædam, quę faciliùs auribus dijudicari, quàm verbis demonstrari potest. Huic autē virtuti, sicut omnibus alijs suū quoque vitium finitimum est, quod Tautologiā appellant: hoc

hoc est, eiusdem verbi vitiosam repetitionem, quæ nō decoris gratia, sed inopia verborum fit, quæ etiam aurium iudicio dijudicatur: qualis est illa: Nam cuius rationis oratio non extet: ei rationi ratio non est fidem adhibere.

Secunda claßis de figuris, quæ verborum similitudine constant.

Cap. IX.

SEcundi verò ordinis figuræ, quæ proportione verborum similium sibi inuicem respondentium constant, quatuor præcipuè numerantur, nempe Compar, Similiter cadens, Similiter desinens, & Agnominatio.

Compar, quod Græcè Isocolon dicitur, est quod habet in se membra, quæ constant ex pari ferè numero syllabarum. Hoc non de enumeratione nostra fiet: nā id quidem puerile est: sed tantum affert vsus & exercitatio facultatis, vt animi quodam sensu par membrum superiori referre possimus. Cypria. Mundus ipse occasum sui rerum labentium probatione testatur, nō hyeme nutriendis seminibus tanta imbrium copia est, nō frugibus æstate torrendis solita flagrantia est, nec sic verna de temperie sata læta sunt, nec adeò arboreis fœtibus autumna fœcunda sunt. Sed huiusmodi exemplorum nusquam non magna copia est.

Similiter cadens, Similiter desinens.

Similiter cadens exornatio dicitur, cùm in eadem constructione verborum duo aut plura sunt verba, quę similiter ijsdem casibus efferuntur. At Similiter desinens est, cùm tametsi casus non insunt in verbis, tamē similes exitus sunt. Vtriusque rei exemplum patet his D. Cypriani aduersus Demetrianum verbis: Certè & labor irritus & nullus effectus offerre lumen cæco, sermonem surdo, sapientiam bruto: cūnec sentire brutus possit, nec cæcus lumen admittere, nec surdus audire. In hoc autem genere pulcherrima & iucundissima sunt illa, in quibus non extrema tantùm, sed media quoque variè & multipliciter sibi respondent. In quibus

bus quanta sit varietas, exempla declarabunt. Cypri. ad Donatum, Accipe, inquit, nō diserta, sed fortia: nec ad audientiæ popularis illecebram culto sermone fucata, sed ad diuinam indulgentiam prædicandam rudi veritate simplicia. Accipe quod sentitur, ante quàm discitur: nec per moras temporum lōgā agnitione colligitur, sed compendio gratiæ maturantis hauritur. Idem contra Demetrianum: Qui ad malum motus est, mendacio fallente, multò magis ab bonum mouebitur, veritate cogente. Longior quidem illa, sed non minus ornata. D. Augustin. sententia, qua natiuitatis & mortis diem in beato Martyre comparans, sic ait: illo die ex fastidioso matris vtero in hanc lucem processit, quæ oculos carnis illecebrat: isto autem die ex profundissimo carcere in illam lucem discessit, quæ visum mentis illustrat. Ad pretiosam mortem iustè viuendò venit: ad gloriosam verò vitam iniustè moriendo perrexit:

Agnominatio.

Agnominatio est verborum similitudo, in dissimili tamen sententia. Quale est illud Cypriani de habitu virginum: Capilli tibi non sunt, quos Deus fecit, sed quos Diabolus infecit. Idem serm. de Mortali. Defunctos fratres non esse lugendos, cùm sciamus non eos amitti, sed præmitti. Tale est illud Fabij: Nihil putamus esse perfectum, nisi vbi natura cura iuuatur. Est autem D. Bernardus vt frequentissimus, ita etiam festiuissim^9 in hac figura: quale est illud eiusdem: Benigna charitas affluit, non defluit. Item Futuram hominis gloriam Dæmon vidit, & inuidit. Et, Cain munera Deus non respicit, quia illum despicit. Et, Magna superbia est vti datis, quasi innatis. Sic multa alia apud eundem.

Tertia claßis ex figuris verborum, quæ contrarijs nominibus aut rebus constant. Cap. X.

Ertius figurarum ordo contrariorum ꝓportione constat: in quibus tantum inest leporis & gratiæ, vt quocunque ferè modo contraria copulentur, ornamenti plurimum

rimum orationi afferant:neque iucundam modò, sed acrem interdum efficiant. Tale est illud in Catilinam: Vicit pudorem libido, timorem audacia, rationem amentia. Nec minorem vim & acrimoniam habet illud Cypria. in Epistola ad Cornelium cõtra Nouatianos. Sic enim ait: An ad hoc, frater charissime, deponenda est Ecclesiæ catholicæ dignitas, & sacerdotalis autoritas ac potestas, vt iudicare velle se dicant de Ecclesiæ præposito extra Ecclesiam constituti, de Christiano hæretici, de sano saucij, de integro vulnerati, de stante lapsi, de iudice rei, de sacerdote sacrilegi? Hactenus ille. Nec minori acrimonia Isaias aduersus superbum atque lasciuum fœminarum ornatum ait: Et erit pro suaui odore fœtor, pro zona funiculus, pro crine crispante caluitium, & pro fascia pectorali cilicium. Sed quoniam hæc figura ornatissima est, pluribus à nobis exemplis illustranda erit: vt hac ratione multiplex eius vsus intelligi possit. Cyprian. Gratulandum est, inquit, cùm improbi de Ecclesia separantur, ne columbas, ne oues Christi sæua sua & venenata contagione prædentur. Cohærere & coniungi non potest amaritudo cum dulcedine, caligo cum lumine, pluuia cum serenitate, pugna cum pace, cum fœcunditate sterilitas, cum fontibus siccitas, cum tranquillitate tempestas. Idem: Quemadmodum Sathanas transfigurat se velut in angelum lucis: ita ministros suos subornat, velut ministros iustitiæ, afferentes noctem pro die, interitum pro salute, desperationem sub obtẽtu spei, perfidiam sub prætextu fidei, Antichristum sub vocabulo Christi: vt dum verisimilia mentiuntur, veritatem subtilitate frustrentur. Idem serm. de Eleemosyna: Dei filius, hominis filius esse voluit, vt nos filios Dei faceret. Humiliauit se, vt populum, qui prius iacebat, erigeret. Vulneratus est, vt vulnera nostra sanaret. Seruiuit, vt ad libertatem seruientes extraheret. Mori sustinuit, vt moriens immortalitatem mortalibus exhiberet. Idem etiam serm. de Patientia, de admiranda Domini Saluatoris patientia sic ait: Sub ipsa autem passionis hora quæ conuitiorum probra, quæ contumeliarum tolerata ludibria? vt insultantium sputamina patienter exciperet, qui sputo suo cæci oculos paulò antè formauerat: & cuius in nomine nūc à seruis eius Zabulus cum Angelis suis flagellatur, flagella ipsa pateretur: coronaretur spinis, qui martyres floribus coronat æternis: palmis in faciem verberaretur, qui palmas vincentibus tribuit: spoliaretur veste terrena, qui indumento immortalitatis cæteros vestit: cibaretur felle, qui cibum cœlestem dedit: potaretur aceto, qui poculum salutare propinauit. Hac eadem figura Apostolus vsus est, cùm ait: Maledicimur, & benedicimus: persecutionem patimur, & sustinemus: blasphemamur, & obsecramus. Dei quoque filius apud Esaiam in hoc se à Patre missum esse testatur, vt lugentibus daret coronam pro cinere, oleum gaudij pro luctu, pallium laudis pro spiritu mœroris. Est etiam pulcherrimum illud contrariorum genus, quo D. Basilius in laudem Martyrum vtitur his verbis: Pericula non respicit Martyr, coronas respicit: plagas non horret, sed præmia numerat: non videt lictores infernè flagellantes, sed Angelos supernè lætos hominibus acclamantes: non spectat ad temporalia pericula, sed ad præmiorum æternitatem.

1. Cor. 4.

Esai. 61.

Cohabitatio.

Est etiam cohabitatio, qua contraria in eadem re, vel personæ simul coniunguntur: quod fieri posse sub diuersis rationibus Dialectici concedunt. Sic Lactantius de Phenice post mortem exurgente ait: Ipsa quidem, sed non eadem: quia est ipsa, nec ipsa est: Aeternam vitam mortis adepta bono. Tale est illud Herennianæ Rhetoricæ: Ades, abesse vis: abes, reuerti cupis. In pace bellum quæritas, in bello pacem desideras. Sic D. Gregorius, Dedignantur, inquit, iusti, sed non dedignantes: desperant, sed non desperantes: persecutionem commouent, sed amantes.

Paradiastole.

Huic contraria est Paradiastole. Sicut enim illic cõtraria copulantur, ita hic similima discernuntur. Hac elegantissima figura elegantissimè Apostolus vsus est, cũ ait: In omnibus tribulationem patimur, sed nõ angustiamur: operimur, sed non destituimur: persecutionem patimur, sed non relinquimur: humiliamur, sed non confundimur: deijcimur, sed non perimus. Sic D. Cyprianus similia hoc modo disiungit: Aliud est, inquit, martyrio animum deesse, aliud animo defuisse martyrium. Sic etiam Seneca de homine deside & otioso loquens, Non, inquit, diu vixit, sed diu fuit. Idem, Pergimus, inquit, non quò eundum est, sed quò itur: nec ad rationem, sed ad similitudinem viuimus. Et dũ vnusquisque mauult credere, quàm iudicare, nunquam de vita iudicatur, semper creditur. Et iterùm: Quæramus quid optimum factu sit, non quid vsitatissimum. Idemque, Opes, inquit, meas fortuna abstulit, non auulsit. Item D. August. Sic diligendi sunt homines, vt eorum non diligantur errores: quia aliud est amare quòd facti sunt, aliud odisse quod faciunt. Item D. Cyprian. nos autem fratres charissimi, qui Philosophi non verbis, sed factis sumus, nec vestitu sapientiã, sed veritate præferimus: qui virtutũ magis conscientiam, quàm iactantiam nouimus: qui nõ loquimur magna, sed viuimus quasi serui & cultores Dei patientiã, quam magisterijs cælestibus discimus, obsequijs spiritualibus præbeamus. Hactenus ille. In epistola verò, quam presbyteri Romani ad eundem Cyprianum de lapsis miserunt, sic inter cætera scribunt. Maximè illis congruit verecundia, quorum in delictis damnatur mens inuerecunda. Pulsent sanè fores, sed non vtique confringant: adeant ad limen Ecclesiæ, sed nõ vtique, vt transiliant: castrorum cælestium excubent portis, sed armati modestia, qua intelligant se desertores fuisse: resumant precum suarum tubam, sed qua non bellicum clangant. In his exemplis apertè liquet, quæ similia videntur, ratione disiungi, & quantum inter se differant, explicari.

Cypri. de ser patien.

Contrarium in sententijs.

Est etiam Contrarium in sententijs, quod Dialectici inter ea argumenta, quæ à contrarijs ducuntur, referunt. Quia tamen hoc genus argumentationis cæteris ornatiùs est, inter ornationes collocatur. Tale est illud: Nam qui suis rationibus inimicus fuerit semper, cum quomodo alienis rebus amicum fore speres? Item: Nã quem in amicitia perfidiosum esse cognoueris, cum quare putes inimicitias cum fide habere posse? Ad hoc etiam genus Contrarij argumenta ab imparibus, hoc est, à maiori & minori referuntur hoc modo: Quos ex collibus deiecimus, cùm ijs in campo metuimus dimicare? Qui cùm plures erant, paucis nobis exæquari nõ poterant: hi postquam pauciores sunt, metuimus nè sint superiores?

Contentio.

Huic autem figuræ finitima est Contentio: quę nõ tam ex contrarijs, quàm ex imparium circunstantiarũ comparatione constat, quæ quidem sicut & præcedẽs magis ad sententiarum, quàm ad verborum figuras pertinet. Quia tamen contrarij speciem habet, his eam adnectere, docendi gratia, voluimus. Ea verò frequentissimè vtimur, cum proposita similitudine aut exemplo, quo aliquid vel probare volumus, vel amplificare; vtriusque rei circunstantias excutimus: vt ostendamus id, quod intendimus, aut par, aut minus, aut maius esse. Sic Cicero pro lege Manilia. Maiores, inquit, nostri sæpè pro mercatoribus aut nauiculatoribus iniuriosiùs tractatis bella gesserunt: vos tot ciuium Romanorum millibus vno nuncio, atque vno tempore necatis, quo tandem animo esse debetis? Legati, quòd erant appellati superbiùs, Corinthum patres vestri totius Græciæ lumen extinctum esse voluerunt: vos eũ Regem tutum esse patiemini, qui legatum populi Romani consularem, vinculis, ac verberibus, atque omni supplicio excruciatum necauit? illi libertatem ciuium Romanorum imminutam non tulerunt, vos vitam ereptam negligetis? Ius legationis verbo violatũ illi persequuti sunt, vos legatum Po. Rom. omni supplicio interfectum inultum relinquetis? subiecit deinde conclusionem his verbis: Videte ne vt illis pulcherrimum fuit tantam vobis imperij gloriam relinquere, sic vobis turpissimum sit, illud, quod accepistis, tueri & conseruare non posse. Verùm de hac contentione paulò fusiùs, cùm de exemplorum tractatione agendum erit, disseremus.

Commutatio.

Ad hoc genus contrariorum pertinet commutatio, quæ Grçcè dicitur Antimetabole. Ea verò est, cùm duę sententiæ inter se discrepantes ex traiectione ita efferũtur, vt à priore posterior contraria priori proficiscatur, hoc modo: Esse oportet, vt viuas, non viuere, vt edas. Item: Ea re poemata non facio, quia cuiusmodi volo, non possum: cuiusmodi possum, nolo. Item: Quæ de illo dicuntur, dici non possunt: quæ dici possunt, non dicuntur. Item: Si poëma, loquens pictura est: pictura, tacitum poëma debet esse. Item: Quia stultus es, ea re taces: non tamen quia taces, ea re stultus es. Item in sacris literis: Nequaquam Dominus propter locum gentem elegit, sed propter gentem locum. Item Sedulius: Nam sabbata propter condita sunt hominẽ, non homo sabbata propter.

Quarta classis de reliquis verborum figuris.
Cap. XI.

POST hæc tria figurarum genera, quę proportione quadam verborum sibi inuicem respondentium constare diximus, superest quartum genus figurarum, in quibus non ita apertè hæc proportio deprehenditur: quanuis non prorsus ea careat. Hoc enim præcipuè figuræ verborum à sententiarum figuris distant, quòd in eis sic verba collocantur, vt quandam proportionis imaginem præseferant: vnde venustas omnis atq; iucunditas orationis manat. Quò fit, vt huiusmodi verborum figuræ ad delectandum plurimùm conferant: quæ res inter tria orationis officia numeratur.

Ad-

Adiunctio.

Inter has ergo figuras prima est Adiunctio, quæ Græcè Zeugma dicitur: in qua vnum ad verbum, quod primum aut postremum collocatur, plures sententiæ referuntur: quarum vnaquæque desideraret, si sola poneretur. Fit autem præposito verbo, ad quod reliqua respiciant, hoc modo: Vicit pudorem libido, timorem audacia, rationem amentia: aut postposito, quo plura clauduntur. Nec enim is es Catilina, vt te, aut pudor vnquam à turpitudine, aut metus à periculo, aut ratio à furore reuocauerit. Medium quoque potest esse, quod & prioribus & sequentibus sufficiat: vt, formæ dignitas aut morbo deflorescit, aut vetustate. Quia verò in his tribus locis verbum illud collocari potest, in principo videlicet, medio, & fine, tres zeugmatis species Græci fecerunt, nēpe Protozeugma, Mesozeugma, & Hyperozeugma: quibus hanc differentiam significarent.

Disiunctio.

Huic contraria est Disiunctio, quà vnicuique orationis membro suum verbum apponitur, cùm tamen vnum aliquod toti orationi sufficere potuisset. Vt autem illa figura breuiùs, ita hac ornatiùs & elegantiùs dicimus. Sic D. Cyprianus contra Demet. Quid, inquit, cùm terrenæ carnis imbecillitate contendis? Cum animi vigore congredere, virtutem mentis infringe, fidem destrue, disceptatione, si potes, vince. Idem sermo. de mortalit. Si auaritia prostrata est, exurgit libido: si libido compressa est, succedit ambitio: si ambitio contempta est, ira exasperat. Item Cicero pro Archia de studijs suis loquens sic ait: Me autem quid pudeat, qui tot annos ita viuo, vt ab illis nullo me vnquam tempore aut commodum, aut otium meum abstraxerit, aut voluptas auocarit, aut denique somnus retardarit. Et in eadem oratione: Homerum Colophoni ciuem esse dicunt suum, Chij suum vendicāt, Salaminij repetunt, Smyrnæi verò esse suum confirmant.

Distributio.

Distributio duplex est: altera in sententijs, quæ inter sententiarum figuras reddetur: altera in verbis, quæ est huius loci propria: & superiori, hoc est, adiunctioni finitima, nisi quòd est multò ornatior. Sed illa quidem plura verba idem significantia repetit, hæc verò diuersa, siue verba, siue nomina rebus accommodatissima iungit. Quo in genere vt frequentissimus, ita elegantissimus est D. Cyprian. Hinc in Epist. ad Donat. de prauæ consuetudinis violentia loquens, sic ait: Tenacibus semper illecebris necesse esse (vt solebat) vinolentia inuitet, inflet superbia, iracundia inflammet, rapacitas inquietet, crudelitas stimulet, ambitio delectet, libido præcipitet. Idem de habit. Virg. Cælestis hominis imaginē virgines portant, stabiles in fide, humiles in timore, ad omnem tolerantiam fortes, ad sustinendam iniuriam mites, ad faciendam misericordiam faciles, fraterna pace vnanimes atque concordes. Idem contra Demetri. Qui alios, inquit, iudicas, aliquando esto tibi iudex. Conscientiæ tuæ latebras intuere: aut enim superbia inflatus es, aut auaritia rapax, aut iracundia sæuus, aut alea prodigus, aut vinolentia temulentus, aut liuore inuidus, aut libidine incestus, aut crudelitate violentus: & miraris in pœnas generis humani iram Dei crescere, cùm crescat quotidie quod puniatur? Idem Ser. de patien. exemplo Domini in ingratos etiam beneficia conferre suadet his verbis: Videmus inseparabili æqualitate patientiæ nocentibus & innoxijs, religiosis & impijs Dei nutu tempora obsequi, elementa famulari, spirare ventos, fontes fluere, grandescere copias messium, fructus mitescere vinearum, exuberare pomis arbusta, nemora frondescere, prata virere.

Interpretatio.

Pertinet etiam ad figuras verborum Interpretatio, quam Græci Synonymiam appellant: cùm instandi, augendi, & interdum etiam apertiùs dicendi causa plura verba idem significantia congregantur, Sic D. Cyprian. Serm. de lapsis: Doleo fratres, doleo vobiscum. Cum singulis pectus meum copulo, mœroris & funeris pondera luctuosa participo. Cum plangentibus plã go, cum deflentibus defleo, cum iacentibus iacere me credo. Iaculis illis grassantis inimici mea mẽbra simul percussa sunt: sæuientes gladij per mea viscera transierunt. Idem Ser. de liuore: Si recesserunt de pectore tuo tenebræ, si nox inde discussa est, si caligo detersa est, si illuminauit sensus tuos splendor diei, si homo lucis esse cœpisti, quæ sunt Christi, sequere: quia lux & dies Christus est. Quid in zeli tenebras ruis? quid te nubilo liuoris inuoluis? quid inuidiæ cæcitate omne pacis & charitatis lumen extinguis? Item Cicero: Quæ cùm ita sunt Catilina, perge quò cœpisti: egredere aliquãdo ex vrbe. Patent portæ: proficiscere. Idem de eodem, Abijt, excessit, erupit, euasit. Est etiam pulcherrima illa Hieronymi Vidæ cum Deo in hymno loquentis interpretatio.

Sisq; alijs metus, vt libet, ac formidinis horror.
At mihi blandus amor, mihi sis placidissimus ardor.
Noctes atque dies toto te pectore versem.
Te sine sit mihi dulce nihil, te præ omnibus optem,
Vnum deperеam: totis hunc sensibus æstum
Implicitem: hunc imis exardens ossibus hauriam,
Hoc mihi soluantur flagrantes igne medullæ:
Hos mihi mens vnos semper suspiret amores.

Verborum autem idem significantium copia (quę ad hanc figuram cumprimis necessaria est) non modo synonymia, sed etiam tropis, ac præcipuè metaphoris & allegorijs paratur: quando quod propijs verbis enunciatum est, metaphoricis significamus. Quale est illud eiusdem Hieronymi Vidæ cum Domino agentis:

Nam quanuis hominem admoneas, foueasq;, tegasque,
Quod libet audendi est tamen omnibus æqua potestas,
Et nobis laxas nostri vsq; relinquis habenas,

Hic postremus versiculus idem allegoricè aut metaphoricè dicit, quod duobus præcedentibus proprijs verbis enunciauerat.

Neque verba modò, sed sensus quoque idem facientes aceruantur: quale est illud: Perturbatio istum mentis,

tis,& quædam scelerum obfusa caligo, & ardentis furiarum faces excitarunt.

Mixta quoque, & idem & diuersa significantia, hoc eodem modo coniungũtur. Cypr. de habitu virg. Si tu te sumptuosiùs comas, & per publicum notabiliter incedas, oculos in te iuuẽtutis illicias, suspiria adolescentum post te trahas, concupiscendi libidinem nutrias, peccandi fomenta succendas, vt & si ipsa non pereas, alios tamen perdas, & velut gladium te & venenũ videntibus præbeas, excusari non potes, quasi mente casta sis & pudica.

Hoc in loco monendus est co[illegible]onator, ne pluribus verbis idem significantibus eandem sententiam oneret: nisi vel augendæ rei, vel alicuius obscurioris sententiæ explicandæ gratia, quæ nisi hoc modo exprimi satis non potest. Quod quidam parum aduertentes, plura verba idem pollentia temerè congerunt: quæ res dicenti fidem abrogat, propterea quòd magnam ostentationis & affectationis significationem dot.

Congeries vel Synathrismus.

Finitima est huic figuræ Synathrismus, cuius inter amplificandi rationes meminimus: nisi quòd interpretatio est vnius verbi multiplicatio. Synathrismus verò multarum rerum congeries: qua in augendis & amplificandis rebus præcipuè vti solemus. In qua plura siue verba, siue commata, siue membra orationis interpositis coniunctionibus, aut etiam sublatis (quod est acriùs) coniunguntur. Cypri. contra Demet. Innoxios, iustos, Deo charos domo priuas, patrimonio spolias, catenis premis, carcere includis, gladio, bestijs, ignibus punis. Idem de simpli. Præla. Quam verò vnitatem seruat, quam dilectionem custodit, qui discordiæ furore vesanus Ecclesiam scindit, fidem destruit, pacem turbat, charitatem dissipat, sacramentum prophanat? Ad hoc genus pertinet illud Esaiæ: In die illa auferet Dominus ornamentum calceamentorum, & lunulas, & torques, & monilia, & armillas, & mitras, & discriminalia, & periscelides, & murenulas, &

Esai. 3.

olfa-

olfactoriola, & inaures, & annulos, &c. Simile est & illud Apostol. Vsque in hanc horam & esurimus, & sitimus, & nudi sumus, & colaphis cædimur, & instabiles sumus, & laboramus, operantes manibus nostris. Verùm hæc figura Frequentationi (de qua posteriùs erit sermo) admodum similis, ad sententiarum figuras magis pertinere videtur. Eius autem vsus in augendo & amplificando potissimum cernitur. Estque hæc amplificandi ratio maximè naturalis, & cuique vel imperito obuia, qua videlicet in vna re multa inesse dicimus, quæ illam augeant & exaggerent. Hactenus de verborum figuris: nunc ad sententiarum figuras: in quibus vt minor iucunditas, ita maior vis dicendi est.

De figuris Sententiarum, ac primùm de his, quæ ad docendum magis pertinere videntur.

Cap. XII.

CVM tria sint (vt D. Augustin. ait) præcipua concionatoris officia, nempe docere, flectere, & delectare (de quibus suo loco dicemus) omnes figuræ tum verborum, tum sententiarum in loco additæ hæc tria maximè præstant. Exempli gratia: Transitio ad docēdum præcipuè pertinet: quæ quid dictum sit, & quid sit dicēdum. perspicuitatis gratia breuiter exponit. Eadem autem vim & acrimoniam orationi adiungit hoc modo: Audistis grauissima, audietis grauiora. Quædā tamen inter figuras sunt, quæ magis ad delectandum, quàm ad docendum, aut flectendum accommodantur: quales sunt verborum figuræ (de quibus hactenus locuti sumus) quanuis nonnullæ inter eas vim & acrimoniam habeant: qualis Repetitio, Conduplicatio. Interpretatio, & Synathrismus, siue Congeries est. Contraria verò (vt proposita exempla declarant) non modò magnam venustatem, sed vim etiam & acrimoniam habent. At Sententiarum figuræ minus fortasse ad delectandum valent: ad docendum tamen atque flectendum plurimùm conducunt: ideoque illas *In 4. de doct. Christia.*

perſpicuitatis gratia in duas claſſes diuiſimus: quarum prior eas figuras continet, quæ magis ad docendum pertinent: poſterior verò, quæ ad flectendum magis, hoc eſt, ad inſtandum, & animos commouendos magis ſeruiunt: quamuis non abnuam pleraſque earum ad omnia ſimul conferre. Nam & exempla & ſimilia aliquando rem aperiunt, & perſpicuam faciunt: aliquando orationem ornant atque delectant: quandoque verò rem amplificant & augent: quo nomine inter amplificandi rationes (vt ſuo loco expoſuimus) numerantur. Sic etiam rerum & perſonarum deſcriptiones non ad flectendum modò (quod earum præcipuum eſt) ſed interdum etiam ad docendum & delectandum adiuuant.

Prima claßis de figuris ſententiarum, quæ maximè ad docendum pertinent.

Cap. XIII.

Diffinitio.

DIffinitionem conſtat inter locos argumentandi collocari. Eadem tamen inter ſententiarum figuras ponitur; quia non ſolùm ad perſpicuitatem (quod eius eſt proprium) ſed etiam ad orationis ornatum non parum conducit. Ea verò eſt, quæ rei alicuius proprias amplectitur poteſtates breuiter & abſolutè, hoc modo: hoc Maieſtas Reipub. eſt, in qua continetur dignitas & amplitudo ciuitatis. Item, Iniuriæ ſunt, quæ aut pulſatione corpus, aut conuitio aures, aut aliqua turpitudine vitam cuiuſpiam violant. Item, Non eſt iſta diligentia, ſed auaritia: ideò quòd diligentia eſt accurata conſeruatio ſuorum, auaritia iniurioſa appetitio alienorum. Item, Non eſt iſta fortitudo, ſed temeritas: propterea quòd fortitudo eſt contemptio laboris & periculi cum ratione vtilitatis, & compenſatione commodorum: temeritas eſt cum inconſiderata laborum perpeſſione gladiatoria periculorum ſusceptio. Hæc igitur commoda putatur exornatio, quòd omnem rei cuiuſpiam vim & poteſtatem ita dilucidè proponit, &

breui-

breuiter explicat, vt neque pluribus verbis oportuisse dici videatur, neque lucidius potuisse dici putetur.

Hæc autem breuis & absoluta definiendi ratio ex Dialecticorum officina desumpta est. Est autem alia longior atque copiosior laudis aut vituperationis causa assumpta, quæ ad Rhetores magis pertinet. Vituperationis, vt Cyprianus in epist. ad Cornel. de Nouatiano loquens, Magis, inquit, durus secularis Philosophię prauitate, quàm Philosophiæ dominicæ lenitate pacificus, desertor Ecclesiæ, misericordiæ hostis, interfector pœnitentiæ, doctor superbiæ, veritatis corruptor, perditor charitatis. Laudandi verò gratia idem Cyprianus de habitu virginum disciplinam hoc modo definit: Disciplina custos spei, retinaculum fidei, dux itineris salutaris, fomes ac nutrimentum bonæ indolis, magistra virtutis, facit in Christo manere semper, ac iugiter in Deo viuere, ad promissa cœlestia & diuina præmia peruenire. Idem de oratione Dominica, Euangelica præcepta, inquit, nihil sunt aliud, quàm magisteria diuina, fundamenta ædificandæ spei, firmamenta corroborandæ fidei, nutrimenta fouendi cordis, gubernacula dirigendi itineris, præsidia obtinendæ salutis: quæ dum dociles credentium mentes in terris instruunt, ad cœlestia regna perducunt.

Diuisio.

Diuisio quoque, sicut diffinitio, inter locos argumẽtandi ponitur. Quæ quoniam & perspicuitatem & ornatum quendam orationi addit, inter sententiarum figuras collocatur. Ea verò res omnes aliquando in formas siue species, aliquando in partes distribuit. Ab ea verò sic argumentum ducitur: Duæ res sunt, quæ possunt homines ad turpe compendium commouere, inopia, atque auaritia. Te auarum in fraterna diuisione cognouimus: inopem atque egentem nunc videmus: qui potes igitur ostendere causam maleficij nõ fuisse? Inter hanc diuisionem, & illam, quæ de partibus orationis tertia est (de qua alibi diximus) hoc interest: illa diuidit per enumerationem, aut per expositionẽ, quibus de rebus in tota oratione disputatio futura sit: hęc se statim explicat, & breui duabus, aut pluribus partibus subijciens rationes, exornat orationem.

Est etiam diuisionis quædam species in his. D. Cypriani verbis: Primus est victoriæ titulus, Gentiliũ manibus apprehensum dominum confiteri. Secundus ad gloriã gradus est, cauta secessione subtractum, domino reseruari. Illa publica, hæc priuata confessio est.

Subiectio.

Subiectio inter argumentorum formas posita est, quod vim habeat argumentandi. Eademque inter figuras numeratur, quòd ornatissima sit. Qua frequenter in Confutatione vtimur, cùm ijs, quæ contra nos obijci possunt, breui rationis subiectione respondemus. Sic enim D. Hieronymus, in Episto. ad Heliodorum, qua illum ad eremiticam vitam hortatur, tacitis obiectionibus respondet, hoc modo: Paupertatem times? sed beatos Christus pauperes appellat. Labore terreris? at nemo athleta sine sudore coronatur. De cibo cogitas? sed fides famem non timet. Super nudam metuis humum exesa ieiunijs membra collidere? sed Dominus tecum iacet. Squallidi capitis horret inculta cæsaries? sed caput tuum Christus est. Infinita eremi vastitas terret? sed tu paradysum mente deãbula. Quotiescunque illuc cogitatione conscenderis, toties in eremo non eris. Scabra sine balneis attrahitur cutis: sed qui in Christo semel lotus est, non illi necesse est iterum lauare. Et vt breuiter ad cuncta audias Apostolum respondentem: Non sunt, inquit, condignæ passiones huius seculi ad superuenturam gloriam, quæ reuelabitur in nobis. Hactenus Hierony. D. verò Cypria. hac eadem figura beatissimos Christi cõfessores ad fodienda metalla damnatos, commendat & laudat his verbis: Non fouetur in metallis lecto & culcitris corpus, sed refrigerio & solatio Christi fouetur. Humi iacent fessa laboribus viscera, sed pœna non est cũ Christo iacere. Squallent sine balneis membra situ & sorde deformia: sed spiritualiter intus abluitur, quod foris carnaliter sordidatur. Panis illic exiguus: at nõ in pane solo viuit homo, sed in sermone Dei. Vestis algẽtibus deest:

Rom. 8.

deest: sed qui Christum induit, & vestitus abundanter & cultus est. Semitonsi capitis capillus horrescit: sed cùm sit caput viri Christus, qualecunque caput illud deceat, necesse est, quod ad Domini nomē insigne est. Omnis ista deformitas detestabilis & fœda Gētilibus, quali splendore pensabitur?

Distributio.

Diuisioni finitima est Distributio, quam inter verborum figuras retulimus. Est autem distributio alia in sententijs, cùm in plures res, aut personas certas negotia quædam dispertiuntur, hoc modo: Qui vestrum Iudices nomen Senatus diligit, hunc oderit necesse est: petulātissimè enim semper iste oppugnauit Senatum. Qui equestrem locum splendidissimum cupit esse in ciuitate, is oportet istum maximas pœnas dedisse velit, ne ista sua turpitudine ordini honestissimo maculæ atque dedecori sit. Qui parentes habetis, ostendite in istius supplicio vobis homines impios non placere. Quibus liberi sunt, statuite exemplum, quantæ pœnæ in ciuitate sint hominibus huiusmodi comparatę. Item Senatus officium est, consilio ciuitatem iuuare. Magistratus officium est, opera & diligentia consequi voluntatem Senatus. Populi officium est, res optimas & homines idoneos suis sententijs eligere, & probare. Accusatoris officium est, inferre crimina: defensoris, diluere & propulsare. Testis est, dicere quæ scierit, aut audierit. Quæsitoris est vnumquenque horū in officio suo continere. D. quoq; Cypria. serm. de lapsis, de corruptis seculi sui moribus sic ait: Nō in sacerdotib⁹ religio deuota, non in ministris fides integra, nō in operibus misericordia, non in moribus disciplina. Corrupta barba in viris, in fœminis forma fucata. Adulterati post Dei manus oculi, capilli mendacio colorati. Ad decipienda corda simpliciū callidæ fraudes, circunueniendis fratribus subdolæ voluntates. Ad hunc modū Ezechiel Propheta cap. 22. varia ætatis suæ crimina, & corruptam personarum omnium disciplinam moresque describit. Contrà verò Apostolus quinto & sexto cap. Epistol. ad Ephes. variorum statuum personas. hoc

hoc est, viros, vxores, filios, parentes, seruos, atque dominos ad virtutum officia vnicuique debita hortatur. Quod vtinam nostri sęculi concionatores frequenter in concionibus suis facerent: vt quid quisque in statu suo persequi deberet, voce concionatoris agnosceret. Est & illa non inelegans neque infrequens Distributionis species, qua frequenter in descriptionibus vtimur: qualis est illa Nasonis:

Iamque aliquis posita monstrat fera prælia mensa,
Pingit & exiguo Pergama tota mero.
Hâc ibat Simoïs, hîc est Sigeïa tellus:
Hîc steterat Priami regia celsa senis.
Illic Aeacides, illic tendebat Vlysses:
Hîc lacer amissos terruit Hector equos.

Sic etiam Maro varios terrarũ fructus describens, ait:

Hîc segetes, illic veniunt felicius vuæ.
Arborei fœtus alibi, atque iniussa virescunt
Gramina. Nonne vides, croceos vt Tmolus odores,
India mittit ebur, molles sua thura Sabæi?
At Chalybes nudi ferrum, virosaque Pontus
Castorea, Eliadum palmas Epirus equarum?

D. verò Cypria. in Epist. ad Donat. vtranque Distributionis speciem coniungit his verbis: Flagrant vbiq; delicta, & passim multiformi genere peccandi per improbas mentes nocens virus operatur. Hic testamentum subijcit, ille falsum capitali fraude conscribi: hic arcentur hæreditatibus liberi, illic bonis donantur alieni. Inimicus insimulat, calumniator impugnat, testis infamat, vtrobique grassatur in mendacium criminum prostitutæ vocis venalis audacia.

Ratiocinatio.

Ratiocinatio duplex est: altera, quæ amplificationi seruit, quam à Fabio hoc nomine appellari superius diximus: altera, quæ inter sententiarum figuras numeratur, subiectioni (de qua modò diximus) admodum similis: nisi quòd subiectio inter argumentationum formas collocatur, ideoque partes omnes interrogando enumerat, vt ad vnam aliquam perueniat: ratiocinatio autem huic partium enumerationi adstricta non est,

quanuis

quamuis illius speciem interrogando & respondendo referat. Ea verò est, per quā nos ipsi à nobis rationem poscimus, quare quidque dicamus, & crebrò nosmet à nobis petimus, vniuscuiusque propositionis explanationem. Ea est huiusmodi: Maiores nostri, si quam v-nius peccati mulierem damnabant, simplici iudicio multorum maleficiorum conuictam putabant. Quo pactò? Quoniam quam impudicam iudicatant, eam veneficij quoque damnatam existimabant. Quid ita? Quia necesse est, eam, quæ suum corpus addixerit turpissimæ cupiditati, timere permultos. Quos istos? Virum, parentes, cæteros, ad quos videt sui dedecoris infamiam pertinere. Quid postea? Quos tātopere timeat, eos necesse est, vt quoquo modo possit, veneficio petat. Cur? Quia nulla potest honesta ratio retinere eā, quam magnitudo peccati facit timidam, intemperantia audacem, natura muliebris inconsideratam. Quid veneficij damnatam? Putabant impudicam quoque necessariò. Quare? Quia nulla faciliùs ad id maleficium causa, quàm turpis amor & intemperāns libido commouere potuit: cùm cuius anim⁹ mulieris esset corruptus, eius corpus castum esse non putarint. Quid in viris? idémne hoc obseruabant? minimè. Quid ita? Quia viros ad vnumquodque maleficium singulæ cupiditates impellunt: mulieres ad omnia maleficia cupiditas vna ducit. Item: Benè maiores nostri hoc comparauerunt, vt neminem regem, quem armis cepissent, vita priuarent. Quid ita? Quia quam nobis facultatem fortuna dedisset, iniquum erat in eorum supplicio consumere, quos eadem fortuna paulò antè in amplissimo statu collocarat. Quid quod exercitum contrà duxit? Desino meminisse. Quid ita? Quia viri fortis est, qui de victoria contendant, eos hostes putare: qui victi sunt, eos homines iudicare: vt possit bellum fortitudo minuere, pacem humanitas augere. At ille si vicisset, num idem fecisset? non profectò tam sapiens fuisset. Quid igitur ei parcis? Quia talem stultitiam contemnere, non imitari consueui. Hæc exornatio ad sermonem vehementer accommodata est: & animum auditoris

reddit

redditattentum, tum venustate sermonis, tum rationum expectatione. Hoc exemplo satis liquet, qua ratione quisque & interrogare, & sibi ipsi respondere queat. Est autem (vt dixi) figura hæc ad concionandi rationem vtilissima: propterea, quòd naturam quodammodo Dialogi imitatur, & rectum orationis cursum atque impetum, quo auditores interdum fatigantur, Dialogi specie atque varietate reficit. Quin etiam attentionem excitat: dum qui audiunt, ea, de quibus concionator vel dubitat, vel requirit, ipsi etiam simili ratione dubitare, & responsionem expectare coguntur: atque in hunc modum varijs interrogationibus & responsionibus inescantur ac detinentur. Id adeò verum est, vt non defuerint auctores non pœnitendi, qui conciones, quas literis mandauerunt, in Dialogorum speciem & formam retulerint. Cuius rei cùm multæ sint commoditates, non postrema illa est, quòd cùm apta pronunciationis varietas, variaque vocis figura auditores plurimùm detineat, hæc interrogandi atque respondendi ratio magnam ex natura sua varietatem, vt in ipsis rebus, ita in pronunciatione petit: vt res non tam in concione, quàm in scæna quodammodo agi videantur.

Diminutio.

Diminutio est, cùm aliquid esse in nobis, aut in ijs, quos defendimus, aut natura, aut fortuna, aut industria dicimus egregium: quod, ne qua significetur arrogans ostentatio, diminuitur, & attenuatur oratione, hoc modo: Nam hoc pro meo iure Iudices dico, me labore & industria curasse, vt disciplinam militarem non in postremis tenerem. Hic si quis dixisset, vt optimè tenerem, tametsi verè dixisset, tamen arrogans visus esset: nunc & ad inuidiam vitandam, & ad laudem comparandam satis dictum est. Item: Vtrùm igitur auaritiæ causa, aut egestatis accessit ad maleficium? Auaritiæ? at largissimus fuit in amicos, quod signum liberalitatis est, quæ contraria auaritiæ est. Egestatis? at huic quidem pater, nolo nimium dicere, non tenuissimum patrimonium reliquit. Hic quoque vitatum est, ne magnum

gnum

gnum aut maximum diceretur. Tale est illud D. Cypriani in Epistola ad Donat. Cæterùm quale vel quantum est, quod in pectus tuum veniat ex nobis? Exilis ingenij angusta mediocritas, admodum fruges parit: nullisque ad fœcundi cespitis culminibus ingrauescit. Aggrediar tamen facultate, qua valeo.

Commoratio.

Commoratio est, cùm in loco firmissimo, quo tota causa continetur, manetur diutiùs, & eodem sæpius reditur. Hac vti maximè conuenit, & id est oratoris boni maximè proprium. Non enim datur auditori potestas animum de re firmissima dimouendi. Huic exemplum satis idoneum subijci non potuit: propterea quòd hic locus non est à tota causa separatus, sicut membrum aliquod, sed tanquam sanguis perfusus est per totum corpus orationis. Hac vti Ecclesiastes poterit, cùm rem aliquam ad salutem maximè necessariam auditorum animis infigere cupit: vt hac repetita admonitione, rei dignitatem & necessitatem intelligant. Sic D. Hieronymus in Episto. ad Demetriadem: Finem, inquit, iunge principio, nec semel monuisse cõtentus. Ama scientiam scripturarum, & amabit te sapientia. Hoc autem Apostolum Timotheo præcepisse arbitror, cùm dixit: Insta opportunè & importunè.

Frequentatio.

Finitima est huic figuræ Frequentatio, cùm res in tota causa dispersæ coguntur vnũ in locum, quò grauior, aut acrior, aut criminosior ratio sit, hoc pacto: A quo tandem abest iste vitio? quid est Iudices, cur velitis eum liberare? Suæ pudicitiæ proditor est, insidiator alienæ, cupidus, intẽperans, petulans, superbus, impius in parentes, ingratus in amicos, infestus in cognatos, in superiores contumax, in æquos & pares fastidiosus, in inferiores crudelis, denique in omnes intolerabilis. Hac figura in fine concionis vti possumus, præsertim in suasorijs concionibus, cùm argumenta omnia, quæ in tota concione tractauimus, breuiter in vnum colligimus: vt velut agmine facto in animos auditorum

irrum-

irrumpamus,& illis vim quodãmodo inferamus. Quâ de re in superiori libro diximus, cùm de suasorij generis partibus ageremus. Neque in fine solùm concionis, sed in eius etiam partibus, vbi longa aliqua disputatio, vel argumentatio absoluta fuerit, auditorum memoriam refricare hac eadem figura licebit, non solùm vt meminerint, sed etiam vt vi argumentorum assentiãt & conuincantur. Quo in genere non grauiora modò, sed etiam leuiora argumenta colligenda sunt. Feriunt enim, si non vt fulmine, certè vt grandine. Eadem etiam figura ad amplificandum aptissima est: quando omnia, quæ rem augent, in vnum simul cogit. Qua de re superiùs dictum est.

Breuitas.

Breuitas est res, ipsis tantummodo verbis necessarijs expedita, hoc modo: Lemnum præteriens cepit: inde Tarsi præsidium reliquit: pòst vrbem in Bithynia sustulit: inde pulsus in Hellespontum, statim potitur Abydo. Item: Modò Consul, quondam Tribunus, deinde primus erat ciuitatis. Tū proficiscitur in Asiam: deinde exul & hostis est dictus: pòst Imperator, postremò Consul factus est. Habet paucis comprehensa breuitas multarum rerum expeditionem. Quare adhibenda sæpè est, cùm tempus non sinit commorari; aut res non longa eget narratione. Qua de causa D. Ambros. super Lucam multa breui comprehendit his verbis: Non solùm ab Angelis & pastoribus, sed etiam à senioribus & iustis generatio Domini accepit testimonium. Omnis ætas, & vterque sexus, euentuumq; miracula fidem astruunt. Virgo generat, sterilis parit, mutus loquitur, Elisabeth prophetat, magus adorat, vtero clausus Ioannes exultat, vidua confitetur, iustus spectat. Hic videre licet, quàm multa paucis comprehensa sint: quia hoc satis erat ad id explicandum, quod ad rem propositam pertinebat. Quæ quidem oratio, quò breuior, eò ad augendum potentior est.

Secunda classis de figuris sententiarum, quæ maiorem vim & acrimoniam habent.

Cap. XIIII.

SEquitur deinde altera classis de figuris sententiarum: quæ quanuis ad omnia valeāt, pręcipuè tamen ad commouendos auditorum animos adiuuant. Maiorē quippe vim & acrimoniam, quam præcedentes habent. Incipiamus igitur ab ea, quæ magis in vsu est, & ad plura valet, nempè interrogatione. Simplex est, sic rogare: Magister bone, quid boni faciam, vt habeam vitam æternam? Figuratum autem, quoties non sciscitandi gratia assumitur, sed instandi. Cypria. de simpli. Præla. Quid facit in pectore Christiano luporum feritas, & canum rabies, & venenum letale serpentum, & cruenta sæuitia bestiarum? Idem ibidem: Quam verò vnitatem seruat, quam dilectionem custodit, aut cogitat, qui discordiæ furore vesanus Ecclesiam scindit, fidem destruit, pacem turbat, charitatem dissipat, sacramentum prophanat? Idem ser. de liuore: Quid in zeli tenebras ruis? quid te nubilo liuoris inuoluis? quid inuidiæ cæcitate omne pacis & charitatis lumen extinguis? quid ad zabulum, cui renūciaueras, iterum redis? quid Cain similis existis? Nec minus vrget illa eiusdē interrogatio in Ser. de lapsu: Putásne tu Dominū citò posse placari, quem verbis perfidis abnuisti, cui patrimoniū præponere maluisti, cuius templum sacrilegā contagione violasti? Putas facilè eū misereri tui, quem tuum non esse dixisti? Sed hæc exempla indignationi; sequens verò, quod modò subijciā, admirationi & optationi magis seruit: quale est illud eiusdē Ser. de Eleemo. Quæ illa erit fratres charissimi operantium gloria, quam grandis & summa lætitia, cùm populum suum Dominus cœperit recēsere, & meritis atq; operibus nostris præmia promissa retribuere, pro terrenis cœlestia, pro tēporalibus sempiterna, pro modicis magna præstare: Instat etiā illa eiusdē interrogatio in Ser. de Mortalitate: Quis nō peregrè constitutus properet in patriā regredi? Quis non ad suos nauigare festinans, ventum prosperum cupidiùs optaret, vt velociter charos liceret amplecti? Patriam nostram Paradysum computamus, parentes nostros patriarchas habere iã cœpimus, quid non properamus & currimus, vt patriã nostram videre, vt parentes salutare possimus?

Cæterùm, cùm præcipua orationis virtus existat, vt non iners & languida, sed viua & mobilis sit, hoc quidem cùm aliæ figuræ, tum præcipuè interrogatio pręstat: quæ neque dicentem, neque audientem languescere aut dormitare sinit. Semper enim acrior sententia est, quæ interrogatione, quàm quæ simplici oratione effertur. Quæ eò est ornatior, quò & longior: qualis est pulcherrima illa Apostoli inductio varijs exemplis & similibus decurrens: Quis, inquit, militat stipẽdijs suis vnquam? Quis plantat vineam, & de fructu eius non edit? Quis pascit gregem, & de lacte gregis non manducat? Nunquid secundum hominem hæc dico? An & lex hæc dicit? & cætera, quæ hac eadẽ figura sequuntur, atque etiam præcedunt.

Occupatio.

Occupatio est, cùm dicimus nos præterire, aut non scire, aut nolle dicere id, quod tunc maximè dicimus. Cyprianus in Epistola ad Corn. Taceo de fraudibus Ecclesiæ factis: coniurationes, & adulteria, & varia delictorum genera prætereo. Vnum illud, in quo non mea, neque hominum, sed Dei causa est, de eorum facinore non puto esse reticẽdum: quòd à primo statim persecutionis die, cùm recentia delinquentium facinora feruerent, & sacrificijs nefandis non tantùm Diaboli altaria, sed adhuc manus ipsæ lapsorum atque ora fumarent, communicare cum lapsis, & pœnitentiæ agendæ intercedere non destiterunt. Hæc vtilis est exornatio, si aut rem, quam non pertineat alijs ostendere, occultè admonuisse prodest, aut si longum est, aut ignobile, aut planum, aut non potest fieri, aut facilè potest reprehendi.

Præcisio.

Pręcisio est, cum dictis quibusdam, reliquum, quod cœptum est dici, relinquitur in audientium iudicium,

sic:

sic: Mihi tecum præcertatio non est, Ideo quòd Popu. Rom. me: nolo dicere, ne cui fortè arrogans videar: te autem sæpè ignominia dignum putauit. Item, Tu ista non audes dicere, qui nuper alienæ domui? non ausim dicere; ne cùm te digna dixero, me indignũ quippiam dixisse videar. Hic atrocior tacita suspicio, quàm diserta explanatio facta est. Hac etiam figura Vates regius vehemens animi sui desiderium significauit, cùm ait: Anima mea turbata est valdè, sed tu Domine vsquequò? Idemque alibi: Et calix meus inebrians. Nam quod deinde sequitur (quàm præclarus est) ab interprete explicationis gratia adiectum esse ostendit. Hieronymi versio ex Hebræo, quæ hac particula caret. Hac eadem figura Ecclesiastes in rebus indignissimis, quas ad summum dicendo perduxit, præcisa oratione interiecta, & in ipso calore dicendi paululum moratus, ingentem animi affectum significat: quē quia loquendo explicare non potest, silentio indicat. Quæ res cùm in veritate ex animo fit, vehementer auditores cōmouere solet. D. Hieronymus in Epist. quorundam hominum vitia tectè castigans, neque quid significare vellet, apertè explicans, hac breui præcisione sententiam clausit: Prudens mecum lector intelligis, quid taceam, & quid magis tacendo loquar.

Emphasis.

Vicina huic Emphasis, altiorem præbens intellectum, quàm quem verba per seipsa declarant. Eius duæ sunt species: altera, quæ plus significat: quàm dicit: altera, quæ etiam id, quod non dicit. Prior est apud Ciceronem pro Ligario ad Cæsarem: Quòd si in tanta fortuna bonitas tanta non esset, quam tu per te, per te, inquam, obtines: intelligo quid loquar. Tacuit enim illud, quod nihilominus accipimus, non deesse homines, qui illum ad crudelitatem impellerent. Est in vulgaribus quoque verbis Emphasis: Virũ esse oportet. Et, Homo est ille. Et in sacris literis. Homo natus de muliere: Emphasim habet mulier: quã explicuit D. Grego. dicens: Quid in se habet fortitudinis, qui natus est de infirmitate? Item Apostolus ad Timoth. Hæc, inquit, S 2 meditat meditare: in ijs esto. Vnico verbo (Esto) multa cõpræhendit: studium, curam, amorem, occupationem, diligentiam, & similia. Omnes quippe animæ vires, & omne tempus, cæteris omnibus prætermissis, in hoc vno esse voluit. Emphasis enim est, cùm dicimus. Hisce oculis vidi, ne nega. Item cùm Absalon famulis præcepit, vt Amon fratrem interficerent, adiecissetq́;, Nolite timere: Ego sum, qui præcipio vobis: verbum illud (Ego) Emphasim habet. Sic etiam cùm Saluator ait: Ego autem dico vobis, diligite inimicos vestros, &c. Item cùm Apostolus ait: Det ei Dominus misericordiam inuenire in die illa. Pronomen (illa) nõ vulgarem Emphasim habet. Est autem non infrequens in literis sanctis hæc figura: in qua excutienda non minima pars Theologicæ eruditionis posita est.

Dubitatio.

Dubitatio est, cùm quærere videtur Orator, vtrum de duobus potiùs, an quid de pluribus potissimùm dicat, hoc modo: Obfuit eo tempore plurimùm Reipu. Consulum siue stultitiam, siue malitiam dicere oportet, siue vtrunq́;. Item: Tu istud ausus es dicere, homo omnium mortaliũ? quæro quonam te digno ac moribus tuis appellem nomine. Item D. Hieronym. Nostri Doctores ita eloquentia suos refarcierunt libros, vt nescias, quid in eis prius mirari debeas, an eruditionem seculi, an scientiam scripturarum. Item Cyprianus ad Christi Confessorem Celerinum, eundemq́ue parentibus martyribus natum, sic ait: Non inuenio quem beatiorem magis dicam, vtrúm ne illos de posteritate tam clara, an hunc de origine gloriosa. Item Euseb Emissen. homil. de Nat. Domini: Quid primùm mirer, quidúe postremùm? quòd sine conceptu est collata fœcũditas, an quod per partum magis est glorificata virginitas? Sed non mirum, si ita peperit: talis erat ille, cui nupserat. Item D. Gregor. de Magdal. Quid igitur miramur fratres? Mariam veniẽtem, an Dominum suscipientem? Suscipientem dicam, an trahentem? Dicam melius trahentem, & suscipientem. Hac enim figura quærimus, quid dicamus, aut vnde incipiamus. Cyprianus

prianus serm. de lapsu: Quid hoc loco faciam dilectissimi fratres, fluctuans vario mētis æstu? quid, aut quomodo dicam? Lachrymis magis, quàm verbis opus est. Item Bernar. ad Eugenium: Vnde iam initiū sumam? Libet ab occupationibus tuis.

Concessio.

Concessio est, cùm aliquid ei, aduersus quem disputamus, concedimus: quod ita tamen concedimus, vt causę atque proposito nostro non obsit, aut certè nihil illum iuuet, quod in sententiæ suæ defensionem adducit. Sic honoris cupidis concedimus, vt honorē quidem appetant, sed verum tamen & solidum, non futilem & inanem. Sic etiam, vt opes quærant, non tamen fragiles & caducas, sed in æternum permansuras. Sic voluptates atque delicias permittimus, non turpes & carnales, quæ hominem in pecudem transforment, sed spirituales & castas, quibus Angeli perfruuntur. Sic Eucherius episcopus ad veræ vitæ amorem hortatur his verbis: Cupiditas vitæ nos delectatione rei præsentis innexuit. Ergo amantes vitam, hortamur ad vitam. Vera ratio est persuadendi, cùm id poscitur, vt impetremus a vobis, quod concupiscitis. Pro vita, quam diligitis, legatione apud vos fungimur: & hanc, quam omnes exiguā amatis, insinuamus, vt ametis æternam. Quam quo pacto amemus, nescio, si non hanc, quam amamus, esse quàm speciosissimam cupimus: Itaque istud, quod cùm arctum sit, placet, placeat magis, si potest esse perpetuum: & quod apud nos pretium habet, cùm finem habeat, sit nobis supra pretiū, si potest esse sine fine. Hactenus ille. Item Cyprianus de habitu virginum: Locupletem te esse dicis & diuitem, & vtēdum putas ijs, quæ possidere te Deus voluit: vtere, sed ad res salutares: vtere, sed ad bonas artes: vtere ad illa, quæ Deus præcipit, quæ Dominus ostendit. Diuitem te esse sentiant pauperes, locupletem sentiant indigentes. Patrimonia tua Deo fœnera, Christum ciba. Possessiones tibi, sed cœlestes magis compara, vbi fructus tuos iuges ac perennes, & ab omni contactu iniuriæ secularis immunes, nec rubigo atterat, nec grando cædat, nec sol vrat, nec pluuia corrumpat. Idem etiam serm. de Morta. sic ait: Mori planè timeat, sed qui ex aqua & spiritu non renatus, gehēnæ ignibus mancipatur. Mori timeat, qui non Christi cruce & passione censetur: mori timeat, qui ad secundā mortem de hac morte transibit: mori timeat, quem de seculo recedentem perennibus pœnis æterna flamma torquebit: mori timeat, cui hoc mora longiore confertur, vt cruciatus eius & gemitus interim differatur.

Adhortatio.

Adhortatio (vt ipsum nomen indicat) est, cùm plura monita atque præcepta, sub vno orationis impetu simul coniungimus: quibus aliquid fieri aut non fieri adhortamur. Est autē huiusmodi adhortatio velut conclusio, qua post alicuius rei probationem aut amplificationem uti solemus: qua etiā (vt antè diximus) commodissimè de epilogo suasoriæ concionis vtimur. Talis est illa Domini adhortatio apud Esaiam post Israelitici populi scelera amplificata: qua præteritis & futuris malis remediū adhibet, his verbis: Lauamini, mundi estote, auferte malum cogitationum vestrarum ab oculis meis. Quiescite agere peruersè, discite benefacere. Quærite iudicium, subuenite oppresso, iudicate pupillo, defendite viduam: & venite, & arguite me, dicit Dominus. Cyprianus contra Demetrianum sic argumentationem claudit: Respicite itaq;, dum tempus est, ad veram & æternam salutem: & quia iam mundi finis in proximo est, ad Dominum Deum mentes vestras Dei timore cōuertite. Deum vel serò quærite: quia iam pridem per Prophetam præmonēs hortatur, & dicit: Quærite Dominum, & viuet anima vestra. Credite illi, qui omninò non fallit: credite illi, qui hæc omnia futura prædixit: credite illi, qui credentibus præmium vitæ æternæ dabit: credite illi, qui incredulis æterna supplicia gehennæ ardoribus irrogabit Idem serm. de liuore, post inuidiæ morbum amplificatum sic orationem claudit. His meditationibus corroborādus est animus, fratres dilectissimi. Eiusmodi exercitationib⁹ contra omnia Diaboli iacula firmādus. Sit in manibus diuina

diuina lectio, in sensibus Dominica cogitatio. Oratio iugis omnino non cesset. Salutaris operatio perseueret. Spiritualibus semper actibus occupemur: vt quotiescũque inimicus accesserit, quoties adire tẽtauerit, & clausum aduersus se pectus inueniat & armatum. Idemq; paulò pòst: Venena fellis euome, discordiarum virus exclude, purgetur mens, quam sempiternus liuor infecerat. Amaritudo omnis, quæ intus insederat, Christi dulcedine leniatur. Ama eos, quos antè oderas, dilige illos, quibus iniustis obtrectationibus inuidebas. Bonos imitare, si potes: si sectari non potes, collætare certè & gratulare melioribus: fac te illis adunata dilectione participem, fac te consortio charitatis & fraternitatis vinculo cohæredem. Dimittentur tibi debita, quando tu ipse dimiseris. Accipientur sacrificia tua, cùm pacificus ad Deum veneris.

Sustentatio.

Sustentatio est figura, qua diu suspenduntur auditorum animi, atque aliquid deinde inexpectatum subiungitur, vt in Verrem Cice. Quid deinde? quid censetis? furtũ fortasse, an prędam aliquam? Deinde cùm diu suspendisset iudicum animos, subiecit, quod multò esset improbiùs. Aliquando etiam cùm expectationem alicuius rei grauissimè orator concitauerit, ad aliquid quod leue sit, aut nullo modo criminosum, descendit. Hac ratione Pharisæorum leuitatem amplificare possumus, qui discipulos Domini accusandos putabant, quòd illotis manibus manducarent. Prius enim Scribarum & Pharisæorum dignitatem exponimus, atque eorum præcipuè, qui ab Hierosolymis veniebant: qui omnes vno consilio Dominum adeuntes, ampla oratione accusationem suam illi proposuerunt. Quare (inquiunt) discipuli tui transgrediuntur traditiones seniorum? Magnum certè & intolerãdum crimen, cùm scriptum sit: Ne trãsgrediaris terminos antiquos, quos posuerunt patres tui. Sed videamus, quale sit hoc crimen, qualis ista transgressio. Non (inquiunt) lauant manus suas, cùm panem manducant. Quid hac accusatione magis ridiculum? Hóccine erat crimen illud, quod tanti Doctores communi consilio exprobrare volebant? Hac igitur figura duplici in loco vtimur, vel cùm leue aliquid hoc modo inserre, vel summum aliquid & inexpectatum amplificare volumus: vt quod natura sua magnum est, pręmissa hac pręparatione maius appareat.

Ironia.

Ironia, cùm vno verbo aut breui oratione fit, Tropus est, in quo pro rei nomine proprio aliud subijcitur. Quale est illud: Egregiam verò laudem & spolia ampla refertis, tuque puerque tuus. Cùm verò longa oratione fit, inter sententiarum ornamenta numeratur. Sic Cyprianus aduersus Pupianum, qui ipsum Cyprianum negabat Episcopum esse, acri ironia hoc modo inuehitur: Nisi, inquit, apud te purgati fuerimus, & sententia absoluti, etiam sex annis nec fraternitas habuerit Episcopum, nec plebs præpositum, nec grex pastorem, nec Ecclesia gubernatorem, nec Christus antistitem, nec Deus sacerdotem? subueniat Pupianus, & sententiam dicat: Iudicium Dei & Christi in apertum referat, ne tantus fidelium numerus, qui sub nobis accersitus est, sine spe salutis & pacis exisse videatur. Et mox: Annue aliquando & dignare pronũciare de nobis, & episcopatum nostrum cognitionis tuæ auctoritate firmare: vt Deus & Christus eius agere tibi gratias possint, quòd per te antistes & rector altari eorum pariter & plebi restitutus sit. Et paulò pòst: Quare in hunc scrupulum non inciderunt Martyres Spiritu sancto pleni, qui ad Cyprian. Episcopum literas de carcere direxerunt? nisi si omnes isti communicantes mecum (secundum quod scripsisti) polluto ore nostro polluti sunt: & si spem vitæ æternæ communicationis nostræ contagione perdiderunt: Pupianus solus integer, inuiolatus, sanctus, pudicus, qui nobis miscere se noluit, in paradyso atque in regno cœlorum solus habitabit. Hactenus ille. Est etiam in sacris literis huius figurę vsus. Sic Hieremias: Cõfortamini, inquit, filij Beniamin in medio Hierusalem, & in Thecua clangite buccina, & super Bethacarē leuate vexillum: quia malũ visum est

ab

ab Aquilone, & contritio magna. Idem alibi eadem Ironia vtitur, cùm denunciato Chaldæorum aduentu subdit: Præparate scutum & clypeum, & procedite ad bellum, iungite equos, & ascendite equites, state in galeis, polite lanceas, induite vos loricas. Quid igitur vidi ipsos pauidos, & terga vertentes, &c. Tale est & illud Salomonis: Lætare ergo iuuenis in adolescentia tua, & in bono sit cor tuum in diebus iuuentutis tuæ, & ambula in vijs cordis tui, & in intuitu oculorum tuorum: & scito, quòd pro omnibus his adducet te Deus in iudicium. Simile est illud ex Apoca. Qui nocet, noceat adhuc: & qui in sordibus est, sordescat adhuc.

Exemplum.

Exemplum & simile constat esse argumentandi loca, quæ tamen inter figuras numerantur, propterèà quòd magnum orationi ornamentum afferant: præsertim cùm illustrandæ aut ornandæ rei gratia adhibentur. Quia verò duo hæc orationis ornamenta magnam inter se affinitatem habent, atque eodem ferè modo tractantur, de vtrisque hoc in loco dicemus.

Exemplum est, alicuius facti aut dicti præteriti cum certi auctoris nomine propositio. Id sumitur ijsdem de causis, quibus similitudo. Rem ornatiorem facit, cùm nullius nisi dignitatis causa sumitur. Apertiorẽ, cùm id quod sit obscurius, dilucidum reddit. Probabiliorem, cùm magis verisimilem facit. Ante oculos ponit, cùm exprimit omnia perspicuè, vt res dicta propè manu tentari possit. Mouent autem potissimùm animos antiqua, illustria, nostratia, domestica, id est, suam quæque gentem, suum quæque genus. Aut longè minora, vt mulieris, pueri, serui, barbari. Adhibentur autem exempla aut vt similia, aut dissimilia, aut cõtraria. Rursum aut vt maiora, aut vt minora, aut vt paria. Dissimilitudo & inæqualitas constat genere, modo, tẽpore, loco, cæterisque fermè circunstanijs, quas supra recensuimus.

Augentur autem & crescunt exempla tractandi ratione

tione. Licebit enim vel ab auctoris laude vel gentis, vnde ducitur exemplum, hoc modo præfari. Si quis è Plutarcho citabit exemplum, præfari licebit, eum auctorē vnum omnium esse grauissimum, quippe qui summā philosophiæ scientiam. cùm historicorum eloquentia coniunxerit, vt in eo nō solùm historiæ fidem, verùm etiam auctoritatem & iudicium sanctissimi doctissimique Philosophi spectare oporteat. Item si quis M. Attilij Reguli ad hostem redeuntis exemplum velit adducere, poterit ad hunc præloqui modum: Inter tam multa Romanæ virtutis insignia decora, nullum vnquam facinus pulchriùs extitit, aut etiam laudatiùs, quàm M. Attilij. Huiusmodi commendatiunculas licet affigere, vel longiores, vel breuiores, vtcunque locus postulabit. Affigendæ sunt autem, quæ maximè sint ad id, quod agitur, appositæ. Veluti si in exemplo desiderabitur fides, auctor à grauitate fideque commendetur. Si pium videri voles, quod adfers, sumatur à pietate commendatio. Atque item de cæteris.

Quòd verò ad tractandi rationem attinet, aliquando quidem breuiter, vbi res notior est, quàm vt longā orationem desideret: quale est illud D. Hiero. Memento Daretis, & Entelli. Aliquando verò longius, quemadmodum idem Hierony. ad sapientiæ studium commendandum, peregrinationem Pythagoræ, Platonis, & Apollonij in præfatione, quam vniuersæ scripturæ diuinæ præponunt, tractat. Cùm autem exempla imparia aut dissimilia sunt, poterunt latiùs per collationem & contentionem dilatari: cùm videlicet ostendimus, id, quod adducimus, pro ratione & commoditate causæ nostræ esse simile, dissimile, contrarium, par, maius aut minus. Atque ea collatio sumitur ex omnibus rerum & personarum circunstantijs. Adiuuatur & orationis artificio, cùm verbis aut figuris accommodis alia consultò eleuantur, alia attolluntur. Porrò, qui copiosissimè volet exemplum tractare, is singulas similitudinis aut dissimilitudinis partes explicabit, atque inter se per contentionem comparabit.

Ex.

Extat locupletissimum huius rei exemplum apud D. Bernardum in vitas Malachiæ Episcopi: quo vitam eius & mores cum aliorum Episcoporum moribus cōfert. Sed quoniam exornatio hæc frequenter in dicendo solet incidere, alia eius exempla ex secundo de copia rerum commentario desumpta, subijciemus. Siquis hortetur aliquem, vt filij mortem moderatè ferat, & ex Ethnicorum exemplis mulierem aliquam obijciat, quæ plurium liberorum mortem fortiter tulerit, post enarratam rem ita comparabit: Quod mulier imbecilla potuit, tu vir barbatus non feres? Illa cum sexu vicit & affectum matris: tu ab altero superaberis? Illa complurium liberorum iacturam animo infracto pertulit; tu vnum extinctum inconsolabiliter defles? Adde, quòd illius filij simul omnes naufragio perierunt, morte videlicet ingloria: tuus in bello fortiter pugnans, occubuit. Illa non habebat cui filios honestè imputaret: tu filium impendisti patriæ. Illi verè totique perierunt: tuus immortali gloria semper victurus est. Illa naturæ gratias agebat, quòd aliquando tot liberorum mater fuisset: tu tantùm meministi, te optimum perdidisse filium. Illa non habebat sarciendæ orbitatis spem, quippe maior, quā vt vterum iam ferre posset: tibi & vxor fœcunda, & ætas etiamnum integra valensque. Ergo quod barbara muliercula præstitit, tu vir Romanus non præstabit? Quod contemnere potuit literarum imperita, hoc te tot præditum literis, tantum philosophiæ professorem frangit? Denique quam animi fortitudinem præstitit Pagana, hanc homo Christianus non exhibebit? Illa credens post rogum nihil superesse, tamen luctum indecorum existimauit: tu doctus eos demum verè viuere, qui cum laude excesserint ex hac vita, sine fine clamas tibi perijsse filium? Et quod illa æquo animo reddidit naturæ, tu Deo repetenti non reddes? Illa fortiter paruit necessitati: tu Deo repugnas? Ex hac forma satis, opinor, apparet, quibus modis oporteat exempla conferre: quanquam in veris causis, quoniam maior est circunstantiarum

copia,

copia, faciliùs est inuenire varias contentiones: Illud obiter admonendum, in huiuſmodi cõtentionibus ſententias & epiphonemata non inconcinnè poſſe admiſceri. Velut in hoc eodem exemplo poſt primam collationem: Quod mulier imbecilla potuit, tu vir barbatus non poteris? ſubijci poterant ſententiæ: Natura diſcreuit ſexum, tu non diſcernis animum. A muliere nemo fortitudinis laudem expectat: Vir niſi fortis ſit animo, nec viri nomine cenſetur. Vir vtrunque ſignificat, & ſexum robuſtiorem, & animum infractum. Turpiter barbam geſtat, qui pectoris robore ſuperatur à fœmina. Item poſt illam contentionem: Illa non habebat, cui filium imputaret honeſtè, tu filium impendiſti patriæ: poterant affigi ſententiæ fermè huiuſmodi: Magnum doloris ſolatium eſt, habere cui honeſtè poſſis imputare fortunam. Vt nulli iuſtiùs, ita nec glorioſiùs impenditur filius, quàm patriæ. Rurſum poſt illam: illi verè totique perierunt, tuus immortali gloria ſemper victurus eſt: adijci poterant huiuſmodi: Longè feliciùs honeſta fama, quàm hoc communi ſpiritu viuitur. Corporis vita & calamitoſa eſt, & omninò, vt nihil accidat, breuis: deinque cum pecudibus cõmunis: illa clara ſempiternaque homines in Diuorum cõſortium referens. Ad eundem modum ſingulis collationum partibus ſententiæ ſubijci poterant. At hæc obiter indicaſſe ſat fuerit.

Hæc exempla, quæ propoſuimus, ſatis apertè huius figuræ naturam explicant: quæ docendi gratia paulò fuere longiora. Cæterùm cùm res agitur ſeria, breuiùs aut longiùs, pro ratione earum rerum, de quibus dicimus, tractanda eſt. Superiùs autem admonuimus D. Chryſoſt. vbi aliqua ſimilitudine aut exẽplo, id, quod dicit, ad ſummum vſque perduxerit, operam dare, vt aliquarum circunſtantiarum comparatione rem, quã amplificat, maiorem adhuc faciat.

De Contentione demonſtratiua, quæ ad exemplorum ordinem ſpectat. I.

Eſt & generalis quædam Contentio, præſertim in gene-

genere Demonstratiuo: quoties laudandi vituperandi-ue gratia personam cum persona conferimus. Sic Gregorius Nazian. in homilia de laudibus Basilij eum cũ omnibus laudatissimis veteris & noui testamenti Patribus, nempè cùm Noe, Abrahã, Iacob, Ioseph, Moyse, Dauide, Ioanne Baptista, Petro, Paulo, cæterisque patribus comparat, eorumque virtutes vel sectatum fuisse vel æquasse ait. Sic enim incipit: Agè igitur, cùm multi viri tum in veteri tum in nouo testamento pietate illustres extiterint, legislatores, militares duces, Prophetæ, doctores, fortes vsque ad sanguinis profusionem, cum illis Basilium nostrum conferamus: vt hinc, qualis fuerit, perspiciamus. Est & rerum comparatio: quod genus est, si quis historiam laudãs, eam cum laudatissimis quibusq; disciplinis comparet. Atque in his duplex ratio. Aut enim alterius partis bona eleuas, alterius amplificas: aut alterius partis sic exaggeras laudes, vt præferas tamen, aut certè æques, quod laudandũ susceperis. In vituperando attollis vitia, sed sic, vt sceleſtiorem tamen, aut æquè scelestum ostendas, quem insectaris. In his illud obseruandum, vt quæ adhibentur ad comparationem, sint tum cõfessa, tum insignia. Vt si bonum principem conferas cum Traiano, aut Antonino philosopho: contrà malum cum Nerone aut Caligula. Rursus si hominem maledicum conferas cum Zoilo & Hyperbolo: aut hominem obtrectatorem cũ Dipsade aut Regulo: hominem voluptatibus effœminatum, cum Sardanapalo. Crescet autem comparationis copia, si quemadmodum modò attigi, ad vnius hominis aut rei laudem seu vituperationem, complures aut personæ, aut res adhibeantur. Veluti si quis principem laudaturus, è multis excerpat, quod in vnoquoque maximè excelluit. E Iulio Cæsare, felicitatem animique præsentiam: ex Alexandro, magnanimitatem: ex Augusto, vrbanitatem: ex Tito seniore, ciuilitatem: ex Traiano, sanctimoniam & clementiam: ex Antonino, gloriæ contemptum: atque item de cæteris. Similiter & in vituperando. Præterea si iracundiam detestans, conferas eam cum enormi temulentia, cum

phre-

phrenesi, cum morbo comitiali aut dæmoniaco. Aut si linguæ virulentiam damnans, componas eam cum halitu hominis pestilentia laborantis, cum afflatu serpentum, quibus est venenum præsentissimum, cũ exhalatione quorundam lacuum aut specuum subitam mortem afferente.

Similitudo.

Similitudo est oratio traducens ad rem quampiam aliquid ex re dispari simile. Ea sumitur aut ornandi causa, aut probandi. aut apertiùs dicendi, aut ante oculos ponendi. Quomodo igitur quatuor de causis sumitur, ita quatuor modis dicitur: per contrarium, per negationem, per collationem, per breuitatem. Ad vnamquanque sumendæ similitudinis causam accommodabimus singulos modos pronunciandi. Ornandi causa sumitur, per dissimile siue contrarium. hoc modo: Nõ enim, vt domus noua, aut nauis, aut etiam vestis melior vetusta & vel senio confecta est: ita melior nouus amicus, quàm antiquus: illius enim adhuc dubia parũ firma fides est, hæc vt aurum, quod igne explorant, multis experimentis & longa die probata & perspecta est. Dicitur autem simile à contrario, quòd negemus rem quam adducimus, ei similem esse, quam probam⁹. Per negationem verò ducitur simile probandi causa, hoc modo: Neque equus indomitus, quanuis natura benè compositus sit, idoneus potest esse ad eas vtilitates, quæ desiderantur ab equo: neque homo indoct⁹, quanuis sit ingeniosus, ad virtutem potest peruenire. Hoc probabiliùs factum est, quod magis est verisimile, non posse virtutem sine doctrina comparari: quoniam nec equus quidem indomitus idoneus possit esse. Ergo sumptum est probandi causa. Dictum est autem per negationem: id enim perspicuum est de primo similitudinis verbo.

Apertiùs dicendi causa similitudo dicitur per breuitatem, hoc modo: In amicitia gerenda, sicut in certamine currendi, non ita conuenit exerceri, vt quoad necesse sit, peruenire possis: sed, vt productus studio & viribus vltra facilè procurras. Nam hoc simile est, vt apertiùs intelligatur, mala ratione facere, qui repræhendãt eos, qui verbi causa post mortem amici liberos eius custodiant: propterea, quòd in cursore tantum velocitatis esse oporteat, vt efferatur vsque ad finem: in amico tãtum beneuolentiæ studium, vt vltrà, quàm amicus sentire possit, procurrat amicitiæ studio. Dictum autem simile est per breuitatem: non enim ita vt in cæteris rebus res ab re separata est, sed vtræque res coniunctè & confusè pronunciatæ. Ante oculos ponendi negotij causa sumetur similitudo per collationem, sic: Vti citharœdus, cùm prodierit optimè vestitus, palla inaurata indutus, cum chlamyde purpurea, coloribus varijs intexta, & cum corona aurea magnis fulgentibus gemmis illuminata, citharam tenens exornatissimam, auro & ebore distinctam: ipse præterea forma & specie sit & statura apposita ad dignitatem: si cùm magnam populo commouerit his rebus expectationem, repentè silentio facto, vocem emittat acerbissimam cum turpissimo corporis motu, quò melius ornatus, & magis fuerit expectatus, eò magis derisus & contemptus eijcitur: ita si quis in excelso loco, & in magis ac locupletibus copijs collocatus, fortunæ muneribus & naturę commodis omnibus abundabit, si virtutis & artium (quæ virtutis magistræ sunt) egebit: quò magis cæteris rebus erit copiosus, & illustris, & expectatus, eò vehementiùs derisus, & contemptus ex omni conuentu bonorum eijcietur. Hoc simile exornatione vtriusque rei & alterius inscitia artificij, alterius stultitia simili ratione collata, sub aspectum rem omnem subiecit. Dictum autem est per collationem, propterea quòd proposita similitudine paria sunt relata omnia.

In similibus obseruare oportebit diligenter, vt cùm rem afferamus similem, cuius rei causa similitudinem attulerimus, verba quoque ad similitudinem habeamus accommodata: id est huiusmodi: Ita, vt hirundines æstiuo tempore præstò sunt, frigore pulsæ recedunt: ex eadem similitudine nunc per translationem verba sumimus: ita falsi amici sereno vitæ tẽpore præstò sunt, simul atque hyemem fortunæ viderint, deuo lant omnes. Sed inuentio similium facilis erit, si quis sibi omnes res animatas & inanimatas, mutas & loquentes, feras & mansuetas, terrestres, & cælestes, & maritimas, artificio, casu, natura comparatas, usitatas, atq; inusitatas, frequenter ante oculos posuerit, & ex his aliquam venari similitudinem studuerit, qua aut ornare, aut docere, aut apertiorem rem facere, aut ponere ante oculos possit. Non enim res tota toti rei necesse est similis sit, sed ad ipsum, ad quod confertur, similitudinem habeat oportet. Extat libellus quidam ex D. Chrysostomi, aliorumque autorum similitudinibus collectus, qui studiosum concionatorem ad similium inuentionem non mediocriter iuuare poterit. Meminerit tamen nequaquam ex rebus sordidis & humilibus, neque item ex obscuris, nimiumque subtilibus & ad intelligendum difficilibus similitudines sumendas esse: illud, quia orationem sordidant, hoc verò, quia obscurant: & in id præcipuè nocent, ad quod similitudo reperta est.

Cæterùm quod ad tractandi rationem attinet, quemadmodum exempla (sicut paulò antè diximus) quandoque breuiùs, quandoque latiùs tractantur, sic etiam similitudines. Nam aliquando vno verbo notantur: vt, Non intelligis tibi vertenda vela. Aut, Desine lauare laterem. Vt iam vel allegoria sit, vel metaphora. Aliquando latiùs explicatur, & apertiùs accommodatur. Quod facit Cicero pro Murena. Quòd si è portu soluentibus, qui iam in portum ex alto inuehuntur, prædicere summo studio solent tempestatum rationem, & prædonum, & locorum: quod natura fert, vt his faueamus, qui eadem pericula, quibus nos perfuncti sumus, ingrediantur: quo me tandem animo esse oportet, propè iam ex magna iactatione terram videntem, in hunc cui video maximas tempestates esse subeundas? Hanc Ciceronis parabolam sic imitatur Diuus Hieronymus in epistola ad Heliodorum: Et ego non integris rate vel mercibus moneo: sed quasi nuper naufragio eiectus in littus, timida nauigaturis voce denun-

cio:

tio. In illo æstu Charybdis luxuriæ salutem vorat. Ibi ore virgineo ad pudicitiæ perpetranda naufragia Scyllæum renidens libido blanditur. Hic barbarum littus: hic Diabolus pyrata cum socijs portat vincula capiendis. Nolite credere, nolite esse securi: licèt in modum stagni fusum æquor arrideat, licèt vix summa iacentis elementi spiritu terga crispentur, magnos hic campus montes habet. Intus est periculum, intus est hostis. Expedite rudentes, vela suspendite. Crux antennæ figatur in frontibus. Tranquillitas illa tempestas est. Hic si quis singula pericula, quæ à vitijs aut improbis, aut aliundè bonis moribus imminent, velit cõferre cum singulis, quæ nautis vitæ discrimen adducere solent: deinde per comparationem maius aut minus, item dissimile aut contrarium ostendere: postremò sententijs & epiphonematis, vt inciderint, exornare: nimirum copiosissimè dilatabit orationem. Velut in hoc exemplo: Vt quò pretiosior est res, hoc & diligentiùs solet adseruari, & impendi circunspectiùs: ita temporis (quò nihil est pretiosiùs) summa habenda est ratio, ne quid effluat sine fructu. Etenim si curatores dari solent his, qui gemmas & aurum temerè profundunt, quæ tandem erit insania; tempus, pulcherrimum immortalis Dei munus, aut otio, aut inhonestis studijs turpiter cõsumere? Quid enim perdis, cùm tempus perdis, nisi vitam? At vita quid esse potest chariùs? Et cùm vna gemmula perit, iacturam vocas: cùm totus perit dies, hoc est, bona vitæ portio, iacturam non vocas? Præsertim cùm illa perdita aliundè possint recuperari; temporis irreparabilis sit iactura. Præterea illa cùm tibi pereunt, alijs plerunque lucro sunt: at temporis dispendium in nullius transit compendium. Nullum est damnum, ex quo non aliquis emolumentum aliquod sentiat, præter damnum temporis. Adde his, quòd illarum opum iactura sæpè saluti fuit. Nam diuitiæ plerunque vitiorum materiam ministrant, ita, vt præstet temerè profudisse, quàm attentè adseruasse. Quantò cuiusque rei vsus honestior, tantò turpior profusio. At nihil pulchriùs, nihil præclariùs, quàm bonis horas benè collocare. Illas vt quàm maximè serues, sæpenumerò tamen vel casus eripit, vel homo tollit, vt iactura te calamitosum duntaxat, non etiam turpem reddat. At temporis amissio, quoniam non nisi nostro vitio contingit, non miseros solùm, verùm & infames reddit. Pessimum infamiæ genus, quoties culpa in nullum conferri potest, præterquàm in eum, qui patitur malum. Illis fundos aut ædes mercari poteras, hoc præter alia animi ornamenta parare poteras immortalitatem. Nulla est tam breuis vitæ portio, in qua non magnus aliquis ad felicitatem gradus fieri possit. Postremò de illis malè insumptis, patri fortassis rationem redditurus eras: de horis malè transactis, Deo. Sed satis est indicasse, in quantam amplitudinem dilatari possit collatio, si quis ad eum modum singulas circunstantias velit componere atque ornare.

Hoc exemplum docendi gratia paulò fusiùs tractatum est. At cùm in veritate dicemus, contrahenda est oratio: sic tamen vt cùm à minori vel maiori ducitur similitudo, imparitas hæc maximè conspicua fiat: quò vis argumenti maior appareat, Sumamus exempli gratia hoc à minori argumentum. Si dominus de seruo delinquente supplicium sumit, cur non Deus ab homine peccante idem faciat? Qui igitur artis expers est, hoc sanè modo dixisset. Vide autem quantò aliter dixerit Cyprianus contra Demetrian. Ipse (inquit) de seruo tuo exigis seruitium, & homo hominem parere tibi & obedire compellis, & cùm sit vobis eadem sors nascendi, conditio vna moriendi, corporum materia consimilis, animarum communis, æquali iure, & pari lege vel veniatur in hunc mundum, vel de hoc mundo postmodum recedatur, tamen nisi pro arbitrio tibi seruiatur, nisi ad voluntatis imperium pareatur, imperiosus & nimius seruitutis exactor flagellis verberas, fame, siti, nuditate, frequenter ferro & carcere affligis & crucias, & non agnoscis Dominum Deum tuum, cùm sic exerceas ipse dominatum? In hoc exemplo D. Cypria. summa tum copia, tum breuitate vsus est.

est. Summa enim breuitas est, quod ait: Non agnoscis Dominum tuum, cùm sic exerceas ipse dominatum? Totam enim collationem, quā diuinæ maiestatis amplitudine exposita, latiùs tractare poterat, breuissimo sermone comprehendit. Similitudo verò, quæ præcessit, copiosè admodum explicata est.

Quanuis autem exemplorum & similium vsus ad faciendam fidem non vulgariter adiuuent, tamen hoc præcipuè præstant, cùm per inductionem adhibentur. Quo in genere plurimus est Socrates Platonicus. Exemplū per inductionem adhibetur hoc modo: Dic mihi quem tandem fructum attulit Demostheni insignis eloquentia? Nempe præter alia incommoda, infelicissimum & miserandum exitum. Quid autem præmij Tib. & C. Gracchis attulit? Nimirùm cædem & miseram, nec satis honestam. Quod porrò illi tantoperè laudato Antonio: Certè & hic latronū sicis crudelissimè confossus est. Agè Ciceroni eloquentiæ parenti, quam mercedem attulit? Nónne mortem & acerbam & miserandam? I nunc, & tot vigilijs ad summam eloquentiæ laudem enitere, quæ præstātissimis quibusque viris semper exitio fuit. Simile adhibetur per inductionem, hoc modo: De nauigando num meliùs disputabit nauta, quàm medicus: an non medicus rectiùs de medendi ratione differet, quàm pictor? Num pictor de colorum, & vmbrarum, ac linearum ratione meliùs dicet, quam sutor? Num auriga de ratione moderandi currum meliùs, quàm nauta? Et si plurima conferantur, faciunt vt omninò probabile videatur; vnumquenque meliùs de ea re dicturum esse, quam meliùs norit. Sic D. Cyprian. de simplicitate præla: Ecclesia vna est, quæ in multitudinem latiùs incremēto fœcunditatis extenditur: quomodo Solis multi radij, sed lumen vnum: & rami arboris multi, sed robur vnum tenaci radice fundatum: & cùm de fonte vno riui plurimi defluunt, numerositas licèt diffusá videatur, exundantis copiæ largitate, vnitas tamen seruatur in origine. Auelle radium Solis à corpore, diuisionem lucis vnitas non capit. Ab arbore frange ramum, fractus germinare non poterit. A fonte præscinde riuum, præscisus arescet. Sic & Ecclesia Domini luce perfusa, per orbem totum radios suos porrigit, vnũ tamen lumen est, quod vbique diffunditur, nec vnitas corporis separatur: ramos suos in vniuersam terram copia vbertatis extendit, profluentes largiter riuos latiùs expandit: vnum tamen caput est, & origo vna, & vna mater fœcunditatis successibus copiosa.

Hæc de Tropis & figuris cùm verborum tum sententiarum dicta sint: in quorum numero, nominibus, vi, & natura explicanda vehementer dissentiunt autores tum Græci tum Latini: neq; modò inter se ipsi discordant, sed (quod magis mirandum est) Cicero ipse sibi discrepat, qui vt ornatissimus in dicendo fuit, sic in præcipiẽdo diligentissimus. Nam, vt Quintil. animaduertit, multas figuras in tertio de Oratore libro posuit, quas in Oratore postea scripto, quoniam de illis mentionem non fecit, videtur repudiasse. Quasdam posuit inter verborum exornationes, quæ sententiarũ sunt lumina. Quædam ne figuræ quidem sunt. Iam numerus illarum nec fuit olim certus, nec verò vnquam esse poterit. Cui⁹ rei duas ego reperio causas: altera est, quòd nouæ figuræ, Quintiliano etiam autore, fieri adhuc & excogitari possunt: altera, quòd tam verborum, quàm sententiarum figuræ non in formas seu species (quarum certus est numerus) sed in partes & quasi membra, quorum infinitior est numerus, distribuuntur.

De vsu figurarum. *Cap. XV.*

NON multũ prodest figurarum nomina & diffinitiones tenuisse, nisi earum vsum sciamus: hoc est, quonam modo & quibus potissimùm in rebus illis vti debeamus. Hoc autem ex tribus præcipuis concionatoris officijs colligendum est. Ad eum enim spectat auditores primùm docere, deinde delectare, ac postremò flectere. Et quidem docere necessitatis, delectare suauitatis, flectere victoriæ esse dicunt. Ex figuris igitur quæ-

dam

dam ad docendum, quædam ad delectandum, quædã ad flectendũ, & affectus concitandos potissimùm seruiunt. Et quidem ad docendum figuræ, quas inter argumentorum formas posuimus, præcipuè pertinent: quibus adiungi potest ratiocinatio, quam modò inter sententiarum figuras numerauimus: & nonnullæ aliæ, quæ vel ad probandum, vel ad expositionem rerum conducunt. Inter quas meritò collocatur Transitio: quæ cùm exponat quid dictum sit, quidque sit dicendum, hac distinctione lucem orationi affert. Quæ tamen interdum vim habet & acrimoniam, vt paulò antè admonuimus. Ad delectandum verò pertinent, cùm aliæ figuræ, tum præcipuè quas inter figuras verborum in secunda & tertia classe collocauimus: quæ similium & contrariorum proportione constant. Ex alijs verò figuris siue verborum, siue sententiarum, pleræque vim & acrimoniam habere vidẽtur. Sunt tamen aliæ, & quidem non paucæ, quæ ad hæc omnia valent. Constat enim, rerum, personarum, locorum, ac temporum descriptiones, modò ad delectã dum, modò verò ad amplificandum, interdum etiam ad docendum valere. Idem de contrarijs diximus, quæ præter venustatem & gratiam, vim quoque & acrimoniam in loco habent. Iam verò exempla, ac præcipuè similitudines, quid non efficiunt? Quid enim rebus obscuris maiorem lucem, quàm similitudines præferunt? Quid non eisdem amplificamus, aut oculis spectandum subijcimus? Quantumettereà iucunditatis commodè inducta similitudo affert? Studiosi autẽ concionatoris erit, non solùm numerum, & nomina, & naturam figurarum nosse, sed multò magis earum vsum: vt quibus figuris in quauis concionis parte vtẽdum sit, probè teneat. Cùm autem eadem sentẽtia pluribus figuris explicari, & quodammodo vestiri possit, periti artificis erit, eam potissimùm figuram deligere, quę sensum animi sui apertissimè, breuissimè, atque appositissimè explicet. Hactenus de figuris: deinceps de compositione dicendum est.

De compositione. Cap. XVI.

Ost tropos & figuras, de quibus hactenus dictum est, sequitur tertia pars ornatus, quæ est in compositione, & in apta, ac numerosa verborũ collocatione posita. Quã D. Augustin. non prorsus concionatori negligendam esse ait, licèt ea in sacris literis minus inueniatur. Eius hæc verba sunt. Sanè hunc elocutionis ornatum, qui numerosis fit clausulis, deesse fatendum est autoribus nostris. Quod vtrùm per interpretes factum sit, an (quod magis arbitror) consultò illi hæc plausibilia deuitauerint, affirmare non audeo, quoniam me fateor ignorare. Illud tamen scio, quòd si quisquam huius numerositatis peritus, illorum clausulas eorundem numerorum lege componat (quod facillimè fit mutatis quibusdam verbis, quæ tantundem significatione valent, vel mutato eorum, quæ inuenerit, ordine) nihil eorum, quæ velut magna in scholis Grammaticorum aut Rhetorum didicit, illis diuinis viris defuisse cognoscet. Et multa reperiet elocutionis genera tanti decoris, quæ quidem & in nostra, sed maximè in sua lingua decora sunt: quorum nullum in eis, quibus isti inflantur, literis inuenitur. Sed cauendum est, ne diuinis grauibusque sententijs dum additur numerus, pondus detrahatur. Nam illa musica disciplina, vbi numerus iste plenissimè discitur, vsque adeò non defuit Prophetis nostris, vt vir doctissimus Hieronymus quorundam etiam metra commemoret in Hebræa duntaxat lingua. Cuius veritatem vt seruaret in verbis, hæc inde non transtulit. Ego autem vt de sensu meo loquar, qui mihi quàm alijs, & quàm aliorum est vtique notior, sicut in meo eloquio, quantum modestè fieri arbitror, non prætermitto istos numeros clausularum, ita in autoribus nostris hoc mihi plus placent, quòd ibi eos rarissimè inuenio. Hæc ille. Cuius exemplum sequi poterit, quisquis aliquid eleganter scribere parat. Habet enim hoc præcipuè oratio numerosa, & verba aptè collocata, vt sine ostentatione & splendore

Li. 4. de doct. Christiana.

dore verborum legentis animum adeò latenter oblectet, vt idem ipse, qui delectatur, rationem reddere nequeat, cur tantopere delectetur. Eadem etiam compositio non mediocriter intellectum adiuuat, quando orationis membra ita sibi respondent & connexa sunt, vt planissimum orationis sensum efficiant. Verùm hęc ad scribendum. Ad concionandum autem (vt ij etiam, qui hac de re scripsere, fatentur) huiusmodi numerosa compositio minus necessaria est: ideoque prætermissis præceptis, quæ multa Rhetores hac de re tradunt, quàm breuissimè hanc partem absoluam. Cornificius ergo de ea sic ait: Compositio est verborum constructio, quæ facit omnes partes orationis æqualiter perpolitas. Et conseruabitur, si fugiemus crebras vocalium concursiones, quæ vastam atque hiantem orationem reddunt, vt hoc est: Vaccæ æneæ amœnissimè impendebant. Etsi vitabimus eiusdem literæ nimiam assiduitatē, cui vitio versus hic erit exemplo: O. Tite tute Tati tibi tanta Tyranne tulisti. Et hic eiusdē poetæ: Quidquā quisquā cuiquā quod conueniet, neget? Et, si eiusdem verbi assiduitatem nimiam fugiemus. Ea est huiusmodi: Nam cuius rationis oratio non extet, ei rationi ratio non est fidem habere. Et, si non vtemur continenter similiter cadentibus verbis, hoc modo: Flentes, plorantes, lachrymantes, obtestantes. Et, si verborū traiectionem vitabimus, nisi quæ erit cō cinna. Quo in vitio est Lucilius assiduus, vt hoc est in priori libro: Has res ad te scriptas Luci misimus Aeli. Tale est illud Politiani: Legit epistolam mihi nuper ad se tuam Picus hic Mirandula noster. Quæ quidem compositio puerilis, ab omni grauitate aliena videtur. Item fugere oportet longam verborum continuationem, quæ & auditoris aures, & oratoris spiritum lædit.

De duplici specie compositionis. I.

Quisquis autem compositionis rationem exactiùs assequi cupit (quæ res ad artificiosè scribendum necessaria est) scire debet, aliam esse compositionem simplicem, aliam duplicem, siue compositā. Simplex est a

 nu-

numerorum lege, & periodis longioribus soluta, qua in familiari sermone vtimur, quaque plerisque in locis sacræ literæ vtuntur. Simplex enim veritas sermonis simplicitate gaudet. Tale est illud Genesecos: In principio creauit Deus cœlum & terram. Terra autem erat inanis & vacua, & tenebræ erant super faciem abyssi, & spiritus Dei ferebatur superaquas. Dixitque Deus: Fiat lux, & facta est lux. &c. Composita verò siue duplex oratio ab hac simplicitate recedens, flexuosa & lõgiori vtitur oratione: cuius partes & velut membra explicare necesse est: vt eis cognitis, totum quod ex illis constat, faciliùs agnoscatur. Vt autem in manu ipsam quidem manum velut totum quoddam consideramus, deinde digitum vt eius membrum, ac postremò digiti articulos, qui sunt variæ huius membri partes: ita in oratione similes partes attendimus. Sunt enim velut articuli ea, quæ Græci commata, Latini, cæsa vel incisa vocant. Sunt deinde veluti membra, quę Græci cola, Latini verò eodem nomine membra vocant. Sunt rursus periodi, quas Latini tum ambitum, tum comprehensionem, tum circunscriptionem appellant, quæ pluribus membris constant. Quia verò D. August. 4. de doct. Christ. horum omnium exempla ex 2. ad Corinth. Epistola ponit, nos quod ille fecit, in hac parte sequemur. Cæsa igitur vel incisa sunt quatuor illa: In laboribus plurimis, in carceribus abundantiùs, in plagis supra modum, in mortibus frequenter. Et illa item quatuordecim: In itineribus sæpè, periculis fluminum, periculis latronum, periculis ex genere, periculis ex gentibus, periculis in ciuitate, periculis in solitudine, & cætera quæ sequuntur. Membra verò sunt duo hæc: Quis infirmatur, & ego non infirmor? quis scandalizatur, & ego non vror? Periodus verò bimembris est apud eundem: Libenter suffertis insipientes, cùm sitis ipsi sapientes. Trimembris verò, cùm ait: In quo quis audet, in insipientia dico, audeo & ego & cæt. Quadrimembris autem, cùm ait: Quod loquor, non loquor secundum Deum, sed quasi in stultitia, in hac substantia gloriæ. Potest autē periodus

dus plura etiam membra habere. Cùm verò membra constant pari ferè numero syllabarum, Isocolon siue Compar appellari inter figuras verborum diximus.

D. autem Augusť. postea quam totius loci huius diuinam eloquētiam miris laudibus extulisset, & dicendi flores annotasset, potissimùm commendat compositionis varietatem, quòd modò cæsis, modò mēbris, modò periodis hæc oratio fluat, quodque decentissimè modò post cæsa, modò post membra periodos intermisceat: quibus orationis compositio variatur, & tædium legentis excutitur, & respirandi spatium datur. Quod Apostolum non humana quidem arte, sed diuina sapientia (quam sequitur & comitatur vera eloquentia) fecisse constat. Sapiētiæ enim est, rectè & pro dignitate res concipere & ponderare: eloquentię verò, quod ita conceperis, simili oratione proferre. Hāc verò sapientiam sequi solet vera & naturalis eloquētia, qua viri sancti maximè vtuntur, qui sine arte artificiosissimi & eloquentes sunt. Rectè enim ille, Si rem, inquit, potenter conceperis, nec facundia dicendi, nec sermo te deseret vllus. Eadem varietate vtitur D. Ambrosius, cùm in lib. de virgin. beatissimæ Virginis virtutes laudesque percenset. Eadem enim venustate & gratia modò post incisa, modò post membra, periodos bimembres aut trimembres interponit, vt sequenti ca. videbimus.

Sciendum est etiam, duplicem esse periodi formā: alteram, qua vel cæsim, vel membratim dicimus: alteram verò, qua circunscriptè dicimus, qua videlicet ab initio ad finem vsque quasi in orbem inclusa fertur oratio, quæ nisi in fine sententiam non absoluit. Itaque imaginem refert vel perfecti syllogismi, vel interdum etiam propositionis Hypotheticæ, idque modò breuiùs, modò longiùs, vt instituta ratio vel argumentatio postulauerit. Hoc autem præter ea exempla, quæ modò ex Pauli Epistola proposita sunt, sequentia quoque declarant. Membratim quidem fluit illa D. Cypriani periodus contra Demetrianum: Mundus occasum sui rerum labentium probatione testatur, non hyeme nutriendis seminibus tanta imbrium copia est, nō frugibus æstate torrendis solita flagrantia est, nec sic verna de temperie sata læta sunt, nec adeò arboreis fœtibus autumna fœcũda sunt. Minus de effossis & fatigatis montibus eruuntur marmorum crustæ, minus argenti & auri opes suggerunt exhausta iam metalla, & pauperes venæ. Cæsim verò perfluit, quę deinde sequitur: Breuiatur in dies singulos ac deficit in agris agricola, in mari nauta, miles in castris, innocentia in foro, iustitia in iudicio, in amicitia concordia, in artibus peritia, in moribus disciplina. Huiusmodi autem periodi quanuis possint bimembres esse, maiorem tamen gratiam habẽt, cùm vel trimembres sunt, vel etiã quadrimẽbres: quorũ illa Græci tricola, hæc verò tetracola vocant. Tricola vt illud: Vicit pudorẽ libido, timorem audacia, rationẽ amentia. Tetracola, vt illud Cypriani: Quemadmodum spõte Sol radiat, dies illuminat, fons rigat, imber irrorat: ita se cœlestis ille spiritus infundit. Singula quoque verba cæsam orationem faciunt, vt illud: Acrimonia, voce, vultu inimicos perterruisti. Periodus verò, qua circunscriptè dicimus, in qua (vt Aristoteles ait) principio ita respondet finis, vt plenũ sensum faciat, absoluatque sententiam, quandoque breuior, quandoque longior est. Breuis est illa:

Finem qui quæris amori,

Cedit amor rebus: res agè, tutus eris.

Hic perfectus syllogismus est. Breuior item & illa D. Cypriani in Sermo. de Lap. Nemo fratres, nemo hanc confessorum gloriam mutilet: cùm dies negantibus præstitutus excessit, quisquis professus intra diem non est, Christianum se esse confessus est. Paulò verò longior illa eiusdem, qua sermonem de patientia exorditur hoc modo: De patientia locuturus fratres dilectissimi, & vtilitates eius & commoda prædicaturus, vnde potius incipiam, quàm quòd nunc quoque ad audientiam vestram patiẽtiam video esse necessariam: vt nec hoc ipsum, quod auditis & discitis, sine patientia facere possitis. Paulò etiã longior est ea, quæ deinde sequitur, periodus: Nec inuenio fratres dilectissimi, inter ceteras terás cœlestis disciplinæ vias, quibus ad consequenda diuinitùs præmia spei ac fidei nostræ secta dirigitur, quid magis sit vel vtiliùs ad vitam, vel maius ad gloriam, quàm vt qui præceptis dominicis obsequio timoris ac deuotionis innitimur, patientiam maximè tota obseruatiōne tueamur. Seruiunt autem huiusmodi periodis frequenter coniunctiones aduersatiuæ, quanquam, & si, licèt: & item comparatiuæ, vt, sicut, ita, &c. quia vbi hæ particulæ intercedūt, sensus orationis nisi in eius fine non absoluitur: quod huius periodi, quo circunscriptè dicimus, proprium est. Participia quoque in hoc præcipuè reperta sunt, vt plura verba sub vna circunductione continerentur. Participia nanque verborum vim habent.

His tribus compositionis speciebus, cæsis, mēbris, & periodis additur quarta, Græcis peribole dicta, id est, circuitus, aut flexus. Ea verò est oratio sinuosa & prolixior, constans ferè pluribus membris, quàm vulgata periodus: & hic flexus proprius est historicorum, in quo plura membra & commata sua serie ita se æqualitèr consequuntur, vt tamen perspicua sit continuata & longior constructio. Differt autem peribole à periodo non ita multum, nisi quòd in periodo tam rerū, quàm orationis consequentia & cohærentia requiritur benè coagmentata. Sed peribole est historica & longior cōstructio orationis, non ita nexis inter se antecedentibus & cōsequentibus, quin facillimè possit in sua membra resolui. Cauere tamen oportet, ne illa sit iusto prolixior, & obscuritatem vel tædium pariat. Summatim ergo, periodus est circuitus orationis oratoriæ. Peribole est circuitus orationis historicæ. Talis est illa Sanazarij de partu Virginis oratio, qua sanctorum Patrum in Lymbo residentium lætitiam de filij Dei conceptu grandi orationis figura (de qua mox dicemus) his verbis describit:

Interea maneis descendit fama sub imos,
Pallenteisque domos veris rumoribus implet:
Optatam aduentare diem, quo tristia linquant
Tartara, & euictis fugiant Acheronta tenebris,

Immã-

Immanemque vlulatum, & non lætabile murmur
Tergemini canis, aduerso qui carceris antro
Excubat insomnis semper, rictuque trifauci.
Horrendum, stimulante fame, sub nocte profunda
Personat, & morsu venienteis adpetit vmbras.

Huic verò quintam addunt constructionis speciem, quam Aristoteles Camptera, Latini tractũ, vel nexum vocant, aut productionem spiritus: quæ re vera idem est, quod peribole, quã definiuimus: nisi quòd est paulò longior: & quò longior, eò elegantior, dum tamen (vt diximus) modum in hac longitudine seruet. Exemplo erit illud D. Cypria. in Epistola ad Cornelium, quod etiam grandi figura profluit. Tuetur enim vir sanctus Episcopatus sui dignitatem aduersus hæreticos, qui illum Episcopum esse negabant, eiusque vitæ & electioni detrahebant. Sic igitur ait: Cæterùm dico, dico enim prouocatus, dico dolens, dico compulsus, quando Episcopus in locũ defuncti substituitur, quando populi vniuersi suffragio deligitur, quando Dei auxilio in persecutione protegitur, collegis omnibus fideliter iunctus, plebi suæ in episcopatu quadriennio iam probatus, in quiete seruiens disciplinæ, in tempestate proscriptus, applicato & adiuncto episcopatus sui nomine, toties ad Leonem petitus, in circo, in amphitheatro dominicæ donationis testimonio honoratus: cùm talis frater à quibusdam desperatis, & perditis, & extra Ecclesiam constitutis impugnari videtur, apparet quis impugnet: non scilicet Christus, qui sacerdotes aut constituit, aut protegit: sed ille, qui Christi aduersarius, & Ecclesiæ eius inimicus, ob hoc Ecclesiæ præpositum sua infestatione persequitur, vt gubernatore sublato, atrociùs & violentiùs circa Ecclesiæ naufragia grassetur. Hactenus ille. His igitur quinque constructionis speciebus pro rerum natura, quas tractamus, vtendum erit. Quo fiet, vt satietatem varietate vitemus, & rebus ipsis suum velut habitum & colorem tribuamus. Periti autem artificis erit, animaduertere, quando his vel illis vti debeat: neq; enim huius rei plena obseruatio præceptis artis compræhẽdi potest. Illud tamen constat, cæsa & membra non rarò instandi gratia adhiberi, præsertim cùm plura sint. Periodis tum in argumentando, tum in exordijs frequentiùs vtimur, quanquam hic longioribus, illic verò breuioribus. Peribole ad historiæ narrationes & amplificationes accommodatior est. Quanquam hæc omnia, & in alijs quoque orationis partibus, non ineptè locum habeãt. Hactenus de Compositione (quam tertiam ornatus partem esse diximus) qua leniter, iucundè, & apertè decurrit oratio. Deinceps de quarta elocutionis virtute, nempè aptè dicendi, agendum est.

De aptè dicendo. Cap. XVII.

Actenus de tribus Elocutionis virtutibus, nempè Latinitate, & Perspicuitate, & Ornatu dictum est. De Ornatu quoque, qui est tum in verbis, tum in figuris, tũ etiam in cõpositione disseruimus. Sequitur aptè dicendi ratio, quæ & ipsa ornatè dicendi pars maxima est. Cicero autem paucis totam eius naturam atque rationem breuiter complexus est, cùm 2. de Orato. lib. ait, non omni causæ, neque auditori, neque personæ, nec tempori congruere orationis vnum genus. His igitur rebus aptè atque appositè orationem accommodare, id demùm aptè dicere est. Quod quidem (vt Fab. ait) non in Elocutione tantùm, sed in Inuentione quoque spectatur. Nam si tantum habent etiam verba momentum, quantò res ipsæ maius? Cicer.

Quatuor sunt autem, quæ præcipuè obseruare debet, qui aptè dicere cupit, nempè vt oratio tum dicenti, tum audienti, tum rebus ipsis, quas tractat, & officio, quod gerit, maximè conueniat. Hoc est, quis dicat, cui dicat, qua de re dicat, & quid potissimùm dicendo cõsequi velit. In his igitur omnibus, quid maximè deceat, considerandum est: quod quidem non ad artis præcepta solùm, sed ad prudentiæ iudicium (quod sicut rerum omnium gerendarum, ita dicendarum moderator est) præcipuè pertinet. Inter eius autem officia, & maximum, & difficillimum est, quid vbique deceat, intelligere.

intelligere. Hinc enim decorum illud nascitur, quod omnibus in rebus captandum est. Cæterùm, quid in his quatuor rebus, quas suprà memorauimus, maximè deceat, ordine tractandum est.

Primùm igitur eius, qui dicit, ratio habēda est. Non enim eadem oratio omnibus conuenit: aliter enim iuniores, aliter senes, aliter principes viri, aliter humiles atque priuati, aliter inferioris ordinis ministri, aliter Episcopi & superiores Prælati dicere debent. His enim multa licent, quæ alijs non perinde licent. Quod quidem in D. Chrysostom. concionibus apparet: in quarum exordijs auditorum beneuolentiam captat, suam erga illos charitatem, paternamq; curam & prouidentiam declarans, illorumque interdum laudes & virtutes prædicans. Hoc autem, quod Episcopum & virum sanctissimum maximè decebat, alios non perinde deceret. Cùm enim (iuxta Fabij sententiam) Rhetorica sit prudentia dicendi, præcipuum autem prudentiæ opus sit, intelligere quid maximè in agendo deceat, non minus eiusdem erit videre, quid vnamquamque personam deceat in dicendo. Vnde, cùm *Socrati Lysias* orationem, quam in eius defensionem composuerat, recitasset: Præclara, inquit, & elegans oratio est, sed non conuenit *Socrati*. Erat enim forensi instituto aptior, quàm philosopho, ac tali philosopho. Rursus Lysiæ percontanti, cur si bonam iudicaret orationem, putaret sibi non conuenire: Nónne, inquit, fieri potest, vt amictus aut calceus elegans sit ac pulcher, qui tamen alicui non conueniat? Ad omnés tamen in vniuersum pertinet, ne quid dicant, quo auditores offendi iure possint: hoc est, vt nihil insolenter, nihil arroganter, nihil inuerecundè, nihil petulanter, nihil contumeliosè, nihil sordidè, nihil scurriliter, nihil abiectè, nihil licenter, aut aliàs indecenter & vitiosè dicant, sed totus orationis character modestiam, humanitatem, charitatem, & communis salutis studium, & ardens veræ pietatis desiderium præseferat. Hæc autem modestia cùm alijs concionis partibus, tum exordijs maximè conuenit, quæ submissa esse debent, & verecunda. Has in diin dicendo virtutes, cùm alii Patres, tum præcipuè D. Cyprianus vbique præfert: nihil enim in eo reperies, quod ad ostentationem ingenij videri possit ascitum. Talis vbique sermonis habitus est, vt loqui sentias verè Christianum Episcopum, & martyrio destinatum. Pectus ardet Euangelica pietate, & pectori respondet oratio, loquitur diserta, sed magis fortia, quàm diserta. Hunc autem pietatis & dilectionis affectum declarat, cùm in concionibus suis hanc vocem charitatis plenissimam frequentissimè repetit, Fratres dilectissimi. Sed hunc tamen affectum in sermo. de Lapsis præcipuè declarauit: cuius hæc verba sunt: Quid hoc loco faciam, dilectissimi fratres, fluctuans vario mentis æstu? Quid, aut quomodo dicam? Lachrymis magis, quàm verbis opus est ad exprimendum dolorem, quo corporis nostri plaga deflenda est, quo populi aliquando numerosi multiplex lamentanda iactura est. Quis enim sic durus ac ferreus, quis sic fraternæ charitatis oblitus, qui inter suorum multiformes ruinas, & lugubres, ac multo squalore deformes reliquias constitutus, siccos oculos tenere præualeat? nec erumpente statim fletu prius gemitus suos lachrymis, quàm voce depromat? Quis igitur in his verbis pectus Apostolicum, & charitatem plusquam paternam non agnoscat? Hanc igitur mentem, hunc de tot pereuntium animarum interitu dolorem Ecclesiastes aliqua saltem ex parte imitari studeat, & quatenus cuique liceat, dicendo quoque manifestare curabit.

Verùm hoc in loco non tam virtutem nostram ostendere, quàm vitia fugere studeamus. Illud enim ostentationi proximum est, si nimium sit, in hoc autem nihil esse potest nimium. Inter cætera autem vitia, quę fugere debemus, omnem vitiosam sui iactationē maximè fugiendam esse monet Fabius, quòd ea audientibus afferat non fastidium modò, sed plerunque etiam odium. Habet enim mens nostra natura sublime quiddam, & erectum, & impatiens superioris. Ideoque abiectos aut submittentes se libenter allauamus, quia hoc facere tanquam maiores videmur: & quoties

discessit

discessit æmulatio, succedit humanitas. At, qui se supra modum extollit, premere ac despicere creditur, nec tam se maiorem, quàm minores cæteros facere. Inuident humiliores (nam hoc vitium est eorũ, qui nec cedere volunt, nec possunt contendere) rident superiores, improbãt boni. Hactenus ille. Ab hoc autem vitio non admodum abhorrent, qui ostentandi ingenij & eruditionis gratia, difficiles quæstiones, quæ nihil ad animarum salutem conducunt, in concionibus tractãt. Hac enim ratione seipsos ostentare & venditare populo volunt. Nec minùs peccant, qui eloquentiæ laudem affectantes, plurima verba idem significantia temerè congerunt: quibus apud imperitum populum & rudem concionem hac loquendi facultate & volubilitate linguæ admirationem sui faciant, cùm tamen nihil esse possit magis eloquentiæ contrarium. Hæc sunt igitur & his similia, quæ qui dicit, partim cauere, partim obseruare debet.

Non solùm quis dicat, sed apud quos etiam dicat, considerandum esse ratio ipsa monet. Aliter enim apud rusticos & agrestes homines, aliter apud eruditos, aut nobiles, aut principes viros, & delicatas aures dicẽdum est. Apud hos enim sublimis & elaborata oratio, apud illos verò concitatior esse debet. Præterea aliter apud monachos & virgines Deo dicatas, hominesq; rerum diuinarum studio & contemplationi addictos, aliter apud eos, qui sine vllo diuini numinis metu in omnia scelera ruunt. Denique pro varietate tùm personarum, tum vitiorum, quæ in populo grassantur, variè sermo tractandus est. Cuius rei monitorem habemus Apostolum, qui Timotheo præscripsit, quid viros, quid vxores, quid seniores, quid iuniores, quid diuites docere debeat. Quin & Ecclesiasticus huius rei nos admonuisse videtur, cùm ait: Cum viro irreligioso tracta de sanctitate: & cum iniusto, de iustitia: & cum muliere, de his, quæ æmulatur: cum tumido, de bello: cum negotiatore, de traiectione: cum emptore, de venditione: cum viro liuido, de gratijs agendis: cum impio, de pietate: cum inhonesto, de honestate: cũ operario annuli, de conde consummatione anni: cum seruo pigro: de multa operatione. His igitur verbis non obscurè Ecclesiasticus docet, pro auditorum varietate sermonem esse variè accommodandum. Hoc autem parum aduertunt, qui cùm neque Episcopi, neque vrbium præfecti, neq; cognitores causarum in concione adsunt, aduersus illos tonare ac fulminare solent, cùm hoc nō sit plebem erudire, sed indignationem atque odium, quod fortè aduersus illos conceperunt, irritare, atque exsatiare: quod est à Christiana pietate maximè alienum. Sed hęc ad auditorum personam spectant.

Nunc quid res ipsas, de quibus dicimus, & concionatoris officium maximè deceat, consideremus. Quia verò hoc non solùm ad eloquendi, sed etiam ad inueniendi rationem pertinet; quid in hoc genere concionatorem deceat, in superiori libro, cùm de inueniendi ratione ageremus, nonnulla obseruanda esse docuimus. Sed ne nihil hoc in loco dicamus, ille aptè dicere, quod ad inueniendi rationem attinet, putandus est, qui pro ratione causę, quam tractat, commodissima, maximeque propria, & ad rem potissimùm pertinentia dicit: neque ab ea, vel ad communia loca, vel ad peregrina, minimeque instituto suo deseruientia (nisi cùm hoc ratio argumenti exigit) digreditur. Qui enim ità vagatur, quamuis eleganter fortasse dicat, aptè tamen minimè dicit: quia non id agit, cuius gratia dicere instituit. In quo vitio sunt concionatores ij, qui instituti sui obliti (quod in hominum moribus castigandis & instituendis positum est) aliena, minimeq; huic proposito seruientia tractant, miserosque auditores, (qui huius rei gratia conciones adeunt) ieiunos vacuosque domum dimittunt. Verùm hæc in rebus ipsis obseruatio (vt modò diximus) ad inuentionis rationem pertinet. Quod autem Elocutionis genus rebus ipsis pro ipsarum natura & varietate conueniat (in quo huius operis difficultas præcipuè sita est) deinceps aperiendum est. Quæ enim hactenus diximus, quamuis maximè necessaria quiuis concionator vel mediocriter eruditus facilè aduertere & præstare poterit, præsertim si fraterna charitate prædicus sit. Difficiliora sunt, quæ sequuntur, & quæ non tam à communi prudentia, quàm ab artis præceptionibus, maturo iudicio, & dicendi exercitatione pendent.

Cuius modi elocutionem varia genera causarum, variaque concionatoris officia exigant. I.

Sciendum est igitur, non idem Elocutionis genus omnibus causis & argumentis conuenire. Hoc enim perinde esset, atque idem indumenti genus diuersis personarum statibus, nempè dominis & seruis, viris & fœminis, sacratis Deo hominibus, & prophanis velle accommodare: cùm constet vnicuiquè harum personarum suum peculiarem habitum & cultum, pro cuiusque personæ conditione & fortuna conuenire. Sic igitur aliud Elocutionis genus in paruis causis, aliud in mediocribus, aliud in grauibus desideratur Qua de re sic Fab. ait: Parata facultate scribendi, &c. proxima est cura, vt dicamus aptè, quam virtutem elocutionis quartam Cicero demonstrat, quæque est (meo quidem iudicio) maximè necessaria. Nam cùm sit ornatus orationis varius & multiplex, conueniatque alius alij, nisi fuerit accommodatus rebus atque personis, non modò non illustrabit eam, sed etiam destruet, & vim rerũ in contrarium vertet. Quid enim prodest esse verba & Latina, & significãtia, & nitida, nisi cum his, in quę auditorem duci formarique volumus, consentiant? Si genus sublime dicendi paruis in causis, limitatumque grandibus, lætum tristibus, lene asperis, minax supplicibus, submissum concitatis, trux atque violentum iucundis adhibeamus. vt monilibus ac margaritis, ac veste longa (quæ sunt ornamenta fœminarum) deformentur viri: nec habitus triumphalis (quo nihil cogitari potest augustiùs) fœminas deceat. Hactenus Fab. Idemque lib 8. de vario orationis ornatu differẽs, eandem fermè sententiam, aliquantò tamen apertiùs, explicat his verbis: Illud obseruatione digniùs, quòd hic ipse honestus ornatus, pro materiæ genere debet esse varia.

Fab. li. 11.

Idem li. 8.

Variatus. Atq; vt à prima diuisione ordiar, non idē demonstratiuis, & deliberatiuis, & iudicialibus causis cōueniet. Namq; illud genus ostentationi compositum, solam petit audientium voluptatem, ideoque omnes dicendi artes aperit, ornatumque orationis exponit: vt qui non insidietur, nec ad victoriam, sed ad solū laudis & gloriæ finem tendat. Quare quidquid erit sētētijs populare, verbis nitidum, figuris iucundū translationibus magnificū, compositione elaboratum, velut institor quidam eloquentiæ intuendum, & penè pertractandum dabit. Nam euētus ad ipsum, non ad causam refertur. At vbi res agitur seria, & vera dimicatio est, vltimus fit famæ locus. Præterea non debet quisquam, vbi maxima rerum momenta versantur, de verbis esse solicitus. Neque hoc eò pertinet, vt in his nullus sit ornatus, sed vt pressior & seuerior, eò minùs confessus, præcipuè verò ad materiam accommodatus. Nā & suadendo, sublimiùs aliquid exigit senatus, concitatiùs populus, & in iudicijs publicæ capitalesque caussæ poscunt accuratiùs dicendi genus. At priuatum consilium, causasque paucorum, vt frequenter accidit, calculorum, purus sermo & dissimilis curæ magis decuerit. An non pudeat certam creditam pecuniam periodis postulare? aut circa stillicidia affici? aut mancipij rehibitione sudare? Hactenus Fabius.

Cornificius autem hæc omnia dicendi genera ad tria reuocat his verbis: Tria sunt dicendi genera, quæ nos figuras appellamus, in quibus omnis oratio non vitiosa consumitur: vnam grauem, alteram mediocrem, tertiam extenuatam vocamus. Grauis est, quæ constat ex verborum grauium magna & ornata constructione. Mediocris est, quæ constat ex humiliore, neque tamen ex infima & peruulgatissima verborum dignitate. Attenuata est, quæ demissa est, vsque ad vsitatissimam puri consuetudinem sermonis. In graui consumetur oratio figura, si quæ cuiusque rei potuerunt ornatissima verba reperiri, siue propria siue extranea, vnamquanque in rem accōmodabuntur: & si graues sententiæ, quæ in amplificatione & cōmiseratione *Ad Heren. li. 4.*

 tractan-

tractantur, eligentur: & si exornationes sententiarum, aut verborum, quæ grauitatem habebunt, adhibebuntur: In mediocri autem figura versabitur oratio, si hæc (vt antè dixi) aliquantulum demiserimus, neque tamen ad infimum descenderimus. Attenuatum autem figuræ genus, ad infimum & quotidianum sermonem demissum est.

Hæc autem tria dicendi genera, quæ rebus ipsis, quas dicimus, pro earum natura atque varietate aptanda sunt, tribus etiam Oratoris aut Concionatoris officijs præcipuè conuenire, D. August. ex Cicer. sententia auctor est. Eius hæc verba sunt: Dixit quidam eloquens, & verum dixit, ita dicere debere eloquentem, vt doceat, vt delectet, vt flectat. Deinde addidit: Docere necessitatis est, delectare suauitatis, flectere victoriæ. Horum trium, quod primo loco positum est, hoc est, docendi necessitas, in rebus est constituta, quas dicimus: reliqua verò duo, in modo, quo dicimus. Sicut est autem vt teneatur ad audiendum delectandus auditor, ita flectendus, vt moueatur ad agendum. Et sicut delectatur, si suauiter loquaris, ita flectitur, si amet, quod polliceris, timeat, quod mitraris, oderit, quod arguis, quod commendas, amplectatur, quod dolendum exaggeras, doleat: cùm quid lætandum prædicas, gaudeat, misereatur eorum, quos miserandos ante oculos dicendo constituis, fugiat eos, quos cauendos terrendo proponis, & quicquid aliud grandi eloquentia fieri potest, ad commouendos animos auditorum, non quid agendum sit, vt sciant, sed vt agant, quod agendum esse iam sciunt. Si autem adhuc nesciunt, prius vtique docendi sunt, quàm mouendi. Et fortasse rebus ipsis cognitis, ita mouebuntur, vt eos non opus sit maioribus eloquentiæ viribus iam moueri. Quod tamen cùm opus est, faciendum est. Tunc autem opus est, quando cùm scierint, quod agendum sit, non agunt, ac per hoc docere, necessitatis est. Possunt enim homines & agere & non agere quod sciunt. Quis autem dixerit, eos agere debere, quod nesciunt? Et ideo flectere necessitatis non est, quia semper opus non est, si tamen

Augu. 4. de doctri. Christ.

men docenti, vel etiam delectanti consentit auditor. Ideò autem victoriæ est flectere, quia fieri potest, vt & doceatur, & delectetur, & non assentiatur. Cùm verò id docetur, quod agendum est, & ideò docetur, vt agatur, frustra persuadetur verum esse, quod dicitur, frustra placet modus ipse, quo dicitur, si non ita dicitur, vt agatur. Oportet igitur eloquentem Ecclesiasticum, quando suadet aliquid, quod agendum est, nō solùm docere, vt instruat, verumetiam flectere, vt vincat. Hactenus Augustinus.

Ex his autem tribus concionatoris officijs colligit idem Sanctus, tria esse dicendi genera, siue tres formas atque figuras, quæ his tribus officijs respondeant. Sic enim eodem in loco ait: Cùm vir eloquens tria præstare debeat, id est, vt doceat, vt delectet, vt flectat, ad eundem etiam hæc tria dicendi genera pertinere, ait idem ipse Romani auctor eloquij. Sic enim inquit: Is erit eloquens, qui poterit parua submissè, modica temperatè, magna granditer dicere: tanquam si adderet etiam illa tria, & sic explicaret vnam eandemque sententiam, dicens: Is igitur erit eloquens, qui vt doceat, poterit parua submisse: vt delectet, modica tēperatè: vt flectat, magna grāditer dicere. Hactenus Augustinus. Ex cuius verbis apertè liquet, hæc tria dicendi genera ad tria illa concionatoris officia docendi, delectandi, atque mouendi pertinere.

De tribus eloquendi generibus, & quibus potissimùm ornamentis, vnumquodque eorum constet. II.

Cùm igitur & varietates causarum, de quibus antè diximus, & hæc tria concionatoris officia, quæ modò exposuimus, variam elocutionis rationem habitumq; requirāt, de his modò, quot sint, & quibus potissimùm ornamentis constent, ex D. Augustino sententia dicendum est. Sunt igitur (vt modò diximus) tria dicendi genera: vnum submissum, tenue, & acutum: alterum vehemens, copiosum, & graue: tertium est interiectum, & intermedium, & quasi temperatum: in quo nec est acumen superioris generis, nec vis posterioris.

In genere autem submisso & acuto forma debet esse orationis à vinculis numerorũ libera & soluta, non tamen vaga, vt ingredi liberè, non vt licenter videatur errare. Diligentia etiam conglutinandi verba prætermittenda est, & omnis insignis ornatus remouendus. Ponentur tamen acutæ crebræque sententiæ: ornamenta verborum & sententiarum cum tropis verecundè parceque adhibebuntur: translationes tamen poterunt esse crebriores, nec tam crebræ tamen, quàm in genere dicendi amplissimo. Genus temperatum vberiùs est aliquantò & robustiùs, quàm hoc humile, de quo dictum est: submissiùs autem, quàm illud (de quo dicetur) amplissimum. Huic omnia dicendi ornamenta conueniunt, plurimumque est in hac oratione suauitatis. In idem cadunt lumina omnia & verborum, & sententiarum. Hoc in genere neruorum vel minimum, suauitatis autem est vel plurimum. At illud amplum, graue, copiosum, ornatum, vim profectò habet, vel maximam: modò enim perfringit, modò irrepit in sensus, inserit nouas opiniones, euellit insitas. Hic Orator, & defunctos excitabit, vt Appium Cæcum. Apud hunc & patria ipsa exclamabit, aliquemque (vt apud Ciceronem in oratione contra Catilinam in Senatu) alloquetur. Hic & amplificationibus quoque eriget, & omne genus affectuum (pro rei natura, quam tractat) excutere & concitare poterit. Cęterùm quod ad verborum delectum attinet, genus hoc dicendi amat verba ampla & magnifica, & in rebus atrocibus (vt antè diximus) auditu ipso aspera & veluti confragosa. Ex Tropis autem illustres metaphoras, Epitheta, & Hyperbolen, similesque tropos. Huiusmodi sunt illa Prophetæ verba: Inebriabo sagittas meas sanguine, & gladius meus deuorabit carnes. Et, Ignis accensus est in furore meo, & ardebit vsque ad inferni nouissima: deuorabitque terram cum germine suo: & montium fundamenta comburet. Inebriare autem sagittas sanguine, & gladium deuorare carnes,

nes, insignes illæ & audaces metaphoræ sunt, de quibus antè diximus: deuorare autem terram, & mõtium fundamenta comburere, Hyperbole esse videtur, quæ ad rem augendam maximè accommodata est. Epitheta quoque & aduerbia epitasim, hoc est, incrementum significantia ad hoc genus præcipuè pertinent. Hæc omnia breuiter indicat illa D. Cypriani oratio in Epistola ad Cornelium, vbi ait: Gentiles & Iudæi minantur, & hæretici atque omnes, quorum pectora & mentes Diabolus obsidet, venenatam rabiem suam quotidie furiosa voce testantur: non tamen idcirco cedendum est, quia minantur, aut ideo aduersarius & inimicus maior est Christo, quia tantum sibi vendicat & assumit in seculo. Manere debet apud nos frater fidei robur immobile, & stabilis atque inconcussa virtus contra omnes incursus atque impetus oblatrantium fluctuum, velut petræ obiacentis fortitudine, & mole debet obsistere. Huius autem figuræ in Herenniana Rhetorica commodissimum extat exemplum: quod vel solùm quid hoc dicendi genus requirat, absque vllis etiam artis præceptionibus poterit indicare: ideoque quanuis sententia, quæ in eo tractatur, ab instituto nostro nonnihil dissideat, libuit tamen hoc in loco ascribere: quoniam facile cuique erit, ex similibus similia effingere atque perficere. Sic igitur ait: Quis est vestrum Iudices, qui satis idoneam possit in eum pœnam excogitare, qui prodere hostibus patriam cogitarit? quod maleficium cũ hoc scelere comparari? quod huic maleficio dignum supplicium potest inueniri? In his qui violassent ingenuam, matremfamilias constuprassent, pulsassent aliquem, aut postremò necassent, maxima supplicia maiores nostri cõsumpserunt: huic verò truculentissimo ac nefario facinori singularem pœnam non reliquerunt? Atque in alijs maleficijs ad singulos, aut ad paucos ex alieno peccato iniuria peruenit: huius sceleris, qui sunt affines, omni consilio vniuersis ciuibus atrocissimas calamitates machinantur. O feroces animos! O crudeles cogitationes! O derelictos homines ab humanitate! Quid agere ausi

ausi sunt, aut cogitare potuerunt? Quo pacto hostes reuulsis maiorum sepulchris, & deiectis mœnibus ouantes irruerent in ciuitatem: quomodo Deum spoliatis templis, optimatibus trucidatis, alijs arreptis in seruitutem, matribusfamilias & ingenuis sub hostilem libidinem subiectis, vrbs acerbissimo concideret incendio conflagrata? qui se non putant id, quod voluerint, ad exitum perduxisse, nisi sanctissimæ patriæ miserandum scelerati viderint cinerem? Nequeo verbis consequi Iudices indignitatem rei, sed negligentiùs id fero, quia vos mei non egetis. Vester enim vos animus amantissimus Reipubl. facilè edocet, vt eum, qui fortunas omnium voluerit prodere, præcipitem perturbetis ex ipsa ciuitate, quam iste hostium spurcissimorum dominatu nefario voluit obruere. Hactenus Cornifi. qui hoc amplissimo dicendi genere proditionis indignitatem & atrocitatem exaggerat. Ex figuris autem verborum & sententiarum, quas vim & acrimoniam habere diximus, cùm de illis loqueremur, & præcipuè descriptiones rerum & personarum, Conformatio & Congeries illa, quæ Græcè Sinathrismus dicitur, qua multa simul, quæ rei magnitudinem attollunt, vnum in locum congeruntur, ad hoc genus pertinent. Compositio verò longiores periodos, & flexuosam orationis formam, quæ multa cæsa & membra includit, desiderat: de quibus paulò antè propositis eiusdem D. Cypriani exemplis locuti sumus. Omnes verò amplificandi rationes, de quibus etiam suo loco diximus, huic generi præcipuè seruiunt. In hoc autem genere licet interdum (cùm rei dignitas postulat) tonare, ac fulminare, & cœlum ac terram inuocare: quale est illud Isaiæ exordium: Audi cœlum, & auribus percipe terra: quia Dominus locutus est. Et apud Hier. Dominus: Obstupescite cœli super hoc, & cæt.

Quibus

Quibus in rebus, his tribus dicendi figuris siue generibus vti debeamus: ex D. August. sententia, lib. 4. de doct. Christ.

Cap. XVIII.

QVoniam quid vnaquæque harum figurarum exigat, & quibus potissimùm ornamẽtis conficiatur, ostendimus, ordo exigit, vt quando non omnes hæ formæ omnibus causis & argumentis conueniunt, quibus potissimùm vnaquæque harum conueniat, explicemus. Hunc autem laborem D. Aug. in 4. de doct. Christiana lib. nobis ademit, qui varijs sanctarum scripturarum, & sanctorum Patrum propositis exemplis præcipuam hanc Rhetoricæ artis partem copiosè tractauit. Quia verò is, nonnulla alia huic præceptioni obiter admiscet, ne harum rerum admixtio lectori tenebras offundat, nos, quæ ad hanc præceptionem maximè pertinent, ab alijs seiuncta, eiusdem D. Augusti. verbis hoc in loco ascribenda curauimus. Is igitur vbi ex Ciceronis mente dixisset, eum esse eloquentem, qui vt doceat, parua submissè: vt delectet, modica temperatè, magna granditer diceret, sic ait: Hæc tria insignis ille Orator in causis forensibus posset ostendere, non est autem hoc in Ecclesiasticis quæstionibus, in quib9 huiusmodi, quem volumus informare, sermo versatur. In illis enim ea parua dicuntur, vbi de rebus pecuniariis iudicandum est: ea magna, vbi de salute, ac de capite hominum: ea verò, vbi nihil horum iudicandum est, nihilque agitur, vt agat, siue decernat, sed tantummodo vt delectetur auditor, inter vtrunque quasi media, & ob hoc modica, hoc est, moderata dixerunt. Modicis enim modus nomen imposuit. Nam modica pro paruis abusiuè, non propriè dicimus. In istis autem nostris, quandoquidem omnia maximè, quæ de loco superiore populis dicimus, ad hominum salutem, nec temporariam, sed æternam referre debemus, vbi etiam cauendus est æternus interitus, omnia sunt magna, quæ dicimus, vsqueadeò, vt nec de ipsis pecuniarijs rebus, vel acquirendis, vel amittendis parua videri debeant, quæ doctor Ecclesiasticus dicit, siue sit illa magna, siue parua pecunia. Neque enim parua est iustitia, quam profectò & in parua pecunia custodire debem', dicente domino: Qui in minimo fidelis est, & in magno fidelis est, quod ergo minimum est, minimum est: sed in minimo fidelem esse, magnum est. Nam sicut ratio rotunditatis, id est, vt à puncto medio omnes lineæ pares in extrema ducãtur, eadem est & in magno disco, quæ in nummulo: ita vbi parua iustè geruntur, non minuitur iustitiæ magnitudo. Et tamen cum Doctor iste debeat rerum dictor esse magnarum, non semper eas debet granditer dicere, sed submissè cùm aliquid docetur, temperatè cùm aliquid vituperatur, vel laudatur. Cùm verò aliquid agendum est, & ad eos loquimur, qui hoc agere debent, nec tamen volunt, tunc ea, quæ magna sunt, dicenda sunt granditer, & ad flectendos animos congruenter. Et aliquando de vna eademque re magna, & submissè dicitur, si docetur, & temperatè, si prædicatur: & granditer, si auersus inde animus, vt conuertatur, impellitur. Quid enim ipso Deo maius est? Nunquid ideò non discitur? Aut qui docet vnitatem Trinitatis, debet nisi submissa disputatione agere, vt res ad intelligendum difficilis, quãtum datur, possit intelligi? Nunquid hic ornamenta, & non documenta quæruntur? Nunquid vt aliquid agat, est flectendus auditor, & non potiusvt discat instruendus? Porrò cùm laudatur Deus, siue de ipso, siue de operibus suis, quanta facies pulchræ ac splendidæ dictionis oboritur ei, qui potest? quantum potest laudari, quem nemo conuenienter laudat? quem nemo quomodocunque non laudat? At si non colatur, aut cum illo, vel etiam præ illo colantur idola, siue dæmonia, siue quæcunque creatura, quantum hoc malum sit, atque vt ab hoc malo auertantur homines, debet vtique granditer dici. Submissæ dictionis exemplum est apud Apostolum Paulum (vt planiùs aliquid commemorem) vbi ait: Dicite mihi qui sub lege vultis esse, legem non legistis? Scriptum est enim,

quòd

quòd Abraham duos filios habuit: vnum de ancilla, & vnum de libera: sed ille quidem, qui de ancilla, secundum carnem natus est: qui autem de libera, per repromissionem: quæ sunt in allegoria. Hæc enim sunt duo testamenta, vnum quidem in monte Sina, in seruitutem generans, quæ est Agar. Sina enim mons est in Arabia, quæ coniuncta est huic, quæ nunc est Hierusalē, & seruit cum filijs suis. Quæ autem sursum est Hierusalem, libera est: quæ est mater nostra: & cætera. Itemq; ibi ratiocinatur & dicit: Fratres, secundum hominem dico, tamen hominis confirmatum testamentum nemo irritum facit, aut superordinat. Abrahæ dictæ sunt promissiones, & semini eius.. Non dicit in seminibus, tanquam in multis, sed tanquam in vno, & semini tuo, quod est Christus. Hoc autem dico testamentum confirmatum à Deo, quæ post quadringentos & triginta annos facta est lex, non infirmat ad euacuandas promissiones. Si enim ex lege hæreditas, iam non ex promissione. Abrahæ autem per repromissionē donauit Deus. Et quia occurrere poterat audientis cogitationi: Vt quid ergo data est lex, si ex illa non est hæreditas? ipse sibi hoc obiecit, atque ait velut interrogans: Quid ergo lex? Deinde respondit: Transgressionis gratia posita est, donec veniret semen, cui promissum est, disposita per Angelos in manu mediatoris. Mediator autē vnius nō est: Deus verò vnus est. Et hic occurrebat, qd' sibi ipse proposuit: Lex ergo aduersus promissa Dei? Et respondit: Absit: Redditque rationem, dicens: Si enim data esset lex, quæ posset viuificare, verè ex lege esset iustitia. Sed conclusit scriptura omnia sub peccato, vt promissio ex fide Iesu Christi daretur credentibus, & cætera. Hæc igitur omnia, quæ docendi gratia inducta sunt, submisso dicēdi genere tractātur.

In illis autem Apostolicis verbis dictio temperata est: Seniorem ne increpaueris, sed obsecra vt patrem, iuniores vt fratres, anus vt matres, adolescentulas vt sorores. Et in illis: Obsecro autem vos fratres per miserationem Dei, vt exhibeatis corpora vestra hostiam viuam, sanctam, Deo placentem.

Et

Et totus ferè ipsius exhortationis locus temperatum habet elocutionis genus: vbi illa pulchriora sunt, in quibus propria propriis tanquam debita reddita decenter excurrunt, sicuti est: Habentes dona diuersa secundũ gratiam, quæ data est nobis: siue prophetiam secundũ regulam fidei: siue ministerium, in ministrando: siue qui docet, in doctrina: siue qui exhortatur, in exhortatione. Qui tribuit, in simplicitate: qui præest, in solicitudine: qui miseretur, in hilaritate Dilectio sine simulatione: odientes malum, adhærentes bono, charitatem fraternitatis inuicem diligentes, honore mutuo præuenientes, studio non pigri, spiritu feruentes, Domino seruientes, spe gaudentes, in tribulatione patientes, orationi instantes, necessitatibus sanctorum communicantes, hospitalitatem sectantes. Benedicite persequentibus vos, benedicite, & nolite maledicere, gaudete cum gaudentibus, flete cum flentibus: idipsum inuicem sentientes. Et quàm pulchrè ista omnia sic effusa, bimembri circuitu terminantur? Non alta sapientes, sed humilibus cõsentientes. Et aliquantò pòst, In hoc ipso, inquit, perseuerãtes. Reddite omnibus debita: cui tributum, tributum: cui vectigal, vectigal: cui timorem, timorem: cui honorem, honorem. Quæ mẽbratim fusa clauduntur etiam ipso circuitu, quem duo membra connectunt. Nemini quidquam debeatis, nisi vt inuicem diligatis.

Grande autem dicendi genus hoc maximè distat ab isto temperato genere, quod non tam verborum ornatibus acceptum est, quàm violentis animi affectibus. Nam capit etiam illa ornamenta penè omnia, sed ea si non habuerit, non requirit. Fertur quippe impetu suo, & elocutionis pulchritudinem, si occurrerit, vi rerum rapit, non cura decoris assumit. Satis est enim ei propter quod agitur, vt verba congruentia non oris eligantur industria, sed pectoris sequantur ardorem. Nam si aurato gemmatoque ferro vir fortis armetur intentissimus pugnæ, agit quidem ille armis quod agit, non quia speciosa, sed quia arma sunt, idem ipse est tamen, & valet plurimum etiam cum rimanti telo

telo mira facit. Agit Apostolus, vt pro Euangelico ministerio patienter mala huius temporis consolatione donorum Dei omnia tolerentur. Magna res est & granditer agitur, nec desunt ornamenta dicendi: Ecce nunc, inquit, tempus acceptabile, ecce nunc dies salutis: nullam cuique dantes offensionem, vt non reprehendatur ministerium nostrum: sed in omnibus commendantes nosmetipsos, vt Dei ministros in multa patientia, in tribulationibus, in necessitatibus, in angustijs, in plagis, in carceribus, in seditionibus, in laboribus, in vigilijs, in ieiunijs, in castitate, in sciẽtia, in longanimitate, in Spiritu sancto, in charitate nõ fi-cta, in verbo veritatis, in virtute Dei: per arma iustitiæ à dextris & à sinistris, per gloriam & ignobilitatẽ, per infamiam & bonam famam: vt seductores & veraces, vt qui ignoramur & cognoscimur. quasi morientes, & ecce viuimus, vt coerciti & non mortificati, vt tristes, semper autem gaudentes: sicut egeni, multos autem ditantes: tanquam nihil habentes, & omnia possidentes. Vide adhuc ardentem: Os nostrum patet ad vos ò Corinthij, cor nostrum dilatatum est, & cętera, quæ persequi longum est. Item ad Romanos ait, vt persecutiones huius mundi charitate vincantur, spe certa in adiutorio Dei. Agit autem granditer & ornatè: Scimus, inquit, quoniam diligentibus Deum omnia cooperantur in bonum his, qui secundum propositum vocati sunt sancti: quoniam quos ante præsciuit, & prædestinauit conformes fieri imaginis filij sui, vt sit ipse primogenitus in multis fratribus: quos autem prædestinauit, illos & vocauit: & quos vocauit, ipsos & iustificauit: quos autem iustificauit, illos & glorificauit. Quid ergo dicemus ad hæc? Si Deus pro nobis, quis contra nos? Qui proprio filio suo non pepercit, sed pro nobis omnibus tradidit eum, quomodo non etiam cum illo nobis omnia donabit? Quis accusabit aduersus electos Dei? Deus qui iustificat, quis est qui condemnet? Christus Iesus, qui mortuus est, magis autem qui resurrexit, qui est in dextera Dei, qui etiam interpellat pro nobis. Quis nos separabit à

2.Cor. 6.

cha-

charitate Christi? Tribulatio? angustia? an persecutio? an fames? an nuditas? an periculum? an gladius? sicut scriptum est: Quoniam propter te mortificamur
Psal. 43. tota die, æstimati sumus vt oues occisionis. Sed in his omnibus superuincimus per eum, qui dilexit nos. Certus sum enim, quia neque mors, neque vita, neque Angeli, neque Principatus, neque præsentia, neque futura, neque virtus, neque altitudô, neque profundũ, neque creatura alia poterit nos separare à charitate Dei, quæ est in Christo Iesu Domino nostro. Ad Galatas autem quanuis tota illa Epistola submisso dicendi genere scripta sit, nisi in extremis partibus, vbi est eloquium temperatum, tamen interponit quendam locum eo motu animi, vt sine vllis quidem talibus ornamentis, qualia sunt in his, quæ modò posuimus, non posset tamen nisi granditer dici. Dies, inquit, obseruatis, & menses, & annos, & tempora. Timeo vos, ne fortè sine causa laborauerim in vobis. Estote sicut & ego: quia & ego sicut vos. Fratres, precor vos, nihil me læsistis: Scitis quia per infirmitatem carnis iampridem euangelizaui vobis, & tentationes vestras in carne mea non spreuistis neque respuistis: sed sicut Angelum Dei excepistis me, sicut Christum Iesum. Quæ ergo fuit beatitudo vestra? Testimonium vobis perhibeo, quoniam si fieri posset, oculos vestros eruissetis, & dedissetis mihi. Ergo inimicus factum sum vobis verum prædicans? Aemulantur vos non benè, sed excludere vos volunt, vt eos æmulemini. Bonum est autem in bono æmulari semper, & non solùm cũ præsens sum apud vos. Filioli mei, quos iterum parturio, donec formetur Christus in vobis: Vellem autem nũc adesse apud vos, & mutare vocem meam, quia confundor in vobis. Nunquid hic aut contraria contrarijs verba sunt reddita, aut aliqua gradatione sibi subnexa sunt, aut cæsa & membra circuitúsue sonuerunt? Et tamen non ideo tepuit grandis affectus, quo eloquium feruere sentimus. Sed apostolica ista sic clara sunt, vt & profunda sint: atque ita conscripta, memoriæque mandata, vt non solùm lectore, vel

auditore, verùm etiam expositore opus habeant, siquis in eis, non superficie contentus, altitudinem quærat.

Quapropter videamus ista genera dicẽdi, in eis, qui istorum lectione ad rerum diuinarum atque salubrium scientiam profecerunt, eademque Ecclesiæ ministrarunt. Beatus Cyprianus submisso dicendi genere vtitur in eo libro, vbi de sacramento calicis disputat. Soluitur quippe ibi quæstio, in qua quæritur, vtrùm calix Dominicus aquam solam, an eam etiam vino mixtam debeat habere. Sed exempli gratia aliquid inde ponendum est. Post principium ergo Epistolæ, iam soluere incipiens propositam quæstionem. Admonitos autem nos scias, inquit, vt in calice offerendo, Dominica traditio seruetur, neque aliud fiat à nobis, quàm quod pro nobis Dominus prior fecit, vt calix, qui in commemorationem eius offertur, vino mixtus offeratur. Nã cum dicat Christus, Ego sum vitis vera: sanguis Christi non aqua est vtique, sed vinum, nec potest videri sanguis eius, quo redempti & viuificati sumus, esse in calice, quando vinum desit calici, quo Christi sanguis ostenditur, qui scripturarum omnium sacramẽto ac testimonio prædicatur. Inuenimus enim in Genesi circa sacramentum Noë hoc idem præcurrisse, & figuram Dominicæ passionis illic extitisse, quòd vinum bibit, quòd inebriatus est, quòd in domo sua nudatus est, quòd fuit recumbens nudis & patentibus fœmoribus, quòd nuditas illa patris à medio filio denotata est, & foras nunciata, à duobus verò maiore & minore contecta: & cætera, quæ necesse non est exequi, cùm satis sit hoc solùm complecti, quo Noë typum futuræ veritatis ostendens, non aquam, sed vinum biberit, & sic imaginem Dominicæ passionis expresserit. Item in sacerdote Melchisedech Dominici sacramenti præfiguratum videmus mysterium, secundum quod scriptura diuina testatur & dicit: Et Melchisedech Rex salem protulit panem & vinum. Fuit enim sacerdos Dei summi, & benedixit Abrahã. Quòd autem Melchisedech typum Christi portaret, declarat

Cyprian.

in

in Psalmis Spiritus sanctus ex persona Patris ad Filiũ, dicens: Ante luciferum genui te. Tu es sacerdos in æternum, secundum ordinem Melchisedech. Hæc & alia, quæ sequuntur huius Epistolæ, submissæ dictionis modum seruant: quod facilè est explorare legentibus.

Ambros. Sanctus quoque Ambrosius cùm agat rem magnam de Spiritu sancto, vt eum Patri & Filio demonstret æqualem, submisso tamen dicendi genere vtitur: quoniam res suscepta non ornamenta verborum, aut ad flectendos animos commotionis affectum, sed rerum documenta desiderat. Ergo inter cætera in principio huius operis ait: Commotus oraculo Gedeon, cùm audisset quòd deficientibus licet populorum millibus, in vno viro Dominus plebem suam ab hostibus liberaret, obtulit hœdum caprarum. Cuius carnes secundũ præcepta Angeli, & azima supra petram posuit, & ea iure perfudit. Quæ simul, vt virgæ cacumine, quam gerebat Angelus Dei, contigit, de petra ignis erupit, atque ita sacrificium, quod offerebatur, absumptum est. Quo iudicio declaratum videtur, quòd petra illa typum habuerit corporis Christi: quia scriptum est, Bibebant de consequenti petra: petra autem erat Christus. Quod vtique non ad diuinitatem eius, sed ad carnem relatum est, quæ sitientium corda populorum perenni riuo sui sanguinis inundauit. Iam tunc igitur in mysterio declaratum est, quia Dominus Iesus in carne sua totius mundi peccata crucifixus aboleret, nec solùm delicta factorum, sed etiam cupiditates animorum. Caro enim hœdi ad culpam facti refertur, ius ad illecebras cupiditatum, sicut scriptum est: Quia concupiuit populus cupiditatem pessimam, & dixerunt: Quis nos cibabit carne? Quòd igitur extendit Angelus virgam, & tetigit petram, de qua ignis exijt, ostendit quòd caro Domini & Spiritu repleta diuino, peccata omnia humanæ conditionis exureret. Vnde & Dominus ait: ignem veni mittere in terram, &c. In quibus verbis Ambrosius rei docendæ ac probandæ maximè incumbit.

Cyprian. De genere temperato est apud Cyprianum virginitatis

tatis illa laudatio: Nunc nobis ad virgines sermo est, quarum quò sublimior gloria est, maior & cura. Flos est ille Ecclesiastici germinis, decus atq; ornamentum gratiæ spiritalis, læta indoles laudis & honoris, opus integrum atque incorruptum, imago Dei respondens ad sanctimoniã Domini, illustrior portio gregis Christi. Gaudet per ipsas, atque in ipsis largiter floret sanctę matris Ecclesiæ gloriosa fœcunditas: quantoque plus gloriosa virginitas numero suo addit, tantò plus gaudium matris augescit. Et alio loco in fine Epistolæ, Quomodo portauimus, inquit, imaginem eius, qui de limo est, sic portem⁹, & imaginem eius, qui de cælo est. Hãc imaginem virginitatis portat integritas, sanctitas portat & veritas, portant disciplinæ Dei memores, iustitiam cum religione retinentes, stabiles in fide, humiles in timore, ad omnem tolerantiam fortes, ad sustinendas iniurias mites, ad faciendam misericordiam faciles, fraterna pace vnanimes atque concordes. Quæ vos singula obseruare, diligere, implere debetis, quæ Deo, & Christo vacantes, ad Dominum, cui vos dicastis, maiore & meliore parte præceditis. Prouectæ annis, iunioribus facite magisterium. Minores natu, præbete paribus incitamentum: hortamentis vos mutuis excitate, æmulis de virtute documentis ad gloriam prouocate, durate fortiter, pergite spiritaliter, peruenite feliciter, tãtùm mementote tunc nostri, cùm incipiet in vobis virginitas honorari. Ambros. etiam genere dicendi temperato & ornato professis virginibus proponit matrem Domini tanquam sub exempli forma, quod moribus imitentur, & dicit: Virgo erat non solùm corpore, sed etiam mente, quæ nullo doli ambitu syncerum adulteraret affectum, corde humilis, verbis grauis, animi prudens, loquendi parcior, legendi studiosior, non in incerto diuitiarum, sed in prece pauperis spem reponẽs, intenta operi, verecunda sermonibus, arbitrũ mentis solita non hominem, sed Deum quærere: nullum lædere, benè velle omnibus, assurgere maioribus natu, æqualibus non inuidere, fugere iactantiam, rationem sequi, amare virtutem. Quando ista vel nutu læsit pa- *Ambros.*

 trententes? quando dissensit à propinquis? quando fastidiuit humilem? quando irrisit debilem? quando vitauit inopem? Eos solos solicita cœtus virorũ inuisere, quos misericordia non erubesceret, neque præteriret verecũdia. Nihil toruũ in oculis, nihil in verbis procax, nihil in actu inuerecundum, non gestus fractior, non incessus solutior, non vox petulantior: vt ipsa corporis species simulachrum fuerit mentis, & figura probitatis. Bona quippe domus in ipso vestibulo debet agnosci, ac primo prætendat ingressu, nihil intus latere tenebrarum, tanquam lucernæ lux intus posita, foris luceat. Quid ego exequar ciborum parsimoniam, officiorum redundantiam: alterum super naturam superfuisse, alterum ipsi naturæ penè defuisse: Illic nulla intermissa tempora, hic congeminati ieiunio dies: & si quando reficiendi successisset voluntas, cibus plerunque obuius, qui mortem arceret, nõ delicias ministraret, &c. Hæc autem propterea in exemplo huius tẽporati generis posui, quia nõ hic agit, vt virginitatem voueant, quæ nõdum vouerunt, sed quales esse debeant, quæ iam votæ sunt. Nam vt aggrediatur animus tãtum ac tale propositum, grandi vtiq; dicendi genere debet excitari & accendi. Sed martyr Cyprianus de habitu Virginum, non de suscipiendo virginitatis proposito scripsit. Iste verò Episcopus etiam ad hoc eas magno accendit eloquio.

Verùm ex eo, quod ambo egerũt, dictionis grandis exempla memorabo. Ambo quippè inuecti sunt in eas, quæ formam pigmentis colorant: vel potius decolorant: quorum prior ille cùm hoc ageret, ait inter cætera. Si quis pingendi artifex vultum alicuius, & speciẽ, & corporis qualitatẽ æmulo colore signasset, & signato iã consummatoq; simulachro manus alius inferret, vt iã formata, iam picta quasi peritior reformaret, grauis prioris artificis iniuria & iusta indignatio videretur. Tu te existimas impunè laturám tam improbæ temeritatis audaciam, Dei artificis offensam? Vt enim circa homines impudica & incesta fucis lenocinantibus non sis, corruptis violatisque, quæ Dei sunt, peior

adul-

adultera detineris. Quod ornari te putas, quòd putas comi, impugnatio est ista diuini operis, præuaricatio est veritatis. Monentis Apostoli vox est: Expurgate vetus fermentum, vt sitis noua conspersio, sicut estis azymi. Etenim pascha nostrum immolatus est Christus. Itaque festa celebremus, non in fermento veteri, neque in feremento malitiæ & nequitiæ, sed in azymis synceritatis & veritatis. Num synceritas perseuerat & veritas, quando quæ syncera sunt, polluuntur & adulterinis medicaminum fucis, in mendacium vera mutantur? Dominus tuus dicit: Non potes facere capillum vnũ album, aut nigrum: & tu ad vincendam Domini tui vocem, vis te esse potiorem? Audaci conatu, & sacrilego contemptu crines tuos inficis, malò præsagio furororum capillos iam tibi flammeos auspicaris. Longum est inserere omnia, quæ sequuntur. Ille verò posterior, vt in tales diceret: Hinc illa, inquit, nascuntur incentiua vitiorum, vt quæsitis coloribus ora depingant, dum viris displicere formidant, & de adulterio vultus, meditantur adulterium castitatis.

Quanta hæc amentia, effigiem mutare naturæ, picturam quærere? Et dum verentur maritale iudicium, suum perdiderunt. Prior enim de se pronunciat, quæ cupit mutare, quod nata est: ita dum alij studet placere, prius ipsa sibi displicet. Quem iudicem mulier veriorem deformitatis tuæ requirimus, quàm te ipsam, quæ videri times? Si pulchra es, cur abscondèris? si deformis, cur te formosam esse mentiris, nec tuę conscientiæ, nec alieni gratiam erroris habitura? Ille enim alteram diligit, tu adultero vis placere: & irasceris, si amet aliam, qui adulterare in te docetur. Mala magistra es iniuriæ tuæ. Lenocinari refugit etiam, quæ passa est lenonem. Ac licèt vilis mulier, non alteri tamen, sed sibi peccat. Tolerabiliora propemodum in adulterio crimina sunt: ibi enim pudicitia, hic natura adulteratur. Satis, vt existimo, apparet, fœminas, ne suam fucis adulterent formam, & ad pudorem, & ad timorem hac facundia vehementer impelli:

Proinde neque submissum, neque temperatum, sed grande omninò genus hoc elocutionis agnoscimus. Et in his autem, duos quos ex omnibus proponere volui, & in alijs Ecclesiasticis viris, & bona, & benè, id est, sicut res postulat, acutè, ornatè, ardenterque dicentibus, per multa eorum scripta vel dicta possunt hæc tria genera reperiri, & assidua lectione, vel auditione, admixta etiam exercitatione studentibus inolescere.

Nec quisquam præter disciplinam esse existimet ista miscere: imò quantum congruè fieri potest, omnibus generibus dictio varianda est. Nam quando prolixa est in vno genere, minus detinet auditorem. Cùm verò fit in aliud ab alio transitus, etiam si longiùs eat, decentiùs procedit oratio: quanuis habeant & singula genera varietates suas in sermone eloquentium, quib' non sinuntur in eorum, qui audiunt, frigescere vel tepescere sensibus. Veruntamen faciliùs submissum solùm, quàm solùm grande diutiùs tolerari potest. Commotio quippe animi quantò magis excitanda est, vt nobis assentiat auditor, tātò minùs in ea diù teneri potest, cum fuerit quantum satis est excitata. Et ideo cauendum est, ne dum volumus altiùs erigere, quod erectū est, etiam inde decidat, quò fuerat excitatione perductum. Interpositis verò quæ sunt dicenda submissiùs, benè reditur ad ea, quæ opus est granditer dici, vt dictionis impetus sicut maris æstus alternet. Ex quo fit, vt grande dicendi genus, si diutiùs est dicendum, non debeat esse solùm, sed aliorum generum interpositione varietur: ei tamen generi dictio tota tribuatur, cuius copia præualuerit. Interest enim, quod genus cui generi interponatur, vel adhibeatur certis & necessarijs locis: nam & in grandi genere semper, aut penè semper temperata debent esse principia. Et in potestate est eloquentis, vt dicantur non nulla submissè, etiā quæ possent granditer dici: vt ea, quæ dicuntur granditer, ex illorum fiant comparatione grandiora, & eorū tanquā vmbris luminosiora reddantur. In quocunq; autem genere aliqua quæstionū vincula soluenda sint, acumine

opus

opus est,quod sibi submissum genus propriè vendicat. Ac per hoc eo genere vtendum est, & in alijs duobus generibus,quando in eis ista incidunt,sicut laudandū aliquid, vel vituperandum : vbi nec damnatio cuiusquam,nec liberatio, nec ad actionem quanlibet assensio requiritur:in quocunq; alio genere occurrerit, genus adhibendum & interponendū est temperatum.In grandi ergo genere inueniunt suos locos duo cætera, & in submisso similiter Temperatum autem genus nō quidem semper,sed tamen aliquando submisso indiget,si (vt dixi) quæstio,cuius nodus est soluendus,incurrat:vel quando nonnulla,quæ ornari possent, ideo non ornantur,sed submisso sermone dicuntur,vt quibusdam quasi thoris ornamentorum præbeant eminentiorem locum.Grāde autem genus tēperata dictio non requirit.Ad delectandos quippe animos, non ad mouendos ipsa suscipitur.Non sanè si dicenti crebriùs & vehementiùs acclametur, ideò granditer putandus est dicere: hoc enim & acumina submissi generis, & ornamēta faciunt temperati.Grande autem genus plerunque pondere suo voces premit, sed lachrymas exprimit.Denique cùm apud Cęsaream Mauritaniæ dissuaderem populo pugnam ciuilem,vel potiùs plusquā ciuilem,quam cateruam vocabant (neque enim ciues tantummodo,verùm etiam propinqui,fratres,postremò parentes,ac filij lapidibus inter se in duas partes diuisi,per aliquot dies continuos, & certo tempore anni solenniter dimicabant,& quisque,vt quenque poterat, occidebat) egi quidem granditer quantum valui, vt tā crudele atque inueteratum malum de cordibus & moribus eorum auellerem pellerem que dicendo : non tamen egisse me aliquid putaui,cùm eos audirem acclamantes, sed cùm flentes viderem. Acclamationibus quippe se doceri & delectari,flecti autem lachrymis indicabant.Quas vbi aspexi,immanem illam consuetudinem à patribus & auis longè à maioribus traditam, quæ pectora eorum hostiliter obsidebat, vel potiùs possidebat, deuictam, antequam re ipsa id ostenderent,credidi.Moxque sermone finito,ad agendas Deo gratias, corda atque ora conuerti. Et ecce iam fermè octo vel ampliùs anni sunt, propitio Christo, ex quo illic nihil tale tentatum est. Sunt & alia experimenta multa, quibus dicimus homines, quid in eis fecerit sapientis granditas dictionis, non clamore potiùs, quàm gemitu, aliquando etiam lachrymis, postremò vitę mutatione monstrasse. Submisso etiã dicendi genere sunt plerique mutati, sed vt, quod nesciebant, scirent, aut quod eis videbatur incredibile, crederent: non autem vt agerent, quod agendum iam nouerant, & agere nolebant. Ad huiusmodi nanque duritiem flectendam, debet granditer dici. Nam & laudes & vituperationes, quando eloquenter dicuntur, cùm sint in genere temperato, sic afficiunt quosdam, vt non solùm in laudib⁹ & vituperationibus eloquentia delectentur, verùm etiam ipsi laudabiliter appetant, fugiantque vituperabiliter viuere. Et mox: Illud verò, quod agitur genere temperato, id est, vt eloquentia ipse delectet, non est propter seipsum vsurpandum: sed vt rebus, quæ vtiliter honesteque dicuntur (si nec docente indigent *eloquio*, nec mouente: quia scientes, & fauentes *auditores* habent) aliquantò promptiùs ex *ipsa delectatione* elocutionis accedant, vel tenaciùs adhæreat assensus. Nam cùm eloquentiæ sit vniuersale officium, in quocunque istorum trium generum dicere aptè ad persuasionem: finis autem, id quod intendis, persuadere dicendo: in quocunque istorum trium generum dicit quidem eloquens ad persuasionem, sed nisi persuadeat, ad finem non peruenit eloquentia. Persuadet autem in submisso genere, vera esse, quæ dicit. Persuadet in grandi, vt agantur, quæ agenda iam esse sciuntur, nec tamen aguntur. Persuadet in genere temperato pulchrè ornateque se dicere. Quo fine nobis quid opus est? Appetant eum, qui lingua gloriantur, & se in Panegyricis, talibusque dictionibus iactant, vbi nec docendus, nec ad aliquid agendum mouendus, sed tantummodò est delectandus auditor. Nos verò istum finem referamus ad alterum finem, vt scilicet quod efficere volumus cùm granditer dicimus, hoc

hoc etiam isto velimus: id est, vt bona morum diligantur, vel deuitentur mala, si ab hac actione non sic alieni sunt homines, vt ad eam grandi genere dictionis vrgendi videantur: aut si iam id agunt, vt agant studiosius, atque in eo firmiter perseuerent. Ita fiet, vt etiam temperati generis ornatu non iactanter, sed prudenter vtamur: non eius fine contenti, quo tantummodo delectatur auditor, sed potius hoc agentes, vt etiam ipso ad bonum, quod persuadere volumus, adiuuetur. Hęc omnia ex D. August. ad verbum selecta sunt: quibus hæc præceptio de triplici dicendi genere, siue de trib. orationis formis adeò copiosè & apertè tradita est, vt facilè quisque Concionator intelligat, quo dicendi charactere in quauis concione, vel concionis parte sit vsurus.

His autem, quæ vir sanctus adeò copiosè explicauit, totque commodissimis exemplis illustrauit, nihil deesse videtur, nisi vt caueamus quod Cornificius diligenter admonet, ne dum hæc tria dicendi genera consectamur, in finitima his virtutibus vitia incidamus. Nã graui figuræ quæ laudanda est, propinqua est ea, quæ est fugiẽda, quæ rectè videbitur appellari, si sufflata nominabitur. Nam vt corporis bonam habitudinẽ tumor imitatur sæpe: ita grauis oratio sæpe imperitis videtur ea quæ turget, & inflata est, cùm aut nouis, aut priscis verbis, aut duriter aliunde translatis, aut grauioribus quàm res postulat, aliquid dicitur. hoc modo: Nam qui perduellionibus venditat patriam, non satis supplicij dederit, si præceps in neptunias depultus ierit lacunas. Pœnitet igitur istum, qui montes belli fabricatus est, campos sustulit pacis. In hoc genus plerique cũ declinauissent, & ab eo quo profecti sunt, aberrauerunt, & specie grauitatis falluntur, nec prospicere possunt orationis tumorem. Qui in mediocre genus orationis profecti sunt, si peruenire eò non potuerunt, errantes perueniunt ad confinium eius generis, quod appellamus dissolutum, quod est sine neruis & articulis: vt hoc modo appellem fluctuãs: eo quòd fluctuat huc & illuc, nec potest confirmare, nec viriliter sese expedire. Id est huiusmodi: Socij nostri cùm belligerare nobiscum vellent, profectò ratiocinati essent etiam atque etiam, quid possent facere, siquidem sua sponte facerent, inde haberent, hinc adiutores multos malos homines & audaces. Solent enim diu cogitare omnes, qui magna negotia volunt agere. Non potest huiusmodi sermo tenere attentum auditorem: diffluit enim tot⁹, neque quicquam comprehendens perfectis verbis amplectitur. Qui non possunt in illa facetissima verborũ attenuatione commodè versari, veniunt ad aridum & exangue genus orationis, quod non alienum est exile nominari, cuiusmodi est hoc: Nam ille istic in balneis accessit, ad hunc postea dixit: hic tuus seruus me pulsauit: postea dixit hic illi: considerabo: post ille conuiciũ fecit: & magis magisque præsentibus multis clamauit. Friuolus hic quidem iam & illiberalis est sermo: non enim adeptus est id, quod habet attenta figura, puris verbis & electis compositam orationem. Hactenus Cornificius.

De grandiloqui generis materia.
Cap. XIX.

QVIA verò grande genus orationis sublimitatem & vim ad commouẽdos animos habet (quod quidem est præcipuũ & singulare concionatoris officium) danda illi opera est, vt in omni cõcione vnã aliquam rẽ, aut plures etiam eligat, quas hac dicendi figura prosequatur. Ad hoc autem pertinent (vt ex D. Aug. exemplis colligitur) quæcunq; in suo genere maxima sunt, & ad mouendos animos potentissima: cuiusmodi nonnulla docendi gratia hoc in loco breuiter annotabimus. Periti autem Concionatoris erit, eadem rationibus & ornamentis, quæ paulò antè exposuimus, exaggerare, & talia dicendo facere, qualia sunt.

Ad hoc ergo genus pertinent, quæ de seueritate extremi iudicij, de atrocitate & æternitate pœnarũ, quas improbi apud inferos patiũtur, de letalis peccati grauitate dicũtur. Qua amplificata vehemẽter aduersus eos,

qui

qui sine vllo pungentis conscientiæ aculeo tot letalia peccata committunt, incandescere possumus. Simili que ratione aduersus eos indignamur, qui leuissimis de causis, hoc est, propter exiguum lucrum, aut etiam sine vllo suo commodo diuinam maiestatem gratis offendere, & eius amicitiam & gratiam amittere non verentur. Quam rem idem ipse Dominus sic apud Hieremiam amplificat, cùm ait: Obstupescite cœli super hoc, & portæ eius desolamini vehementer. Duo enim mala fecit populus meus, &c. Hac item ratione illorũ periculum amplificamus, qui statim à confessione nulla interposita mora in eadem crimina relabuntur, atque hunc tota vita ludum ludunt: & eorum etiam, qui de die in diem conuersionem suam procrastinant: ac multò magis eorum, qui ad extremum vitæ diem pœnitentiam differunt: & eorum etiam, qui quàm diutissimè peccatis assueuere: quorum conuersio adeò difficilis est, vt Dominus per Hieremiam dicat: Si potest Aethiops mutare pellem suam, & pardus varietates suas: ita & vos poteritis benefacere, cùm didiceritis malè. Verùm maius adhuc periculum est obdurati & excæcati cordis, ad quod eadem peccandi consuetudine peruenitur. Eodem modo amplificamus summum redemptionis nostræ beneficium: quo summus ille rerum omnium conditor, vt nos diuinitatis & gloriæ suæ participes efficeret, atrocissimum crucis suppliciũ subire, & sanguinem suum pretiosum pro nobis fundere dignatus est. In quo quidẽ beneficio omnia sunt adeò magna, vt maiora esse nequeant, hoc est, & meritum, & præmium, & supplicium, & dignitas dantis, & indignitas recipientis. Hinc orationis impetum flectimus ad hominum tum malitiam, tum ingrati animi crimen exaggerandum: qui ne tanta quidem Domini sui bonitate à peccatis cohibentur, nec pro tanto beneficio dignas redemptori gratias agunt. Neque dissimilis ratio est, cætera diuina beneficia, & ingratitudinem hominum amplificandi: atque eorum præcipuè, qui diuinis muneribus non ad largitoris gloriã, sed (quod est multò indignius) ad eius iniuriam abutuntur. Hoc autem genus argumẽti mira orationis grandiloquentia Moyses non quidem Rhetorico.sed prophetico spiritu afflatus tractat in Cantico illo, cuius initium est, Audite cœli quæ loquor: in quo primùm diuina beneficia, deinde populi ingratitudinem, & scelera, ac postremò diuinæ iustitiæ supplicia sceleratis hominibus inferenda amplissima oratione attollit. Similique ordine & facultate dicendi idem argumentum tractat Ezechiel cap. 17. sub metaphora virginis derelictæ, & à Deo in sponsam assumptæ, & multis opibus auctæ & ornatæ: quæ tamen fidem sponso datam violauerit, & adulterum admiserit. Eadem orationis figura Amos cap. 6. aduersus Israelitici populi principes exclamat his verbis: Væ vobis, qui opulenti estis in Sion, & confiditis in monte Samariæ, optimates, capita populorum, ingredientes pompaticè domum Israel. Transite in Calenne: & cætera, quæ sequuntur. Huius autem loci grandiloquentiam Diuus Augustinus 4. de doctrin. Christiana libr. miratur, & varia eius ornamenta copiosè declarat. Verùm hæc, quæ docendi gratia subiecimus, exempla ad indignationis affectum commouendum pertinent. In quo quidem amplificationis genere, illa, quam Græci Dinosim vocant, præcipuè dominatur, quæ rei indignitatem magnoperè auget & attollit, de qua mox dicemus.

Augusti.

Nemo tamen his exemplis admonitus existimet, ad hos tantùm affectus hoc orationis genus deseruire. Quæcunque enim alia res, siue nimium fausta & læta, seu vehementer tristis, & luctuosa existat, hoc orationis genere tractanda est. Vtriusque rei commodissimum extat exemplum apud D. Cyprianum in sermo. de lapsis, initio nanque rem tractat lætissimam. Gratulatur enim Ecclesiæ de insigni confessorum gloria atque fortitudine, qua Christi fidem apud infideles iudices constanti animo confessi fuerant. Deinde verò miserandam lapsorum ruinam & inconstantiam, qui tormentorum metu à fide desciuerant, mœstissima oratione lamentatur. Confessores igitur gloriosos initio sermonis his verbis collaudat. Exoptatus votis omnibus

Cypria.

nibus dies venit, & post longæ noctis horribilē tetramque caliginem, Dei luce radiatus mundus eluxit. Confessores præconio boni nominis claros, & virtutis atq; fidei laudibus gloriosos, lætis conspectibus intuemur, sanctis osculis adhærentes, desideratos diu inexplebili cupiditate complectimur. Adest militum Christi cohors candida, qui persecutionis vrgentis ferociam turbulentam stabili congressione fregerunt: parati ad patientiam carceris, armati ad tolerantiam mortis, repugnastis fortiter seculo: spectaculum gloriosum præbuistis Deo: secuturis fratribus fuistis exemplo. Quàm vos læto sinu excipit mater Ecclesia de prælio reuertentes. Quàm beata, quàm gaudens portas suas aperit, vt adunatis agminibus intretis, de hoste prostrato trophæa referentes! Cum triumphantibus viris & fœminæ veniunt, quæ cum seculo dimicantes, sexum quoque vicerunt. Veniunt & geminata militiæ suæ gloria virgines, & pueri annos suos virtutibus transeuntes, &c. Sunt & argumēta alia, quæ hoc genus dicendi exigūt. Ea verò facilè quisque ex his, quæ diximus, intelligere poterit.

Illud tamen hoc in loco aduertendum est, vnius rei amplificationem alteri aditum præbare. Vt exempli causa, cùm extremi iudicij seueritatem aut gehennæ supplicium amplicauerimus, incandescere licebit aduersus multorum hominum stuporem atque cæcitatem: qui cùm hoc certissima fide teneant, non verentur præcipites in omnia scelera, atque adeò in ipsa gehennæ supplicia sine vllo doloris sensu irruere.

De alijs ornatus virtutibus, ac in primis de Energia, quæ Latinè Euidentia dicitur. Cap. XX.

RÆter has autem quatuor ornatus virtutes, quas in Tropis, Figuris, Compositione, & aptè dicendi ratione posuimus, sunt & aliæ, quæ ad eundem ornatum pertinent, quas modò breuiter attingemus.

Est enim in primis Energia, quæ Latinè dicitur Euidentia, siue repræsentatio: quæ rem oculis euidenter veluti *Fab. lib. 8. cap. 13.*

veluti spectandam proponit & repræsentat. Qua de re sic Fabius ait: Magna virtus est, res, de quibus loquimur, clarè atque vt cerni videantur, enunciare. Quod aliquando breui oratione, aliquando longiori efficitur Hoc modo Cicero luxuriosum conuiuium describit his verbis: Videbar videre alios intrantes, alios verò exeuntes, quosdam ex vino vacillantes, quosdã hesterna potatione oscitantes. Humus erat immunda, lutulenta vino, coronis languidulis, & spinis cooperta piscium. Quid plus videret, qui intrasset? Sic vrbiũ captarum crescit miseratio. Sine dubio enim qui dicit expugnatam esse ciuitatem, complectitur omnia, quæcunque talis fortuna recipit, sed in affectus minus penetrat breuis hic velut nuncius. At si aperias hæc, quę verbo vno inclusa erant, apparebunt effusæ per domos ac templa flammæ, & ruentium tectorum fragor, & ex diuersis clamoribus vnus quidam sonus, aliorum fuga incerta, alij in extremo complexu suorum cohęrentes, & infantium, fœminarumque ploratus, malè vsque in illum diem seruati fato senes, tum illa profanorum sacrorumque direptio, efferentium prædas, repetentiumque discursus, & acti ante suum quisque prædonem catenati, & conata retinere infantem suum mater, & sicubi maius lucrum est, pugna inter victores. Licet enim hæc omnia (vt dixi) complectatur euersio, minus est tamen totum dicere, quàm omnia. Hactenus Fabius. Ex cujus exemplis liquet, ad hoc genus virtutis rerum & personarum descriptiones (de quibus in tertio huius operis libro disseruimus) maximè pertinere. Eæ nanque rem oculis ita subijciunt, vt qui dicit, non dixisse, sed pinxisse, & qui audit, nõ tam audisse, quàm inspexisse videatur.

Ad hanc etiam virtutem pertinet illud similitudinis genus obscuris rebus explicandis accommodatum: quo, ex rebus familiariter notis, ea quæ sunt reconditiora & obscuriora patefacimus, & velut ex tenebris in lucem producimus. Est enim (vt Aristoteles ait) innatum nobis, vt ex notioribus, & ijs, quæ sensu percipiuntur, ad ignotiora, & quæ intellectu comprehenduntur,

tur, procedamus. Hoc autem similitudinis genere aliquando quidem breuiùs, aliquando latiùs sacræ literæ vtuntur. Tale est illud : Sicut ouis ad occisionem ducetur, & quasi agnus coram tondente se obmutescet, &c. Et apud Hieremiam : Quis est iste, qui quasi flumen ascendit, & veluti fluuiorum intumescũt gurgites eius? AEgyptus fluminis instar ascendet, & velut flumina mouebuntur fluctus eius. Et Dominus in Euangelio: Quoties, inquit, volui congregare filios tuos, quemadmodum gallina congregat pullos suos sub alas, & noluisti. Longiores sunt illæ apud Esaiam : Quomodo si rugiat leo super prædam suam, cùm occurrerit ei multitudo pastorum, à voce eorum non formidabit, & à multitudine eorum non pauebit : sic descendet Dominus exercituum super montem Sion, vt prælietur. Et alio in loco idem : Sicut somniat esuriens & comedit, cùm autem fuerit expergefactus, vacua est anima eius: & sicut somniat sitiens & bibit, & cæt. Sic erit multitudo omnium gentium, quę dimicauerunt contra montem Sion.

Ad hanc etiam virtutem Emphasim quoque pertinere idem Fab. author est. Ea namq; appositissimo nomine, reique naturam maximè significante, exprimit: quam inter verborum figuras collocauimus. Præcisio quoque, quæ plus tacendo, quàm docendo significat, ad hoc genus pertinet: quam etiam inter sententiarum figuras numerauimus.

Dinosis. I.

Est etiam virtus alia, quam Græci Dinosim, id est, grauitatem vocant : qua vtimur in exaggeranda rei indignitate. Qua virtute Demosthenes plurimum valuisse dicitur. Hac enim fit, vt rei indignitas tanta appareat, quanta est: & interdum etiam maior, quàm est. Vtinam autem eam nobis Dominus dicendi facultatem concederet, vt peccati indignitatem, & peccati supplicia, & multorum fidelium stuporem, & salutis suę neglectum, cæteraque his similia oratione nostra, non dico supra id, quod sũt, attollere, sed saltem exæquare possemus, & tanta dicendo efficere, quanta sunt. Sed

quæ

quæ dicendi facultas hæc ipsa pro dignitate amplificare queat? Danda tamen nobis opera est, vt quàm proximè fieri poterit, ad harum rerum magnitudinē explicandam accedamus: quò torpentium atque ignorantium animos salutari & necessario metu concutere & excitare possimus.

De Copia. II.

Pertinet etiam ad eloquendi rationem orationis vbertas & copia, qualem in D. Chrysostomo videmus. Vt enim eruditæ aures breuitate & acumine sententiarum, & pressa oratione gaudent: ita rudes & indoctæ copia rerum maximè capiuntur. Ad hanc verò copiam pertinet, vt quicquid aptè & commodè pro ratione argumenti dici potest, ad caussam afferamus: neq; quicquam, quod eā magnopere tueatur, prætermittamus. Deinde vt ea ipsa, quæ adducimus, nō indigesta & angusta, sed copiosa oratione ita prosequamur, vt quidquid virium in rebus ipsis latet, eruamus, & in medium proferamus. Quod Exornationis proprium esse superiùs diximus, cùm Collectionis partes explicauimus. Cuius rei exempla ex Diuo Cypriano, Gregorio Nisseno & Eusebio Emisseno adduximus. Ad hanc etiam virtutem pertinet vitare Tautologiam (cuius superiùs mentionem fecimus) quæ est eiusdem verbi vitiosa repetitio inopiæ causa facta: cùm is, qui dicit, adeò inops verborum est, vt rem eandem significaturus, verbum aliud tantundem efficiens non inuenit, quo eam exprimat. Qui enim copiæ studet, non rerum modò, sed verborum etiam diues esse debet: ne inopię causa idem verbum centies (vt multi faciunt) repetere cogatur.

Porrò autem quemadmodum liberalitatis virtuti duo vitia finitima sunt, nempè auaritia, & prodigalitas: quorum alterum defectu, alterum redundantia virtutis mediocritatem deserit: ita planè copiæ vtroque modo sua vitia aduersantur. Nam illi primùm orationis ariditas contraria est, commune barbarorum & imperitorum vitium, qui animi sui sensus ieiuna & sterili oratione declarant. Hi enim non vident

hoc

hoc vel maximè (vt antè diximus) dialecticam & scholasticam orationem ab oratoria distare: quòd illa neruis & ossibus tantùm constat, hæc istis cutem, & carnem, & sanguinem, & coloris pulchritudinem addat. Per redundantiam verò illi aduersatur vitium illud, quod Asiatismum ab Asianis appellant: qui longissima oratione minimeque necessaria vtebantur, inanique verborum congerie luxuriabant. Aduersatur etiam hoc eodem modo Macrologia, de qua mox dicemus.

De orationis varietate. III.

Est etiam varietas, non vulgaris orationis virtus: cui contrarium est vitium mirè tædiosum. Homilogia: quæ nulla varietatis gratia leuat tædium, estque tota coloris vnius. Est igitur primùm quidem in rebus ipsis adhibenda varia & multiplex supellex, quã varia autorum tum nostrorum, tum etiam Ethnicorum lectio præstabit. Ad quod non modò sententiæ, sed etiam exempla, similia, & apophtegmata mirè faciunt. Vtendum etiam tribus illis dicendi generibus, de quibus hactenus diximus, infimo, temperato, atque grandi, quæ magnam orationi varietatem conciliant. Cùm autem multa membra in eadem orationis serie coniunguntur, ne longa rerum enumeratio fastidium pariat, varietas figurarum adhibenda est, quæ orationem à molesta illa rerum continuatione vendicet. Ad quod cùm aliæ figuræ, tum pręcipuè interrogatio maximè conducit. Sic Ambros. in eo exemplo, quod paulò antè posuimus, cùm multas beatissimę Virginis virtutes recto orationis ductu enumerasset, orationẽ hac interrogatione variauit. Quando illa vel nutu læsit parentes? quando vitauit inopem? quando fastidiuit humilem? &c. Deinde repetitione quoque varietatem auxit: Nihil toruum in oculis, nihil in verbis procax, nihil in actu inuerecundum: non gestus fractior, & cętera quæ sequuntur. Denique omnes tam verborum, quàm sententiarum figurę, huic orationis varietati deseruiunt. Vt enim personæ alio atq; alio cultu, ita eædem sententię alio atq; alio verborũ & figurarũ habitu

vestiri à

vestiri possunt. Quod vt planiùs fiat, exempla aliquot, quibus hanc variandi rationem Rhetores cōmendant, subiiciemus. Non est miserum mori: &, Vsqueadeò ne mori miserum est? Nihil est te vaniùs, an quicquam est te vaniùs? Hic per interrogationem variata est figura. Non magnam laudem assecutus es: egregiam verò laudem es assecutus. Non ista curat populus: Id populus curat scilicet. Hic per Ironiam commutata est sermonis facies. Vehementer amat pecuniam: Bone Deus, quàm amat pecuniam. Per admirationem versus est orationis color. Tum Deum contemnit, tum homines. Haud scio, magis ne Deum contemnat, an homines. Hic per dubitationem commutata est orationis forma. Nihil mihi chariùs aut antiquiùs fama: Disperea, si quid mihi chariùs fama, Hic per adiurationem variatus est sermo. Est vir insigni vanitate: O singularem hominis vanitatem! Hic per exclamationem. Non modò virgines aliquot constuprauit, verùm etiam Vestalem incestu polluit, Virgines complures stuprauit, vt interim de vestali incestu polluta sileam. Hic *per occupationem* variatus est sermo. Cùm & genere *sis* obscurissimo, & re nulla, nullis literis, nulla forma, nullo ingenio, quid est, cur te adeò iactes? Quid habes, cur tam sis insolens? Natalium splendorem? Atqui genere es obscurissimo. Opes? at vel Iro ipso pauperior es. Eruditionem? sed bonas literas neque attigisti vnquam: Formam? at ipso Thersite deformior es: Ingenium? at istud profectò nactus es stupidissimū. Quid igitur ista tua iactantia est, nisi mera insania? *Hic* per subiectionem variatus est orationis habitus.

Variatur etiam oratio per æquipollentiam: de qua Dialectici quoque disserunt. Ea constat negationis additione, detractione, geminatione, & verbis contrariis. Vt, primas obtinet, non est in postremis. Vir egregiè doctus, vir minimè indoctus. Omnia fecit, nihil non fecit. Placet, non displicet. Accipio conditionem, non recuso conditionem. Ad hanc formam pertinent, quæ actionem & passionem declarant. Ab illo graue vulnus accepit, Inflixit illi graue vulnus. In Cicerone quędam

dam desiderantur à doctis. In Cicerone docti quędam desiderant.

Facilis est item variandi ratio per dictiones relatiuas, quæ & ipsa ad contrariorum genus pertinent. Vxor illius esse non vult? non vult illum maritum. Recusat illius esse socer: recusat illum generum. Pudet me huius nurus: pudet me huius socrum videri. Non alium mihi patrem: nullius malim esse filius. O me tali felicem præceptore. Felicem me, qui tuus sim discipulus. Hæc de Elocutionis virtutibus dicta sufficiāt: nunc ad vitia illis aduersantia transeamus.

De vitijs Elocutioni ac præcipuè ornatui oppositis. Cap. XXI.

QVoniam de Elocutionis, ac præcipuè de ornatæ orationis virtutibus diximus, reliquum est, vt quoniam virtutibus vitia contraria sunt, de vitijs quoque orationis nonnulla dicamus, quò ea studiosè declinantes, virtutes pleniùs consectari valeamus. Et quidem cum initio huius libri quatuor pręcipuas Elocutionis virtutes esse dictum sit, vt videlicet oratio esset emendata, perspicua, ornata, & rebus quæ dicuntur apta & accommodata: quæ essent emendatæ & perspicuæ orationi contraria vitia, simul cum ipsis virtutibus exposuimus. Ornatæ autem atque aptæ orationis vitia, quoniam plurima sunt, in hunc locū reseruauimus: propterea quòd ea nisi cognitis virtutibus haud facilè cognosci poterant. Atque vt summatim rem totam perstringamus, quæcunque aduersus ea, quæ ad ornatè apteque dicendum requiri diximus, pugnant, orationis vitia sunt. Cùm igitur ornatus tria illa potissimùm exigat, delectum verborum cum rebus ipsis cohærentium, accommodatas eisdem verborum & sententiarum figuras, lenem & numerosam compositionem: quidquid aduersus ista peccat, vitium est. Nec minus vitium est, si oratio personis & rebus apta non sit. Sed quia sub hac communi admonitione varia vitia continentur, operæpretium erit, eadem sigillatim enumerare, suisque nominibus, quò apertiùs cognoscantur, annotare. Incipiamus ab eo vitio, quod honestissimo cuiq; cumprimis vitandum est, nempè cacemphaton, id est, obscœna pronunciatio, cùm turpe aliquod verbum, vel parum honestum dicimus. Cuius rei exemplum ponere non decet, ne in id vitium incidamus, quod vitandum præcipimus. Verùm cùm aliquid huiusmodi significandum necessariò est, periphrasi aut alio tropo vtemur.

Fab. li. 8. Deformitati proximum vitium est Tapinosis, qua rei magnitudo vel dignitas verbis aut sententijs minuitur, cùm videlicet rei honestæ vel splēdidæ sordidum nomen tribuimus, parumque rei dignitati eius accommodatum. Cui natura contrarium, sed errore par est, paruis dare excedentia modum nomina: vt si quis parricidam appellauerit nequam hominem, aut deditum meretrici, nefarium. Illud enim parum, hoc nimium est. Debent enim verba rebus conuenire, nisi cùm aliquid augere volumus: de quo in amplificandi rationibus dictum est.

Tautologia, hoc est, vitiosa eiusdem verbi *repetitio*, non nitoris, sed inopiæ causa facta: id quod aridis & inexercitatis euenit, vt eadem per eadem dicāt, & eandem quasi cantilenam recantent, cordaque oberrent eadem. Vnde adagium manauit, Crambe bis posita mors. Varietas ergo verborum adhibenda est, cùm res eadem sæpiùs est dicenda, ne idem verbum pluries in eodem contextu repetatur.

Idē ibidē. Pleonasmos adiectio verbi superuacua: vt, Sic ore locuta est. Itaque nō inurbanè Cicero aduersus Pansam declamans, cùm is dixisset, filium à matre decē mensibus in vtero latum, ille contrà, Quid igitur? aliæ in penula gestare solent? Omne enim verbum, quod intellectum aut ornatum non adiuuat, vitiosum dici potest. Excusatur tamen hoc, cùm asseuerationis gratia fit: quale est illud: Vocemq; his auribus hausi, &, Hisce oculis vidi: ne nega.

Macrologia, id est, iusto longior sermo, quale est illud: Legati non impetrata pace, retro domum, vnde vene-

venerant, reuersi sunt. Verùm hic in breui sententia peccatum est. Peius tamen est, cùm hoc eodem modo in tota oratione peccatur, hoc est, quando quæ breuiter & dici & intelligi poterant, longa & perplexa oratione tractantur, quæ res prudentem auditorem obtundit enecatque.

Cacozelon, id est, mala affectatio, per omne dicendi genus peccat Nam & tumida, & exilia, & prædulcia, & abundantia, & arcessita, & exultantia sub idem nomen cadunt. Denique Cacozelon vocatur, quicquid est vltra virtutem, quoties ingenium iudicio caret, & specie boni fallitur, omnium in eloquentia vitiorum pessimum. Nam cætera parum vitantur, hoc petitur. In hoc autem vitium incidit, quisquis eam orationem affectat, cui non est par neque assuetus. *Idē ibidē.*

Brachilogia, id est, concisum, cùm de re graui nimis breuiter & angustè loquimur: quæ longiorem & apertiorem requirebat sermonem. Quòd si is, qui dicit, aliò properans hoc ipsum pręstare non poterit, causam reddere conueniet, cur rem amplam angustis terminis comprehenderit.

Miosis, id est, diminutio superiori vitio affinis, nisi quòd pluribus verbis fit, vbi de re magna & ardua est iusto tenuior & simplicior oratio, quàm eius dignitas, & natura postulat: vt si quis materiã grandem & splendidam sermone quotidiano & iacente, seruilique proferat. Hoc enim eloquentiæ proprium est, sermonem dignitati rerum parem adhibere.

Bomphiologia, hoc est, tumiditas, contraria Miosi, vbi res tenues & leuiculæ efferuntur affectata, tumida, & speciosa, nimisque magnifica oratione: vt si quis ad amicum in epistolio, vel ad rusticos & indoctos splendidis nugetur periodis. Quod vitium sic irridet Horatius in Arte:

Quid dignum tanto feret hic promissor hiatu?
Parturient montes, nascetur ridiculus mus.

Hoc idem Fabius reprehendit his verbis: Vt orantẽ pro capite solicitudo doceat, & cura, & omnes ad amplificandam orationem quasi machinæ: ita in paruis rebus *Fab. li. 11. cap. 1.*

iudicijsque vana sint eadem: redeaturque meritò, qui apud disceptatorem de re leuissima sedens dicturus, vtatur illa Ciceronis confessione, non modò se animo commoueri, sed etiam corpore ipso perhorrescere.

Asiatismus, id est, Asianum genus orationis, immodicum verbis & figuris, sed rebus inane. Hoc enim orationis genere Asiani vtebantur: à quibus huius vitij nomen desumptum est, vt paulò antè diximus.

Idem li. 8. cap. 3. Homoeologia, mirè tædiosum vitium, quod nulla varietatis gratia leuat tædium, estq; tota coloris vnius: quæ maximè deprehenditur carens arte oratoria. Eodem quippe ducitur semper tenore, sicut cantilena aliqua tædiosior, neque numeris, neque sonis probè distincta & variata: ideoque non animis solùm, sed etiam auribus est ingratissima. Estque hoc vitium superiori finitimum, & sequenti contrarium.

Picilogia, coloratum, superiori contrarium vitium, vbi nihil in oratione rectum, aut proprium est, sed omnia immodicè figurata, & sicut versicolor vestis scutriliter picturata & consuta sunt: Talis est ferè sermo Apulianus: atque hoc quidem vocatur aliàs *immodicè floridum*, eò quòd pueriliter & effœminatè flosculis figurarum abutatur.

Periergia, id est, curiositas, & superuacua, vt sic dixerim, operositas: vt à diligenti curiosus, & à religione superstitio distat. Ea verò est, cùm de re nihili, & in sententia leuicula multum verborũ absumimus, nimisq; futiliter immoramur. Quod vitium copiam malè affectantibus est valdè familiare.

Cacophonia, id est, absurditas, vel absonum: cùm duriter & confragosè inter se cohærent, & colliduntur, stridentque literæ & syllabæ. Est autem hoc vitium in versu maximè cauendum, nisi vbi res tumultuosior requirit talem asperitatem. Peccat autem hoc vitium cõtra compositionis lenitatem & concinnitatem.

Arithmon, id est, sine numeris, est oratio carens numeris & compositione tolerabili: vt si quis merè breuibus breuia, aut merè longis longa cõtinuet, aut perpetuis commatibus tinniat, vel continuatis membris abun-

abundet, vel perpetuis periodis incedat pomposè. De quo vitio Fabius lib.9.cap.4.& Cicero in Oratore perfecto præcipit. Etenim quædam temperatura syllabarum est facienda, quam & aures mediocriter purgatæ sentiant, & probent: vt Pontus scribit in opere de Euphonia.

Oniconomiton, id est, indistinctum, superiori affine vitium, peccans contra decorum orationis & dispositionis, in qua nulla est œconomia, sed omnia confusa sursum deorsumque miscentur: & fit plerunq; verbis pluribus in oratione longa, quæ caret arte & ordine, neque habet dispositionem artificialem, neque naturalem, Verùm hoc vitium non contra elocutionem, sed contra orationis dispositionem est: de qua superiùs diximus: in quod tamen non rarò multi concionatores incidunt: præsertim cùm parum meditati suggestum conscendunt.

Præter hæc autem vitia numerantur breuiter à Fabio alia. Est enim oratio hebes, in qua nihil est acuminis. Est item sordida, in qua nullus est nitor, nullus sermonis cultus & elegantia. Est sterilis & ieiuna, quam multa dicendi vbertas & copia orationis ornat atque dilatat, qualis imperitorum est, & arte carentium. Est item subtristis, quæ nihil habet lætum, nihil floridum, quo capiat auditorem. Est & ingrata, quæ nihil habet suauitatis & iucunditatis. Est & vilis, sordidæ affinis, in qua nihil accuratè dicitur. Vt igitur hęc vitia fugienda, ita contrariæ virtutes captandæ sunt: quas quidem facilè consequetur quisquis ea, quæ de orationis ornatu hactenus dicta sunt, seruare conabitur. Hæc de elocutionis virtutibus simulac vitijs dicta sufficiant.

ECCLESIASTICÆ RHETORICAE, SIVE DE RATIOne concionandi liber sextus: in quo de actione, siue pronuntiatione, & quibusdam alijs ad concionandum adiumentis disseritur.

PRAEFATIO.

SVperest vtilissima eademq; ad scribendũ difficilima huius operis pars, quam Rhetores pronũciationem, siue actionem nuncupant: sed illud nomen ad figuram vocis, hoc ad corporis gestum & motum pertinet. De hac virtute Fabius & Cornificius copiosiùs, quàm cęteri Rhetores scripserunt. Cui quidem facultati tantùm idem Cornificius tribuit, vt non magis inuentionem, dispositionem, elocutionem & memoriam sine pronunciatione ad agendum cõferre dicat, quàm solam sine his omnibus pronunciationem. Quàm sit verò difficile de hac re pręcepta tradere, idem etiam declarat his verbis: Quia nemo de pronũciandi ratione diligenter scripsit, (nam omnes vix putarunt posse de voce, vultu, & gestu dilucidè scribi, cùm hæ res ad sensus nostros pertinerent) & quia magnoperè ea pars à nobis ad dicendum cõparanda est, non negligenter videtur tota res consideranda. Hæc ille. Idem etiã, vbi de gestu corporis pręcepta dedisset, hæc verba subiecit: Non sum nescius, quãtum susceperim negotij, qui motus corporis exprimere verbis, & imitari scriptura conatus sim voces. Verùm nec hoc confisus sum posse fieri, vt de his rebus satis cõmodè scribi posset: nec si id fieri non posset, hoc quod

quod feci, fore inutile putabam: propterea quòd hic admonere voluimus, quid oporteret: reliqua trademus exercitationi. Hoc scire tamen oportet, pronunciationem bonam id perficere, vt res ex animo agi videatur. Hactenus ille. Nos igitur horum autorum vestigijs insistentes, prætermissis ijs, quæ illi multa ad ciuiles causas tractãdas literis cõmiserunt (quæ lectori fastidium parere possent) ea solùm eligemus, quæ instituto nostro fuerint cõmodiora: ne in tradenda hac re, quæ (vt paulò pòst videbimus) est omnium prestantissima, studioso concionatori defuisse videamur. Sed quoniã viri adeò eloquentes difficile esse docent, pronunciationis præcepta tradere, danda nobis venia erit (qui vix, quod sentimus, explicare dicendo possumus) si minùs plenè & apertè quæ de ea dicenda erunt, exponemus. Quanuis enim de hac virtute nec omnia tradere, nec facili & dilucida oratione tradere valeamus: quia tamẽ res magni momenti est, nullo modo ea, quæ præcipi possunt, negligenda sunt. Hæc enim legentiũ ingenia ad ea, quæ desunt, quæq; verbis exprimi nequeunt, excitari poterũt. Incidi paucis antehac diebus in librum quendã Gallica lingua scriptũ, qui de arte atq; ratione venandi differebat: qui eousque ad singularis artis huius precepta descendit, vt ijs notis, quibus Cantores ea, quæ cõcinunt, designare in libris solẽt, insinuaret, qua vocis figura atq; sono canes à venatoribus vocãdi, atq; ad venandum concitandi essent. Demiratus certè sum hominum diligentiam, qui ad hanc quoque rem non modò præcepta excogitarunt, sed etiã genus quoddam cantici & vocis, quo bruta animantia vocanda essent, non loquendo, sed scribendo tradere tentarent. Si ergo isti adeò studiosi in re nihili fuerunt, cur nos in tradenda re omnium præstantissima, maximeque concionatoribus necessaria, ab illis superabimur? Ego itaque non modò ex his eloquentissimis viris (quos suprà memoraui) huius rei obseruationes & præcepta in medium offeram, sed etiam quæ ipse longo concionandi vsu consequi potui, illis adiungam, eaq; varijs exemplis illustranda atque exponenda curabo.

Pronunciationis necessitas & commendatio.

Cap. I.

QVanta sit rectæ pronunciationis necessitas & vtilitas, non video qua ratione magis explicare possim, quàm quòd non rarò mihi videre contigit, imò verò nemo non passim videt, concionatores plurimos, quibus neque eruditio in disputando, nec eloquentia in scribendo, nec pietas & religio in vita deest, quorum tamen conciones vix vllæ aures patienter ferre possunt. cuius rei non alia profectò causa est, quàm quòd hac vna pronunciandi virtute destituti sunt. Hos autem auditorum vulgus eruditos quidem viros, dicendi tamen gratia carere ait: gratiæ videlicet nomine hanc agendi & pronunciandi virtutem designans. Hæc igitur vna pars maximè in dicendo dominatur: sine qua summus etiam concionator esse in numero nullo potest: mediocris verò hac instructus summos sæpè superare. Nam & infantes actionis dignitate eloquentiæ sæpè fructum tulerunt: & diserti multi deformitate agendi infantes putati sunt. Cuius rei ea vel præcipua causa esse videtur, quòd auditores ita afficiuntur, vt ad eorum oculos & aures, vultus, sermoque peruenit. Hinc D. Bernard, Epist. 66. Solet, inquit, acceptior esse sermo viuus, quàm scriptus, & efficacior lingua, quàm litera: nec tam affectum exprimit scribens digitus, quàm vultus. Non tam enim quid dicas, aut quibus verbis dicas, quàm quo vultu & actione dicas, attendere homines solent. Id adeò verum est, vt si rem indignissimam lenta & languida voce pronuncies, ita ipsi quoque eandem concipiant, neque pro rei indignitate moueantur. Contrà verò si leuē alioqui iniuriam acri voce & vultu enunciaueris, similē motum auditorum animis incuties. Est enim pronunciatio (vt in priori libro diximus) velut extrema orationis forma, quæ tales in auditorum animis motus & affectus ingenerat, qualis dicentis vox, vultus, & gestus præseferunt. Nec ad motus animorum tantùm, sed ad fidem etiam faciendam apta pronunciatio plurimum valet. Quā rem aduersus Callidiū ostendit Cicero. Callidius

Bernar.

nanque

nanque Gallum accusauit. M. Tullio defendente: cumque accusator affirmaret, se testibus, chirographis, quęstionibus probaturum, sibi à reo fuisse præparatum venenum: sed interim rem tam atrocem remisso vultu, languida voce, ac reliquo gestu parum concitato pronunciaret, M. Tullius: An ista, inquit, si vera essent, sic à te dicerentur? Tantum abest, vt inflammares nostros animos, vt somnum isto loco vix teneremus. Sed commodiùs erit, Fabium huius virtutis laudes commemorantem audire. Is igitur 11. oratoriarum institutionum libro sic ait.

Habet pronunciatio miram quandam in oratione vim ac potestatem. Neque enim tam refert qualia sint, quæ intra nosmetipsos composuimus, quàm quo modo efferantur. Nam ita quisque vt audit, mouetur. Quare neque probatio vlla, quæ modo venit ab oratore, tā firma est, vt non perdat vires suas, nisi adiuuetur asseueratione dicentis. Affectus omnes languescant necesse est, nisi voce, vultu, & totius propè habitu corporis inardescant. Nam cùm hæc omnia fecerimus, felices tamen si nostrum illum ignem iudex conceperit, ne dū eum supini securique moueamus, ac non & ipse nostra oscitatione soluatur. Documento sunt vel scenici actores, qui & optimis Poëtarum tātum adijciunt gratiæ, vt nos infinitè magis eadem illa audita, quàm lecta delectent, & vilissimis etiam quibusdam impetrent aures, vt quibus nullus est in bibliothecis locus, sit etiam frequens in theatris. Quòd si in rebus quas fictas esse scimus & inanes, tantum pronunciatio potest, vt iram, lachrymas, solicitudinem afferat, quantò plus valeat necesse est vbi & credimus? Equidem vel mediocrem orationem commendatam viribus actionis affirmauerim plus habituram esse momenti, quam optimam, eadem illa destitutam. Siquidem & Demosthenes quid esset in toto genere dicendi summum, interrogatus, pronunciationi palmam dedit, eidemque secundum ac tertium locum: donec ab eo quæri desierit: vt eam videri possit non præcipuam, sed solam iudicasse. Ideoq; ipse tam diligenter apud Andronicum Hipocritē studuit,

duit, vt admirantibus etiam eius orationem Rhodijs, non immeritò Aeschines dixisse videatur: Quid si ipsum audissetis? Et M. Cicero vnam in dicendo actionem dominari putat. Hac Cn. Lentulum plus opinionis consecutum, quàm eloquentia, tradit. Eadem C. Gracchum in deflēda fratris nece, totius populi Rom. lachrymas concitasse, Antonium & Crassum multum valuisse, plurimum verò Q. Hortensium: cuius rei fides est, quòd eius scripta tantum infra famam sunt, qui diu princeps oratorum, aliquando æmulus Ciceronis existimatus est, nouissimè quoad vixit, secundus: vt appareat placuisse aliquid eo dicente, quod legentes non inuenimus. Et hercle cùm valeant multum verba per se, & vox propriam vim adijciat rebus, & gestus, motusq; significet aliquid, profectò perfectum quiddā fieri, cùm omnia coierint, necessè est. Sunt tamen qui rudem illam, & qualem impetus cuiusq; animi tulit, actionem, indicent fortiorem, & solam viris dignam, sed non alij ferè, quàm qui etiam in dicendo curam, & artem, & nitorem, & quicquid studio paratur, vt affectata, & parum naturalia solent improbare, vel qui verborum atque ipsius etiam soni rusticitate (vt L. Cottā dicit Cic. fecisse) imitationem antiquitatis affectant. Verùm illi persuasione sua fruantur, qui hominibus, vt sint oratores, satis putant nasci: nostro labori dent veniam, qui nihil credimus esse perfectum, nisi vbi natura cura iuuetur: in hoc igitur non contumaciter cōsentio, primas partes esse naturæ. Nam certè benè pronunciare non poterit, cui aut in scriptis memoria, aut in his quæ subitò dicenda erunt, facilitas prompta defuerit, nec si inemendabilia oris incommoda obstabunt. Corporis etiam potest esse aliqua tanta deformitas, vt nulla arte vincatur. Sed ne vox quidem nisi liberalis, actionem habere optimam potest. Bona enim firmaq;, vt volum⁹, vti licet: mala, vel imbecilla, & inhibet multa: vt insurgere, exclamare: & aliqua cogit, vt summittere, deflectere, & raucas fauces, ac latus fatigatū deformi cantico reficere. Sed nos de eo nunc loquamur, cui nō frustra præcipitur. Hactenus Fab.

Cùm

Cùm sit autem omnis actio in duas diuisa partes, vocem scilicet & gestum: quorum alter oculos, altera aures mouet (per quos duos sensus omnis ad animā penetrat affectus) prius quidem de voce, deinde de gestu, qui voci accommodatur, dicendum est. Sed antequam singulares huius partis obseruationes & præcepta tradamus, quem ad finem ea omnia referantur, explicandū est: vt fine rei cognito, faciliùs ea quæ ad finem destinata sunt, percipiamus.

In quem finem siue scopum omnia huius partis præcepta referenda sint. Cap. II.

QVanuis multa ac varia de rectè pronunciandi ratione à Rhetoribus sint tradita, tamen omnia ad vnum duntaxat finem referuntur: hoc est, vt ita dicamus, quemadmodum natura ipsa, & communis ac naturalis loquendi modus dictat esse loquendum: à quo declinare, vt contra naturam, ita contra decorum est. Neque enim aliud tota artis obseruatio agit, quàm vt hunc naturalem loquendi modum exprimat. Qua in re vehementer errant, qui aliam putant esse debere vocis figuram, cùm concionantur, quàm cùm loquuntur: cùm eadem rerum natura eandem vtrobique agendi & pronunciandi rationem exigat: nisi quod cùm loquimur, vox quidem submissior, cùm verò concionamur, propter loci amplitudinem auditorumque frequentiam, eadem attollenda sit, vt ab omnibus audiatur. Quo magis mirandum est, tam paucos esse concionatores, qui in hac parte naturam ducem sequantur, cùm nihil faciliùs esse prima fronte videatur, quàm illius ductum & motum, qui natura omnibus insitus est, sequi. Vt autem quid in hac parte sentiam, apertiùs significare valeam, quid mihi & cuidam nouitio concionatori acciderit, indicabo. Is igitur rogauit me, vt concionantem audirem, quò illum postea, si quid mihi animaduersione dignum videretur, admonerem. At is concionem omnem (quam ad verbum edidicerat) sine vlla vocis varietate ita pronunciauit, ac si aliquem Dauidis psalmum memoriter recitaret: Cùm autem finita concione domum repeterē, vidi in itinere duas mulierculas acriter inter se contendentes atque rixantes. Quæ vt veris animi affectibus concitatæ loquebantur, ita varias quoque vocis figuras & flexus, pro ipsorum affectuum varietate subinde commutabant. Tunc ego socio, qui mihi aderat, Si ille inquam, concionator has mulierculas audisset, & hanc ipsam pronunciandi rationem imitaretur, nihil ei ad perfectam actionē (qua prorsus destitutus est) deesset. Qua ex re colligitur, quòd quemadmodum pictores cum vel arborum, vel auium, vel aliorum animantium corpora effingunt, dant operam, vt quàm maximè possint, ad viuum ea exprimant: vt qui illa cernit, non tam picta, quàm vera se corpora cernere putet: ita concionator naturalem loquendi cunctorum hominum modum diligenter obseruet, atque eorum præcipuè, qui hoc aptiùs & elegantiùs, & cum quadam dignitate faciunt: & hac vna obseruatione, quicquid hic longa oratione præcipim⁹, erit assequutus. Animaduerti aliquando pictorem quēdam paruulum Iesum in tabula exprimentem, qui passerculum manu prehensum teneret: is autem, vt probè auiculam exprimeret, eandem in manu viuam contemplabatur, vt ita demum effigies auis veram eius formam repræsentaret. Idem ergo nobis agendum, vt diligenter & attentè naturalem pronūciandi rationem, qua viri eleganti ingenio præditi in familiaribus colloquijs vtuntur, obseruemus, vt eandem nos dum concionamur, pro virili nostra referre valeamus. Verùm hoc quanlibet facile ac naturale esse videatur, multi, vt iam diximus, minimè assequuntur, ac multò minus illi, qui cum verborum inopes sint, & extemporali dicendi facultate careant, ad verbum conciones ediscūt: & ita illas eodem vocis tenore, cæcorum mendicantium more pronunciant. Hæc ideò à me dicta sunt, vt studiosus concionator intelligeret, in quem finem omnia huius partis præcepta referenda sint. Omnia enim eò tendunt, vt illam pronunciandi rationem sequamur, quam mortalibus cunctis natura ipsa nullo docente præſcripſit. Quam qui probè fuerit aſſequutus, non admodum his noſtris præceptionibus indigebit.

Quatuor eſſe præcipuas pronunciationis virtutes, quarum prima eſt, vt ſit emendata, hoc eſt, vt careat omni vitio. Cap. III.

ESt autem commodiſſima maximeque naturalis illa Fabij partitio, qua dicit eaſdem in pronunciatione virtutes, quas in elocutione poſuimus, ſpectandas eſſe. Sic enim ait: Non eſt alia ratio pronunciationis, quàm ipſius orationis. Nam vt illa emendata, dilucida, ornata, & apta eſſe debet: ita hæc quoque primum emendata erit, id eſt, vitio carebit, ſi fuerit os facile, explanatum, iucundum, vrbanum, id eſt, in quo nulla neque ruſticitas, neque peregrinitas reſonet. Nō enim ſine cauſa dicitur, Barbarum Græcúmve. Nam ſonis homines, vt æra tinnitu dignoſcimus. Ita fiet illud quod Ennius probat, cùm dicit, ſuauiloquenti ore Cethegum fuiſſe: non quòd Cicero in his repræhendit, quos ait latrare, non agere. Curabit etiam, ne ſimplicem vocis naturam pleniori quodam ſono (quod quidam faciunt) circumliniat. Itaque ſi ipſa vox primū fuerit, vt ſic dicam, ſana, id eſt, nullum eorum, de quibus nunc dixi, patietur incōmodum: deinde non abſurda, rudis, immanis, dura, rigida, varia, præpinguis, aut tenuis, inanis, acerba, puſilla, mollis, effœminata: ſpiritus, nec breuis, nec parum durabilis, nec in receptu difficilis. Et quoniam in geſtu quoque & motu corporis ſua vitia ſunt, de his quoque hoc in loco breuiter dicendum eſt, quòd ea ſint cum vitijs pronunciationis coniuncta: quanuis hac de copioſiùs ſuo loco (vt policiti ſumus) diſſeremus. Curandum ergo eſt, vt quoties exclamandum erit, laterum conatus ſit ille, non capitis: vt geſtus ad vocem, vultus ad geſtum accommodetur. Obſeruandum erit etiam, vt recta ſit facies dicentis, ne labra detorqueantur, ne immodicus hiatus rictum diſtendat, ne ſupinus vultus, ne deiecti in terram oculi, nec inclinata vtrolibet ceruix. Nam frons

Fab. libr. 11. cap. 3.

frons pluribus generibus peccat. Vidi multos, quorum supercilia ad singulos vocis conatus alleuarentur; aliorum constricta, aliorum etiam dissidentia, cum altero in verticem tenderent, altero penè oculus ipse premeretur. Infinitum autem, vt mox dicemus, in his quoq; rebus momẽtum est. Et nihil potest placere, quod non decet.

Secunda pronunciationis virtus, vt sit dilucida.

I.

Dilucida verò erit pronunciatio, primum, si verba tota exegerit, quorum pars deuorari, pars destitui solet, plerisque extremas syllabas non proferentibus, dum priorum sono indulgent: expressa enim debent esse verba. Vt autem est necessaria verborum explanatio, ita omnes computare & velut annumerare literas molestum & odiosum. Nam & vocales frequentissimè coëunt, & consonantium quædam in sequente vocali dissimulantur. Præcipuè verò ad hanc virtutem parandam adiuuat distinctio, hoc est, vt oratio velut ipsa corporis membra, articulis suis distincta sit: hoc est, *vt qui dicit*, & incipiat vbi oportet, & desinat. *In ipsis tamen* distinctionibus tempus aliàs breuius, aliàs longius dabimus. Interest enim, sermonem finiat, an sensum. Vbi enim orationis sensus perfectè finitur, deponam & morabor, & nouum rursus exordium faciam. Sunt aliquando & sine respiratione quędam moræ etiam in periodis, vt in illa: In cœtu verò pop. Rom. negotium publicum gerens, magister equitum, cui ructare turpe esset, & cætera, multa habẽt membra: sensus enim sunt alij atque alij: & sicut vna circunductio est, ita paulum morandum in his interuallis, non interrumpendus est contextus: & è contrariò spiritum interim recipere sine intellectu moræ necesse est: quo loco quasi surripiendus est, alioqui si inscitè recipiatur, non minus afferat obscuritatis, quàm vitiosa distinctio. Virtus autem distinguendi fortasse sit parua, sine qua tamẽ esse nulla alia in agendo potest. Hæc omnia ex Fab qui paucis sanè verbis hanc virtutem ita commendauit, vt sine ea nullam aliam esse censeat. Qua ex re liquet, grauiter eos

delin-

delinquere, qui summa celeritate tota ferè concione ita dicunt, vt nullo in loco sistant, nihil distinctè dicãt, sed vno spiritu, atque vno impetu omnia percurrant. Aut enim memoriæ diffidentes ita dicunt, ne si aliter dixerint, aliquid è memoria excidat, aut ita metu & trepidatione eorum animus obsessus est, vt sui iuris esse non sinantur, quòd metus ille omnem animi sensum quodammodo ebibat, & vix quid dicant, aut quomodo dicant, attendere permittat. Quod quidem vitiũ inter maxima computandum est: in quod tamen plerique concionatores incidunt, atq; ij maximè, qui hui⁹ officij rudes & velut tyrones sunt, vel magno oppressi metu dicunt. Hinc idem Fabius. Nec volubilitate nimia confundenda quæ dicimus, qua & distinctio perit, & affectus, & nonnunquam etiam verba aliqua sui parte fraudantur. Cui contrarium est vitium nimię tarditatis. Nam & difficultatem inueniendi fatetur, & segnitia soluit animos. Promptum ergo sit os, non præceps: moderatum, non lentum. Spiritus quoque nec crebro receptus, concidat sententiam, nec eousq; trahatur, donec deficiat. Quare longiorem dicturis periodũ, colligendus est spiritus: ita tamen vt id neq; diu, neq; cum sono faciamus, neq; omnino vt manifestum sit reliquis partibus, optimè inter iuncturas sermonis reuocabitur. Exercendus autem est, vt sit quàm longissimus: quod Demosthenes vt efficeret, scandens in aduersum continuabat quam posset plurimos versus.

Tertia pronunciationis virtus, vt sit ornata.

II.

Ornata est pronunciatio, cui suffragatur vox facilis, magna, beata, flexibilis, firma, dulcis, durabilis, clara, pura, secans aëra, auribus sedens. Est enim quædam ad auditum accommodata, nõ magnitudine, sed proprietate ad hoc velut tractabilis, vtique habens omnes in se qui desiderantur sonos, siue intentiones, quæ toto (vt aiunt) organo instructa, cui aderit lateris firmitas, spiritus, cum spatio pertinax, tum labori nõ facilè cessurus. Nec grauissim⁹ vt in musica sonus, nec acutissimus orationibus conuenit. Nã & ille parũ clarus, nimi-

nimiumq; plenus, nullum afferre animis motum potest:& hic prætenuis, & immodicæ claritatis, cum est vltra verum, tum neq; pronunciatione flecti, nec diutius ferre intentionem potest. Nam vox, vt nerui, quò remissior, hôc grauior & plenior, quò tensior, hôc tenuis & acuta magis est. Sic ima vim nõ habet, summa rumpi periclitatur. Medijs igitur vtendum sonis, hique cum augenda intentio est, excitandi, cum summittenda, sunt temperandi.

Ad hunc etiam ornatum pertinet, vt vox quatenus fieri possit, cum suauitate quadam non quidem fœminea, aut etiam affecta, sed virili & naturali prodeat: quę quidem res, vt in cantu, ita etiam in dicendo aures mulcet ac detinet. Quod vt præstare possimus, curandum, ne cùm sermo in contentione est, ita vocem vltra vires vrgeamus, vt arteriæ lædantur. Sic enim velut exasperatur vox, & insuauem quandam raucedinem contrahit, quæ ipsas etiam auditorum aures exasperat. Hinc Fabius: Vox, inquit, vltra vires vrgenda non est: nam & suffocata sæpe, & maiore nisu, minus clara est. Moderandus ergo est ille impetus, nec ex toto *sic effundẽdus*, vt & vox lędatur, & sequentibus non sufficiat. Hoc autem efficere singularis cuiusdam dexteritatis est. Impetus enim ille animi sæpe ita mentem obruit, vt hoc animaduertere non sinat. Quid autem ad hanc vocis suauitatem, & firmitatem conducat, paulò fusiùs Herenniana Rhetorica docet. Cuius sententiam hoc in loco attexere libuit.

Primum enim admonet, vt quàm maximè sedata & depressa voce principia dicamus. Nam læduntur arteriæ, si ante quàm leni voce permulsæ sint, acri clamore compleantur. Etiam interuallis longioribus vti conueniet. Recreatur enim vox spiritu, & arteriæ reticendo acquiescunt. Et continuum clamorem remittere, & ad sermonem transire oportet. Commutationes enim faciunt, vt nullo genere vocis effuso, in omni voce integri simus. Et acutas vocis exclamationes vitare debemus. Ictus enim fit, & vulnerantur arteriæ acuta atque attenuata nimis acclamatione: & si quis splendor est

est vocis,cōſumitur clamore vniuerſus. Et vno ſpiritu continenter multa dicere in extrema cōuenit oratione. Fauces enim caleſiunt,& arteriæ complētur,& vox quæ variè tractata eſt,reducitur in quendam ſonum æquabilem atq; conſtantem. Quod ergo ad vocis integritatem vtile ſit,id eſt etiam auditoribus gratum. Sæpe rerum naturæ gratia quædam iure debetur, velut accidit hac in re. Nā quæ diximus ad vocē ſeruandam prodeſſe,eadem attinent ad ſuauitatem pronunciationis: vt quod noſtræ voci proſit, idem voluptate auditoris probetur. Vtilis eſt ad firmitudinem vocis ſedata vox in principio. Quid verò inſuauiùs,quàm clamor in exordio cauſæ. Interualla vocem confirmant: eadem ſententias concinniores diuiſione reddūt,& auditori ſpatium cogitandi relinquunt. Conſeruat vocem cōtinui clamoris remiſſio : & auditorē quidem varietas maximè delectat, cùm ſermone animum eius retinet, aut exuſcitat clamore. Acuta exclamatio vocem & fauces vulnerat, eadem lædit auditorē. habet enim quiddam illiberale,& ad muliebrem potius vociferationem,quā ad virilem dignitatem in dicēdo accommodatum. In extrema oratione cōtinēs vox remedio eſt voci. Quid? Hæc eadem nonne animum vehementiſſimè calefacit auditoris in totius concluſione cauſæ? Hactenus Herenniana Rheto.

Ornatam quoque facit pronunciationem vocis varietas rebus ipſis commodata : de qua tamen mox dicemus : quòd hoc ad rationem aptè pronuncitandi magis pertineat: id quod non minus ad eius ornatū facit. Ars enim variandi cum gratiam præbet,ac renouat aures,& dicentem ipſa laboris mutatione reficit: vt ſtandi,ambulandi, ſedendi, iacendi vices ſunt,nihilq; horum pati vnum diu poſſumus.

Quarta pronunciationis virtus, vt ſit apta. Cap. IIII.

HActenus de tribus pronunciationis virtutibus,hoc eſt, de ratione emendatè, dilucidè & ornatè pronunciandi diximus:ſupereſt quarta & ea quidem præcipua ac ſumma ma aptè pronunciandi virtus, quæ rebus ipsis quas dicimus, pro ipsarum natura vocis figuram accommodat. Quæ res ad attentionem auditorum excitandam, fastidiumque vitandum miro modo adiuuat. Ad singulas quippe vocis mutationes & flexus, auditoris animus qui ex loquentis ore pendet, tot intra se concipit motus, quot ille sonos subindè mutat. Intelligit enim, non frustra illum rectam pronunciandi formam in aliam atque aliam vocis figuram flectere: atque ita frequenter & attentionem renouat, & satietatem varietate vitat. Qua de re sic Fabius ait: Iam tempus est dicendi, quæ sit apta pronunciatio, quæ certè ea est, quæ his de quibus dicimus, accommodatur: quod quidem maxima ex parte præstant ipsi motus animorum, sonatque vox vt feritur. Sed cùm sint alij veri affectus, alij ficti & imitati, veri naturaliter erumpunt, vt dolentium, irascentium, indignantium: sed carent arte: ideoque non sunt disciplinæ traditione formandi. Contrà qui effinguntur imitatione, artem habent, sed hi carent natura: ideoque in his primum est benè affici, & concipere imagines rerum, & tanquam veris moueri: sic velut media vox, quem habitum à nobis acceperit, hunc auditorum animis dabit. Est enim mentis index, & velut exemplar, ac totidem quot illa mutationes habet. Itaque lætis in rebus plena, simplex, & ipsa quodammodo hilaris fuit. At in certamine erecta, totis viribus, & velut omnibus neruis intenditur. At in blandiendo, fatendo, satisfaciendo, rogando, lenis & submissa. Suadentium & monentium, & pollicentium & consolantium grauis: in metu & verecundia contracta: adhortationibus fortis, disputationibus teres, miseratione flexa & flebilis, & consulto quasi obscurior: in expositione ac sermonibus recta, & inter acutum sonum & grauem media. Attollitur autem concitatis affectibus, compositis & sedatis descendit, pro vtriusque rei modo altiùs vel inferiùs. Hactenus Fabius. Ex cuius verbis haud obscurè quænam sit apta pronunciatio colligitur. Ea nanque est, quæ non vno & eodem tenore decurrit, sed quæ (vt antè diximus) pro rerum varietate & natura subindè vocem commutat: quæ grandia grauiter, mediocria temperatè, submissa leniter, atrocia vehementer atque acriter afferat, vt & verbis & rebus quas dicimus atque animo vox ipsa respondeat. Qua de re sic idem Fab. ait: Vitemus illam quæ Græcè monotonia vocatur, vna quædam spiritus ac soni intentio, non solùm ne dicamus omnia clamosè, quod insanum est, aut intra loquendi modum, quod motu caret, aut submisso murmure, quo etiam debilitatur omnis intentio: sed vt in iisdem partibus, iisdemque affectibus, sint tamen quædam non ita magnæ vocis declinationes, prout aut verborum dignitas, aut sententiarum natura, aut depositio, aut inceptio, aut transitus postulabit: vt qui singulis pinxerunt coloribus, alia tamen eminentiora, alia reductiora fecerunt: sine quo ne membris quidem suas lineas dedissent. Proponamus enim nobis illud Ciceronis in oratione nobilissima pro Milone principium, nónne ad singulas penè distinctiones, quanuis in eadem facie, tamen quasi vultus mutandus est? Et si vereor iudices, ne turpe sit pro fortissimo viro dicere incipientem timere. Etiam si est toto proposito contractum atq; submissum, quia & exordium est, & soliciti exordium, tamen fuerit, necesse est, aliquid pleniùs & erectiùs, dum dicit: Pro fortissimo viro dicere, quàm, & si vereor, & turpe sit, & timere. Iam secunda respiratio increscat oportet, & naturali quodam conatu, quo minùs pauidè dicim⁹ quæ sequuntur, & quo magnitudo animi Milonis ostenditur: Minimeque deceat. cùm. T. Annius ipse magis de Reipub. salute quã de sua perturbetur. Deinde quasi obiurgatio sui est: Me ad eius causam parem animi magnitudinem afferre non posse. Tum inuidiosiora: Tamen hæc noui iudicij noua forma terret oculos. Illa verò iam penè apertis, vt aiunt, tibijs: Qui quocunque inciderunt, veterem consuetudinem fori, & pristinum morem iudiciorum requirunt. Nam sequens latum etiam atque fusum est. Non enim corona consessus vester cinctus est, vt solebat. Quod notaui, vt appareret non solùm in membris causę, sed etiã in articu-

lis

lis esse aliquam pronunciandi varietatem, sine qua nihil nec minus nec maius est.

Verùm hæc in genere de communibus pronunciandi virtutibus dicta sunt: reliquum est, vt cuius modi pronũciatio singulis orationis partibus adhibenda sit, diligenter inspiciamus. Atque vt ordine hanc partem plenius tractemus, neque quicquam à nobis prætermissum esse videatur, eam methodum sequemur, quam Dialectici cæteræque disciplinæ obseruare solent: quæ rem totam & partes eius ad prima vsque elementa reuocant. Itaque Dialectici, quibus de syllogismo tractare propositum est, prius quàm ad hoc veniatur, de syllogismi partibus, nempè de propositionibus, ex quibus syllogismus conficitur, disserunt. Quia verò propositiones singularibus vocibus constant, de illis etiam in libris Prædicamentorum tractant: atque ijs omnibus prælibatis, ad syllogismorum rationem explicandam veniunt. Hanc igitur methodum nos quoque in pronunciandi facultate tradenda sequemur: nisi quod primo loco de præcipuis orationis partibus, secundo verò de varijs sententijs, quæ in eisdem partibus continentur, ac postremo de singulis verbis, ex quibus sententiæ constant, quomodo pronuncianda sint, disseremus.

Cuiusmodi pronunciatio tribus præcipuis orationis partibus, hoc est, expositioni, argumentationi, & amplificationi conueniat. Cap. V.

T igitur quod primo loco posuimus, expediamus, meminisse debemus, quid in huius operis initio à nobis dictum sit: nempè orationem omnem aut in expositione, aut in argumentatione, aut in amplificatione versari. Constat autem vel rudibus etiam, aliam pronunciandi rationem in expositione, aliam in argumentatione, aliã in amplificatione requiri. Hæ autem tres partes alias etiam sub se continent. Expositioni namq; exordiũ, narratio, propositio atq; diuisio finitima sunt In argumẽtatione verò aliquando probamus, aliquando improbamus.

bamus,& confutamus: & interdum quidem sedatiùs atque subtiliùs, interdum verò acriùs, & concitatiùs, & vehementiùs disputamus. In amplificatione autē maior varietas est. In hac enim diuersarum rerum magnitudinē attollimus & amplificamus, & varios item affectus, nempe amorem, odium, admirationem, dolorē & metum, aliosq; similes animi motus excitare nitimur: inter quos indignatio & commiseratio à rhetoribus præcipuè numerantur. In his ergo affectibus tractādis tam varia esse actio debet, quàm affectus ipsi varij sunt, vt suo loco monstrabimus. Nunc quid vnaquæq; harum partium exigat, consideremus.

I.

Expositio. Expositioni igitur (quam ex tribus orationis partibus primam fecimus) finitima est (vt diximus) exordij & narrationis actio: hæc enim tria non acrē & concitatam, sed sedatam actionem postulāt. In expositione ergo cū citra argumentationem rem aliquā, aut obscurum locum exponimus, sedata pronunciatione opus est, interuallis tamen distincta, voceque paululū pro sententiarum natura variata: vt ipsa pronunciatione eas res, quas demonstrabimus, animis auditorum inserere videamur.

Exordiū. De exordio verò sic Fabius ait: Exordio frequētissimè lenis conuenit pronunciatio. Nihil enim ad conciliandum gratiùs verecundia. itaq; & vox temperata, ac gestus modestus, & sedens humero toga, & laterum lenis in vtranque partem motus, eodem spectantibus oculis decebit. Hactenus Fabius. Qua in re non leuiter concionatores quidam peccare solent, qui vel ostentandæ eruditionis, vel ingenij, vel libertatis cuiusdam gratia ita dicere incipiunt, vt quadam arrogantiæ suspicione non careant. Quin & auditores hac agendi libertate quodammodo se contemni arbitrantur. Alij verò in ipso etiam exordio acri actione vtuntur. Quod tūc maximè faciunt, cum frequentissimus ad audiendum populus confluxit. Tūc enim partim maiori ad dicendū calore atq; impetu concepto, partim vt vox ab omnib⁹ audiatur, eam plus quàm par est, vrgent atq; attollūt.

Quò fit, vt eos nō modò vox, sed vires etiam in medio orationis cursu destituant: atque ita qui acriter cœperunt, lentè & languidè viribus fatiscentibus sermonem finiant. Hi autem non aduertunt, quod vulgò dici solet, non ex flamma fumū, sed ex fumo flammam excitari debere. Hoc ergo tēpore peritus concionator prudēter animi sui impetum cohibeat, & ad maiora illum magisque necessaria reseruet.

Narratio. Sequitur narratio. Ea verò (vt Fab. ait) magis prolatā manum, gestum distinctum, & vocē sermoni proximam, Sonum autem simplicem frequentissimè postulabit in his, quæ nullos continent animorum motus, aut quid simile, quod variam agendi rationem exigat. Est autem difficilior narrationis quàm argumentationis, aut amplificationis actio. In his enim partibus disputandi aut amplificandi ardor & motus animi actionem instruunt & adiuuant. At cùm narratio minùs actuosa, minimeque ardens & concitata esse debeat, sola dicentis arte atque prudentia moderanda est. Quāuis non inficior esse narrationes aliquas quæ hos affectus recipiant: quarum actio non perindè difficilis est. In omni igitur narratione vocum varietate opus est, vt quo pacto quidque gestum sit, ita narrari videatur. Strenuè quod volumus ostendere factum, celeriusculè dicemus: Deinde modò acriter, tum clementer, mœstè, hilariter in omnes partes commutabimus, vt verba, ita pronunciationem. Si qua inciderint in narratione dicta, rogata, responsa, si quæ admirationes, de quibus nos narrabimus, diligenter aduertemus, vt omnium personarum sensus atque animos voce exprimamus.

Argumentatio. Maximè varia est actio probationū: nam proponere quæ sis dicturus, atque in partes diuidere, & explicare quid conueniat, & quid in controuersia sit, expositioni de qua modò diximus, similia sunt. At argumentatio plerunq; agilior, & acrior, & instantior, cōsentientem orationi postulat etiā gestū: id est fortē celeritatem. Instandū quibusdā in rebus & densanda oratio. Hic oportebit augere vocē & torquere sonum, & celeriter cum cla-

clamore verba conficere, vt vim volubilem orationis vociferatio consequi possit. Asseueratio autem quę inter probandum occurrit, interdum plus ipsis probationibus valet. Fiducia igitur appareat, & constantia, vtque si autoritas subest. Cæterùm cùm rationes ac probationes difficiles ad intelligendum sunt (vtpote ex philosophiæ aut Theologiæ abditis petita) tunc impetus hic cohibendus est, & sedata actione, acuta voce, & longioribus interuallis vtendum est: vt hac distinctione apertior sit oratio, & auditoribus mora detur ac spatium cogitandi, & percipiendi, quæ dicta sunt. Celeritas enim & volubilitas linguæ non modò tardioribus, sed eruditis etiam impedimento est, quò minus ea quę dicuntur, intelligant. Hæc igitur argumentandi ac probandi ratio, expositioni, ac demonstrationi, quàm argumentationi similior est.

Amplificatio. Amplificatio verò, quæ tertiam sermonis partem complectitur, in affectibus præcipuè locum habet: qui (vt paulò antè diximus) tam variam vocis & actionis figuram desiderant, quàm sunt ipsi varij. Prima igitur ad hoc cura esse debet, vt affectus & motus animi in nobis sint: tunc enim ipsi naturali vi sua erumpent: & vt veri motus sunt, ita verè auditores afficient. Neque aliud agit ars, quàm vt naturam imitetur: ad quam tamen ars nulla, quamlibet consummata sit, pertingere potest. Ideoque nunquam declamatores id efficiunt, quod sancti viri spiritu Dei acti, & veris affectibus concitati, efficere dicendo potuerunt. Qui sic igitur commotus fuerit, is planè ipso affectu docente intelliget, quàm dissimili vocis figura affectus tractandi sint. Aliud enim vocis genus postulat miseratio, ac mœror: flexibile plenũ, interruptum, flebili voce. Aliud met⁹: demissum, & hæsitans, & abiectum. Aliud vis: contentum, vehemens, imminens, quadam incitatione grauitatis. Aliud voluptas: effusum, lene, tenerum, hilaratũ, ac remissum. Aliud iracundia: acutum, incitatum, crebrò incidens. Atrox enim vox esse debet in ira, aspera ac densa, & respiratione crebra: neque potest esse lõgus spiritus, vbi immoderatè effunditur.

Sequitur deinde altera pronũciationis obseruatio, quæ ad peculiares sententias pertinet: quæ sub his præcipuis orationis partibus (quas supra memorauim') continentur: de qua nonnulla iam diximus, cùm de apta pronunciandi ratione disseruimus. Sed quoniam hæc pars præcipuam pronunciandi virtutem cõtinet, de ea copiosiùs paulò pòst propositis varijs exemplis tractabimus. Nunc ad aliam veniamus.

Superest enim quod tertio loco polliciti sumus, de singulariũ verborũ pronunciatione. Nõ enim in sentẽtijs solùm, sed frequenter etiã in singulis verbis alia atque alia vocis figura adhibenda est. An nõ hæc, inquit Fab. Misellus, & pauperculus, submissa atq; contracta: fortis, & vehemẽs, & latro, erecta & concitata voce dicenda sunt? Accedit enim vis & proprietas rebus tali astipulatione: q̃ nisi adsit, aliud vox, aliud animus ostẽdet. Quid? quod eadẽ verba mutata pronunciatione indicant, interrogant, irrident, eleuant? Aliter. n. dicitur, Tu mihi quodcunq; hoc regni? Et, Cantando tu illum? Et, Tu ne ille Aeneas? Et, Meque timoris Argue tu Drãce, Et ne morer, intra se quisq;, vel hoc, vel aliud quod volet, per oẽs affectus verset, verum esse quod dicimus sciet. Hactenus Fab. Plurima autem in scripturis sanctis verba inuenire licet, quæ hac vocis acrimonia enũcianda sint. Tale est illud: Ignis accensus est in furore meo, & ardebit vsq; ad inferni nouissima, deuorabitq; terram cum germine suo, & montium fundaménta comburet. Et: inebriabo sagittas meas sanguine, & gladius meus deuorabit carnes. Hic singula verba peculiarem quandam vocis amplitudinem cum acrimonia coniunctam desiderant Sic illud D. Chrysosto. Vt leones ignem spirantes ab illa mensa discedimus, terribiles Dæmonibus effecti. Videndum tamen in his, ne nimio boatu vocem affectata quadã amplitudine à naturali sono detorqueamus. Nihil enim affectatum, nihil à natura ipsa degenerans placere potest. In quo vitio sunt, qui cùm tenuem & pusillam vocem habeant, inflatis (vt ita dixerim) buccis hanc vocis amplitudinem & acrimoniam referre volunt.

De gestu & motu corporis.
Cap. VI.

DIximus perfectam pronunciandi & agendi rationem apta vocis figura & gestu corporis contineri. Quia verò de vocis figura & varietate satis dictum est, proximum est, vt de gestu & motu corporis pauca dicamus: atque ea in primis, quæ à Fabio animaduersa sunt, qui hanc partem diligentissimè tractauit: vtpote qui nullam ferè corporis partem prætermisit, cui non suam faciem, gestumque præbuerit. Gestus ergo primum (vt idem ait) voci consentiat, & vtrunque, vox scilicet & gestus, animo simul pareat. Is verò quantum habeat in oratione momenti, satis vel ex eo patet: quòd pleraque etiam citra verba significant. Quippe non manus solùm, sed nutus etiam declarant nostram voluntatem, & in mutis pro sermone sunt: & salutatio frequenter sine voce intelligitur, atque afficit, & ex vultu ingressuque perspicitur habitus animorum, & animalium quoque sermone carentium, ira, lætitia, adulatio, & oculis, & quibusdam alijs corporis signis deprӕhenditur. Nec mirum si ista, quæ tamen in aliquo posita sunt motu, tantū in animis valeant, cùm pictura tacens opus, & habitus semper eiusdem, sic in intimos penetret affectus, vt ipsam vim dicendi nonnunquam superare videatur. Contrà si gestus ac vultus ab oratione dissentiant, tristia dicamus hilares, affirmemus aliqua renuentes, nō autoritas modò verbis, sed etiam fides desit. Decor quoque à gestu atque à motu venit: ideoq; Demosthenes grāde quoddam speculum intuens, componere actionem solebat. Adeò quanuis fulgur ille sinistras imagines reddat, suis demùm oculis credidit quod efficeret. Præcipuum verò in actione, sicut in corpore ipso, caput est, cùm ad ipsum, de quo dixi, decorem, tum etiam ad significationem decoris illa sunt, vt sit primo rectum & secundum naturam. Nam & deiecto humilitas, & supino arrogantia, & in latus inclinato, languor, & præduro ac rigente, barbaria quædam mentis ostenditur. Tum accipiat aptos ex ipsa actione motus. vt cum gestu concordet, *Caput.*

cordet, & manibus ac lateribus obsequatur. Aspectus enim semper eodem vertitur, quò gestus, exceptis quæ aut damnare, aut concedere, aut à nobis remouere oportebit, vt idem illud vultu videamur auersari, manu repellere, quale est illud:

Dij talem terris auertite pestem. Et,
Haud equidem tali me dignor honore.

Significat verò plurimis modis. Nam præter annuendi, renuendi, confirmandique motus, sunt & verecundiæ, & dubitationis, & admirationis, & indignationis noti & communes omnibus. Solo tamen eo facere gestum scenici quoque doctores vitiosum putauerunt. Etiam frequens eius nutus non caret vitio, adeò iactare id, & comas excutiẽtem rotare, phanaticum est.

Vultus. Dominatur autem maximè vultus. Hoc supplices, hoc minaces, hoc blandi, hoc tristes, hoc hilares, hoc erecti, hoc submissi sumus: hoc pendent homines, hunc intuentur, hunc spectant etiam antequã dicamus, hoc quosdam amamus, hoc odimus, hoc plurima intelligimus. Hic est sæpe pro omnibus verbis. Sed in ipso vultu

Oculi. plurimum valent oculi, per quos maximè animus emanat, vt citra motum quoque, & hilaritate enitescant, & tristitia quoddam nubilum ducãt. Quin etiam lachrymas his natura mentis indices dedit: quæ aut erumpunt dolore, aut lætitia manant. Motu verò intenti, remissi, superbi, torui, mites, asperi fiunt: quæ vt

Labra. actus poposcerit, fingantur. Labra & porriguntur malè, & scinduntur, & astringũtur, & diducuntur, & dentes nudant, & in latus ac penè ad aurem trahuntur. Lãbere quoque ea & mordere deforme est, cùm etiam in efferendis verbis modicus esse eorum debeat motus.

Ceruix. Ore enim magis, quàm labris loquendum est. Ceruicem

Manus. rectam oportet esse, non rigidam aut supinã. Manus verò, sine quibus trunca esset actio ac debilis, vix dici potest, quot motus habeant, cùm penè ipsam verborum copiam persequantur. Nam cæteræ partes loquentem adiuuant, hæ (propè est vt dicam) ipsæ loquuntur. An nõ his poscimus? pollicemur? vocamus? dimittimus? minamur? supplicamus? abominamur? time-

timemus? interrogamus? negamus? gaudium, tristitiam, dubitationem, confessionem, pœnitentiam, modum, copiam, numerum, tempus ostendimus? Non eædem concitant? inhibent? supplicant? probant? admirantur? verecundantur? Non in demonstrandis locis atque personis aduerbiorum atque pronominum obtinent vicem? vt in tanta per omnes gentes nationesque linguæ diuersitate, hic mihi omniũ hominum communis sermo videatur. Et hi quidẽ, de quibus sum locutus, cum ipsis vocibus naturaliter exeunt gestus. Hactenus Fabius. Idemque multa de digitorum & manuum motu atque compositione docet: quę nos, quòd minus instituto nostro conueniant, consultò missa fecimus.

Illam autem manus atque digitorum figuram probamus, qua cum pollice duo sequentes digiti coeunt: aut quando solus index cæteris sub pollice compressis, directus & protensus est. Hic autem digitorum positus ad omnia ferè, quæ dicimus, valet. Interdum etiam diducto pollice quatuor reliqui aptè iunguntur, quando aut pectori manum admouemus, aut etiam aliquid auersantes ab eodem remouemus. Sinistra verò manus nunquam sola rectè gestum facit, dexteræ se frequenter accommodat, idque præcipuè dexteræ manus indice in sinistræ pollicem, aut indicem incidente, aut alternis motibus, modò pollicem, modò indicem feriente. Hic veteres artifices illud rectè adiecerunt, vt manus cum sensu & inciperet, & deponeret. Alioqui enim aut ante vocẽ erit gestus, aut post vocem: quod est vtrunque deforme. Illud etiam aduertendum, ne vox à gestu, vel gestus à voce dissentiat. Vnde Polemon sophista histrionem tragœdiarum, qui in Olympijs, O Iupiter! pronunciaret, ostensa terra: O terra! manu in cœlum proiecta, submouit à præmijs (pręsidebat enim ei certamini) dicẽs: Hic manu commisit solœcismum. Cætera verò, quæ de corporis & membrorum gestu præcipi possunt, communis prudentiæ iudicio & naturæ instinctui relinquimus.

De

De vitijs pronunciationis & actionis.
Cap. VII.

QVemadmodum in superiori libro, posteà quàm elocutionis virtutes exposuimus, cõmunia quædam eius vitia annotauimus: ita nunc idem facere visum est, cùm de pronunciandi ratione agimus. Quanuis enim facilè sit virtutibus cognitis, vitia cognoscere (vitium enim est, quicquid virtutibus aduersatur) apertior tamen doctrina fuerit, si seorsum vitia designentur. Primum autem atque vulgatissimum vitium est, vocis æqualitas (quod Græci monotoniam, hóc est, vnum quendam vocis sonum appellant) cùm is, qui dicit, eodem vocis tenore sine vllo eius flexu ac varietate, tota ferè concione decurrit, more eorum, qui quam orationem memoria complexi sunt, recitare solent. In hoc autem vitium huius officij tyrones frequenter incidunt. Metu enim ac trepidatione quadam insoliti operis pressi, vix quicquam aliud, quàm ne quod dicturi sunt, memoria excidat, attendunt. Nunquam autem quisque aptè dicet, nisi qui hoc metu & cura solutus, liber, & sui ipsius compos sit: quò & quid dicat, & quomodo dicat, prudenter inspiciat.

Huic autem contrarium vitium est, vocis inæqualitas: in quo peccant, qui prius illud vitium effugere contendunt. Sic enim frequenter accidit, vt qui vitium aliquod vitare student, in alterum quod ei aduersatur, incidant: vt ij faciunt, qui auaritiæ labem & infamiam fugientes, in prodigalitatis foueam labuntur. Vt enim simplicem illum vocis tenorem declinent, vocem ipsam, non pro natura rerum, sed pro suo arbitratu temerè illam modò in sublime attollunt, modò ad imum deprimunt: quæ res & grauiter auditorum aures lędit, & insanam ac temerariam libertatem præseferre videtur. Ab hac autem pronunciandi ratione graues homines & sana ingenia maximè abhorrent.

Est autem aliud æqualitatis vitium, quod vtriusque huius naturam referre videtur. Habes enim cum inæqualitate coniunctam æqualitatem. Est autem vitium hoc adeò occultum, vt vix verbis indicari possit. Quidam

dam enim hunc ſimplicem vocis ſonum fugere ſtudentes, quandam pronunciationis formam captant, quæ ſuos etiam vocis flexus & varietatem habeat: & neque à communi & familiari loquendi conſuetudine abhorreat: quam tamen omnibus concionis partibus accommodant. Siue enim aliquid narrent, ſiue argumententur, ſiue rem attollant, atque amplificent, eandem ferè pronunciandi figuram retinent. Quod perinde eſt, ac ſi quis omnibus corporis partibus idem veſtimenti genus aptare velit. Quòd quidem vitium auditor minimè ſtupidus in nonnullis concionatoribus deprehendet. Qua quidem animaduerſione, faciliùs intelliget, quod nos hoc in loco vix verbis explicare poſſumus.

Eſt & aliud vitium nimiæ tarditatis, quo quidam lenta pronunciatione, lõgioribusque interuallis tota ferè concione vtuntur. Quæ res tantum abeſt, vt auditores afficiat, vt ſomnum etiam frequenter illis incutiat. Cui contrarium eſt vitium nimiæ celeritatis: quo multò plures laborant, ſiue quòd memoriæ diffidant, niſi ita dicant, ſiue quòd ea libertate careant, qua dicunt, qui nullo trepidationis affectu oppreſſi, ſui ipſorum & eorum, quæ dicuntur, compotes ſunt. Iſti enim modò celeriùs, modò tardiùs, modò longioribus, modò breuioribus interuallis pro rerum natura & dignitate vti ſolent. Vtrunque enim vitium eſt, & celeri omnia & tarda voce pronunciare. Quocirca varietas, vt in vocis figura, ita in celeritate & tarditate adhibenda eſt. Quanuis ſi in alteram partem peccandum ſit, fortaſsè grauiùs peccant, qui nimia velocitate, quàm tarditate dicunt. Initio tamen concionis (quandiu dicentis animus nondum incaleſcet) vt ſedatæ & lenes ſententię, ita ſedata & lenis actio, & longioribus interuallis diſtincta (quæ aliquam dicenti, ad quæ dicit, excogitanda moram præbeat) non immeritò commendatur.

Vt autem in tarditate & celeritate, ita in acrimonia, & remiſſione, atque languore ſua vitia his non admodum diſſimilia notantur. Sunt enim quidam acri & vehemen-

vehementi ingenio, qui tota fere concione velut quodam perciti furore dicunt. Quod quidem non raro ex quadam animi trepidatione proficiscitur. Vt enim arbores arboribus, ita affectus affectibus inseruntur: atq; ita alij & ex alijs vim & impetum capiunt. Qui igitur ita dicũt, in hoc incommodum incidunt, vt cùm rem indignam acri pronunciatione dixerint, nequaquam tamen auditores cõmoueant, propterea quòd animaduertunt eos omnnia quæ dicunt, siuę leuia siue grauia sint, simili vocis impetu pronunciare. Quocirca delectum habere conuenit, vt sciamus, quæ acriori, quæ leniore voce proferenda sint, vt suum cuiquè velut ius atque habitum præbeamus. Non abnuo tamen, magis ad dicendum cõpositos esse, qui acres & ardentes sunt, si hunc ardorem suum regere sciant, eoque suis in locis vtantur: sic tamen, vt ne tunc quidem cùm eo vtendum est, totas feruori suo habenas permittant, ne fauces ita lædant, vt vocem exasperent, & illiberali quadam atque incondita raucedine inficiant. Videant hi quoque non protinus ad hanc pronunciãdi *rationem* initio statim concionis veniendum esse. *Si enim non*dum præparatis auditoribus *in* hunc affectum irruperint, *insanire* tanquam *vinolenti videbuntur.*

Quia verò multi concionatores sese ad aliorum, qui sunt huius artificij principes, imitationem accingunt; eorumque non modò eloquentiam, sed etiam agendi & pronunciandi rationem referre student, monendi sunt, vt cautè hoc atque prudenter agant. Cùm enim in actione præcipuè spectetur decorum, sciant hi non omnia omnes decere. Est enim in hoc (vt Fabius ait) latens quædã ratio, & inenarrabilis, & vt verè dictum est, caput esse artis decere, quod facias, ita id nec sine arte, nec totum arte tradi potest. In quibusdam virtutes non habent gratiam, in quibusdam vitia ipsa delectant. Maximos actores comœdiarum Demetrium & Stratoclem placere diuersis virtutibus vidimus. Fuit enim eorum natura diuersa. Nam vox quoque Demetrij iucundior, illius acrior erat. Quare norit se quisq; nec tantùm ex communibus præceptis, sed etiam ex

natura

natura sua capiat consiliũ formandæ actionis. Itaque quod idem Fab. in clarissimorum autorũ lectione atq; imitatione docet, idem in imitanda insignium cõcionatorum pronunciatione cõsilium sequi debemus. Sic enim ait: Neque verò id statim legenti persuasum sit, omnia, quæ magni autores dixerint, vtique esse perfecta: nam & labuntur aliquando, & oneri cedunt, & indulgẽt ingeniorum suorum voluptati: nec semper intendunt animos, & nonnunquam fatigantur, cùm Ciceroni dormitare interim Demosthenes, Horatio verò etiam Homerus ipse videatur. Sũmi enim sunt, homines tamen, acciditq; his, qui quicquid apud illos repererunt, dicendi legẽ putant, vt deteriora imitẽtur: id enim est faciliùs, ac se abundè similes putent, si vitia magnorum consequantur. Hæc sunt cõmunia pronunciationis vitia: nunc simili ratione actionis, hoc est, gestus vitia, quæ ferè contingunt, indicanda sunt.

Gestus vitia I.

Vt autem à digitis & manibus ordiamur, primũ vitium est, diductis omnibus digitis supinam palmam, more eorum, qui stipem postulant, protendere. Secundum verò ab hoc diuersum est, quo quidam digitos omnes ita comprimunt, vt ij faciunt, qui è fonte aquam manu haurire volunt, quod non minus indecorũ est. Auerso autem pollice demonstrare aliquid, receptum magis putat Fabius, quàm oratori decorum.

Brachijs quoque non vno modo peccatur. Primùm enim vitiosè dextrum proferunt, & cubito pronunciant. Quod ego vitium in diserto etiam concionatore animaduerti. Aliud verò brachiorum vitium est, cùm plus nimio vel in summum, vel in imum, vel in latera, instar eorum, qui cruci affixi sunt, protenduntur. Hinc Fabius: Tolli, inquit, manum artifices supra oculos, demitti infra pectus vetant: adeò à capite eam petere, aut ad imum ventrem demittere vitiosum est. Idemque palmas complodere (quod modò multi concionatores passim faciunt) scenicũ esse ait. Quanuis enim hoc in re maxima nonnunquã deceat, frequẽter tamẽ illud facere, & aures & oculos auditorũ offendit,

cùm

cùm præsertim is, qui hoc facit, ardeat, illi verò sæpè langueant, vel minus fortasse attenti sint. Nec minus fœdè quidam suggestum palmis feriunt. Vitium enim hoc sicut & illud. Fœmur autem ferire (inquit Fabius) quod Athenis primus fecisse creditur Cleon, & vsitatum est, & indignantes decet, & excitat auditorem. Idque in Callidio Cicero desiderat: Non frons, inquit, percussa, non fœmur: quanquam si licet, de fronte dissentio. Hactenus ille. Idemque humerorum vitium his verbis describit: Iactantur & humeri, quod vitium Demosthenes ita dicitur emendasse, vt cum angusto quodam pulpito stans diceret, hasta humero depēdens immineret, vt si calore dicendi vitare id excidisset, offensione illa commoneretur.

Quid autem hic illos referam, qui & pedibus, & brachijs, & irrequieto corporis motu digladiari magis, quàm agere videntur? Modò enim medium corpus frangunt, modò se intra suggestum demisso corpore condunt, modò inde velut emergunt, & in sublime attolluntur. Vt igitur languida actio motu caret, ita nimium actuosa deformis & indecora est. *Modus enim* est rebus adhibendus: quod enim aut supra modū, aut infra est, & à recto declinat, & intuentes offendit.

Superest aliud vitium, cui auditorum voluptas & ignorantia, virtutis nomen indidit: cùm videlicet partim gestu, partim etiam voce aliorum dicta, aut facta histrionum more imitamur. Gestus autem exemplum ponit Fab. si videlicet ægrum tentantis venas medici similitudine, aut citharœdum, formatis ad modū percutientis neruos manibus ostendas, quod genus quàm longissimè in actione est fugiendum. Abesse enim plurimum à saltatore debet orator, vt sit gestus ad sensus magis, quàm ad verba accommodatus, quod etiam histrionibus paulò grauioribus facere moris fuit. Ergo vt ad se manū referre, cùm de se ipso loquatur, & in eum quem demonstret, intendere, & alia his similia permiserim, ita non effingere status quosdam, & quidquid dicet, ostendere. Nec id in manibus solùm, sed in omni gestu ac voce seruandum est. Non enim aut in illa

perio-

periodo: Stetit soleatus Prætor Populi Roma. inclinatio incumbentis in mulierculam Verris effingenda est. Aut in illa: Cædebatur in medio foro Messanæ: motus laterum, qualis esse ad verbera solet, torquendus: aut vox qualis dolore exprimitur, eruenda. Cùm mihi comœdi quoque pessimè facere videantur, qui cùm in expositione aut senis sermo aut mulieris incidit, tremula vel effœminata voce pronunciant. Adeò in illis quoque est aliqua vitiosa imitatio, quorum ars omnis constat imitatione. Hactenus Fab. qui si in oratore, qui de rebus ad breuis huius æui vsum pertinentibus disputat, hanc imitationem indecoram putat, quid idem faceret in concionatore, qui de æterna vita æternoque supplicio disserit? Neque verò me mouet, quòd frequenter auditores hanc imitationem laudant, laudant quippè, quod eorum aures mulcet, quodque illis voluptatis cuiusdam & risus materiam præbet, quemadmodum histrionem laudant, qui probè voces & actus hominum effingit. Quod tamen graues & eruditi viri reprehendunt: quorum magis iudicium sequi, quàm populi plausum captare debemus. Hi nanque indignum esse putant Ecclesiastici doctoris autoritatem ad histrionum gesticulationem & leuitatem degenerare.

Sunt & alia oris vitia, quæ Fab. in prima futuri rhetoris institutione vitanda esse docet his verbis: Curabit etiam, vt quoties exclamandum erit, laterum conatus sit ille, non capitis: vt gestus ad vocem, vultus ad gestum accommodetur. Obseruandum erit etiam, vt recta sit facies dicentis, ne labra detorqueantur, ne immodicus hiatus rictum distendat, ne deiecti in terram oculi, ne inclinata vtrolibet ceruix. Nam frons pluribus generibus peccat. Vidi multos, quorum supercilia ad singulos vocis conatus alleuarentur, aliorum constricta, aliorum etiam dissidentia, cum altero in verticem tenderent, altero penè oculus ipse premeretur. Infinitum autem in his quoque rebus momẽtum est. Et nihil potest placere, quod non decet. Hactenus Fabius. Cætera vel actionis vel pronunciationis vitia facilè horum, quæ breuiter exposuimus, admonitu, pruden concionator deprehendet.

De varia pronunciandi ratione in sententijs. Cap. VIII.

HAEC omnia, quæ de pronunciandi atque agendi facultate dicta sunt; ex Quintiliano huius artis principe ad verbum penè desumpsimus: prætermissis tamen his, quæ minùs apta instituto nostro essent, vel quæ lectori fastidium aut obscuritatem parere potuissent. Hęc autem satis esse putamus, vt concionator minimè stupidus his documentis instructus, reliqua per se intelligere queat. Sed quoniam hæc pronunciandi virtus (vt initio diximus) summa est, & multi nullum laborem inutilẽ putabunt, dummodo eam pleniùs assequantur, his etiam morem gerendum esse duxi. Itaque eadem ipsa, quæ hactenus in commune de vocis figura tradita sunt, rudi (vt ita dixerim) crassaque Minerua explicare constitui. Nequaquam tamen hoc in loco absolutum cõcionatorem, sed nouitium, ac penè infantem à primis huius disciplinæ rudimentis instituendum suscipio. Vt enim ludimagistri, qui vel legendi, vel scribendi artem docent, ab ipsis primùm singularibus literarũ elementis incipientes, ad maiora gradũ facere solent (sic enim perficiunt, vt inoffensè postea vel legere, vel scribere sciant) ita ego per plurima sentẽtiarum genera, ex quibus præcipuæ concionis partes constant, decurrens, & qua vocis figura vnaquæque earum pronũcianda sit, insinuans, facilem ipsi aditum aperiam, vt quonã modo cæteræ pronunciandæ sint, intelligat. Quæ enim Fabius in commune dixit, ego ad peculiares etiam & singulares sententias accommodabo, propositisq́; varijs exemplis illustranda curabo. In quibus exemplis pronunciandis exerceri poterit quisquis hanc facultatem pleniùs consequi desiderat.

Neque verò hoc ipsum sine eiusdem Fabij autoritate facio, qui ediscere insignia autorum loca monet: in quibus variam pronunciandi rationem exercere valeamus. Eius hæc verba sunt: Ediscere autem, quo exerceа-

Fab. li. 11.

exercearis, erit optimum: nam ex tempore dicenti auocatur cura vocis, ille, qui ex rebus ipsis concipitur, affectus, & ediscere quàm maximè varia; quæ & clamorem, & disputationem, & sermonem, & flexus habeant, vt simul in omnia paremur. Hactenus ille. Idemque rursus Rhetoricæ artis tyronem comœdiarum actori tradi præcipit, vt ab illo hanc naturalem pronunciandi formam discat: quanuis & ibidem, & vbique doceat, aliam orationis, aliam verò actoris pronunciationem esse. Ibidem etiam præcipit, quod modò diximus, nempè eligendos esse locos aliquot insigniores, in quorum pronunciatione tyrones exerceantur. Sic enim ait: Debet etiam docere Comœdus, quomodo narrandum, qua sit autoritate suadendum, qua concitatione consurgat ira, quis flexus deceat miserationem. Quòd ita optimè faciet, si certos ex comœdijs elegerit locos, & ad hoc maximè idoneos, id est, actionibus similes. Iidem autem ad pronunciandum nō modò vtilissimi, verùm ad augendam quoque eloquentiam maximè accommodati erunt. Et hæc dum infirma ætas maiora non capiet. Cæterùm cùm legere orationes oportebit, cùm virtutes earum iam sentiet, tum mihi diligens aliquis ac peritus assistat, neq; solùm lectione formet, verùm discere etiā electa ex his cogat, & ea dicere stantem clarè: & quēadmodum agere oportebit, vt protinus pronunciatione vocē & memoriā exerceat. Hactenus ille. Quia verò nobis neq; licet, neq; decorum est, ex comœdijs loca eligere, in quorū pronunciatione exerceamur, aliqua ex literis sanctis loca in mediū proferemus, atque ea in primis, quæ dialogorū speciē præseferunt: quæ ad huius facultatis exercitationem commodiora videbuntur. Quòd si diutiùs in his exemplis fuerim immoratus, nemo mihi iure succensere debet. Quia enim sapientib. & insipientibus debitor sum, vbi hactenus pronunciādi rationē sapientibus demonstraui, modò eandē rudioribus aperire contendā. Sed vt verùm ingenuè fatear, illud me ad hūc laborem magis excitauit, quòd paucos admodū concionatores videā, qui rectā hanc & naturalē pronunciandi rationē Lib.1.c.19.

teneant. Quod eò magis dolendum est, quia huius rei ignoratio in nonnullos cadit, qui cæteris eloquentiæ partibus instructissimi, quoniam hac virtute destituuntur, omnem laboris sui & communis vtilitatis fructum prorsus amittunt. Huic igitur publicæ vtilitatis iacturæ (si quid per nos præstari possit) hac noua docendi ratione consulendum putaui.

Varia sententiarum exempla è sanctis literis excerpta. Cap. IX.

QVid autem præcipuè hoc in loco persequi velim, paucis indicabo. Tripartitam esse pronunciãdi rationem superiùs diximus. Aliã enim pronunciandi rationem præcipuis concionis partibus (hoc est, expositioni, probationi, & amplificationi) aliam varijs sententijs, quæ in has partes incurrunt, aliám verò singulis sæpè verbis, quæ his sententijs continentur, conuenire diximus. Quia verò summa pronunciationis obseruatio in huiusmodi sententijs aptè pronunciandis sita est, *hanc* partem (quam superiùs carptim & breuiter *attigimus*) huic loco reseruauimus, vt de ea quàm fieri posset, copiosè ageremus, eamque varijs (vt dixi) exemplis illustraremus. Sed prius tamen infantiam meam confitebor, quòd nequaquam varios vocis flexus atque figuras scribendo exprimere potero. Vnum tamen illud præstabo, vt prudentem lectorem admoneam, aliam atque aliam vocis figuram in diuersis propositæ cuiuslibet sententiæ partibus esse adhibendam: quam ipse per se, nisi stupidus admodum fuerit, facilè deprehendet. Verùm quia omnia sententiarum genera persequi, & variam pronunciandi rationem vnicuique illarum assignare, infiniti propemodum operis esset, hãc ego methodum commodissimam iudicaui, vt propositis aliquot verborum & sententiarum figuris, de quibus in secundo & quinto huius operis libro disseruimus, quam pronunciandi rationem vnaquæque exigat, expendamus. Vt enim figuræ omnes peculiarem quendam veluti gestum & formam elocutionis habẽt,

ita

ita peculiarem quoque pronunciandi formam requirunt. Ab his autē primùm incipiamus, quæ affectum aliquem & motum animi exprimūt: in his enim pronunciandi ratio manifestior est.

I.

Prima igitur figura (sic enim & hanc, & alias huic similes hoc in loco appellare libet) optatio est, quæ suā quandam pronunciandi formam requirit, quæ videlicet desiderantis animi affectum exprimat: qualis illa Sponsæ in Cant. Quis det te fratrem meum sugentem vbera matris meæ, vt inueniam te foris, & deosculer te? Paulò tamen acrior & magis anxia atque indignabunda illa Hieremiæ optatio. Quis dabit me in solitudinem, diuersorium viatorum, vt fugiam populum meum, quia omnes adulteri sunt, & cœtus præuaricatorum. Clementior tamen, & veluti commiserantis illa: Quis dabit capiti meo aquam, & oculis meis fontem lachrymarum, & plorabo die ac nocte interfectos filiæ populi mei? Sic illa: Vtinam saperent, & intelligerent, ac nouissima prouiderent. In his omnibus eadem vocis figura cum aliqua tamē dissimilitudine pro sententiarum natura retinenda est. *Optatio.* *Cant. 8.* *Hiere. 9.* *Idem ibid.*

Cōtraria huic est imprecatio, qualis illa: Pereat dies, in qua natus sum, & nox, in qua dictum est, cōceptus est homo. Vehemens est & illa Didonis apud Maronem imprecatio: *Imprecatio.* *Iob 3.*

Sed mihi vel tellus optem priùs ima dehiscat,
Vel pater omnipotens adigat me fulmine ad vmbras, &c.
Antè pudor quàm te violem, aut tua iura resoluam.

Hæc autem imprecatio acri & horrenda voce pronuncianda est. Bona precatio verò sicut huic contraria, ita lōgè diuersam vocis figuram desiderat: qualis illa Prophetæ: Dominus conseruet eū, & viuificet eum, & beatum faciat eum in terra, & quæ sequuntur. Hoc autem vocis tenore totus ille Psalmus pronunciandus, cuius est initium: Exaudiat te Dominus in die tribulationis, &c. Similem vocis figuram exigunt & benedictiones illæ in sacris literis frequētes, qualis illa Isaac ad Esau: Ecce odor filij mei, sicut odor agri pleni, cui benedixit *Bona precatio.* *Psal. 40.* *Gen. 27.*

Dominus. Crescere te faciat Deus meus, det tibi de rore cœli, & de pinguedine terræ, & cætera, quæ sequũtur.

Obsecratio. Finitima est huic obsecratio, quæ blandam & mollem, non tamen effœminatam vocem requirit: cuiusmodi est illa Pauli: Ipse autem, ego Paulus obsecro vos *Ephes 4.* per mansuetudinem Christi, qui in facie quidem humilis sum inter vos, absens autem confido in vobis. Rogo autem vos, ne præsens audiam, & cæt. Obsecrationi finitima est inuitatio ad iustitiam & pietatem, *2. Cor. 10.* quæ similem vocis mollitudinem exigit, qualis est illa *Matt. 11.* Domini in Euangelio: Venite ad me omnes, qui laboratis, & onerati estis. Simili vocis (vt ita dixerim) blandiloquentia illa regij vatis inuitatio proferenda est: Venite filij, audite me: timorem Domini docebo *Psal. 33.* vos, &c.

Sunt præterea multi alij animorum motus & affectus, qui quàm sunt varij, tam variam pronunciandi formam deposcunt. Aliter enim querimur, & vicem *Conquestio.* nostram lamentamur, vt cùm Propheta pio & mœsto animi affectu queritur, dicẽs: Vsquequò Domine obliuisceris mei in finem? vsquequò auertis faciem tuam *Psalm. 12.* à me? quandiu ponam cõsilia in anima mea, dolorem in corde meo per diem? vsquequò exaltabitur inimicus super me? &c. Sic sanctus Iob: Vsquequò non parcis mihi, nec dimittis me, vt glutiam saliuam meam? *Iob 7.* Acriùs tamen Abachuc Propheta queritur, cùm ait: *Abac. 1.* Vsquequò Domine clamabo, & non exaudies, vociferabor ad te vim patiens, & non saluabis? Heu mihi, quia factus sum sicut qui colligit in autumno racemos vindemiæ, non est botrus ad comedendum, præcoquas ficus desiderauit anima mea. Perijt sanctus de terra, & rectus in hominibus non est, &c.

Comminatio. Hac eadem interiectione væ, nõ modò sortem nostram dolemus, sed alijs etiam mortem & supplicium comminamur. Sic Amos: Væ vobis, qui opulenti estis *Amos 6.* in Sion, optimates, capita populorum, ingredientes pompaticè domum Israel. Sic Dominus in Euangelio: *Esai. 29.* Væ, inquit, vobis Scribæ & Pharisæi, hypocritæ, qui clauditis regnum cœlorum.

Finiti.

Finitimus autem comminationi est indignationis affectus Sic Dominus apud Ezechielem: Et complebo, inquit, furorem meum in te, & dabo te in desertum, & in opprobrium gentibus, quæ in circuitu tuo sunt, & eris opprobrium, & blasphemia, exemplum, & stupor in gentibus, quæ in circuitu tuo sunt, cùm fecero in te iudicia in furore, & in indignatione, & in increpationibus: Ego Dominus locutus sum, quando misero sagittas famis pessimas in eos, quæ erunt mortiferæ, & immittam in vos famem, & bestias pessimas vsque ad internecionem: pestilentiæ & fames transibunt per te, & gladium inducam super te, Ego Dominus locutus sum. In his verbis apertè constat, atrocitatem indignationis similem in pronunciatione atrocitatem postulare, vt habitus vocis orationi & sententiæ respondeat. Sic etiam idem Dominus apud Esaiam: Tacui, semper silui, patiens fui, quasi parturiens loquar, dissipabo & absorbebo simul, desertos faciam montes & colles, & omne gramen eorum exsiccabo. Sic idem Dominus in Cantico: Ignis succensus est in furore meo, & ardebit vsque ad inferni nouissima: deuorabitque terram cum germine suo, & montium fundamenta cõburet. Dentes bestiarum mittam in eos cum furore trahentium super terram atque serpentem, & cætera, quæ in hanc sententiam sequuntur. *Indignatio.* *Ezech. 5.* *Esai. 42.* *Deut. 32.*

Incidit etiam non raro admirationis affectus. Tale est illud apud Esaiam: Quomodo cessauit exactor, quieuit tributum? Et, Quomodo cecidisti de cœlo Lucifer, qui manè oriebaris? Corruisti in terram, qui vulnerabas gentes, &c. Interdum etiam affectus hic alijs admiscetur. Sic apud eundem indignationi cõiungitur: Quomodo facta es meretrix ciuitas fidelis, plena iudicij? Dolori autem apud Hieremiam cùm ait: Quomodo sedet sola ciuitas plena populo? &c. Sic Dauid amicorum casum lamentatur: Quomodo, inquit, ceciderunt robusti, & perierunt arma belli? *Admiratio.* *Esai. 14.* *Esai. 1.* *Thre. 1.* *2. Reg. 1.*

Ironia verò, quæ est in sententijs, nõ vacat quodam amarulentiæ affectu, quam pronũciatio præseferre debet. Sic Dominus in Euangelio: Sinite illos, cæci sunt, *Ironia.* *Matt. 15.*

& duces cæcorum, &c. Ironiæ quoque speciem habet illud Apostoli: Comedamus & bibamus. Cras enim moriemur. Et in Apoca. Dominus: Qui nocet, noceat adhuc, & qui in sordibus est, sordescat adhuc.

Apoc. 22.

Præcisio. Præcisio autem, quam inter sententiarum figuras numerauimus, ingentem sæpe affectum non loquendo, sed tacendo exprimit. Sic regius Vates: Anima mea turbata est valdè, sed tu Domine vsquequo? Substitit enim in hac voce desiderantis affectus, & doloris magnitudine impeditus vlteriùs progredi non valuit. Deest enim verbum, Non parces mihi, vel aliud simile. Diuersum autem animi affectum insinuauit, cùm dixit: Calix meus inebrians. Præcisa enim oratio est in Hebræo. Particula enim, Quàm præclarus est, ab interprete perspicuitatis gratia addita fuit. Hac autem orationis præcisione ingentem animi affectum significare possumus, cùm alicuius rei dignitatem vel (quod est frequentiùs) indignitatem ad summum vsque extulimus. Ad quem vbi peruentum est, subsistit oratio, quasi is, qui dicit, nullam satis dignam orationem inueniat, qua quod reliquum est, explicare possit. Itaque concionator velut attonitus hæret, stupet, ac silet: quo quidem silentio, cùm verè dicentis animus commotus est, vehementer auditorum animi concitantur. Tanta autem diuini Spiritus vis in concionatore esse poterit, vt concionem ipsam huiusmodi præcisione aliquando finiat: atque ita suspensos & tremebundos auditores relinquat. Quę quidē res vt ridicula erit, si ex sola dicētis arte fiat: ita cùm ex animo diuinæ gloriæ zelo saucio fit, ad permouendos animos efficacissima est.

Psal. 6.

Psalm. 22.

Asseueratio. Habent affectus aliquid hæc orationū genera, quæ mox subijciemus, atque inprimis asseueratio, quæ interdum (vt Fab. ait) plus ipsis probationibus valet. Ea enim vim quandam & acrimoniam in voce ac vultu requirit, quæ causæ suæ fiduciam præseferat. Talis illa Pauli: Ecce ego Paulus dico vobis, si circuncidamini, Christus nihil vobis proderit. Testificor aūt rursus omni circuncidenti se, quoniā debitor est vniuersę legis faciendæ. Idemq; rursus: Si in hoc mundo tantùm in

Gal. 5.

Christo

Christo sperantes sumus, miserabiliores sumus omnibus hominibus. Et apud eundem: Nolite errare: neque fornicarij, neque idolis seruientes, neq; adulteri, neque molles, &c. regnum Dei possidebunt. *1. Cor. 6.*

Cum asseueratione similitudinem quandam habet adiuratio: cuiusmodi est illa Caiphæ Pontificis: Adiuro te per Deum viuum, vt dicas nobis, si tu es Christus. Similem autem acrimoniam & asseuerandi vim iusiurandū requirit. Sic Dauid: Viuit Dominus Deus Israel, qui prohibuit me, ne malum facerem tibi, nisi citò venisses in occursum meum, non remansisset Nabal vsq; ad lucem matutinam, mingens ad parietem. Sic Elias trepidantem Abdiam confirmat hoc iuramento: Viuit Dominus exercituum, in cuius conspectu sto, quia hodie apparebo ei (hoc est) Achab regi. Sic Ioab ad Dauidem Absolonis filij mortem lamentantem ait: Nūc igitur surge, & procede, & alloquens satisfac seruis tuis. Iuro enim tibi per Dominum, quod si non exieris, ne vnus quidem remansurus sit tecum nocte hac: & peius erit hoc tibi, quàm omnia mala, quæ venerunt super te ab adolescentia tua. Quis non videt, quantam vocis acrimoniam hæc oratio postulet? *Adiurat. Matt. 26. 1. Reg. 25. 1. Reg. 18. 2. Reg. 19*

Habet etiam adhortatio speciem quandam affectus, quæ præcipientis imperium & auctoritatem voce ipsa, & quadam pronunciandi celeritate repræsentat: qualis est illa Domini apud Esaiam: Quærite iudicium, subuenite oppresso, iudicate pupillo, defendite viduam, & venite, & arguite me, dicit Dominus. Sic apud eundem: Dissolue colligationes impietatis, solue fasciculos deprimentis, dimitte eos, qui confracti sunt liberos, & omne onus dirumpe, frange esurienti panem tuum, & cætera quæ sequuntur. *Adhortatio. Cap. 1. Esai. 58.*

Nec longè distat ab adhortatione castigatio: qualis illa apud Salomonem: Vsquequò piger dormies? quādo consurges è somno tuo? paululum dormies, paululum dormitabis, &c. Idemq;: Vsque quò paruuli diligitis infantiam? & stulti ea, quæ sunt sibi noxia, cupient? & imprudentes odibunt scientiam? *Castigat. Prou. 1.*

Exclamatio. Ad affectus etiam commouendos plurimum conferunt Exclamatio & Apostrophe, quæ non vnum aliquem affectum exprimunt, sed ad omnes accommodantur. Ex quouis enim ingenti affectu in exclamationem & Apostrophen erumpere licet. Ad commiserationem quidem illa Hieremiæ exclamatio pertinet: O vos omnes qui transitis per viam, attendite & videte, si est dolor similis sicut dolor meus. Leniorem verò indignationem habet illa: O stulti & tardi corde ad credendum ea, quæ locuti sunt Prophetæ! Acrior tamen illa Pauli: O insensati Galathæ! quis vos fascinauit non obedire veritati? Sed multò tamen acrior illa: O generatio incredula & peruersa, quousque apud vos ero? quandiu vos patiar? Neque verò necesse est ad exclamationes omnes particula O: sine ipsa nanque & cũ alijs etiam interiectionibus, quibus vehemens affectus erumpit, exclamatio fit. Talis est illa Ioannis Baptistę: Genimina viperarum, quis ostendit vobis fugere à vẽtura ira? Similiter & illa Domini vox apud Esaiã: Heu consolabor de hostibus meis, & vindictam sumam de inimicis meis. Sic & Dominus in Euangelio, magno erumpente animi dolore ait, Væ mundo à scandalis. Et, Væ homini illi, per quem scandalum venit. Sic & Angelus in Apoca homines ipsos inducit Babylonis casum admirantes & lamentantes: Væ væ ciuitas illa magna Babylon, ciuitas illa fortis, quia vna hora venit iudicium tuum. Numeratur etiam inter exclamationes illa Hieremiæ, A, a, a, Domine Deus, Prophetæ dicunt eis, Non videbitis gladium, & fames non erit in vobis. Vt enim litera, o, ita etiam, a, commodissimè exclamationibus seruit. Vtraq; enim, quoniam fauces implet, ad exclamandum commodissima est. Verum ex his, a, mihi commodior atque facilior ad pronunciandũ videtur, minusq; dicentis artificium detegit, cùm sit velut naturalis quædam erumpentis affectus significatio. Qua si prudenter suis in locis Ecclesiastes vtatur, non parum auditorum affectus excitabit.

(Margin: Thre. 1. — Luc. 24. — Ad Gal. 3 — Luc 9. — Matt. 23. — Esai 1. — Matt. 18. — Apoc. 18. — Thre. 14.)

Apostrophe. Exclamationi finitima est Apostrophe: vtpotè, quæ illi semper adiuncta est, eademque sicut exclamatio,

tio, cunctis affectibus seruit. Vehemens illa, Audi coe- *Esai.1.*
lum, & auribus percipe terra, quia os Domini locutum *Deut.14.*
est. Nec minùs illa Moysis: Testes inuoco hodie cœlũ
& terram, citò perituros vos esse de terra quam transi-
sito Iordane possessuri estis. Nec minus vehemens illa:
Obstupescite cœli super hoc, & portæ eius desolamini *Hier.2.*
vehementer. Duo enim mala fecit populus meus: &c. *Ezec.21.*
Sic & illa apud Ezechielem: O mucro, mucro, euagina
te ad occidendum, lima te vt interficias & fulgeas. Lõ-
gè autem dissimili vocis figura pronuncianda est apostrophe illa suauissima: Rorate cœli desuper, & nubes *Esai.45.*
pluant iustum, aperiatur terra, & germinet Saluatorẽ.
Sic & illa: Flecte ramos arbor alta, tensa laxa viscera,
&c. Vtrobique enim pronunciationis vox desiderantis
animi affectum exprimere debet. Diuersum autem ab
hoc affectum requirit illa Dauidis Apostrophe: Mon-
tes Gelboë, nec ros, nec pluuia veniant super vos, neq; *2.Reg.10.*
sint agri primitiarum: quia ibi abiectus est clypeus fortium.

Interrogatio quoque & omnes recipit affectus, & *Interroga-*
apertè dissimilem à communi sermone pronunciatio- *tio.*
nem requirit, eamq; cumprimis pro affectuũ & sentẽtiarum ratione variam. Simplici autem & blanda voce
adolescens ille interrogat: Magister bone, quid facien-
do vitam æternam possidebo? Sic & illud: Qui sunt hi *Luc.24.*
sermones, quos confertis ad inuicem ambulantes, &
estis tristes? Dissimili autem voce optantes interroga- *Iob 16.*
mus: Quis mihi tribuat, vt scribantur sermones mei?
quis mihi det, vt exarentur in libro? &c. Omnia huius
interrogationis membra simili vocis tenore, cum quadam tamen vehementia atque instantia pronuncian- *Ad Cor.11*
da sunt. Sic & illa: Quis infirmatur, & ego non infirmor? quis scandalizatur, & ego non vror? Acrior
tamen illa: Quare atteritis populum meum, & facies
pauperum commolitis. Et, Generatio praua atque per- *Esai.3.*
uersa, hæccine reddis Domino, popule stulte & insipiens? Hæc interrogatio cum quadam iræ & indignationis significatione proferenda est: Sicut etiam hæc: Nũquid super his nõ visitabo, dicit dominus, aut in gente *Hier.5.*
tali

tali non vlciscetur anima mea? Hærentis autem, dubitantis, & anxij animi voce pronuncianda est interrogatio illa: Cui loquar, aut quem contestabor, vt audi-

Hier. 6. at? Et, Quis est vir sapiens, qui intelligat hoc, & ad quẽ verbum oris Domini fiat, vt annunciat istud, quare perierit terra, & exusta sit, quasi desertum, eò quòd non sit, qui pertranseat? Longum est ire per singula: huiusmodi namque exemplorum in literis sanctis, nusquã non magna copia est, in quorum varia ac dissimili pnunciatione Ecclesiastes exerceri poterit, vt huiusmodi excitatione veram ac naturalem pronunciandi formam animo concipiat.

Sermocinatio. Sermocinatio quoque, quam inter sententiarum figuras numerauimus, quæ varias personas loquentes inducit, varijs quoque affectibus seruit. Ideoque dissimilem vocis figuram in eisdem requirit. Aliter enim sermocinationem illam pronunciamus: Et non dixe-

Hier. 5. runt, Metuamus Dominum, qui dat nobis pluuiam temporaneam & serotinam, plenitudinem annuæ

Prou. 5. messis custodientem nobis. Aliter illa: Ne gemas in nouissimis tuis, & dicas, Cur detestatus sum *disciplinam*? & increpationibns non acquieuit cor meum? nec audiui vocem docentium me, & magistris non inclinaui aurem meam? Aliter illa: Dixerunt impij cogitantes apud se non rectè. Exiguum & cum tædio est tempus vitæ nostræ, & nõ est refrigeriũ in fine hominis,

Sap 2. & cætera quæ sequuntut, Sapient. 2. Aliter illa, qua impij felicissimam iustorum sortem admirantes dicunt. Hi sunt quos aliquando habuimus in derisum, & in similitudinem improperij. Nos insensati vitam illorum æstimabamus insaniam, & finem illorum sine honore. Ecce quomodo computati sunt inter filios Dei, & inter sanctos sors illorum est. Ergo errauimus

Sap 5. à via veritatis, &cæ. Sapient. 5. Aliter illa? Visitabo super fructum magnifici cordis regis Assur. Dixit enim, In fortitudine manus meæ feci, & in sapientia mea intellexi, & abstuli terminos populorum: &cæt.

Esai. 10. Esai. 10.

Sunt etiam inter figuras aliæ, quæ peculiarem quẽdam

dam vocis habitum requirunt, quas non erit inutile hoc in loco exempli gratia recensere. Earum prima est repetitio, quæ idem nomen orationis initio repetit. Hæc autem postulat, vt eodem vocis tenore idem nomen repetatur. Sic apud Hieremiam: Gladius ad Chaldæos, ait Dominus: & ad habitatores Babylonis, & ad principes, & ad sapientes eius: Gladius ad diuinos eius, qui stulti erunt: Gladius ad fortes illius, qui timebunt: Glaudiùs ad equos eius, & ad currus eius, & ad omne vulgus, quod est in medio eius: Gladius ad thesauros eius, qui diripietur. Cònuersio quoque idem postulat in fine, quod repetitio in principio. Sic autem pronunciamus illud Diuus Pauli. Cum essem paruulus, loquebar vt paruulus, sapiebam vt paruulus, cogitabam vt paruulus, & cætera. Complexio verò, quæ vtriusque figuræ naturam retinet, in qua initia inter se & fines conueniunt, vtriusque etiam figuræ formam in pronunciando retinet. Cuius rei exemplum cùm de hac figura loqueremur, subiecimus.

Repetit. *Hier. 50.* *Conuersio.* *1. Cor. 13.* *Cōplexio.*

Conduplicatio quam Græci Epizeusim vocant, quę idem verbum aut etiam orationem repetit, vt asseuerationi finitima est, ita similem ferèp ronunciandi formam requirit. Sic apud Esaiam Dominus, Propter me, propter me faciam, vt non blasphemer, & gloriam meam alteri non dabo. Et iterum: Ego sum, ego sum, qui deleo iniquitates tuas propter me. Acrior illa: Tu tu faces illas incendisti. Et in oratione: Commotus non es? cùm tibi mater pedes amplexaretur, commotus non es? Sic & illa:. Tu in horum conspectum venire audes proditor patriæ? proditor inquam patriæ, tu in horum conspectum venire audes? Et, Matrem tuam occidisti: quid dicam amplius? matrem tuā occidisti.

Conduplicatio. *Esai. 48.* *Esai. 43.*

Correctio quoque peculiarem quandam pronunciandi rationem petit: qualis illa D. Gregor. Quid igitur miramur fratres? Mariam venientem, an Dominum suscipientem? suscipientem dicam? & cæt. Sic Terentianus ille senex, cum filium se habere dixisset, adiun-

Correctio.

iunxit: Quid dixi me habere? Imò habui Chreme? nũc habeam necne, incertum est.

Dubitatio. Dubitatio quoque aliam pronunciandi formam requirit: qualis illa Eusebij Emiss. Quid primùm mirer, quidúe postremum? quòd sine conceptu est collata fœcunditas, an quod per partum magis est glorificata virginitas? Sed non mirum, si ita peperit: talis erat ille cui nupserat. Sic D. Cyprian. in Serm. de lapsis: Quid hoc loco faciam, dilectissimi fratres, fluctuans vario mentis æstu? Quid, aut quomodo dicam? lachrymis magis quàm verbis opus est.

Ratiocinatio. Subiectio. Verùm inter alias figuras vix vlla maiorem in pronunciando varietatem desiderat, quàm Ratiocinatio atque subiectio: quæ similem penè naturam, similemque pronũciandi formam requirunt: propterea, quòd crebris interrogatiunculis & responsionibus constant. Quo fit, vt subinde vocis figura varianda sit, cùm aliter interrogemus, & aliter nobis ipsis, tanquàm alteri, respondeamus. Quocirca non erit tyronibus inutile, in harum duarum figurarum pronunciatione exerceri. Exempla verò cum de his duabus figuris ageremus, subiecimus: quæ hic repetere non est necesse. Verùm de his satis multa: quibus facilè quisque intelliget, qua pronunciandi ratione in cæteris quoque sentẽtijs, quæ ad has reuocari non possunt, vsurus sit. Omnia enim, quæ hactenus præcepimus, eò pertinent, vt pronunciatio cum rerum & sententiarum natura aptè cohæreat.

Exempla quædam è literis sanctis desumpta, in quorum pronunciatione rudes huius officij exerceri valeant. Cap. VIII.

QVoniam (vt paulò antè diximus) edisce re aliquid monet Fabius, in quo exerceri valeant, qui hanc pronunciandi facultatem consequi desiderant, operæ pretium me facturum putaui, si præter ea exempla, quæ hactenus ex scripturis sanctis adduxi, alia quoque paulò lõgiora afferam, quæ variam pronunciandi rationem exi-

exiguntur in quibus huius artificij rudes exerceri queāt, vt perfectam pronunciandi formam addiscant. Sumamus igitur in primis locum illum ex Psalm. 49. Peccatori autem dixit Deus: Quare tu enarras iustitias meas, *Psal. 49.*
& assumis testamentum meum per os tuum? Hæc duplex interrogatio figura obiurgantis atque admirantis pronuncianda est. Sequitur deinde alio vocis flexu proferendum, quod subdit: Tu verò odisti disciplinā, proiecisti sermones meos retrorsum: &c. quæ sequuntur vsque ad illud: Aduersus filium matris tuæ ponebas scandalum. Hæc omnia membra eodem vocis tenore atque acrimonia pronuncianda, & suis interuallis distinguenda sunt: quoniam omnia eandem continent enumerationem scelerum, nisi quòd sententia illa: Si videbas furem, currebas cum eo, nonnihil ab antecedentibus & consequentibus membris in pronunciatione distat. Sequitur deinde: Hæc fecisti & tacui. Hæc admirantis vox est, & velut ad tam diuturnum silentium obstupescentis. ideoque paululum hoc in loco subsistere pronunciatio debet. Hoc enim admirationis ratio postulat. Quod verò deinde sequitur: Existimasti inique, quod ero tui similis? maiorem dicentis acrimoniam & indignationem præsefert, maioremq; adhuc, quod protinus subdit. Arguam te, & statuam contra faciem tuam: hoc enim minaci gestu atque voce pronunciandum est. Sequitur deinde alia pronunciandi ratio, ab his longè dissimilis: Intelligite hæc, qui obliuiscimini Deum, ne quando rapiat, & non sit qui eripiat. Hæc enim sententia voce prudenter atque opportunè admonentis, & ab imminenti periculo deterrentis proferenda est. Hoc igitur exēplo apertè liquet, quàm varia in his paucis versiculis pronunciandi ratio adhibenda sit.

Sumamus aliud exemplum ex prima Pauli ad Corinthios epistola: in qua Corinthiorum lites re- *1. Cor. 6.*
prehendit. Sic igitur ait: Audet aliquis vestrum habens negotium aduersus alterum, iudicari apud iniquos, & non apud sanctos? Hæc interrogatio, & tres quæ deinde sequuntur, habitum vocis acriter obiur-

iurgantis, admirantis, & instantis exigunt. Quod verò sequitur: Secularia igitur iudicia si habueritis, contemptibiles, qui sunt in Ecclesia, illos constituite ad iudicãdum. Hoc maiori adhuc vehemenia pronunciandum est. Habet quippè oratio hæc, Cõtemptibiles qui sunt in Ecclesia, speciem quandam vel Hyperboles, vel Ironiæ, quam deinde corrigit, cùm infert, Ad verecundiã vestram dico. Quæ quidem sententia aliam vocis figuram requirit. Sequitur deinde: Sic? non est inter vos sapiens quisquam, qui possit iudicare inter fratrem suum? Hæc interrogatio admirantis vocem postulat, & apertissima ratione eos qui litigabant, conuincentis. In illa verò particula, Sic, paululum immorandum esse videtur. Habet enim & silentium in pronunciatione, aliàs quidem longiùs, aliàs breuiùs, non vulgarem emphasim. Quod verò protinus adijcit: Sed frater cum fratre iudicio contendit, & hoc apud infideles. Hæc sententia eandem vocis acrimoniam & admirationẽ petit, sic tamen vt circunstantia illa. Et hoc apud infideles, maiore nisu atque voce proferenda sit, quò indignitas rei magis emineat. Sequitur deinde alia pronunciandi ratio, cùm subdit: Iam quidem omninò delictũ est in vobis, quod iudicia habetis inter vos. Verũ multò acriùs vrget, vbi continuò infert. Quare non magis iniuriam accipitis? quare non magis fraudem patimini? Hæc enim duplex interrogatio maiore spiritu atque impetu pronuncianda est. Aliam porrò vocis figuram exposcit quod sequitur: Sed vos iniuriam facitis, & fraudatis, & hoc fratribus. In qua sententia particula illa. Et hoc fratribus, eminere debet, sicut superior illa, Et hoc apud infideles Vtrobique enim rei indignitas ex varijs personarum circunstantijs colligitur: quam pronunciatio præseferre debet. Sequitur continuò alia vocis figura, cum addit: An nescitis, quia iniqui regnum Dei non possidebunt? A qua nonnihil distat, quod deinde subijcit: Nolite errare: neque fornicarij, neque idolis seruientes, neque adulteri, neque molles, & cæt. regnum Dei non possidebunt. Hi omnes articuli vehementiùs atque cleriùs pronuncian-

dì

di sunt, sic tamen, vt interuallis suis distinguantur. Asseueratio quippe, quæ ipsis interdum probationibus plus valere dicitur, vehementiam atq; impetum in asseuerante requirit.

Quia verò orationes illæ, in quas personarum varietas incurrit, quæ instar dialogorum sunt, ad facultatis huius exercitationem plurimum conferunt, ex his etiam exempla aliquot in medium proferam, atque in primis illud Matthæi 15. vbi Scribæ & Pharisæi Dominum adierunt, vt ipsum de neglecta discipulorum cura, ac disciplina obiurgarent. Sic igitur aiunt: Quare discipuli tui transgrediuntur traditiones Seniorum? Hęc obiurgatio magna seueritate & ampla voce proferenda est, vt Scribarum & Pharisæorum personam referamus, qui ingētis piaculi esse credebant, illotis manib⁹ cōtra Seniorum traditionē edere. Sed quantò alia voce Dominica responsio proferenda est, cùm ait: Quarę & vos transgredimini mandatum Dei propter traditionem vestram? Nam Deus dixit: Honora patrem tuū & matrem, & cætera quæ sequuntur. Omnis hæc oratio obiurgantis, & indignantis vocem desiderat. Sed acriùs tamen est & vehementiùs, quod deinde addit: Hypocritæ, benè prophetauit de vobis Esaias, cùm dixit: Populus hic, labijs me honorat. &c. Hoc enim est, velut adacto verbi Dei pugione diuinā legem adulterantes transfodere. Longè verò dissimilem vocis figuram exigit, quod deinde discipuli ad Dominum dicunt: Scis quia Pharisæi audito verbo hoc, scandalizati sunt? Hoc enim submissa voce quasi ad aurem insusurrando proferendum est. At illud quod sequitur, libera asseuerantis voce pronunciandum: Omnis plantatio, quam non plantauit Pater meus cælestis, eradicabitur. Dissimili protinus voce proferendum est, quod subiecit Petrus, cum ait: Edissere nobis parabolam istā. Sed quantò aliter pronunciandum, quod deinde respōdit Dominus: Adhuc & vos sine intellectu estis? Non intelligitis, quia omne quod in os intrat, in ventrem vadit, & in secessum emittitur, & cætera, quæ sequuntur.

Si quis alia exempla desiderat, habet in Euangelica historia nonnulla, atque ea in primis, quæ dialogorum speciem referunt, vt cum Dominus longa oratione cũ muliere Samaritana, vsque ad discipulorum aduentũ loquitur, illa interrogante & domino respondente. Sic etiam cum Petrus pedes à Domino ablui recusat, Dominus verò cœpto ministerio instat. Sed commodissimum huius rei exemplum extat apud D. Greg. Naziã. in funebri oratione, qua Basilij Magni virtutes, ac præcipuè mirabilem eius in fide constantiam aduersus Imperatoris Arriani præfectum commendat. Cuius rei historiam hoc in loco attexere libuit, non solùm quia instituto nostro vtilissima est, sed etiam quoniam historiam scitu dignissimam continet, Sic igitur Greg.

Quonam autem modo vel Præfecti audaciam, vel Basilij virtutem, & sapientiam, cum qua ei restitit, satis digna orationē complectar? Quæ tua est, inquit Præfectus, ratio, heus tu? nomine illum suo cõpellans (nõdũ .n. eum Episcopi nomine appellandũ ducebat) vt tanto imperio obsistere audeas? solusq; omnium præfractè, & contumaciter obluctens? Quorsum, *respondit* Basilius, hæc oratio spectat, & quænam hæc est contumacia? Nondum enim id satis intelligo. Quoniam inquit ille, imperatoris religionem minimè profiteris, omnibus alijs iam substratis ac superatis. Non enim inquit Basilius, hæc vult imperator meus: nec creaturam vllam adorare sustineo, cùm & Dei creatura sim, & Deus esse iubear. Nos verò inquit ille, qui hæc imperamus, quid tandem tibi videmur? nihil ne? Agè verò non magnum, & honorificum existimas nobiscum adiungi, sociosque nos habere? Ad hæc Basilius: Vos quidem Præfecti estis, & illustres: non inficias eo: minime tamen Deo præstantiores. Socios autem vos habere mihi quidem amplum, & honorificum fuerit (quidni enim, cum ipsi quoque Dei creaturæ sitis) sed vt alios quosdam ex his, qui nobis subiecti sunt. Non enim personarum dignitate, sed fidei integritate Christianismus dignoscitur. Hac oratione commotus Præfectus, ac maiori ira succensus, è cathedra surrexit, atq; asperio-

asperioribus verbis cum eo agere perrexit. Quid? Potestatem hanc non pertimescis? Cur verò pertimescam? respondit Basilius. Quid fiet? quid patiar? Quid patiens? intulit ille, vnum è tam multis, quæ meæ sunt potestatis. Quænam hæc? subiunxit Basilius. Facito enim vt ea cognoscamus. Bonorum, inquit ille, proscriptionem, exilium, cruciatus, mortem. Tum Basilius: Si quid aliud habes, id nobis minitare. Horum enim, quę adhuc commemorasti, nihil nos attingit. Quonam, inquit ille, modo hæc intelligis? Quoniam, inquit Basilius, primum bonorum proscriptioni obnoxius non sum, quippè qui nihil habeam: nisi fortè laceris ac detritis hisce pannis indiges, ac paucis libellis, in quibus omnis mihi vita sita est. Nec verò exilium vllum cognosco, qui nullo loco circunscriptus sum, ac neque terram hanc, quam nunc colo, meam habeo, & eam omnem, in quam proiectus fuero, pro mea duco: imò vt rectiùs loquar, vniuersam terram Dei esse scio, cuius aduena ego sum, & peregrinus. Iā quid accipere queant tormenta, cùm corpore caream? nisi fortè primam plagam dixeris: huius enim solius inferendæ potestatem habes. Mors porrò beneficij mihi loco erit: citiùs me ad Deum transmitteret, cui viuo, & munere meo fungor, maximaque ex parte obij, & ad quem iam pridem propero. Quo sermone attonitus Præfectus, Nemo, inquit, me (nomenq; suū adiunxit) ad hunc vsque diem ita est allocutus, nec pari verborum libertate. Neque enim, ait Basilius, fortasse in Episcopū incidisti. Alioqui hoc prorsus modo disseruisset, pro huiusmodi rebus in certamen veniens. Nā cæteris quidem in reb⁹ ô præfecte, clementes & placidi sumus, atq; omniū abiectissimi, quemadmodū hoc nobis lege præscriptum est: ac non dicam aduersus tantā potentiam, sed ne aduersus plebeium quenquā & infimi ordinis hominem supercilium attollimus. Verū vbi Deus nobis periclitatur ac proponitur, tum demùm alia omnia pro nihilo putantes, ipsum solum intuemur. Ignis autem & gladius, & bestiæ, & vngulæ carnes lacerantes, voluptati nobis potiùs sunt, quàm terrori. Proinde contumelijs nos affice, comminare, fac quicquid collibuerit, potestate tua fruere: audiat hæc etiam imperator: nequaquam profectò nos vinces, eoque adduces, vt impiæ doctrinæ assentiamur: ne si his quidem atrociora miniteris. Hactenus Greg. Nazian. verba. In his igitur similibusque locis aptè pronunciandis exerceri poterunt, quicunque hanc facultatem perfectè consequi desiderant.

Qualis perfecti concionatoris vita esse, & quo potissimum tempore, quóue temperamento, & quo affectu concionandi munus exercere debeat. Cap. IX.

ABsoluimus amice lector, quæ nobis de cõcionandi ratione atque officio in his libris dicenda esse videbantur. Reliquum est, vt epilogi vice documenta quædam partim ex ijs, quæ dicta sunt, partim aliundè breuiter colligamus: quæ concionator noster tanquam præcipua huius officij capita habere semper ante oculos debeat. Quæ qui diligenter obseruauerit, non dubium, quin egregius huius diuini operis artifex euasurus sit. Sed antequam hoc attingamus, ad memoriam reuocãda sunt, quæ de concionatore ipso in primo huius operis libro diximus. Qua de re quatuor mihi breuiter prælibanda esse videtur: nempè, Quis, quando, & Quo temperamento, & Quo fine concionator munus suũ exercere debeat.

Quod verò ad primum attinet, sancti illi Patres, qui deserta Aegypti loca incolebant, eũ præcipuè huic officio maturum esse credebant, qui sibi iã consuluisset, quique diuturna benè viuendi cõsuetudine omnes animi sui affectus motusq; composuisset, vt virtute iam in naturam quodammodo transeunte minima cura mores & actiones suas regere, & in officio cõtinere posset. Qui enim desideriorum atque affectuum suorum impotentia laborat, cui necesse adhuc est cum effrenatis carnis motibus continenter bellum gerere, nondum idoneus est, qui se totũ alienis cupiditatibus frenandis

impen-

impendat: quandoquidem se toto ad suarum moderationem indiget. Alios nanque erudire, & ad virtutis amorem trahere, perfectorum est, & eorum, qui firmas iam radices in virtute iecerunt. Quod quidem natura nos & in arboribus & in animantibus docet: neque enim arbores recenter plantatæ fructus continuò ferũt, neque animantia vbi primum in lucem edita sunt, fœtificant: nisi cùm ad iustam corporis magnitudinem peruenerunt. Cumque maximè naturale viuentibus sit, simile sibi generare, hoc tamen nisi in adulta perfectaq; ætate non præstant. Quocirca probata iam & corroborata virtus sit oportet, quæ virtutem in alijs ingenerare debet. Rectè enim D. Bern. cùm concionatore agens: Dabis, inquit, voci tuæ vocem virtutis, si quod suades, priùs tibi illud persuasisse cognoueris. Efficacior enim operis, quàm oris vox est.

Adde etiam, quòd cùm præcipuum concionatoris officiũ in virtutum atq; vitiorum natura explicanda versetur, quis hoc aut intelligere, aut eloqui commodiùs poterit, quã qui perpetuò vitijs bellũ indixit, seque totum ad virtutum & diuinæ legis studium cõposuit. Quanuis enim exquisita doctrina atq; eruditio ad concionandi officium necessaria sit (sine qua temeraria & cæca esset omnis oratio) tamen cum ad eam vitæ puritas & sanctitas accedit, dictu mirum est, quantũ eius accessione doctrina iuuetur. Quam quidem rem sanctorũ Patrum scripta facilè declarant: in quibus videre licet, quantam eorum doctrinæ vim & lucẽ vitæ sanctitas & innocentia adiunxerit. Hinc regius Propheta, Super omnes inquit, docentes me, intellexi: quia testimonia tua meditatio mea est. Super senes intellexi, quia mandata tua quæsiui. Duo sunt, quæ plurimũ ad sapientiam conferunt, studium, & experientia: illud ad doctores, hæc ad seniores pertinet. In antiquis enim est sapientia, & in multo tempore prudentia. Attamen diuinæ legis amor atq; studiũ vsq; adeò piorum mentes illustrat, vt & doctorib. & ætate prouectis anteferatur. Vnde est illud Ecclesiastici: Anima viri sancti annunciat aliquando vera, plusquam septem speculatores sedentes in excelso ad speculandum. Nam (vt omittã diuinæ gratiæ lumen, & egregia illa Spiritus sancti dona, quæ ad intellectus humani aciẽ illustrandã atq; perficiendam conferuntur) quantũ quæso ad virtutum & vitiorũ cognitionem parãdam adiuuat, in virtutis, & pietatis curriculo diu sudasse atq; laborasse? Vt enim q̃ nauigant mare, narrãt pericula eius: ita qui per iter virtutum gradiuntur, & latam vitiorũ viã fugere student, hi planè itineris huius ingressum & exitum, prælia & victorias, labores, & dolores, variasq; pugnandi artes & vitæ pericula non solùm legendo, sed multò magis pugnando didicerunt. Quis enim meliùs de ratione venandi, quàm venator, quis de piscandi arte quàm piscator dicet? Quis verò anfractus & compendia viarum exploratiùs, quàm assiduus viator, intelliget? Qui non est, inquit, tentatus, quid scit? qui spiritualia nunquam arma tractauit, qui nũquam cum inimico aperto Marte conflixit, qui se illi vinctum atq; captiuum tradidit, qui nunquam cum affectibus suis colluctatus est, qui nullum propter honestatem atq; virtutem laborẽ suscepit, qua ratione de hac spirituali pugna disputare ꝑfectè poterit? Hac enim de causa Annibal Phormionẽ Philosophum de re militari disputantẽ irrisit, ꝙ senex, qui nunquam hostẽ, nunquam castra vidisset, coram se, qui tot annos cum populo Rom. orbis victore bella gessisset, de re militari disputare ausus esset. Quo exemplo nõ obscurè intelligimus, quantò aliter de spirituali militia loquantur, qui in ea strenuè versati sunt, quàm qui nunquam illã attigerunt. Iam verò de diuini Spiritus delicijs, de internis fidelis animæ cum cælesti Spõso colloquijs, de charitatis ardore atque impetu, de sobria illa humanæ mentis ebrietate, qua sanctorum animæ rapiuntur in Deum, quis melius dicere poterit, quam qui hæc ipsa diu multumq; expertus est? Qua ex re liquidò apparet, verissimè à Propheta dictũ esse, A mandatis tuis intellexi. Hæc autẽ nõ eo consilio diximus, vt doctrinæ vel necessitatẽ vel dignitatem minuamus (sine cuius luce mortales in densissimis errorũ tenebris versarentur, & sine qua nemo docendi munus

vsur-

vſurpare in Eccleſia debet) ſed vt oſtenderemus (quẽadmodũ paulò ante diximus) quantum lucis & caloris integritas & ſanctimonia vitæ ſacræ theologiæ ſtudijs atque doctrinæ adiungat.

Ex his autem intelligi facilè poterit, quod ſecundò loco poſuimus, hoc eſt, quo tẽpore cõcionator munus hoc aggredi debeat. Sic. n. hoc officiũ ad eos ſolũ pertinet, qui firmas in virtute radices iecerunt, conſequens eſt, vt nemo niſi ad hãc virtutis firmitatem peruenerit, munus hoc obire debeat. Ideoq; merito Propheta iuſtũ virũ ligno comparat, iuxta decurſus aquarũ plantato: quod fructũ, inquit, ſuũ dabit in tẽpore ſuo. Neq; enim omnia omnibus temporibus conueniunt. Rectè enim Salomon ait, Tempus amplexandi, & tempus longè fieri ab amplexibus. Illud autem ſpectat ad priuatam iuſtorum vitam, in qua ij ſpiritualibus delicijs atque amplexibus cœleſtis Sponſi fruuntur: hoc autem ad publicam, quæ tota in aliorum ſalute procuranda intenta eſt. Eleganter admodum Origenes annotauit, ꝙ magnus ille ſapientiæ amator eandẽ ſapientiã modò ſpõſam, modò verò ſororẽ appellet. Quãuis diſſimilis vtriuſq; nominis ratio ſit, vtraq; tamẽ in ſapientiam cadit, quæ alio tẽpore ſponſa, alio ſoror eſſe debet. Et quidẽ quo tempore ſponſa eſt, ſolius ſponſi ſui amplexibꝰ deſtinatur, nec alteri communicari poteſt: vbi verò ſoror eſt effecta, poteſt vtique alijs matrimonio copulari. Prius igitur tibi eam ſponſam aſſume, cuius tu ſolus delicijs fruaris. Non enim habet amaritudinem conuictus illius, neque tædium cõuerſatio illius, ſed lætitiam & gaudium. Deinde verò illam ceu caſtiſſimã ſororem in publicum profer, & alijs fruendam trade. Huius autem ordinis inuerſio facit, vt concionator & ſibi ipſi noceat, & alijs prodeſſe nequeat. Non eſt enim iacentis alium erigere, neque alijs quiſquam dare poteſt, quod ipſe non habeat. Immaturus ſiue arborũ ſiue animantium partus ad frugem minimè peruenit. Ita fit, vt concionatoris immaturus labor alijs quidem inutilis, ſibi autem damno atque detrimẽto ſit. Quod quidem damnum D. Bernar. exponit his *Bern. ſuper Can.*

verbis: Quod tuum est, spargis & perdis, si prius quam infundaris tu totus, semiplenus festines effundere: contra legem arans in primogenito bouis, & ouis primogenitum tondens. Nimirum vita atque salute, quam alteri das, te fraudas, cum sana vacuus intentione, gloriæ inanis vento inflaris. Hactenus Bern.

I.

Sequitur deinde, quod tertio loco posuimus, hoc est, quo temperamento munere suo sit concionatur vsurus. Quam rem breui oratione Ecclesiasticus docet, cũ ait. Recupera proximum secundum virtutem tuam, & attende tibi ne incidas. Hoc enim charitatis ordo exigit: de quo Spõsa in Cant. gloriatur. Hic autẽ ordo petit, vt hac ratione concionator alijs prosit, ne sibi desit: sic aliorũ saluti studeat, ne suam deserat: sic in alios liberalis, ne sibi parcus: sic pius, ne sibi immitis: sic denique salutaris, ne sibi inutilis & sui negligẽs existat. Hoc autem nos docent quinq; illæ virgines sapientes, quæ fatuis virginibus oleum postulantibus prudenter responderunt: Ne forte non sufficiat nobis & vobis, ite potiùs ad vendentes, & emite vobis. Hoc idem nos Apost. docet, cum ad Timotheum ait: Attende tibi & doctrinæ. Hoc enim modo & te ipsum saluũ facies, & eos qui te audiunt. Priori ergo loco sibi concionator respicere monetur: secũdo verò, vt tradendæ populo doctrinæ vacet. Vires igitur suas perspectas atq; exploratas habere debet, vt ꝙ sibi necessariũ fuerit, pri⁹ sumat: deinde quod reliquũ fuerit temporis & officij, alijs impẽdat. Hoc est enim, quod Ecclesiasticus insinuauit, cũ dixit, Recupera proximum secundũ virtutem tuam: hoc est, ne maiora viribus tuis aggrediare, sed par sit virtuti atque facultati onus. Qua de re sic Seneca: Quoties aliquid conaberis, te simul, & ea quæ paras, quibusque pararis, ipse metire. Idemque rursus: Vt quiet⁹ possit esse animus, non est iactandus, nec multarum rerum actu fatigandus, nec magnarum supraque vires appetitarum. Facilè est leuia aptare ceruicibus, & in hanc aut in illam partem transferre sine lapsu. Illos igitur imitari concionator debet, qui ex aluearijs fauos

uos decerpunt: qui nequaquam ita illa exhauriunt, vt non apibus alimenta mellis in hyemem reposita relinquant. Sic etiam pastores, qui distenta lacte ouium vbera emulgẽt, agnorum, quos lacte nutriunt, rationem habent, ne fœtus alimenti inopia deficiat. Ad hunc igitur modum Ecclesiastes alios cœlestis doctrinæ pabulo alere debet, vt se quoque ipsum spiritualibus exercitijs, & interna cum Deo vacatione pascat. Famẽ quippe ipse & inediam sustinebit, si se neglecto atque esuriente, de aliorum tantùm pabulo solicitus sit. Qua in re non animantium modò, sed arborum etiam & terrarum quoque ingenium atque naturam imitabitur. Arbores enim, quæ vno anno vberrimos prouentus ferunt, sequenti anno à solito ferendi fructus labore feriantur: fertiles etiam agri, qui copiosam vno anno messem tulerunt, sequẽti, quo se reficiant, à solito cultu vacare permittuntur. Si ergo terra, cuius proprium est, fructus germinare, hac alterna quiete indiget: quantò magis spiritus noster, qui aliundè, quàm à natura vires haurit, eadem laboris & quietis vicissitudine indigebit: ne videlicet exhaustus deficiat, si se totum alijs, cura sui prorsus abiecta, permiserit?

Cæterùm quoniam tantum in me autoritatis non est, vt mihi fides adhiberi debeat, sanctissimi viri Bernardi, qui non tam humano studio, quàm diuino haustu atque magisterio diuina tractauit, hac de re sententiam proferam. Is igitur ad Eugenium Pontificẽ Max. sic scribit: Audi ergo quid redarguam, quid suadeam. Si quod viuis & sapis, totum das actioni, considerationi nihil, laudo te, in hoc non laudo. Puto quòd & nemo, qui à Salomone audierit: Qui minoratur actu, percipiet sapientiam. Certè nec ipsi actioni expedit considerationem non præueniri. Sic item si totus vis esse omnium, instar illius, qui omnibus omnia factus est, laudo humanitatem, sed si plena sit. Quomodo autem plena, te excluso? Et tu homo es. Ergo vt integra sit & plena humanitas, colligat te intra se sinus, qui omnes recipit. Alioqui quid tibi prodest, iuxta verbum Domini, si vniuersos lucreris, te vnum perdens? Quamobrem

obrem cùm omnes habeant, esto etiã tu ex habentibus vnus. Quid? solus fraudaris munere tuo? Vsquequò vadens spiritus, & non rediens? Vsquequò non recipis te, & ipse inter alios vice tua? Sapiẽtibus & insipientibus debitor es, & soli negas te tibi? Stultus & sapiẽs, seruus & liber, diues & pauper, vir & fœmina, senex & iuuenis, clericus & laicus, iustus & impius, omnes pariter participant te, omnes de fonte publico bibunt pectore tuo, & tu seorsum sitiens stabis? Si maledictus, qui partem suam facit deteriorem, quid ille, qui se penitùs reddit expertem? Sanè deriuentur aquæ tuæ in plateas, homines, & iumenta, & pecora bibant ex iis: quin & camelis pueri Abrahæ potum tribuas: sed inter cæteros bibe tu de fonte putei tui. Alienus, inquit, non bibat ex eo. Nunquid tu alienus? Cui non alienus, si tibi es? Hęc omnia ad verbum ex D. Bern. cuius ego sententię nihil habeo, quod adiicere possim: cùm satis superq; id, quod volumus, à sanctissimo viro explicatum sit.

Quarto verò loco his, quæ hactenus diximus, illud adiiciendum puto: vt qui hoc diuinum munus aggredi constituit, diligenter attendat, quo spiritu atque animi destinatione ad hoc veniat. Hoc est, videat, an per ostium in ouile ouium ingrediatur, an aliundè ascendat. Ostium verò vel flagrans veræ charitatis studium, vel maiorum obedientia est. Nemo quippe ad hunc honoris gradum ascendere debet, nisi vocatus à
Rom. 10. Deo tanquam Aaron. Rectè enim Apostolus: Quomodo, inquit, prædicabunt, nisi mittantur? Mitti verò est, à Deo ad hoc opus destinari. Neque verò satis est, vt opus ipsum ex natura sua pium atque sanctum sit, vt illud protinus adoriri quisque debeat, nisi pares oneri vires habeat: hoc est, nisi his virtutum ornamentis, quę modò commemorauimus, instructus sit. Tutus autem ad hoc officium aditus obedientia est: quæ nihil deliberare, nihil discutere tenetur, cùm ad hanc virtutem non imperata examinare, sed diligẽter exequi pertineat. Sed ne hic quidem securitatis tantùm est, vt in vtranque aurem dormire liceat. Nam & Saul ex imperio Domini regni curam suscepit: quam ipse quæsitis etiam

etiam latebris fugere voluit: cum tamen videmus in obedientiæ quoque portu grauissimum vitio suo fecisse naufragium. Sic etiam non pauci munus hoc ex maiorum imperio obeunt: qui muneris ipsius occasione elati, aut popularis fauoris auram captant, & ad plausum populi concionantur, aut ex aliorum laudibus & prædicatione inaniter efferuntur: ita fit, vt qui spiritu cœperunt, carne consumantur. Cæterùm, si quàm multis modis in hac parte peccetur, & in quanto salutis discrimine multi versentur, quantumque ij boni operis specie decipiantur, explicare dicendo vellem, nullus esset dolorum & querelarum finis. Quocirca consultiùs esse duxi, rem tantam silentio præterire, quàm leuiter ac tenuiter eandem attingere. Hactenus de concionatoris persona & vitæ integritate, diximus: nunc quod paulò antè polliciti sumus, aggrediamur.

Quæ sint, quæ ad concionatoris officium rectè exequendum præcipuè iuuant.

Cap. X.

QVoniam multa in his libris ad cõcionatoris munus vtiliter exequendũ necessaria explicauimus, quæ vix quisquã ante oculos habere omnia possit, erit sanè operæpretium, pauca quædã seligere, quæ in hoc opere præcipua sunt, quæque ambitu suo ea ferè omnia, quæ diximus, complectuntur. Horũ autem primum, & maximum, & aliorum penè omniũ causa, cœlestis spiritus est: quo sanè plenus erat ille, qui dicebat: Ego autem repletus sum fortitudine spiritus Domini, iudicio & virtute, vt annunciẽ Iacob scelus suum, & Israel peccatum suum. Hic autem Spiritus vitæ integritatem atque sanctitatẽ donat, hic concionatoris pectus ardore charitatis inflammat, hic flagrantissimã fraternæ salutis sitim accendit, hic mœstissimum pereuntium animarum dolorem excitat, hic assiduas pro illis preces ad dominum fundere compellit: quæ omnia Euangelico concionatori necessaria esse diximus. Quia de re sic D. Bernardus: Illius doctoris libenter audio vocem, qui non sibi plausum, sed mihi plan-

Mich. 3.

Super Cãti. Serm. 59.

planctum moueat. Verè turturem te exhibes, si gemere doceas, & si persuadere vis, gemēdo id magis, quàm declamando studeas oportebit. Verùm quoniam hac de re multa in primo huius operis libro dicta sunt, in præsentia hoc solùm asseuerāter affirmare audeo, plus hunc cœlestem Spiritum ad benè dicendum, quàm omnia Rhetorum præcepta in vnum congesta iuuare. Cùm autem hoc Dei donum, & clarissimum quidem donum sit, continuis precibus ab eo flagitandum est, qui dat Spiritum bonum petentibus se. Nemo enim arte & simulatione huius diuini Spiritus vim exprimere se posse confidat. Rectè enim Fabius: Prodit, inquit, se, quamlibet custodiatur, simulatio: nec vnquam tanta fuerit eloquendi facultas, vt non titubet ac hæreat, quoties ab animo verba dissentiunt.

Secundo loco post diuini Spiritus gratiam (cui primas partes tribuimus) pronunciandi facultas est: quæ incredibile dictu est, quantum in dicendo dominetur: de qua cùm tam multa dicta sint, nihil est quod hoc in loco dicere ampliùs debeamus.

Tertio verò loco verborum copia paranda est: quam nisi multa eorum librorum lectione, qui patria lingua (qua in concionibus vtimur) scripti sunt, nullo modo sibi quisquam perfectè cōparare poterit. Quæ res quàm sit concionatori necessaria, causis redditis explicādum est. Constat igitur summam eloquentiæ in hoc sitam esse, vt dignitati rerum par sermo tribuatur: hoc est, vt vnamquamque rem tantam dicendo faciamus, quanta est: ne sermo rerum pōdere & dignitate sit inferior. Sicut igitur vmbra corpus: ita sermo naturam rerum sequi, & cum ea cohærere debet. Ad hoc autem præstandum duo sunt necessaria: alterum vt eas res, de quibus dicturi sumus, totamque earum vim atque naturam pro dignitate concipiamus: alterum verò, vt hoc ipsum, quod mente concepimus, verborum atque orationis ministerio plenissimè declaremus, ipsamque mentem nostram in auditorum animos quodammodo transmittamus. Hoc autem quàm sit difficile præstare, exposito inter modum loquendi Angelorum & homi-

hominum diſcrimine intelligi poterit. Angeli enim, pręſertim qui ſuperioris ordinis ſunt, quemadmodum per pauciores ſpecies plura intelligunt, ita breuiſſima temporis mora conceptus ſuos alijs patefaciunt. Cæterùm quod ad homines attinet, adeò anguſta intellectus humani vena eſt, vt & longiori mora ad plura intelligenda, multiſque verbis ad ea explicãda egeat. Itaque Angeli vt vaſa oris latiſſimi quicquid intra ſe habent, momento temporis effundunt: hominum verò mens, & lingua mentis interpres, vt vaſa oris anguſti guttatim (vt ita dixerim) & longo temporis ſpatio vnius rei naturam multis verbis exprimunt. Ad hoc hoc igitur efficiendum, vbi res ipſas perfectè conceperimus, multa verborum ſupellex in promptu habẽda eſt, vt neceſſe non ſit, dicentem ad ſingulos animi conceptus hærere, & velut oſtiatim mendicare, quonã modo illos afferre debeat. Nec multitudo ſolùm verborum tumultuaria atque promiſcua, ſed ſelectiſſima eorum copia paranda eſt, quæ ſignificantiſſimè & appoſitiſſimè mentem noſtram exprimant. Alia enim verba apertiùs, alia ornatiùs, alia ſignificantiùs rerum naturam explicant Sed illud adhuc difficiliùs, vt verba rebus accommodentur. Alia enim verba rebus lætis, alia triſtibus, alia grandibus, alia atrocibus ſeruiunt. Atrocibus nanque verba ipſa atrocia & auditu áſpera conueniunt.

Ad hanc ergo idoneorum verborum copiam velut in procinctu habendam, opus eſt (vt diximus) multa eorum librorum lectione, qui ornatiſſimè patrio ſermone ſcripſerunt. Nec ſatis eſt multa tumultuariè & properanter legere, niſi diligenter & eius linguæ phraſes, & idiomata, & verba omnia, quæ vel tropo aliquo à propria ſignificatione deflexa ſunt, vel quæ ſignificantiſſimè & aptiſſimè rem exprimunt, obſeruemus. Præcipueque inſignes metaphoræ & allegoriæ annotandæ: quę (quoniam vnico aut paucis verbis ſimilitudinem quandam compræhendunt) incredibile dictu eſt, quantam orationi gratiam addant, quantumq; ad res ipſas nõ modò explicandas & ornandas, ſed multò

magis

magis ad amplificãdas & augẽdas valeãt: quãdo res magnas (quarum tamen magnitudinem non assequimur) rerũ maximarũ trãslatis nominib. explicamus: vt cùm verbi gratia, Dæmonẽ appellamus leonem, draconem, serpentem antiquum, generis humani hostem, principem tenebrarum, truculentam bestiam, &c. Qua de causa libri Psalmorum & Prophetarum, metaphoris & allegorijs vbiq; scatent. Harum ergo insignium metaphorarum magnã vim sibi Ecclesiastes comparandam assidua lectione curabit. Quibus tamen prudenter ac sobriè vti debet: vt videlicet neque metaphora sit nimium frequens, nec dura, aut sordida, aut obscura (quales quædam sunt ex Philosophiæ penetralibus excerptæ) ac multò minus humilis: quales sunt, quæ ex rebus vilibus & sordidis sumuntur. Nec longiùs etiã progrediatur, vt multi faciunt, qui accepta semel metaphora recedere nesciunt. Quò fit vt cùm multa & varia eodem quasi habitu vestire nitatur, multa duriter, impropriè, & parum verecundè dicant. Nam oratio magna ex parte proprio sermone constare debet. Iuuabit autem memoriam, hæc eadem in libris subiectis *virgulis aut* signis aliquot, annotare: vt cùm eadem relegimus, horum admonitu signorum ibidem pedem figamus, & memoriæ atque imitationi, quod annotauimus, commendemus.

Nec troporum gratiam solùm, sed insignes quoq; figuras tam verborum quàm sententiarum (de quibus in superiori libro diximus) & quicquid postremo artis est, annotare legendo debemus. Sic enim fiet, vt artis præcepta varijs exemplis renouata, tenaciùs memoriæ hæreant, & velut ante oculos habeantur, atque dicenti sese vel non quæsita offerant. Qui verò diligentiores in hac parte sunt, insignia loca, quæ legentes obseruarunt, in albeolo ad hoc parato scribunt, vt frequenti lectione ad eorum imitationẽ, quæ selegerunt, promptiores fiant. Quod cum aliàs, tum precipuè cùm concionaturi sunt, facere debent: vt hac diligentia verborum copia illis facilè suppetat.

Cuius

I.

Cuius verò vtilitatis huiusmodi lectio sit, vel ex eo patet, quòd cùm tria sint, quæ eloquentiam pariant, nempè ars, imitatio, & exercitatio: lectio ad imitationem pertinet: quæ nobis ante oculos ponit, quid in dicendo sequi & imitari debeamus. Sed operæpretiũ erit hæc ipsa quæ diximus, Fabij auctoritate, non solùm cõprobare, sed vberiùs etiam explicare. Is igitur quàm sit dicenti verborum copia necessaria, & quonam modo paranda sit, ostendit his verbis.

Hæc eloquendi præcepta, sicut cognitioni sunt necessaria: ita non satis ad vim dicendi valent, nisi illis firma quædam facilitas, quæ apud Græcos Exis, id est habitus, nominatur, accesserit, ad quã scribendo, plus, an legendo, an dicendo conferatur, solere quæri scio. Quod esset diligentiùs nobis examinandum, si qualibet earum rerum possemus vna esse contenti, Verùm ita sunt inter se connexa & indiscreta omnia, vt si quid ex his defuerit, frustra sit in cæteris laboratum. Nam neque solida aut robusta fuerit vnquam eloquentia, nisi multo stylo vires acciperit: & citra lectionis exemplum labor ille carens rectore fluit. Qui autem scierit quo sint quæque modo dicenda, nisi tanquam in procinctu paratam quidem ad omnes casus habuerit eloquentiam, velut clausis thesauris incubabit. Et mox: Non ergo dubiũ est, quin ei velut opes sint quædam parandæ, quibus vti vbicunque desideratum erit, posit: eæ constant copia rerum ac verborum. Sed res propriæ sunt cuiusque causæ, aut paucis communes: verba in vniuersas paranda: quæ si rebus singulis essent singula, minorem curam postularent: nam cuncta sese cum ipsis protinus rebus offerrent. Sed cum alijs sint alia aut magis propria, aut magis ornata, aut plus efficientia, aut melius sonantia, debent esse non solùm nota omnia, sed in promptu, atq; (vt ita dicam) in conspectu: cũ se iudicio dicentis ostẽderint, facilis ex his optimorum sit electio. Equidem scio quosdam collecta, quæ idem significarent vocabula, solitos ediscere: quò faciliùs & occurreret vnum ex pluribus, & cùm

& cùm essent vsi aliquo, si breue intra spatium rursus desideraretur, effugiendæ repetitionis gratia sumerent aliud, quo idem intelligi posset: quòd, cùm est puerile, & cuiusdam infelicis operæ, tum etiam vtile parū: turbam enim modò congregat, ex qua sine discrimine occupet proximum quodque. Nobis autem copia cum iudicio paranda est, vim orādi, non circulatoriam volubilitatem spectantibus. Id autem consequemur, optima legendo atque audiendo. Non solùm enim nomina ipsa rerum cognoscemus hac cura, sed cui quodque loco sit aptissimum: omnibus enim ferè verbis, præter pauca, quæ sint parum verecunda, in oratione locus est. Et paulò pòst: Omnia verba, exceptis de quibus dixi, sunt alicubi optima: nam & humilibus interim & vulgaribus est opus, & quæ nitidiore in parte videntur sordida, vbi res poscit, propriè dicuntur. Hæc vt sciamus, atque eorum non significationem modò, sed formas etiam mensurasque norimus, vt vbicunq; erunt posita, conueniant, nisi multa lectione atque auditione assequi nullo modo possumus, cùm omnem sermonem auribus primum accipiamus. Propter quod infantes à mutis nutricibus iussu regum in solitudine educati, etiam si verba quædam emisisse traduntur, tamen loquendi facultate caruerunt. Sunt autem alia huius naturæ, vt idem pluribus vocibus declarent, ita, vt nihil significationis quo potius vtaris, intersit, vt ensis & gladius: alia quæ etiamsi propria rerum aliquarum sint nomina, tropicos tamen ad eundem intellectum feruntur, vt ferrum & mucro. Nam per abusionem sicarios etiam omnes vocamus, qui cædem telo quocunque commiserint: alia circuitu verborum plurium ostendimus, quale est:

Et pressi copia lactis.

Plurima verò mutatione figuramus: Scio, non ignoro: &, non me fugit, non me præterit, &, quis nescit? nemini dubium est. Sed etiam ex proximo mutuari licet: nam & intelligo, & sentio, & video, sæpè idem valent, quod scio, quorum nobis vbertatem ac diuitias dabit lectio, vt his non solùm quomodo occurrerint,

sed

sed etiam quomodo oportet, vtamur. Nõ semper enim hæc inter se idem faciunt, nec sicut de intellectu animi rectè dixerim, video, ita de visu oculorum, intelligo. Deinde verò cum legendo & audiendo verborum copia paretur, lectionem auditioni idem Fabius antepo-nit his verbis. In lectione certiùs iudicium, quod audienti frequenter aut suus cuique fauor, aut ille laudantium clamor extorquet: pudet enim dissentire, & velut tacita quadam verecundia inhibemur plus nobis credere: cùm & interim vitiosa pluribus placeant & à corrogatis laudentur etiam, quæ non placent: sed è contrario quoque accidit, vt optimè dictis gratiam praua iudicia non referant. Lectio libera est, nec actionis impetu transcurrit, sed repetere sæpiùs licet, siue dubites, siue memoriæ penitùs affigere velis. Repetamus autem & tractemus, & vt cibos mansos ac propè liquefactos dimittimus, quò faciliùs digerantur: ita lectio non cruda, sed multa iteratione mollita, & velut confecta, memoriæ imitationique tradatur: ac diu non nisi optimus quisque, & qui credentem sibi minimè fallat, legendus est: sed diligenter, & penè ad scribendi solicitudinem: nec per partes modò scrutanda omnia, sed perlectus liber vtique ex integro resumendus, præcipueque oratio, cuius virtutes frequenter ex industria quoque occultantur. Hæc omnia ad verbum ex Fabio.

II.

Nunc quas vtilitates ex verborum copia concionator sit assecuturus, paucis absoluam. Primum quisquis copiosam idoneorum verborum supellectilem sibi cõparauerit, animi sui sensus plenissimè atque significantissimè (quod eloquentiæ maximè proprium est) explicabit. Cùm enim (vt Philosophi docent) ea quę sunt in voce, sint earum, quæ in anima sunt passionum notæ, qui his vocibus abundauerit, easq; velut ad manum assidua lectione habuerit, faciliùs, & breuiùs, & significantiùs animi sui sensum exprimet: Deinde etiam minori studio atque labore concionem adornabit. Facilè enim, qui verborum diues est, mentẽ suam vel dicendo vel scribendo poterit explicare: qui secundus atq; præcipuus post rerum inuentionem labor est. Postremò hic idem verborum apparatus hoc etiam præstat, vt à metu & trepidatione, qua concionatorum multi laborant, magna ex parte liberi simus. Hic autẽ metus duo grauissima incommoda parit, quæ totam penè vim dicendi exhauriunt. Primùm enim mentem dicenti eripit, quæ timoris magnitudine oppressa, non satis prouidet, neque quid dicere, neque quomodo dicere debeat. Hoc autem quid aliud est, quàm sopito gubernatori clauum in tempestate committere? Mens enim orationis clauum moderari, & quæ dicenda sunt, excogitare debet: ne lingua mentem, sed mens linguam præcurrat: quæ tamen metu vrgente obruta, magna ex parte acumine suo, & luce destituitur: atque ita ægrè admodum quæ dicenda sunt, prouidet. Idem etiam metus (vt initio diximus) pronunciationi obstat: quæ maximam in dicente libertatem, atque (vt ita dixerim) dominium requirit: vt homo sui compos, eodem temporis spatio, & quid dicat, & qua vocis figura & varietate dicat, prudenter attendat. Hanc autem in dicendo libertatem pleniùs assequitur, cui verborum copia suppetit. Hæc enim præstat, vt in quauis periodo, vel temerè etiam cœpta, exitum tandem sine vllo erroris aut hæsitationis dedecore, verborum copia suffragante, inuenire valeas. Quæ res magna ex parte dicenti timorem adimit, cùm sciat facilè sibi paratum ad omnia offendicula remedium. Quocirca non negligenter curanda ea res est, quæ tot nobis ad dicendum adiumenta præbet.

Nemo tamen arbitretur hanc verborum copiam ideò parari, vt multis nominibus idem significantibus rem eandem (quod quidam nimis ineptè faciunt) exprimamus. Hoc enim nisi in loco fiat, inanissimum & vana ostentatione plenum est: ideoque nihil magis veræ eloquentiæ contrarium. Neq; etiam hoc quærimus, vt à communi sermone recedentes, selectissimis verbis semper vtamur. Hoc enim & curiositatis, & vanitatis, & affectatæ eloquentiæ significationem dat: &

ita

ita fidem dicenti abrogat. In quid ergo hanc verborum copiam paramus? Sanè vt & breuiter, & facilè, & (quod caput est) significantissimè animi nostri sensum (vt paulò antè diximus) exprimamus; idque sine vlla sermonis aut improprietate, aut rusticitate. Ille autem verborum & orationis ornatus maximè probandus est, qui res ipsas sequitur: vt sermonis elegantia non aliundè ascita, sed cùm rebus ipsis nata videatur. Imò verbum omne inusitatum, quodque aliquam artis suspicionem præseferat, non aliter, quàm scopulum in nauigando fugiendum esse moneo. Indignissimum quippe cordatis auditoribus videtur, vbi tam magna rerum momenta versantur, de verbis magis, quàm de rebus esse solicitum. Qua de re multa iam in superioris libri initio ex Fabij sententia diximus. Hæc tam longa oratione prosequutus sum, quod multis experimentis edoctus, quantum facultas hæc vtilitatis ad benè dicendum afferat, intellexi. Non ignoro tamen aliquos citra hanc operám, imò verò citra vllum artis studium ornatissimè dicere: atque ij præsertim, qui frequenti vsu concionandi copiosam verborum segetem sibi comparaRunt: sed hi tamen (vt Fabius ait) excellentis naturæ atque ingenij sui imitatores habent paucos, negligentiæ verò quàm plurimos. In hoc igitur arti operam damus, vt qui tam egregiam dicendi facultatem à natura non accepimus, artis beneficio consequamur: & quod illis præclara indoles ingenij dedit, nobis ars & industria conferat. Nàm & illi ipsi, qui à natura ad benedicendum ficti & compositi sunt, multò vberiùs & ornatiùs id fecissent, si naturam arte atque disciplina iuuissent.

Sed quoniam eorum librorum lectionem, qui patria lingua scripti sunt, ad parandam verborum copiam conferre diximus; meminerit studiosus concionator, eloquentiam non in verbis tantùm, sed multò magis in sententijs esse. Quod indicant non modò figuræ sententiarum (de quibus in superiori libro disseruimus) sed etiā variæ amplificandi, probandi, narrandi, describendi, & exordiendi rationes, quas in cæteris libris expoſuimus: quæ non tam verbis, quàm ſententijs conſtant. Vt autem his quoq; virtutibus oratio noſtra excolatur, alios nobis autores ad imitandum proponere debemus, nempe Cyprianum, Chryſoſtomum, Baſilium, Grego. Nazianzenum, atque Niſſenum magni Baſilij fratrem, cæterosque ſimiles Patres: in quibus elegantiſſima oratoriæ facultatis exempla reperiemus. Vtrique igitur autores ſtudiosè legendi, vt ex illorum lectione verborum copiam comparare, horum verò cæteras eloquentiæ virtutes referre atque imitari poſſimus. Sic enim fiet, vt his exemplis adiuti, aptè atque ornatè dicere valeamus. Rectè enim Fab. Omnis, inquit, vitæ ratio ſic conſtat, vt quæ probamus in alijs, facere ipſi velimus. Sic literarum ductus, vt ſcribendi fiat vſus, pueri ſequuntur: ſic muſici vocem docẽtium, pictores opera priorum, ruſtici probatam experimento culturam in exemplum intuentur. Omnis deniq; diſciplinæ initia ad propoſitum ſibi præſcriptum formari videmus. Et herclè neceſſe eſt, vt ſimiles aut diſſimiles bonis ſimus. Similem rarò natura præſtat, frequenter imitatio. Hactenus Fabius.

III.

Vltimo loco illud admonendum eſt, artis pręcepta, atque horum authorum lectionem ſine ſtylo & exercitatione ſcribendi (quod ad eloquendi rationem attinet) exigui admodum fructus eſſe. Hæc enim duo priora ad hoc poſtremum ceu ad finem deſtinata ſunt, quo ſublato, neceſſe eſt illa fruſtra eſſe. Quin & illa ipſa plurimum ſcribendi vſu & exercitatione iuuantur. Qua in re illud euenire videmus, quod Philoſophi aiunt, nempe cauſas ſibi inuicem eſſe cauſas, hoc eſt, mutuis ſe auxilijs iuuare. Conſtat enim, artis præcepta, & bonorum authorum lectionem magnoperè ad vſum ſcribendi atque dicendi conferre. Nam & ars dux eſt, quæ dicendi rationem ordinemque deſcribit: & lectio præterquam quòd artis præcepta confirmat, idoneorũ verborum copiam ſuppeditat, & veluti exẽplar nobis ante oculos ponit, quod ſcribentes intueri & referre poſſimus. Contrà verò ſtylus ipſe præterquam quòd exercitatione

tatione ipsa facultatem dicendi parat, quid scribenti potissimum desit, hoc est, quibus præcipuè verborum aut sententiarum ornamentis destitutus sit, re ipsa experitur. Quò fit, vt multò attentiùs atque diligentiùs se in bonorum authorum lectione & artis obseruatione gerat, vt inopiæ suæ lectionis opibus consulere valeat. Qua ex re liquidò apparet, verum esse, quod dici solet, optimum dicendi magistrum esse stylum: ideoque illum Fab. commendat his verbis: Vt laboris, sic vtilitatis etiam longè plurimum affert stylus. Nec immeritò M. Tullius hunc optimum effectorem ac magistrum dicendi vocat. Scribendum ergo, quàm diligentissimè, & quamplurimum. Nam vt terra altiùs effossa generandis alendisque seminibus fœcundior fit, sic profectus non à summo petitus, studiorum fructus & fundit vberiùs, & fideliùs continet. Nam sine hac quidem conscientia, illa ipsa ex tempore dicendi facultas inanem modò loquacitatem dabit, & verba in labris nascentia. Illic radices, illic fundamenta sunt. Illic opes velut sanctiore quodam ærario conditæ, vnde ad subditos quoque casus, cùm res exigit, proferantur. Vires faciamus ante omnia, quæ sufficiant labori certaminum, & vsu non exhauriantur. Nihil enim rerum ipsa natura voluit magnũ effici citò, proposuitq; pulcherrimo cuique operi difficultatẽ: quæ nascendi quoque hanc fecerit legẽ, vt maiora animalia diutius visceribus parentum continerentur. Hactenus Fabius.

Quanuis autem multa sint argumentorum genera, in quibus eloquentiæ candidatus stylum exercere valeat, nulla tamen in re vtilius exerceri poterit, quàm in aliquot sanctorum Patrum elegantissimis scriptis patria lingua vertendis: quales sunt plurimæ D. Basilij homiliæ, atque illæ in primis, quas in laudem Gorgonij & quadraginta militum martyrum scripsit. Sic multa ex D. Chrysost. verti possunt: vt libri duo de ratione orandi, tres de diuina prouidentia ad Stagiritem monachum arreptitium, & sex item de sacerdotio: in quibus libris omnes eloquentiæ virtutes, ac præcipuè miras amplificandi rationes inueniet. In his igitur aut similibus scriptis vertendis Ecclesiastes non modò stylum exercebit atque formabit, sed multa etiam & præclara orationis ornamenta deprehendet: ad quorum exemplar ipse sua, cùm aliàs scripserit, effingere curabit. Horum autem eloquentissimorum Patrum, aliorumque similium exemplo, vt hoc obiter admoneamus, intelligere licebit, nequaquã Rhetoricæ artis præcepta diuino Spiritui obsistere: cùm vtrunque in his viris sanctissimis videamus: qui & Dei Spiritu pleni, & artis atque eloquentiæ studijs instituti, artificiosissimè & elegantissimè scripserunt. Legat qui volet D. Cypriani sermonem de lapsis, & dubitare meritò poterit, quid in eo magis mirari debeat, an summã eloquentiæ vim, an flagrantissimum charitatis & pij doloris affectum: quo miserandum lapsorum casum & ruinam mœstissima oratione lamentatur. Ars enim diuturna cõsuetudine in naturam quodammodo versa, & intellectus iampridem artis præceptis imbutus, non tam ex arte, quàm ex se ipso, quæ dicenda sunt, arte inconsulta prouidet: ideoque non modò diuino Spiritui mẽtem hominis agenti atque inflammanti non obsistit, sed illi etiam ministerium vocis accommodat, vt flãmas suas verborum copia suffragante foras emittat. Quod ideò dixi, ne me quisquam tot præceptis tradendis diuino Spiritui aditum præcludere, aut impedimentum apponere arbitretur: præsertim cùm primùm iam & summum locum huic Spiritui tribuerim.

IIII.

Quartum inter hæc locum inuentioni damus: quæ licet prima natura sit, quia tamen in eloquendo materiæ vicem obtinet (quæ elocutionis atque pronunciationis virtutibus ceu formis quibusdam, vt antè diximus, excolenda, & velut informanda est) posteriorem illi locum dedimus. Nec hoc mirum videri debet, cùm passim cernere liceat, præclara quorundam concionatorum inuenta, si eloquutionis & actionis gratia destituantur, auditoribus parum grata, ideoque minùs vtilia esse: vulgaria verò & quotidiana penè consuetudine detrita, si his virtutibus illustrentur, ab eisdem maximè

ximè probari. Inuentionis autem prima virtus est electio: quam (vt Fabius ait) multi ab inuentione tanquam nouam orationis partem secreuerunt: tantum in illa momenti esse putabant. Ad eam verò pertinet, vt non vulgaribus inuentis cõtenti simus, sed optima, & ad id, quod efficere volumus, accommodata eligamus Sunt enim humilia quorundam ingenia, qui res insigniores prætereuntes, aut earum vim minimè assequentes, vulgatissima quæque, & rudibus etiam peruia consectantur. Qua in re vis ingenij & acumen maximè desideratur: quod faciat, vt instar periti aurificis prudenter metallorum valorem & dignitatem expendamus, & purum ab adulterino auro discernamus. Sunt autem multi, qui ingeniorum suorum inuenta, quamlibet rudia sint (philautia communi generis humani morbo decepti) plusquam par est, diligant: parentum more, qui liberos suos quanuis deformes, & amore suo dignissimos & pulcherrimos iudicant. A quo morbo qui immunis fuerit, multò rectiùs de inuentis poterit iudicare. Quanuis non desint alij, qui adeò longè ab hoc affectu absint, vt nihil illis suũ placeat. Vtrunque autem vitium, & omnia sua amare. & nihil. Et nescio (inquit Fabius) vtros peccare validiùs putem: an eos, quibus omnia sua placent; an quibus nihil suum placet. Præclara autem inuenta & selectæ sententiæ hoc etiam præstant, quòd dicentis animum splendore & dignitate sua afficiunt: qui sic affectus, facilè & commodissima verba, & dicendi figuras rei accommodas eligit, quibus quod ipse animo concepit, enunciet. Quid, quòd hic ipse affectus non modò facultatem ad eloquendum, sed vim etiam atque animum ad agendum confert: vt quem ipse affectũ animo conceperit, in animos auditorum ipsa actionis vi atq; calore transfundat? Quomodo ergo Philosophi dicunt, formas rerum corporearum ex materiæ sinu & potentia educi: ita planè ex præclara aliqua & insigni sententia duplex in dicendo forma, elocutionis videlicet & actionis educitur.

Altera verò inuentionis virtus est, ea potissimùm

dicenda eligere, quæ & argumenti natura, & auditorũ conditio, & necessitas postulat. Ex his autem duobus aptè dicendi ratio præcipuè sumitur: quanuis diligentiùs auditorum, quàm argumentorum cura habenda sit: ad quorum institutionem tanquam ad scopum tota oratio dirigenda est. Quod multi non attendentes, & quid argumenti natura exigat, solum perspicientes, longiùs in ea re, quam pro auditorum commoditate progressi, eosdem penè vacuos inanesque relinquunt. Sic nonnulli, Pharisæorum aduersus Dominum calũnias & odium persequentes, cùm multa sese illis loca ex Euangelica historia in eandem sententiam offerãt, ea omnia congerere & accumulare student, in eaque re vel totam, vel maximam concionis partem, auditorum institutione neglecta insumunt. Tales autẽ velut in ipso itinere positi, & rerum, quæ in via sese offerunt specie capti, quo tenderent, obliti sunt. Omnia enim quæ dicimus, ad bonos mores instituendos & malos reuellendos conferenda esse constat. Id ergo solùm dicendum est, & tantum in eo immorandum, quantum ad hunc finem conducat. Itaque, vt fabri lignarij & cæmentarij ad amussim omnia expendunt, quæ moliuntur, neque quidquam probant, quod vel parum ab ea deflectitur: sic Ecclesiastes hanc semper ante oculos siue amussim siue scopum proponat: neque quidquam quamlibet nouum, aut subtile, aut auribus populi gratum ad se pertinere putet, quod ad hoc institutum nõ pertineat. Aliàs proditionis se reum existimet, si causam Christi & animarum agens, rem suam magis quã Christi curet, suiq; magis quàm salutis animarum rationem habeat.

Ad hanc autem obseruationem spectat, vt pro auditorum varietate sermo dicentis accommodetur. Qua de re sic Diuus Gregorius. Vt (inquit) longè ante nos reuerendæ memoriæ Gregorius Nazianzenus edocuit, non vna & eadem exhortatio cunctis congruit: quia nec cunctos par morum qualitas astringit. Sæpè nanque alijs officiunt, quæ alijs prosunt: quia plerunq; herbæ quæ alijs pabulum, alijs necem inferũt, & leuis sibi-

Grego. in Pastoral.

sibilus equos mitigat & catulos instigat: & medicamẽtum quod hunc morbum mitigat, alteri vires iungit: & pastus, qui vitam fortium roborat, paruulorum necat. Pro qualitate igitur audientium formari debet sermo doctorum, vt sua singulis congruant, & tamen à communi ædificationis arte nusquam discedat. Idemque rursus in eodem libro de hac virtute sic ait: Lingua nostra bonis fomentum sit, prauis aculeus: tumidos retundat, iratos mitiget, pigros exacuat, desides hortatu succendat, refugientibus suadeat, asperis blandiatur, desperatos consoletur: vt qui doctores dicimur, viam salutis gradientibus ostendamus.

Vt autem Ecclesiastes hæc ipsa commodè præstare valeat, diligenter mores hominum, apud quos dicit, & publica item vitia, quæ maximè in populo grassantur, perspecta, atque etiam in chartis descripta habere debet, eorundemq; vitiorum medicamenta & remedia: vt ad hæc ipsa omnis eius oratio dirigatur, & quocunque in dicendo eum vis argumenti rapuerit, meminerit ad hæc illi rursum esse redeundum: frustra enim dici videtur, quidquid extra hunc finem vagatur.

Hoc autem vel maximè præstare solent, qui ita se huic officio dediderunt, vt in eos fidelis operarij nomẽ (quo illos Dominus in Euangelio appellauit) cadere meritò possit. Hi nanque non modò concionibus frequenter habendis, sed etiam quotidianis pœnitentium confessionibus audiendis, saluti animarum continenter incumbunt. In his autem non modò communes hominum mores & vana studia, & communia scelera quotidie addiscunt, sed etiam (quod maius est) iustã animo indignationem, piamque malorum compassionem aduersus ea concipiunt. Quò fit, vt maiore aduersus illa impetu & ardore declament. Quin etiam quæ sint vera & salutaria vitiorum remedia, hoc eodem opere assequũtur: quãdo de huiusmodi morborũ medicamẽtis quotidie tractare & cogitare cogũtur. Nec cũmunia solùm vitia, quæ in populo grassantur, sed peruersas etiam de rebus opiniones, & sophisticas atque apparentes rationes, quibus ad ea rapiuntur, ibidem ad-

 discunt:

discunt: & aduersus illas grauissimarũ rationum præsidia comparant. Est apud nos insignis quidam cõcionator, cuius hoc vel præcipuũ studium est, vulgares atq; fallaces perditorum hominum opiniones atque sententias, quibus ipsi vitia sua tuentur, acerrimis rationibus confutare atque proscindere. Cùm enim omne vitium error aliquis in intellectu, aut praua persuasio antecedat, consultissimum est, securim ad radicem apponere, vt omnis plantatio, quã non plantauit Pater cœlestis, radicitùs euellatur. Harũ autem siue opinionum siue vitiorum cognitio facit, vt & aptissimè dicamus, & attentiores etiam auditores habeamus: quandoquidem attentiùs ea homines audiunt, quæ ad se maximè pertinere intelligunt. Quæ autem cautio in huiusmodi vitijs carpendis adhibenda sit, ne pro salutaribus pharmacis, venena, aut alicuius grauis offensionis materiam populo præbeamus, concionatoris prudentiæ relinquo. Illud autem admonendum esse duxi, ne facilè delatoribus fidem habeat, cùm aut præfectorũ aut prælatorum suorum mores accusant. Sæpè nanque hi vel leuibus causis inducti, vel priuatis affectibus incitati, falsa in illos crimina intendunt: quibus concionatores fidem adhibentes, ea statim in concionibus sine vllo graui delationis testimonio aut examine criminantur: qua quidem re non leuem contra se maiorum suorum indignationem atque inuidiam conflant: & non modò apud illos doctrinæ fructum, sed fidem etiam amittũt. Quocirca nullibi magis, quàm in aliquarum personarum vitijs perstringendis concionatoris prudentia desideratur: ne vel dicẽda sileat, vel non dicenda temerè effutiat.

Dissimili autem ratione, sed nõ minori fortasse incommodo peccant, qui dicterijs & facetijs populum ad risum mouent. Hi nanq; in se ipsos iniurij sunt, quandoquidem sibi in dicendo fidem abrogant: cùm nemo credat illos ex animo à vitijs deterrere, qui hac ratione aures demulcere, & plausum atque risum populi captare student. Hinc D. Hiero. illum Esaiæ locũ explanans, Popule meus, qui te beatum dicunt, ipsi te seducunt, sic ait:

ait. Ille est doctor Ecclesiasticus, qui lachrymas non risum mouet: qui corripit peccatores, qui nullum beatũ, nullum dicit esse felicem. Et ad Nepotianum: Docente te, inquit, in Ecclesia, non clamor populi, sed gemitus suscitetur: lachrymæ auditorum laudes tuæ sint.

Illud etiam concionator admonendus est, vt nimiũ subtilia, & quæ populi captum excedunt, silentio premat. frustra enim dicitur, quod non intelligitur: qui verò contra faciunt, magis se ipsos venditare, quàm populum docere student. Hinc D. Greg. locum illum beati Iob exponens: Super ipsos stillabat eloquium meũ, sic ait: Debet prædicator inspicere, ne plus prædicet, quàm ab audiente capi possit: ne dum paruis sublimia & non profutura iungit, se magis curet ostendere, quã auditoribus prodesse.

Vltimo loco illud adijciendum, hæc ipsa quæ diximus, sine pertinaci studio atque labore non ita multũ iuuare. Non enim hic vulgarem ac triuialem concionatorem, sed singularem maximeque hominibus salutarem instituimus. Quòd si Cicero nullam iudicat eloquentiam, quæ admirationem non habeat, cum in illa Ethnicorum eloquentia vix quidquam aliud præter verba, & elocutionis ornamenta sint, quæ admirationem commoueant: quid de Christiana eloquentia sentiendum est, quę tota in altissimis admirandisque cœlestis philosophiæ sacramentis explicandis versatur, quæque non tam verborum, quàm rerum pondere & maiestate, mentes hominum in admirationem rapit? Quanta ergo Euangelici concionatoris ignominia erit, si suspensos non teneat auditorum animos, qui non tam verba splendida, quàm admiranda mysteria illis ante oculos ponit? Ad hanc igitur tantam laudem non inerti otio atq; segnitie, sed pertinaci studio atque labore peruenitur. Nam & multa & varia in omni vita legisse opus est, & multo labore ac studio vnaquæque concio apparanda est. Hoc enim studio se Demosthenes ad dicendum componebat. Vnde de eius orationibus vulgò dicebatur, quòd lucernam olerent: eius videlicet in apparanda oratione vigilias

hoc

hoc verbo notantes. Quod quidem vulgi testimoniũ ipse confirmauit, qui dictitare solebat, molestè se ferre, si quis fabrorum ferrariorum, aut aliorum opificum antelucanas eius vigilias anteuertisset. Idemque rogatus, qua ratione tantam eloquentiæ vim comparasset, Plus, inquit, olei quàm vini absumendo. Hoc igitur studio ac labore id assequutus est, vt cum in Græcos oratores locum assequeretur, quem inter latinos Cicero: quin & is (vt Fabius ait) Ciceronem ipsum, quantus est, fecit. In quem Ciceronem (vt D. Hiero. in Epistola quadam scribit) pulcherrimum illud extat elogium: Demosthenes tibi præripuit, ne esses primus orator, tu illi ne esset solus. Vtrunque autem flagrantissimus humanæ gloriæ ardor ad hanc dicēdi facultatem magno labore parandam excitauit. Nobis verò non licet hoc affectu atque animo huic studio incumbere, quibus lege prohibitum est, ne offeramus Domino sacrificium igne alieno. Quocirca ignem illum, quem super Apostolos Dominus misit, assiduis ab eo precibus postulare debemus, vt ardentissimo eius gloriæ & fraternæ salutis amore incensi, nihil non faciamus, *nullumque* studiorum laborem recusemus, quò *multorum* animas salutis nostræ autori Christo lucrifaciamus. Multa quippe lectione, multa meditatione, atque agitatione animi, multaque cura & studio opus est, vt egregiam concionem rebus & verbis instructissimam parare valeamus. Quod quidem studium graui molestia non caret, cùm eadem sæpè repetere, & memoriæ mādare necesse sit: quæ res fastidio & molestia non caret: quam tamen flagrans in Christum charitas superare debet.

Neque verò quisquam satis se ad concionandum instructum putet, si præclaras insignis alicuius viri cōciones apud se retineat. Nemo enim munus hoc tractare pro dignitate poterit, nisi quæ aliunde congessit, ita cum animo suo verset ac voluat, vt ex alienis multarum rerum adiectione, tractandique ratione sua quodammodo faciat: vt videlicet non aliūde ascita, sed domi suæ nata videantur: quod non leuis operæ atq; negotij

gotij est. Quò autem is quem imitari studet, in hac dicendi facultate præstantior est, eò est difficiliùs humili ingenio sublimia aptare. Hoc enim perinde est, ac si quis aurea Saulis arma exiguo Dauidis corpori accommodare velit.

Hæc sunt igitur quæ studiosus concionator prouidere ante omnia debet, quò fideliter munus suum administrare valeat. Reliqua paucis expediemus.

Quæ ratione Ecclesiastes concionem adornare debeat. Cap. XI.

HIS ita constitutis, quonam modo Ecclesiastes concionem adornare & scribere debeat, breuiter indicandum est. Meminisse igitur ad hoc oportet, ex quinque Rhetoricæ partibus, quas in. 2. huius operis libro numerauimus, tres esse ad scribēdum necessarias, inuētionem, dispositionem, & eloquutionem. Primus ergo labor est inuenire quid dicas. Hanc autem inuentionem dabit primum quidem parata antè facultas & sententiarum thesaurus: deinde inueniendi ars, de qua in superioribus libris disseruimus: tum præterea diligens & studiosa lectio, quæ præsenti labore inuentionis opes augere solet. Sed quoniam de inueniendi ratione modò diximus, nihil hic addere opus est, nisi hoc solùm, quòd Ecclesiastes pium mentis affectum, quatenus fieri possit, huic præsenti lectioni adiungat: vt quem ipse pium affectum intra se legendo conceperit, in auditorum animos dicendo transmittat. Si quid autem inter legendum offenderit, quod ipsum magis afficiat, ibi pedem figat, & cum animo suo verset atque retractet, nec oblatam pij affectus occasionem vacuam abire sinat. Ea verò omnia quæ vel legendo vel meditando inuenerit, breuissimè in chartula describat: quo videlicet in prospectu cuncta, quæ inuenerit, habeat: vt commodiora ex illis eligere, & in ordinem redigere possit.

Post inuentionem, proxima dispositionis cura est, Vbi enim ex tumultuaria illa rerum congerie, & veluti

sylua,

sylua, aptissima elegerit, ea in ordinem disponere, & suis in locis collocare necesse est. Quod ita facere debet, vt nihil in sententijs aut scripturarum testimonijs afferendis detortum, nihil sit violentum: sed omnia suis in locis aptè collocentur, & velut ad numerum cadant: vt non aliunde ascita, sed cum rebus ipsis nata videantur. Quam rem D. Chrys. diligentissimè obseruare solet. Hanc autem orationis partem prudentia maximè & iudicio constare, autor est Cicero. Quæ verò arte tradi possunt, in. 4. huius operis libro exposuimus: ad quem locum studiosum concionatorem remittimus.

Vbi verò inuenta disposuerimus, postremus ac maximus eloquutionis labor sequitur: quæ est velut vltima inuentionis forma Prior enim forma est dispositio: quæ velut corporis ossa iuncturis distincta, suis locis aptat: posterior verò eloquutio est: quæ (vt suo loco diximus) carnem & sanguinem, & colorem suum ac speciē ossibus ac neruis addit. Huius autem eloquutionis velut parens quædam cogitatio est: à qua omnis eloquutionis vis ornatusque procedit. Vt enim pictores quam imaginem effingere volunt, mente prius cōcipiunt, cuius exemplar manus sequitur: sic concionator res primum concipere pro dignitate debet, vt deinde calamus propositi exemplaris ductum ordinemq; sequatur. Qua quidem similitudine intelligimus, talia esse quæ proposito exemplari fiunt, quale exemplar ipsum est. Quid enim ex deprauato exemplari, nisi deprauatum opus consequi potest? Quò fit, vt quisquis res optimè conceperit, sit etiam eas optimè dicturus. Verissimè enim dictum est: Si rem potenter cōceperis, nec facundia dicendi, nec sermo te deseret vllus. Huic ergo cogitationi se totū Ecclesiastes tradat. Hæc enim (vt Fab. ait) paucis admodum horis magnas etiam causas complectitur. Hæc quoties intermissus est somnus, ipsis noctis tenebris adiuuatur. Hæc inter medios rerum actus aliquid inuenit vacui, nec otium patitur. Neq; verò rerum ordinem modò, quod ipsum satis erat, intra se ipsa disponit, sed verba etiam copulat, toremque ita contexit orationem, vt ei nihil præter manum desit. Nam memoriæ quoq; plerunque inhæret fideliùs, quòd nulla scribendi securitate laxatur. Hactenus Fabius.

Ad hanc igitur cogitationem & tempora & loca idonea captanda sunt. Tempus autem vel antelucanum vel nocturnum, cùm nec familia perstrepit, nec tumultus vllus partem nobis mentis eripit, commodissimum est. Loci quoque solitudo & obscuritas aciem mentis ad cogitandum efficit clariorem. Sacer verò locus, & is in primis in quo sacra Eucharistia adseruatur, super omnes alios aptissimus est. Sacramentalis enim Christi Domini præsentia miro modo pij hominis mentem & componit & afficit, & ad salutaria atque vtilia magis quàm curiosa & subtilia cogitanda inducit. Hoc tamen admonendum, vt cùm primum ea quæ parauimus, cogitare cum animo nostro cœperimus, ab ijs præcipuè cogitandi initium faciamus, quæ animum nostrum maximè cùm legerentur, commouerunt, quæque auditoribus maximè salutaria esse intelleximus. Hæc nanque facilè pectus nostrum, vt ante fecerunt, incendent: quo affectu incensa mens ad reliqua ab initio vsque ad finem cogitanda magis apta erit. In hac autem cogitatione danda nobis opera est, vt quoties argumentationem aliquam fuerimus persequuti, aut mysterium aliquod explicuerimus, ad officij nostri scopum, hoc est, ad Christianæ vitæ institutionem, aut pium animorum motum hæc ipsa quæ diximus, quatenus fieri possit, conuertamus. Illa etiam quæ grandis figuræ materiam esse in superiori libro diximus, vbi locus postulauerit, tractanda erunt. Hæc enim ad flectendos auditorum animos potentissima sunt. Flectere autem, esse inter tria concionatoris officia præcipuum, ex D. Augustin. sententia superiùs diximus. Ad hoc autem, orationis cursum assiduè vertere, & vtilissimum, & laudatissimum, & cordatis auditoribus populoque gratissimũ est, cum omnibus ferè natura docente persuasum sit, cõcionatoris officiũ ad Christianę

vitæ

vitæ institutionem & morum correctionem institutum esse.

Hanc porro cogitationem stilus deinde feliciter & facilè sequetur. Vt enim D. Hieron. ait. Quæ benè scimus, benè & loquimur. Ea autē benè scimus, quæ diu multumque cum animo nostro retractauimus, in eisque penetrandis aciem mentis infiximus. Ea initio quidem, quandiu stilus formatus non est, expediet sanè totam concionem patria lingua ad verbum scribere, quanquam hic nonnihil periculi est (nisi diligenter pronunciandi leges attendamus) ne omnia vno vocis tenore pronunciamus: vt ij faciunt, qui ea, quæ memoria complexi sunt, recitare solent. Vbi verò stilus ipse assidua exercitatione vires collegerit, tunc scribendi laborem moderari oportebit. Quæ enim plana atque facilia sunt, breuiter siue latino siue patrio sermone scribenda erunt. Poterit enim ea ex tempore concionator commodè explicare. Loca verò difficiliora oportebit eo modo scribere, quo dicenda sunt. In quo genere ponimus membra illa atque comparia, quibus D. Cyprianus frequentissimè & elegantissimè vtitur, qualia sunt illa: Euāgelica præcepta, fratres dilectissimi, nihil sunt aliud quàm magisteria diuina, fundamenta ædificandæ spei, firmamenta corroborandæ fidei, nutrimenta fouendi cordis, gubernacula dirigendi itineris, præsidia obtinendæ salutis: quædum dociles credentium mentes in terris instruunt, ad cælestia regna perducūt. Idemque rursus ad Donatum: Tenacibus semper illecebris necesse est (vt solebat) vinolentia inuitet, inflet superbia, iracundia inflammet, rapacitas inquietet, crudelitas stimulet, ambitio delectet, libido præcipitet. Hactenus ille. Huiusmodi ergo orationes, si quando inciderint (incidere autem aliquando, quoniam sunt venustissimæ, debent) prius quidem ad verbum scribendæ, & memoriæ etiam, ne nos sermo destituat, fideliter sunt commendandæ.

Quo-

Quomodo Ecclesiastes praeparare animum suum debeat, quando concionem habiturus est.

Cap. XII.

VT huic institutioni nostræ finem apponamus, illud etiam scribendum esse iudicaui, quonã modo Ecclesiastes præparare animum suum debeat, cùm iamiam concionaturus est. Vt enim disciplina venatoribus est, accipitres ad inuadendam prædam inedia præparare, ita nos ad hanc spiritualem animarum venationem (de qua Dominus apud Hieremiam meminit) *Hier. 16.* compositis animi affectibus præparari debemus. Ad hoc autem primum est, vt ea nocte quæ concionis diē antecedit, in oratione perseueremus, suppliciter illum obsecrantes, qui sapientiæ author & gubernator est: in cuius manu sumus & nos, & sermones nostri: illum, inquam, qui linguas infantium disertas facit, vt feliciter sermonis nostri cursum ad nominis sui gloriam dirigat, & nobis quidem puritatem intentionis, auditoribus autem proficiendi studium clementer impartiatur. Noui pijssimum quendam concionatorem, qui non modò fusis lachrymis, sed cæso etiam verberibus corpore, hæc ipsa à Domino postulabat. Sequenti verò die sacra dominici corporis & sanguinis mysteria quãta poterit animi submissione atq; deuotione celebret: detque operam, vt deuotionis calorem, quem ex sacra celebratione Domino aspirante conceperit, secum ad suggestum deferat. Plurimum enim hoc ipsum ad benè dicendum iuuabit. Vbi verò suggestum conscenderit, priusquam dicendi initium faciat, quæ dicturus est, omnia ad communis Domini gloriam & animarum salutem dirigat, suppliciterque ab eodem misericordiæ parente poscat, vt nihil ante oculos suos, nisi sola eius gloria obuersetur. Indignissimum enim est, vbi tam magna rerum momenta versantur, vbi Deus ipse, cuius causa agitur, præsens adest, ad inanem popularis auræ plausum, posthabito mundi iudice Deo, oculos deflectere. Hac igitur in parte Ecclesiastes Armeniæ inclitæ

Ex lib. 4. Fran. Se. nē. de insti. reip.

fœminæ fidem atque pudorem imitari studeat, quæ à Cyri conuiuio domum rediens, Cyri pulchritudinē omnibus laudantibus, interrogata à viro, quid de Cyri dignitate sentiret, ait: A te mi vir oculos nunquam deflexi. Itaque qualis alieni viri forma sit, prorsus ignoro. Si igitur fœmina hæc præsente viro, ne in Cyrum quidem & regem & forma præstantem oculos conijcere ausa est, quis ferat præsente seculorum rege ad inanes vulgi rumusculos mentem conuertere. Et quoniā sæpe hostis antiquus velut ex insidijs occupatum concionatorem adoritur, dum inter dicendum latenter vanas ingerit cogitationes, ipse antequam dicere incipiat, quidquid dicenti sibi vanitatis obreperit, initio adiuret atque detestetur, Deoque mentem suam puram castamque exhibeat. Quod vt præstare rectiùs valeat, Christum Dominum ad iudicium sanctorum millib' stipatum venientem, seq; ante illum tumulo conditū in aduerso pariete cogitatione depingat, vt hinc superni iudicis timor, inde mortis paulò post futuræ metus concionatoris mentem à periculosissimo & occultissimo inanis gloriæ flatu incolumem seruet: quæ (*vt D. Bern. ait*) leuiter quidem volat, leuiterq; penetrat: sed non leue vulnus ingerit.

Vt autem & alacriùs & puriùs munus suum aggrediatur, mirabilem eius fructum atque vtilitatem, quam in primo huius operis libro exposuimus, ad mentem reuocet: quam nouo hoc exemplo vtcunque explicare tentabo. Fingamus esse principem aliquem pietate & virtute præstantem, eundemque non solùm opibus, sed etiam misericordia & benignitate diuitem: qui inter cætera virtutum insignia, hoc etiam habeat, vt septimo quoque die mille pauperes in domum suam cōuocet, certamque pecuniæ summam in vniuscuiusque sinu ad inopis vitæ sustentationem condat. Quis non hunc principem summis laudibus efferret? quis non hoc opus & Deo pauperum amatori gratissimum, & principi maximè salutare esse non videat? Si hoc igitur opus eximijs laudibus dignissimū est, quib' quæso laudibus pij concionatoris opus dignū putabimus, qui omni.

mnibus diebus Dominicis proposita ante se frequenti hominum turba, non pecuniam perituris corporibus profuturam, sed animabus spiritualem alimoniam, vitæ pabulum, & salutis æternæ poculũ subministrat. Vnico enim vocis ministerio omnes astantium animas reficit, erudit, consolatur, & ita illuminat, vt cùm ad omnes doctrinæ lumen pertingat, non minus vnicuiq; luceat, quàm si solus ille hoc beneficio frueretur. Hoc etiam tempore duo illi antequam dicere incipiat, prouidenda sunt, eloquutio & pronunciatio: hoc est, quonam modo animi sui sensa verbis explicare, & qua vocis figura eadem pronunciare debeat. Ad illud autem hoc pręcipuè spectat, ne lingua mentem præcurrat, ne verba in labris tantùm nascantur, sed ab imo pectore cum iudicio progrediantur. Vt enim musices periti mente prius dictant, quod manus pulsando exequitur (mens enim magistra, manus verò ministra obsequens est) ita vir eloquens solicito & prudenti iudicio prouidet, quæ deinceps lingua prolatura est. Qua ex re liquet, quàm libera ab omni metu & perturbatione mens esse debeat, quæ vno atque eodem temporis spatio sermonis velocitatem & linguæ volubilitatem anteuertere, & regere, & actionem etiam moderari debet. Alioqui nisi dicendi magistra mens omnia pręueniat, nihil neque prudenter dici, neque aptè pronunciari poterit. Qua de causa concionis exordia, quandiu dicentis animus non incaluit, submissa, & interuallis longioribus distincta esse debent, quò ad prouidenda quæ dicimus, detur aliqua cogitationi mora. Paulatim enim animus dicendo incalescet, quo tempore faciliùs omnia sese dicenti offerent. Hic enim mentis ardor si rectorem habeat, magnus dicendi magister est.

Maius autem est moderandæ actionis negotium. Eloquutio enim antecedentis labore ac studio iuuatur: at pronunciatio tota præsentis temporis est. Ex vniuersa autem illa pronunciandi ratione, quã superiùs tradidimus, hæc sibi tunc ante oculos ponat. Primum qui dẽ frequẽtissima illa æqualitatis & inæqualitatis vitia, quæ ibi...em perstrinximus, fugiat. Deinde verò curet, vt distinctè, aptè, atque ornatè, quæ dicenda sunt, pronunciet. His enim virtutibus tota rectè pronunciandi facultas continetur. Sic enim fiet, vt pronunciatio, quemadmodum eloquutio, emendata, dilucida, apta, & ornata sit. Et quidem distinctè dicimus, cùm interuallis suis orationis partes & membra, articulosque distinguimus. Aptè verò cùm & sententijs & verbis suam vocis figuram, & corporis gestũ accommodamus: quam rem paulò antè copiosè tractauimus. Ornatè verò pronunciamus, cùm damus operam, vt vocem ipsam cùm naturali quadam suauitate fundamus: quæ videlicet nulla asperitate auditorum aures lædat, quas si non demulceat, certè non exasperet. Hoc autem præstare faciliùs poterunt, qui clara & suaui voce à natura donati sunt: si hanc in pronunciando curam non neglexerint. Vocis autem acrimonia non semper, sed cùm res postulat, vtendum est: quæ ne languescat oratio, non infrequens esse debet. Qua in re impetus hic & ardor animi (vt antè diximus) sic regendus & moderandus est, ne arteriæ lædantur, & vox incondita quadam & insuaui asperitate aures offendat. Has igitur præcipuas agendi virtutes Ecclesiastes in prospectu semper habeat. Quas vt vno simplicique intuitu contempletur, non erit inutile, si fortè insignem aliquem ætatis suæ concionatorem audierit, aut quemuis alium, citra concionem hac pronunciandi virtute præstantẽ, eum sibi ante oculos ponat: imò & eius effigiem in aduerso pariete depingat. Sic enim fiet, vt sola hac imagine ante oculos posita, tota pronunciandi ratio (quæ multis, vt antè vidimus, præceptis constat) hoc vno intuitu sibi offeratur. Quòd si duos etiam, varijs inter se dicendi pronunciandique virtutibus insignes audierit, eos etiam ante se simili ratione statuat; vt multæ virtutes multaque agendi præcepta sub hac specie sese illi obijciant. Illud autem prouidere diligentissimè debet, vt cùm dicit, totamque vim cogitationis ad benè dicendum confert, partem etiam cogitationis pronunciationi tribuat. Dantur enim in interuallis morulæ quædam, dem, in quibus citra elocutionis iacturam hoc etiam prouideri possit. Mens enim, quæ magno diuinitatis beneficio mortalibus data est, tantam habet vim, vt eodem temporis spatio, & quid dicere, & quomodo dicere, & quemadmodum rebus, quas dicit, vocis figuram & corporis gestum accommodet, animaduertere possit. Si enim ea rectè priùs fuerit instituta, hæc omnia prouidere ita potest, vt prima illa dicendi cura alias non excludat.

PERORATIO.

HAEC habui candide lector, quæ de ratione concionandi dicerem, plura quæ mihi sese ingerebant, dicturus, si per alias occupationes & impedimenta licuisset. Sed hęc tamē (vt arbitror) studioso concionatori satis erunt, vt cætera ipse per sę inuenire atque obseruare queat. Verè enim à Salomone dictum est, Da sapienti occasionem, & addetur ei sapientia. Audio etiam insignes aliquot viros hac nostra ætate præclara volumina de concionandi ratione edidisse, quæ nondū ad manus meas peruenerunt: quæ moneo diligenter euolui. Sic enim fiet, vt hæc diuina facultas multorum inuentis & accessionibus aucta, numeris omnibus absoluta sit. Hac enim ratione disciplinas omnes creuisse, & ad perfectionis culmen peruenisse, Aristoteles autor est. Multorum autem inuenta atque obseruationes ad concionandi officium esse necessarias, officij huius excellentia declarat: cuius nescias æstimare, maior ne vtilitas, an difficultas sit. Quam rem insignium cōcionatorum raritas, quam in omnibus seculis ætatibusq; videmus, non obscurè declarat. Nec maior olim oratorum copia, quàm seculo nostro insignium concionatorū fuit. Ipse enim eloquentiæ parens Cicero in primo de orato. libro plurimos & Philosophos, & Mathematicos, & iurisperitos, & Musicos, & Poetas, & belli duces, in sua quoque facultate præstantissimos, in sola vrbe Roma fuisse me-orāt: cùm tamen singulis ætatibus vix singulos [to]lerabiles oratores extitisse dicat. Cuius rei causa[m] . esse docet multiplicem rerum omnium sciētiam, variasque ingenij & naturæ dotes, quæ ad orandi munus feliciter obeundum requiruntur: inter quas pronunciandi & agendi gratiam numerat: quæ sola ipsa (vt idem ait) quanta sit, histrionum leuis ars & scena declarat: in qua cùm omnes in oris, & vocis, & motus moderatione elaborent, quis ignorat, quàm pauci sint, fuerintque, quos animo æquo spectare possimus? Hæc igitur omnia ad perfectam huius muneris functionem ita requiruntur, vt si vnum aliquod eorum desit, facultas dicendi mutila & manca, si verò sola pronunciationis gratia desit, nulla futura sit. Deest enim instrumentum & organum, quod animi nostri sensus atque conceptus ad auditorū aures commodè perferat. Cùm sint autem tres præcipuè concionatoris partes, inuentio, eloquutio, & pronunciatio, & de inueniendi ratione multi multa dixerint, nos omissas ab alijs partes, eloquutionem & pronunciationem copiosius persequi voluimus: quòd hæ ab alijs neglectæ ad concionādum maximè necessariæ sint. Boni ergo candidus lector operam nostram consulat: quæ si parum vtilis visa fuerit, hoc tamen præstabit, quòd eruditorum ingenia ad vtiliora & meliora inuenienda excitet: quod abundè magnum laboris nostri præmium existimabimus.

Explicit Ecclesiasticæ Rhetoricæ siue de ratione concionandi liber.

Coloniæ, Typis Godefridi Kempensis.

CPSIA information can be obtained at www.ICGtesting.com
Printed in the USA
BVOW06s1705100116

432027BV00031B/199/P